Modelos e ferramentas de gestão ambiental

Desafios e perspectivas para as organizações

OBRA ATUALIZADA CONFORME
O **NOVO ACORDO ORTOGRÁFICO**
DA LÍNGUA PORTUGUESA.

Dados Internacionais de Catalogação na Publicação (CIP)
(Jeane Passos de Souza – CRB 8ª/6189)

Modelos e ferramentas de gestão ambiental : desafios e perspectivas para as organizações / organização Alcir Vilela Júnior e Jacques Demajorovic. – 4ª ed. – São Paulo : Editora Senac São Paulo, 2019.

Bibliografia.
ISBN 978-85-396-2751-6 (Impresso/2019)
e-ISBN 978-85-396-2752-3 (ePub/2019)
e-ISBN 978-85-396-2753-0 (PDF/2019)

1. Empresas – Aspectos ambientais 2. Gestão ambiental 3. Impacto ambiental – Estudos 4. Meio ambiente 5. Política ambiental – Brasil I. Vilela Júnior, Alcir. II. Demajorovic, Jacques.

19-922s
CDD – 658.408
BISAC BUS099000

Índice para catálogo sistemático:

1. Gestão ambiental empresarial : Administração   658.408

Modelos e ferramentas de
Gestão Ambiental
Desafios e perspectivas para as organizações

Alcir Vilela Júnior
Jacques Demajorovic
ORGANIZADORES

4ª edição

Editora Senac São Paulo – São Paulo – 2019

Administração Regional do Senac no Estado de São Paulo
Presidente do Conselho Regional: Abram Szajman
Diretor do Departamento Regional: Luiz Francisco de A. Salgado
Superintendente Universitário e de Desenvolvimento: Luiz Carlos Dourado

Editora Senac São Paulo
Conselho Editorial: Luiz Francisco de A. Salgado
　　　　　　　　　Luiz Carlos Dourado
　　　　　　　　　Darcio Sayad Maia
　　　　　　　　　Lucila Mara Sbrana Sciotti
　　　　　　　　　Jeane Passos de Souza

Gerente/Publisher: Jeane Passos de Souza (jpassos@sp.senac.br)
Coordenação Editorial/Prospecção: Luís Américo Tousi Botelho (luis.tbotelho@sp.senac.br)
　　　　　　　　　　　　　　　　Márcia Cavalheiro Rodrigues de Almeida (mcavalhe@sp.senac.br)
Administrativo: João Almeida Santos (joao.santos@sp.senac.br)
Comercial: Marcos Telmo da Costa (mtcosta@sp.senac.br)

Edição de Texto: Luciana Garcia, Karinna A. C. Taddeo
Preparação de Texto: Ronaldo Rocha, Fino Verbo – Assessoria Textual
Revisão de Texto: Adalberto Luís de Oliveira, Ivone P. B. Groenitz, Jussara R. Gomes,
　　　　　　　　 Globaltec Editora Ltda., Léia Fontes Guimarães, Leticia Castello Branco,
　　　　　　　　 Luciana Lima (coord.), Solange A. Pereira
Projeto Gráfico, Editoração Eletrônica e Capa: Eva Paraguassú de Arruda Câmara e José Ramos Néto
Impressão e Acabamento: Gráfica CS Eireli

Proibida a reprodução sem autorização expressa.
Todos os direitos desta edição reservados à:
Editora Senac São Paulo
Rua 24 de Maio, 208 – 3º andar – Centro – CEP 01041-000
Caixa Postal 1120 – CEP 01032-970 – São Paulo – SP
Tel. (11) 2187-4450 – Fax (11) 2187-4486
E-mail: editora@sp.senac.br
Home page: http://www.editorasenacsp.com.br

© Editora Senac São Paulo, 2018

Sumário

7   Nota do editor

9   Apresentação

13   Responsabilidade corporativa: a dimensão ética, social e ambiental na gestão das organizações
Fernanda Gabriela Borger

43   Avaliação de impacto ambiental e seu papel na gestão de empreendimentos
Luis Enrique Sánchez

75   Sistemas de gestão ambiental
Michel Epelbaum

107   Ecoeficiência e o desempenho econômico e ambiental nas organizações
Jacques Demajorovic
Felipe Zacari Antunes

129   Ecoinovação: conceitos e determinantes a partir de um estudo de caso
Rafael Ricardo Jacomossi

155   Avaliação e gerenciamento de risco
Milton Norio Sogabe

183   Os passivos ambientais e a contaminação do solo e das águas subterrâneas
Alfredo Carlos Cardoso Rocca

229   *Ecodesign*
Luis Felipe do Nascimento
Cláudio Senna Venzke

257   Avaliação do Ciclo de Vida: um método sistêmico e quantitativo para determinação do desempenho ambiental de atividades antrópicas
Gil Anderi da Silva
Luiz Alexandre Kulay

291   Sustentabilidade e gestão da cadeia de suprimento: conceitos e exemplos
André Carvalho
José Carlos Barbieri

325   A pegada hídrica como instrumento de gestão da água no setor corporativo: a experiência de empresas nacionais
Renata de Souza Leão
Paulo Antônio de Almeida Sinisgalli
Pedro Roberto Jacobi

349   Bibliografia complementar

353   Sobre os autores

Nota do editor

Desde o final do século passado, as discussões em torno do impacto ambiental causado pela produção de bens e serviços vêm ganhando cada vez mais interesse entre profissionais de diferentes áreas.

Se a princípio as iniciativas nessa esfera estiveram condicionadas por mudanças na legislação voltadas para a proteção do meio ambiente, hoje os projetos de uso racional dos recursos naturais são reconhecidos como instrumentos para o desempenho de um aspecto importante do papel social das empresas, além de contribuir de maneira decisiva para sua sustentabilidade.

Atento à demanda de profissionais e estudantes de administração e de gestão de recursos por livros que tratem desse tema, o Senac São Paulo publica *Modelos e ferramentas de gestão ambiental*, uma coletânea de estudos cuja finalidade é aprofundar, por meio de diferentes abordagens, os debates sobre a importância da gestão ambiental para o ganho de imagem e de produtividade para a empresa.

Apresentação

Os debates em torno do aprimoramento da gestão ambiental no universo corporativo estão na ordem do dia. A inserção da questão ambiental no campo da gestão empresarial que, há duas ou três décadas, poderia ser percebida como um mero modismo ou uma tendência específica de setores e atividades com grande potencial poluidor ou intensivos na utilização de recursos ambientais, hoje ocorre de forma irreversível, inequívoca e generalizada. Iniciativas como o programa de Atuação Responsável®, o Conselho Empresarial Mundial para o Desenvolvimento Sustentável (World Business Council for Sustainable Development – WBCSD), o Global Compact, a adoção de indicadores de sustentabilidade empresarial como referência para o investimento em ações ou, ainda, o crescimento do número de empresas com certificações ambientais (ISO 14001, Emas, FSC, etc.) são, entre inúmeras outras que poderiam ser aqui citadas, fortes evidências desse novo cenário. A gestão ambiental veio para ficar e, certamente, ocupará neste novo milênio um papel ainda mais relevante nos processos de tomada de decisão das organizações do que no século passado.

Depois de décadas de uma ação ambiental pautada pelo que pode ser denominado uma *adaptação resistente*, na qual as empresas adotaram medidas para a mitigação de danos fortemente impelidos por uma legislação mais rigorosa em conjunto com a pressão social, abrem-se inúmeras possibilidades para a concretização de novas estratégias e ferramentas de gestão ambiental.

Nesse contexto, em vez de se limitarem a incorporar as questões ambientais sem buscar inovação, tendo como único objetivo cumprir os padrões determinados pelos órgãos ambientais, as empresas que estão na vanguarda da gestão ambiental – que via de regra são também referência em termos de desempenho econômico-financeiro e de governança corporativa – começam a virar o jogo. Desafios estão sendo transformados em oportunidades na medida em que novas ferramentas de gestão ambiental possibilitam não apenas a redução de riscos socioambientais associados à ação empresarial, mas também alavancar ganhos de imagem, de produtividade, de mercados que, em última instância, se traduzem em ganhos de sustentabilidade empresarial.

Ainda que o surgimento de ferramentas de gestão ambiental nas empresas date do final da década de 1960 e início dos anos 1970, podemos afirmar que os anos 1990 são um marco em termos de aprimoramento dessas ferramentas, disseminação de sua aplicação e reconhecimento de sua importância pelo mercado e pela sociedade. Inúmeros exemplos de aplicação desses instrumentos começam a gerar frutos bastante promissores, resultado de um grande avanço nas pesquisas e tecnologias no campo ambiental, concomitantes a uma sociedade que cobra medidas concretas por parte das organizações para a minimização de seus impactos. Responsabilidade social, compromisso ambiental e competitividade deixaram de ser variáveis necessariamente dicotômicas.

À disposição dos gestores empresariais já se encontra um conjunto de modelos e ferramentas de gestão ambiental, que, utilizados isolada ou conjuntamente, possibilitam superar a postura da adaptação pela inovação. Para a organização deste livro, esses instrumentos e ferramentas foram subdivididos em dois grupos em função de seus respectivos estágios de desenvolvimento, disseminação e aceitação pelo mercado.

O primeiro grupo agrega as ferramentas já amplamente aceitas e disseminadas, mas que em muitos casos ainda são aplicadas de forma limitada, reduzindo os potenciais benefícios para o aprimoramento da gestão ambiental nas organizações. Nesse grupo destacam-se os sistemas de gestão ambiental, as auditorias ambientais, a avaliação de impacto ambiental, o gerenciamento de risco e a ecoeficiência, cujo processo de desenvolvimento, embora exista, é marginal. O segundo conjunto de ferramentas é composto por aquelas que começam a ser incorporadas pelas empresas. Muitas dessas experiências em curso podem ser ainda consideradas projetos-piloto, o que tem suscitado uma série de novos questionamentos que ainda precisam ser equacionados com vistas a uma maior disseminação dessas ferramentas junto ao mercado. Nesse grupo destacam-se a análise do ciclo de vida, o ecodesign e a pegada hídrica. Finalizando essa segunda parte, encontram-se a sustentabilidade e a gestão da cadeia de suprimento. Cada vez mais a superação dos desafios ambientais demanda esforços coletivos dentro de toda a cadeia produtiva. Mesmo que uma empresa esteja operando de acordo com a regulação ambiental, seus fornecedores podem causar grande impacto ambiental. Dessa forma, o bom desempenho ambiental de uma organização não depende apenas de seu esforço isolado, mas também das iniciativas de todos os integrantes da cadeia produtiva, assegurando a diminuição dos impactos ambientais durante todo o ciclo de vida do produto.

O livro trata também de elementos que não se configuram exatamente como ferramentas de gestão, mas que influenciam ou determinam o processo e o resultado da gestão ambiental nas organizações, caso da responsabilidade social e da inovação ambiental, aqui entendidas como um modelo de gestão. Entende-se que o debate em torno da responsabilidade social e da inovação são essenciais na medida em que sua incorporação na realidade organizacional potencializa a aplicação das ferramentas apresentadas.

Nesse quadro, a coletânea se inicia com Fernanda Gabriela Borger, doutora pela Faculdade de Economia e Administração da Universidade de São Paulo (USP) e consultora em responsabilidade social, discutindo criticamente as diferentes visões sobre a evolução do modelo de responsabilidade social e a necessidade da integração das variáveis sociais, ambientais e éticas.

No segundo capítulo, Luis Enrique Sánchez, professor da Escola Politécnica da USP, apresenta uma leitura original dos estudos de avaliação de impacto ambiental ao apresentar essa ferramenta como a base da gestão ambiental nas organizações e não como mero instrumento de viabilização do licenciamento ambiental.

A seguir, Michel Epelbaum, tendo como base sua experiência em consultoria em diversos projetos de implementação de sistemas de gestão ambiental, analisa as perspectivas, os benefícios e os limites dessa ferramenta já amplamente consagrada.

No capítulo Ecoeficiência e o desempenho econômico e ambiental nas organizações, Jacques Demajorovic e Felipe Zacari Antunes apresentam as principais características e os limites da ecoeficiência, discutindo a potencialidade dessa ferramenta nas organizações.

No quinto capítulo, Rafael Ricardo Jacomossi, professor de administração, debate a importância dos determinantes da ecoinovação nas organizações.

Avaliação e gerenciamento de risco é o tema abordado pelo assessor da Secretaria do Meio Ambiente do Estado de São Paulo, Milton Norio Sogabe, destacando a conceituação de risco e a metodologia de aplicação dessa ferramenta.

Encerrando esse primeiro conjunto de ferramentas, Alfredo Carlos Cardoso Rocca, especialista em gestão de áreas contaminadas da Companhia Ambiental do Estado de São Paulo (Cetesb), discute o processo de contaminação dos solos e as estratégias para a reversão desses danos ambientais.

O segundo grupo de ferramentas inicia-se com Luis Felipe do Nascimento, professor da Universidade Federal do Rio Grande do Sul (UFRGS), e Cláudio Senna Venzke, mestre em administração pelo Programa de Pós-Graduação em Gestão Ambiental da UFRGS, que aborda o ecodesign e seus benefícios na implantação das organizações.

Em seguida, Gil Anderi da Silva e Luiz Alexandre Kulay, professores da Escola Politécnica da USP e membros do GP2, discutem aspectos conceituais relacionados à Avaliação do Ciclo de Vida (ACV). A exposição inclui também uma digressão histórica sobre o tema, discorre sobre usos e aplicações, apresenta a lógica da ACV a partir de exemplos de seus elementos centrais e reflete sobre desafios a serem enfrentados para sua consolidação como ferramenta de apoio à tomada de decisão.

No décimo capítulo, André Carvalho e José Carlos Barbieri, professores da Escola de Administração de Empresas do Estado de São Paulo, escrevem sobre a importância de consolidar a sustentabilidade em toda a cadeia de suprimento.

Por fim, Renata de Souza Leão, Paulo Antônio de Almeida Sinisgalli e Pedro Roberto Jacobi discutem a pegada hídrica como instrumento de gestão de água nas empresas.

A escolha desses onze capítulos, reunindo em uma única obra um conjunto de modelos, abordagens e ferramentas de gestão ambiental, tem como objetivo levar ao leitor as especificidades de cada um desses instrumentos e sua relação de complementaridade para atingir os objetivos mais amplos da responsabilidade socioambiental. Importante destacar que o livro não busca apresentar as ferramentas na forma de manual, visando à sua aplicação imediata. Almeja, sim, apresentar esse conjunto de modelos e ferramentas de forma crítica e contextualizada, visando oferecer ao leitor uma reflexão sobre os desafios e as perspectivas de cada um dos instrumentos discutidos. Não se tratando de um ponto de partida ou de chegada, espera-se que o leitor possa ter mais informações sobre o processo em curso relacionado aos diferentes caminhos a serem percorridos pelas organizações para incorporar a responsabilidade socioambiental.

Responsabilidade corporativa: a dimensão ética, social e ambiental na gestão das organizações

Fernanda Gabriela Borger

A responsabilidade social das empresas tem-se tornado um dos temas de gestão empresarial mais debatidos e propagados, constituindo uma variável importante na estratégia competitiva das empresas e na avaliação do seu desempenho. As empresas estão tendo de competir num ambiente de negócios cada vez mais complexo, no qual não é mais suficiente oferecer qualidade e preço competitivo, não é mais suficiente obedecer às leis e pagar impostos. As companhias de sucesso serão cada vez mais pressionadas para olhar intensamente o impacto das suas operações dentro e fora de suas paredes institucionais e, cuidadosamente, verificar os impactos de suas políticas e ações em seus empregados, clientes, comunidades e na sociedade como um todo.

Nos últimos anos, as questões ambientais invadiram os negócios e mostraram a capacidade de criar valor para clientes, acionistas e outras partes interessadas. As forças de globalização levaram empresas a incorporar a dimensão socioambiental na gestão. Essas forças ampliaram a preocupação pública e dos governos com questões como mudança climática, poluição industrial, segurança alimentar, degradação dos recursos naturais, direitos humanos, entre várias outras. Consumidores estão exigindo produtos e serviços de empresas socialmente responsáveis, governos estão estabelecendo políticas e regulamentações mais restritivas, e os investidores também estão estimando os riscos ambientais e sociais dos investimentos.

No cenário internacional, existe cada vez mais a cobrança para que empresas demonstrem sua forma de trabalho em relação a fornecedores, empregados, meio ambiente e comunidade. As responsabilidades das empresas ampliam-se tanto quanto os riscos para sua imagem.

A mídia tem divulgado os projetos e os investimentos sociais das empresas, como as parcerias com entidades filantrópicas e com governos, os projetos de educação ambiental em escolas, de reciclagem de lixo, de preservação de ecossistemas, entre outros. Também surgiram certificações, princípios, normas, selos verdes e ferramentas de gestão, que mostram que a responsabilidade social e a sustentabilidade geram valor para as empresas.

Hoje, as empresas querem associar as suas marcas a projetos e iniciativas, e, para isso, firmam parcerias com organizações não governamentais (ONGs), divulgam os Objetivos de Desenvolvimento Sustentável (ODS), seguem os princípios do Pacto Global, ostentam as certificações ISO, apresentam os relatórios. Por outro lado, os gestores recebem uma avalanche de informações, banalizando as práticas, as políticas e os processos de responsabilidade social e sustentabilidade; parece que as preocupações estão mais direcionadas em mostrar que são socialmente responsáveis e sustentáveis do que integrar a dimensão socioambiental nos negócios.

Responsabilidade social corporativa, sustentabilidade empresarial, cidadania empresarial e economia verde são termos que fazem parte de relatórios, peças de comunicação, informes publicitários, declarações dos executivos, missão e valores das empresas, entretanto, ainda não fazem parte da gestão empresarial e do dia a dia das empresas, além de não estarem incorporados às estratégias de negócios.

A responsabilidade social tem sido interpretada pelo público como a contribuição social voluntária das empresas, sendo destacada como a atuação das empresas junto à comunidade, sem considerar como parte integrante da gestão das empresas. A mídia tem divulgado os projetos e investimentos sociais das empresas, como as parcerias com entidades filantrópicas e com governos, em projetos de educação ambiental em escolas, reciclagem de lixo, preservação de ecossistemas, entre outros. Mesmo os profissionais, técnicos e gestores de meio ambiente veem a responsabilidade social como uma atuação voluntária das empresas, distinguindo-a da atuação das empresas nas áreas de planejamento, operação e controle ambiental voltados para o controle de poluição e minimização de impactos ambientais. Ainda é raro encontrar a questão ambiental tratada de fato como integrante da responsabilidade social, sendo essa uma boa razão para empregar o termo *responsabilidade socioambiental* para esclarecer que as questões socioambientais são indissociáveis.

Existe uma confusão sobre a definição de sustentabilidade. Senge[1] afirma que evita usar a palavra sustentabilidade, ou a utiliza o menos possível, porque é um termo tão genérico que as pessoas o percebem como um "ideal a ser atingido", é interpretado como ser "menos mau", que envolve retóricas, controvérsias que não criam um ambiente propício à inovação e à busca de soluções.

Quais as razões para a confusão? O propósito deste capítulo é mostrar a evolução conceitual e dos modelos de gestão que integram as dimensões ética, social, ambiental e econômica no modelo de negócios e como as retóricas e controvérsias são uma cortina de fumaça para a gestão das organizações.

---

[1] Peter Senge, "The Sustainable Supply Chain – An Interview with Peter Senge by Steven Prokesch", *Harvard Business Review*, 2010.

Evolução da responsabilidade social e sustentabilidade empresarial

Origens do conceito de responsabilidade social

Responsabilidade social é um conceito complexo e dinâmico, porque as questões éticas, ambientais e sociais são intrincadas e voláteis. É extremamente difícil definir o que é um comportamento socialmente responsável, com uma percepção clara do que é certo ou errado, preto ou branco; as decisões não são dicotômicas. Depende do momento histórico, varia de cultura para cultura, constituindo um desafio para a gestão empresarial, e determina a busca de modelos teóricos para se engajar na responsabilidade social.

A incorporação da dimensão socioambiental ao processo de gestão empresarial envolve a discussão de múltiplos aspectos da organização e exige uma visão integrada da firma e uma compreensão do todo e das partes simultaneamente. A discussão prática e acadêmica focaliza vários aspectos: a análise e a identificação das partes envolvidas direta e indiretamente com as atividades da empresa, bem como o peso e o poder de cada parte na elaboração de uma política de responsabilidade social. A responsabilidade efetiva, dentro da empresa, pela política de responsabilidade social e ambiental requer a incorporação dos novos conceitos e métodos de administração e o exercício da liderança com a noção de responsabilidade social. Requer capacidade da empresa de se antecipar, enxergando áreas críticas e tomando medidas preventivas em vez de corretivas.

As empresas que estão engajadas no aperfeiçoamento da responsabilidade socioambiental, que desempenham um papel de liderança por suas iniciativas, evidenciam que a responsabilidade socioambiental é mais do que uma série de iniciativas, gestos ou práticas isolados motivados por *marketing* social, relações públicas ou outros benefícios. Permeando várias atividades das empresas, as iniciativas podem ser tomadas em vários setores da empresa, mas devem ser expressões de um esforço sistemático para atingir as metas e os objetivos sociais, ambientais e éticos. Políticas, processos, práticas e programas são vistos como partes integrantes das operações de negócios das empresas, do processo de tomada de decisão, com o apoio da alta administração.

É de fundamental importância compreendermos o significado da responsabilidade social e suas implicações para que não seja interpretada como uma moda passageira, como tantos outros temas que envolvem a gestão empresarial.

A noção de responsabilidade social empresarial está vinculada, nos seus primórdios, à doutrina econômica baseada no princípio da propriedade e da iniciativa privada que dá origem ao regime da livre empresa. Nesse princípio o indivíduo é considerado livre para exercer qualquer atividade econômica e dispor dos meios de produção da forma que lhe for mais eficiente para atingir o lucro. Para alcançar esse objetivo, as empresas podem contratar, produzir e determinar o preço que lhes for mais conveniente. O controle seria exercido pelas leis de mercado de livre concorrência, que deveriam funcionar sem a intervenção do Estado, cuja função é proteger a concorrência e a propriedade. As decisões no mercado livre são guiadas pelo autointeresse; se todos os agentes econômicos – produtores e consumidores – tomam decisões racionais segundo seus interesses, os benefícios e as riquezas fluem e as leis de mercado, como uma mão invisível, vão prevenir o abuso do próprio interesse e promover o bem-estar social pelo equilíbrio das forças de mercado.[2]

A natureza das empresas mudou tremendamente desde a época em que as ideias de Smith, Ricardo e Mill – os pais da escola clássica de economia – revolucionaram o pensamento econômico, quando a empresa industrial era uma manufatura, geralmente em pequena escala. Uma pessoa, ou um pequeno grupo de pessoas, contratava todos os empregados e dirigia todas as atividades relacionadas aos negócios, e estes se limitavam a uma escala que poderia ser supervisionada pelo empreendedor. A operação em pequena escala dos negócios ajustava-se aos mercados da época.

As organizações mudam quando o ambiente, o mercado e as tecnologias mudam. Da mesma maneira que as organizações transformam o ambiente em que atuam, o impacto dos negócios na sociedade se fez presente com o aparecimento das grandes empresas multinacionais. A própria instalação de uma grande empresa numa determinada localidade já era considerada uma ação que trazia em seu bojo o cumprimento de uma responsabilidade social. Afinal, geravam-se empregos, o dinheiro circulava, a economia local era dinamizada por meio de numerosos negócios paralelos resultantes das

---

[2] Paulo Sandroni, *Dicionário de economia* (São Paulo: Best Seller, 1987), p. 245.

necessidades da empresa e se garantiam condições mínimas de sobrevivência a uma parcela significativa da população.

Com o decorrer do tempo, porém, tais aspectos passaram a ser vistos como obrigações mínimas necessárias, e não como manifestações de uma consciência social por parte da administração da empresa. No século XX os movimentos sindicais e trabalhistas ganharam vulto e passaram praticamente a definir as condições de trabalho. O mínimo que se passou a esperar de uma empresa é que ela gere lucros aos seus acionistas e faça girar a economia à sua volta. Com o desenvolvimento tecnológico, a ampliação gigantesca dos recursos de produção e a evolução das máquinas e ferramentas, outros aspectos da influência da atividade industrial passaram a ser questionados: o cuidado com o meio ambiente em que a indústria se encontra, os benefícios trabalhistas que a empresa se dispõe a conceder espontaneamente para melhorar a qualidade de vida de seus funcionários, eventuais apoios que a empresa se disponha a dar a projetos locais que contribuam com educação, saúde, etc.

A significativa transformação da estrutura das empresas, as mudanças no caráter de sua atuação e na abrangência de suas atividades levantaram a necessidade de discutir algumas questões fundamentais que dizem respeito à sua responsabilidade social, responsabilidade essa que é consequência da crescente influência que passaram a exercer sobre os mais diversos aspectos da sociedade.

O conceito teórico *responsabilidade social* originou-se na década de 1950, quando a literatura formal sobre responsabilidade social empresarial (RSE) apareceu nos Estados Unidos e na Europa. A preocupação dos pesquisadores dessa década era com a excessiva autonomia dos negócios e o poder destes na sociedade, sem a devida responsabilidade pelas consequências negativas de suas atividades; as primeiras definições eram ambíguas e vagas.

Howard Bowen foi o precursor da RSE, cujos estudos têm como ideia básica que os negócios são centros vitais de poder e decisão e que as ações das empresas atingem a vida dos cidadãos em muitos pontos. A pergunta que Bowen formula é: "Quais são as responsabilidades com a sociedade que se espera que os 'homens de negócios'[3] assumam?".[4] Em sua definição inicial, "refere-se a obrigações dos homens de negócios para seguir políticas,

---

[3] Cabe observar que, na época de Bowen, as mulheres ainda não tinham presença e atuação de destaque no ambiente de negócios.
[4] Howard Bowen *apud* Archie B. Carroll, "Corporate Social Responsibility", cit., p. 270.

decisões ou ainda as linhas de ação desejáveis em termos de objetivos e de valores da nossa sociedade".[5] Ele revigora a ideia de que as empresas devem compreender melhor seu impacto social, e o desempenho social e ético deve ser avaliado por meio de auditorias e incorporado à gestão dos negócios.

Posteriormente, na década de 1960, os estudos e as pesquisas se preocuparam com a formalização do conceito e da definição de RSE, e predominava a visão de que a responsabilidade das empresas vai além da responsabilidade de maximizar lucros; implica, sim, a postura pública perante os recursos econômicos e humanos da sociedade e a vontade de ver esses recursos utilizados para fins sociais mais amplos e não simplesmente para os interesses privados dos indivíduos.

Nessa década, começaram a ser reconhecidas as relações das empresas com os agentes externos e, como parte da responsabilidade das empresas, a se considerarem os efeitos de suas decisões e ações em todo o sistema social. Os "homens" de negócios aplicam a noção de responsabilidade social quando consideram as necessidades e os interesses de outros que podem ser afetados pelas ações dos negócios,[6] consideram a multiplicidade de interesses e identificam os grupos de interesse que envolvem as empresas na sua definição de responsabilidade social, constituindo-se no prenúncio da teoria de *stakeholder*.

Nos anos 1970, a responsabilidade social das empresas faz parte do debate público dos problemas sociais, como pobreza, desemprego, relações raciais, desenvolvimento, crescimento econômico, distribuição de renda, poluição. As pesquisas e os estudos sobre RSE estavam mais voltados à especificação do que era responsabilidade social empresarial e refletem uma visão da mudança do contrato social entre os negócios e a sociedade, a incorporação das emergentes e novas responsabilidades sociais surgidas no contexto do final dos anos 1960 e início dos anos 1970 com os movimentos ambientais, a preocupação com a segurança do trabalho, os direitos do consumidor e a regulamentação governamental.

O marco dessa época foi a conscientização da problemática ambiental e sua inclusão na agenda política internacional. Destaca-se o debate que polariza o crescimento econômico com a qualidade de vida, que tem como principal expressão a publicação dos *Limites do crescimento – Clube*

---

[5] *Ibidem.*
[6] John F. Kennedy *apud* Archie B. Carroll, "Corporate Social Responsibility", cit., p. 273.

de Roma, em 1972,[7] que mostra não ser possível haver crescimento econômico sem degradação ambiental e vice-versa. O debate centrou-se nas políticas econômicas tradicionais, que objetivavam o crescimento da renda, o qual não podia ser atendido diante dos limites do crescimento devido à exaustão dos recursos naturais, ao crescimento populacional e à degradação dos ecossistemas. As previsões pessimistas do Clube de Roma foram exaustivamente questionadas e contestadas pelos fatos, mas percebeu-se que a sociedade deveria conter os limites do crescimento e tratar os recursos naturais como bens econômicos e não mais como bens livres e abundantes.

Diante do conteúdo das publicações do Clube de Roma, a Organização das Nações Unidas (ONU) realizou, em junho de 1972, na Suécia, a Conferência das Nações Unidas sobre Meio Ambiente Humano, conhecida como Conferência de Estocolmo, que introduziu a dimensão ambiental como condicionadora e limitante do crescimento econômico na agenda política internacional, consubstanciada na Declaração de Estocolmo.[8]

Debate da responsabilidade social

O debate da responsabilidade social intensificou-se porque a atuação das empresas e o impacto de suas atividades estavam afetando a qualidade de vida e comprometendo o futuro do planeta. O foco do debate é o cerne da estruturação da relação das empresas com a sociedade: o papel das empresas e dos negócios na sociedade.

Um dos expoentes desse debate é o economista Milton Friedman, que argumenta enfaticamente que os negócios devem limitar sua responsabilidade social à maximização dos lucros e obediência às leis, opinião que é expressa num dos artigos mais citados nos ensaios sobre ética e capitalismo.[9] Na sua perspectiva, retrata os negócios como uma autoprocura do lucro; outras considerações sociais são de responsabilidade da sociedade e não dos negócios. Se a busca da eficiência econômica pelos negócios entra em conflito com as preocupações sociais da sociedade mais ampla, então é prerrogativa da máquina política e social restringir os negócios sob a forma de sanções legais que afetem as decisões econômicas.

---

[7] D. H. Meadows *et al.*, *Limites do crescimento: um relatório para o projeto do Clube de Roma sobre o dilema da humanidade* (trad. Ines M. F. Litto, São Paulo: Perspectiva, 1972).

[8] Instituto Ethos de Responsabilidade Social Empresarial, *Guia de compatibilidade de ferramentas* (São Paulo: Ierse, 2004).

[9] Denis Collins, "The Quest to Improve the Human Condition: the First 1.500 Articles Published in Journal of Business Ethics", em *Journal of Business Ethics*, vol. 26, Dordrecht, julho de 2000, pp. 1-73.

A organização da sociedade é vista pelos economistas neoclássicos como a divisão em grandes áreas funcionais, cada uma delas com sua função: a função política está a cargo das organizações políticas, como sindicatos e representantes dos trabalhadores que apoiam e defendem seus interesses; a função social compete ao governo, que é responsável pelo bem-estar geral; e a função econômica compete aos negócios, que são responsáveis pela maximização do lucro por meio da manutenção de uma competição pujante. A independência dessas três esferas protegeria a liberdade individual e a competitividade do mercado.

Esse modelo pressupõe que as questões éticas estão na esfera individual; já na sociedade elas se manifestam por meio das normas e dos padrões de conduta social estabelecidos, que se refletem no arcabouço legal e jurídico. Quando essas normas e esses padrões são violados, tornando intoleráveis alguns aspectos dos negócios, cabe à sociedade, por intermédio de suas instituições legais, coagir as empresas a cumprir as regras e os padrões legalmente estabelecidos.

Para os defensores da visão clássica de Friedman, as empresas devem responder às questões socioambientais no limite das suas obrigações legais; a atuação socioambiental é vista como uma restrição à função primária das empresas, que é maximizar a rentabilidade e defender os interesses dos acionistas. A responsabilidade socioambiental é considerada uma questão marginal, custosa e muito indesejável, pois diminuiria a lucratividade e, por consequência, a vantagem competitiva das empresas. O significado da responsabilidade socioambiental implica aumento de custos, investimentos que dificilmente seriam recuperados, constituindo-se num obstáculo ao crescimento da produção e ao processo de inovação tecnológica.

Não faltam críticas à posição de Friedman e seus seguidores. Entre elas, a visão da atuação autônoma das empresas, desconectada da esfera política e social de decisão, é idealizada e fora da realidade. O modelo da livre empresa pode sugerir como os negócios deveriam funcionar e não como efetivamente funcionam. As empresas são agentes importantes e têm um papel preponderante na sociedade atual, influenciam as esferas políticas e legais de decisão e vice-versa.[10]

---

[10] Colin Grant, "Friedman Fallacies", em *Journal of Business Ethics*, vol. 10, Dordrecht, 1991, pp. 907-914.

Drucker, guru de numerosos teóricos da administração, questiona a posição de Friedman. Para ele, as empresas e os empresários são percebidos como liderança, e liderança impõe responsabilidade e integridade pessoal. A análise de Drucker também aborda a relação das empresas com os acionistas e a transformação que essa relação sofreu com a crise do capitalismo corporativo dominante nos anos 1960. Naquele contexto a expectativa era o domínio das grandes empresas multinacionais, dirigidas por gerências autônomas.

Uma consequência fundamental dessa crise foi a emergência do capitalismo especulativo e do investidor institucional, uma nova figura surgida com a formação dos fundos de pensão e investimentos e que tem implicações para a gestão das empresas. A crítica de Drucker é a visão de curto prazo dos investidores, que compromete os resultados das empresas em longo prazo e a própria sobrevivência da organização, e não a visão empresarial dos acionistas-proprietários-empreendedores. Para ele, a noção de que a responsabilidade social exclui a maximização dos lucros é inconsistente, apresentando a ideia de que lucratividade e responsabilidade são sim compatíveis e que é possível converter responsabilidades sociais em oportunidades de negócios. Isso significa a viabilidade de transformar o problema social numa oportunidade econômica e num benefício econômico, em capacidade produtiva, em competência humana, em empregos bem remunerados e em riqueza.[11]

Se considerarmos os modelos tradicionais de administração, verificaremos que as estratégias empresariais têm sido avaliadas pelo seu retorno econômico para os acionistas proprietários. Entretanto, os desafios para avaliar o desempenho econômico da empresa de fato vão além da apuração do lucro contábil. Há uma diferença entre o *capital* publicado no balanço e a avaliação do *valor de capital* de uma empresa para os investidores. O primeiro olha para o passado, para os custos e a depreciação; o segundo olha para o futuro, para o valor futuro esperado dos lucros que uma empresa provavelmente vai gerar. Entre as questões que os investidores como administradores de fundos fazem para estimar o valor de uma empresa estão: os custos são competitivos e se manterão competitivos? A demanda

---

[11] Peter Drucker, "Creating Community", em *Executive Excellence*, vol. 16, Provo, outubro de 1999, pp. 5-9; Peter Drucker, *Administrando para o futuro: os anos 90 e a virada do século* (2ª ed., São Paulo: Pioneira, 1992).

para os produtos e serviços é sustentável? A margem de lucro é sustentável? A taxa de inovação será competitiva no longo prazo?[12]

O desempenho econômico está associado à competitividade das empresas, atingida quando uma empresa formula e implementa com sucesso uma estratégia que cria valor, de forma que as outras empresas não possam replicar seus resultados. Além disso, espera-se que ela propicie um retorno acima da média para os investidores, de modo que estes mantenham a provisão de recursos para os negócios. A gestão dos negócios envolve a decisão e a análise de uma série de fatores que vão além da lucratividade, incluindo a sustentabilidade dos negócios, os riscos envolvidos e os impactos dos negócios na sociedade.

Essa tendência de ver as questões societais – meio ambiente, pobreza, saúde, desenvolvimento – como questões marginais à estratégia competitiva das empresas foi e ainda é predominante na liderança empresarial. Da mesma forma, essa desconexão entre o socioambiental e o corporativo é muito comum na liderança social. Há uma tendência em ver as empresas como adversárias, que procuram o lucro com poluição, com exploração do trabalho, e cabe aos ambientalistas, aos líderes sociais, aos políticos e aos governos o papel de advogados da fiscalização, do policiamento e da regulação para forçarem as empresas a investir em tecnologias de controle ambiental e na promoção social, sem considerar os custos das empresas, e na economia. Essa atitude de tomar a dimensão ambiental isoladamente resulta numa conduta burocrática que acaba por isolar os verdes em guetos, tanto nas empresas como nos governos.

Contudo, essa contraposição entre qualidade de vida e crescimento econômico começou a mudar na década de 1980; ocorreu uma revisão dos conceitos e adotou-se o desenvolvimento sustentável como o grande mote para compatibilizar o crescimento com qualidade de vida. Foi constatado que os problemas ambientais se multiplicaram, como a ocorrência de desertificação, salinização, desaparecimento progressivo das florestas, poluição atmosférica, insuficiência crescente de água potável e de meios de recuperação, aumento da miséria e pobreza, superexploração dos recursos naturais, etc. Foi constatado que eles não respeitam fronteiras, como a emergência das poluições globais – aumento do efeito estufa, redução da camada de ozônio,

---

[12] John Elkington, "The Triple Bottom Line for the 21st Century Business", em Richard Starkey & Richard Welford, *Business & Sustainable Development* (Londres: Earthscan, 2001), pp. 20-43.

etc. –, e que as soluções devem ser conjuntas, envolvendo todos os países e setores da sociedade porque vivemos no mesmo planeta e não basta criar regras, leis e normas para serem obedecidas mediante instrumentos de controle e fiscalização, mas devem ser criados novos mecanismos que incentivem a mudança de comportamento e valores dos agentes sociais e econômicos.

O trabalho de maior expressão sobre o conceito de desenvolvimento sustentável é o relatório da Comissão Brundtland, produzido como súmula da Comissão Mundial de Meio Ambiente e Desenvolvimento, promovida pela ONU. O conceito na sua origem tem ampla abrangência, associando desenvolvimento e meio ambiente: o desenvolvimento deve ser suportável, viável e durável. Em outros termos, "um desenvolvimento que atenda às necessidades da geração presente sem comprometer a capacidade das gerações futuras de atender a suas próprias necessidades".[13]

No âmbito da gestão empresarial, paulatinamente, as empresas perceberam que preservar a qualidade socioambiental pode ser uma oportunidade de investimento e de ganhos futuros e, paradoxalmente, pode se transformar numa vantagem competitiva. O modelo da gestão da qualidade introduziu novos conceitos e valores na gestão das empresas, como qualidade, satisfação dos clientes, abordagens preventivas, em vez de corretivas, processos integrados, e reconheceu que os funcionários são colaboradores ativos para o sucesso das empresas.

O conceito de RSE está associado ao reconhecimento de que as decisões e os resultados das atividades das companhias alcançam um universo de agentes sociais muito mais amplo do que o composto por seus sócios e acionistas. Muitas das decisões e atividades dos negócios têm consequência para a comunidade local, para o meio ambiente e para muitos outros aspectos da sociedade. Essas consequências vão muito além do mercado e, portanto, são de interesse de uma sociedade mais ampla que não está direta e necessariamente envolvida com uma troca de mercado processada com os negócios. O papel das empresas incluiria lucros, mas, em vez da maximização do lucro de curto prazo, os negócios deveriam buscar lucros de longo prazo, obedecer às leis e regulamentações, considerar o impacto não mercadológico de suas decisões e procurar maneiras de melhorar a sociedade por uma atuação orientada para a RSE. As relações entre a

---

[13] Comissão Mundial Sobre o Meio Ambiente e Desenvolvimento, *Nosso futuro comum* [relatório Brundtland] (Rio de Janeiro: FGV, 1988).

sociedade e as empresas baseiam-se num contrato social que vai evoluindo conforme as mudanças sociais e as consequentes expectativas da sociedade. Nesse contrato a sociedade legitima a existência da empresa, reconhecendo suas atividades e obrigação, bem como estabelecendo limites legais para sua atuação. A sociedade tem o direito de mudar suas expectativas dos negócios como um instrumento da própria sociedade.

Por causa disso, as empresas são obrigadas a assumir suas responsabilidades e a responder às exigências da sociedade, cumprindo o papel que delas é esperado.

Em princípio, as empresas são responsáveis pelas consequências de suas operações, incluindo os impactos diretos, assim como as externalidades[14] que afetam terceiros, o que envolve toda a cadeia produtiva e o ciclo de vida dos seus produtos e serviços.

Com frequência, a responsabilidade está presente nas políticas, nos princípios, valores e crenças, formal ou informalmente, declarados pela alta direção das empresas. Mas nem sempre estas conseguem responder efetivamente por suas responsabilidades, e inevitavelmente surgem situações particulares que levantam questões de ordem prática: Quais são as responsabilidades de uma empresa em relação à sociedade? Qual é o limite dessas responsabilidades? As respostas para essas questões não são simples, emergindo novos estudos e abordagens teóricas que contribuem para a gestão da RSE.

Modelos de responsabilidade social
Pirâmide da responsabilidade social

Carroll[15] propôs um modelo conceitual para os gestores das empresas que, de certa forma, contempla o significado amplo da responsabilidade social. Em sua proposta, a definição deve incluir uma variedade de responsabilidades dos negócios para a sociedade e, ainda, esclarecer os componentes de RSE que estão além de gerar lucros e obedecer à lei.

---

[14] *Externalidade* é o efeito do consumo ou a produção de um bem ou serviço por um agente econômico e que afeta involuntariamente outro agente sem a devida compensação ou remuneração. Portanto, o preço do mercado não corresponde ao custo social da produção, que deveria incluir a compensação ou remuneração da externalidade. Logo, o mercado não capta os custos e benefícios externos. A externalidade pode ser um efeito positivo ou negativo.

[15] Archie Carroll & Ann K. Buchholtz, *Business & Society: Ethics and Stakeholder Management*, cit.

A pirâmide da responsabilidade social corporativa desenvolvida por Carroll integra a maioria dos argumentos do debate da RSE em um modelo único. A estrutura de quatro dimensões define responsabilidade social como *responsabilidade econômica* – gerar bens, serviços, lucros, empregos, renda –, *legal* – cumprir as leis –, *ética* – fazer o certo – e *filantrópica* – ações sociais voluntárias, surgidas das expectativas da sociedade. Trata-se de uma definição abrangente porque a responsabilidade social é vista como um conjunto de dimensões da relação interdependente entre empresas e sociedade.

Embora Carroll destaque que essas dimensões não implicam uma sequência ou estágios de desenvolvimento da RSE, fica claro que a ênfase na sua definição é na dimensão econômica e legal, e que o desempenho econômico, embora essencial, não é suficiente. Os outros papéis seriam derivados da missão econômica. Contudo, a dimensão ética fica à mercê da compreensão do que são comportamentos éticos e antiéticos. E a responsabilidade filantrópica fica à mercê da compreensão do contexto e de situações particulares nos quais se desenvolvem as ações e programas sociais específicos.

Segundo Wood,[16] a visão estrutural e funcional de Carroll intuitivamente é atrativa, porque definitivamente incorpora as dimensões econômica, legal, ética e social à responsabilidade social, mas não se distancia muito da visão clássica de que o negócio dos negócios são os negócios (*the only business of business is business*)[17] e acaba levando mais ao foco no conteúdo e no debate ideológico da RSE do que a orientações sobre o comportamento social das empresas.

Nesse sentido, adota-se uma visão pragmática orientada para atender aos agentes sociais que se relacionam com as empresas. A visão pragmática permite introduzir a ideia de processos, práticas ou procedimentos, nos quais – e a partir dos quais – se apresentam os princípios, objetivos e diretrizes. Dessa forma, em vez de o debate ideológico se perpetuar, pode-se falar em processos adequados ou inadequados.

Propõe-se o conceito de *responsividade corporativa* (*corporate responsiveness*), que tem como ideia central que as empresas devem responder às

---

[16] Donna Wood & Jones Raymond, "Research in Corporate Social Performance" em Dwight F. Burlingame & Dennis R. Young (orgs.), *Corporate Philanthropy at the Crossroads* (Bloomington: Indiana University Press, 1996), pp. 41-86.

[17] Milton Friedman, *apud* Donna Wood & Jones Raymond, "Research in Corporate Social Performance", cit.; Denis Collins, "The Quest to Improve the Human Condition: the First 1.500 Articles Published in Journal of Business Ethics", cit.; Archie B. Carroll, "Corporate Social Responsibility", cit.

demandas sociais para sobreviver, adaptando o comportamento corporativo às necessidades sociais, diferente do conceito de responsabilidade social, cujas raízes estão na ética.

Responsividade corporativa

Frederick[18] define *corporate responsiveness* como a capacidade de responder às pressões sociais; é a habilidade das empresas em responder de maneira responsável aos novos desafios. A ênfase da *corporate responsiveness* está no processo ou na prontidão em responder, e não no conteúdo de uma resposta real. A responsividade social é a adaptação do comportamento corporativo às necessidades sociais; a empresa deve agir responsavelmente, atendendo às expectativas da sociedade de como os negócios devem funcionar. Articularam um processo de responsividade em etapas, de um estágio reativo para um estágio antecipatório e preventivo.[19]

A crítica aos modelos de responsividade concentra-se no fato de que eles procuram responder ao ambiente em mudança para sobreviver e não para melhorar o mundo; os resultados são dar maior ênfase às ações políticas corporativas em questões públicas. Isso implica que as empresas são primeiramente reativas às pressões externas, respondendo a elas em vez de trabalhar na natureza das suas responsabilidades corporativas; assim agem porque se sentem forçadas a fazê-lo, o que leva a crer que acabam cedendo às expectativas dos que têm maior poder de pressão, em especial os agentes que têm maior influência na mídia, os que têm maior poder de barganha e os que podem prejudicar mais as empresas.

O processo de responsividade foi além da articulação das dimensões de RSE propostas por Carroll, proporcionando uma visão instrumental para o tema. Entretanto, os estudos e pesquisas se orientaram para novos modelos para operacionalizar o conceito e articular outros conceitos que eram consistentes com RSE.

Wartick e Crochan[20] propõem avançar no modelo além das discussões sobre responsabilidade social, responsabilidade social *versus* responsabili-

---

[18] William Frederick, *apud* Donna Wood & Jones Raymond, "Research in Corporate Social Performance", cit.
[19] John R. Boatrigt, *Ethics and the Conduct of Business* (New Jersey: Prentice Hall, 1997), pp. 343-365; Ackerman, Ackerman & Bauer, *apud* Archie B. Carroll, "Corporate Social Responsibility", cit.
[20] Wartick & Crochan, *apud* Donna Wood & Jones Raymond, "Research in Corporate Social Performance", cit.

dade econômica, ou responsabilidade *versus* responsividade. Em direção a esse objetivo, incorporam em seu modelo desafios e preocupações da relação entre os negócios e a sociedade em três segmentos:

1. princípios de responsabilidade social empresarial;
2. processos de responsividade (reativo, defensivo, acomodativo e interativo); e
3. administração das questões.

Os autores enfatizam mais o conceito de desempenho social como a integração dessas linhas teóricas básicas das relações entre sociedade e negócios, e o termo *desempenho* pode ser traduzido como ação, atos, obras e efeitos que podem ser identificados e avaliados. Entretanto, o modelo ainda não deu respostas operacionalizáveis.

Nos anos 1990, desenvolvimento sustentável transforma-se no paradigma da inclusão das dimensões ambiental, econômica e social desde o estágio de planejamento até a operação e avaliação de empreendimentos e políticas de desenvolvimento.[21] Vários acordos internacionais foram selados, como a Agenda 21, proposta na reunião de Cúpula das Nações Unidas para o Meio Ambiente, em 1992, realizada no Rio de Janeiro, popularmente conhecida como Rio-92. A conferência foi um marco do movimento ambientalista, mobilizou governos, a sociedade civil e o meio empresarial; os ventos políticos eram extremamente favoráveis à cooperação e à convergência política, pois se vivenciavam a queda do muro de Berlim, o fim da Guerra Fria e a democracia. A visão de desenvolvimento sustentável foi consagrada na Agenda 21, a articulação das dimensões econômica, social e ambiental.

Em 2012, aconteceu a RIO+20, reunião da ONU para avaliar os 20 anos após a Rio-92, que teve como eixos principais os temas Economia Verde no contexto do desenvolvimento sustentável e da erradicação da pobreza, e Governança Internacional para o desenvolvimento sustentável. Economia Verde é a concepção que tem orientado a formulação de políticas públicas para o desenvolvimento sustentável. O Programa das Nações Unidas para o Meio Ambiente (Pnuma) define economia verde como aquela que resulta na melhoria do bem-estar humano e na equidade social, com redução dos riscos ambientais e da escassez ecológica. O conceito de economia verde não substitui o de desenvolvimento sustentável ou

---

[21] Fernando Almeida, "Mundo dos negócios e o meio ambiente no século 21", em André Trigueiro (org.), *Meio ambiente no século 21* (São Paulo: Sextante, 2003).

sustentabilidade; na prática, é uma agenda de desenvolvimento que propõe uma transformação na maneira de se encarar a relação entre crescimento econômico e desenvolvimento.[22]

O conceito do desenvolvimento sustentável está, hoje, totalmente integrado ao conceito de responsabilidade social: não haverá crescimento econômico em longo prazo sem progresso social e também sem cuidado ambiental. Todos os lados devem ser vistos e tratados com pesos iguais, porque esses são aspectos inter-relacionados. Da mesma forma que o crescimento econômico não se sustenta sem uma equivalência social e ambiental, programas sociais ou ambientais corporativos não se sustentarão se não houver equilíbrio econômico da empresa.

A figura 1 apresenta a evolução de conceitos de RSE e sustentabilidade.

FIGURA I

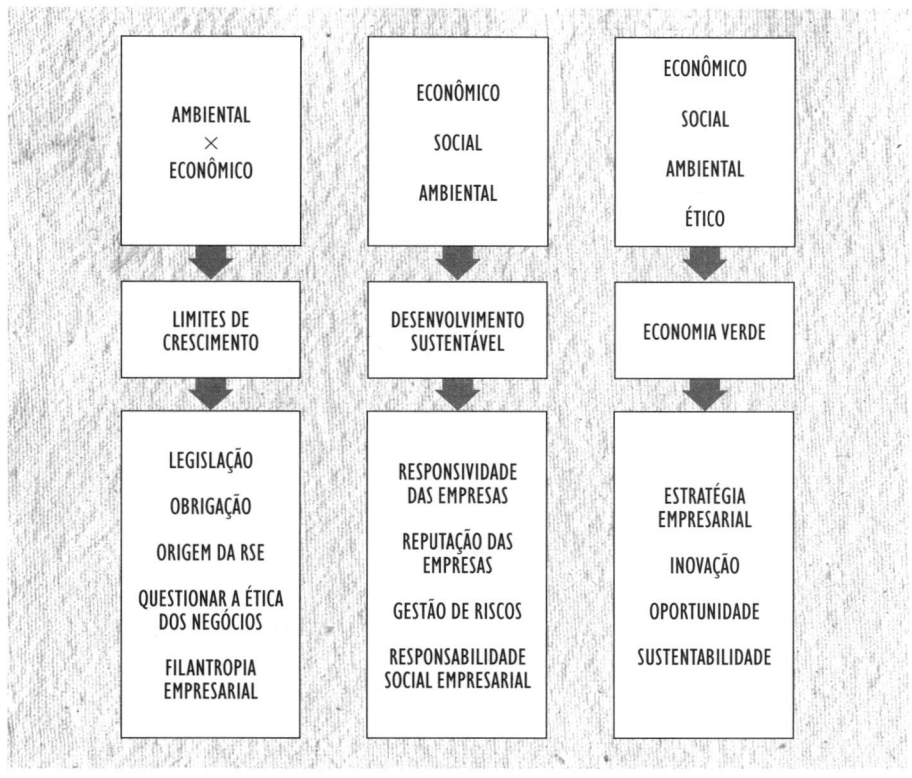

[22] Pnuma, *Rumo a uma economia verde: caminhos para o desenvolvimento sustentável e a erradicação da pobreza – síntese para tomadores de decisão*, 2011.

Ética empresarial

O primeiro movimento das empresas foi formular códigos de conduta, definir princípios e políticas, como resposta às exigências da sociedade. São códigos corporativos adotados unilateralmente pelas empresas para orientar suas operações. A ética empresarial é fundamental para a gestão da responsabilidade social.

A análise ética dos negócios se preocupa com o processo de julgamento da correção moral de uma decisão. A ética é o estudo dos juízos de valor referentes à conduta humana suscetível de qualificação do bem e do mal, seja relativamente a determinada sociedade, seja de modo absoluto. A preocupação com respeito a certos padrões éticos de comportamento aplicáveis ao mundo dos negócios não chega a constituir uma novidade. Ocorre que, no passado recente, ela era vista como uma preocupação do empresário como indivíduo e não da empresa, conforme argumentos de Friedman; o que se verifica é que, com a maior complexidade e a maior dimensão das empresas e dos impactos de suas operações nas relações com a sociedade, as questões éticas tornam-se imperativos da atividade econômica, um instrumento de trabalho e não uma questão de foro íntimo dos empresários.[23]

A ética empresarial refere-se a como a companhia integra os valores essenciais (como honestidade, confiança, respeito e justiça) nas suas políticas, práticas e no processo de tomada de decisões em todos os níveis da organização. E, adicionalmente, envolve o cumprimento das normas e dos padrões legais e a adesão às regras internas e aos regulamentos.

Até há pouco tempo, referia-se primeiramente à implementação de códigos legais que especificavam o que os empregados podiam ou não fazer para evitar desvios de conduta (como conflito de interesses, uso dos bens da empresa, etc.). Hoje, um número crescente de empresas está formulando programas de ética baseados em valores, definições de valores éticos, proporcionando diretrizes para os processos de tomada de decisão e ferramentas necessárias para lidar com dilemas éticos complexos e mais rotineiros e com o grupo amplo de agentes.

Empresas de diferentes setores e tamanhos têm demonstrado seu compromisso em desenvolver processos de tomada de decisões éticos. Os processos têm levado à institucionalização de iniciativas éticas que

---

[23] João Geraldo Piquet Carneiro, "Uma nova visão da ética empresarial", em Nelson Gomes Teixeira (org.), *A ética no mundo da empresa* (São Paulo: Fundação Fides/Pioneira, 1991), pp. 35-46.

incluem a declaração de missão, o comitê de ética, os princípios éticos e va-lores, as ouvidorias, as estratégias de comunicação de ética, os cursos e treinamentos em ética, avaliação contínua e prêmios e sanções, mas não se limitam a elas.

A análise ética dos negócios tem como propósito melhorar o comportamento ético e, consequentemente, a responsabilidade da gestão. O essencial é encontrar respostas éticas ou, mais ainda, melhorar a capacidade de resolver problemas desenvolvendo e considerando alternativas eticamente aceitáveis, prevenindo o conflito de interesses, a violação dos interesses de terceiros, nas quais as alternativas seriam justas para os que são afetados pelas decisões. Adotar comportamentos éticos não significa pregar moral sobre o que deve ou não deve ser feito em dada situação. Em vez disso, liga sistematicamente os conceitos de responsabilidade e ética na tomada de decisão dentro da organização.

A missão, os valores, os princípios e as políticas são os alicerces da responsabilidade social. Entretanto, a formalização da incorporação da RSE na missão, nos princípios e códigos de conduta não significa que ela faça parte da cultura organizacional, não é suficiente para criar um clima moral desejado. Os códigos de conduta não se mostraram totalmente eficientes, uma vez que em muitos casos as regras não são facilmente compreensíveis, verificáveis por outros e em muitos casos aplicáveis. É mais fácil ter o consenso sobre princípios e políticas do que sobre as práticas. A gestão da responsabilidade social é um processo constante de monitoramento do ambiente e das relações com os agentes envolvidos nas operações das empresas e não uma missão fixa em relação a grupos específicos com uma predeterminada prioridade que permanece estática.

Foram desenvolvidas ferramentas de gestão e criados normas e padrões internacionais, por órgãos ou instituições específicas, principalmente organizações não governamentais e organismos multilaterais, visando desenvolver e consolidar um conjunto de padrões e indicadores aceitáveis e auditáveis no que se refere aos aspectos ambientais, sociais.

Entre essas, destacam-se as Normas ISO 9000 e ISO 14000, estabelecidas anteriormente, que certificam empresas por sua capacidade gerencial (qualidade do processo de produção) e pelo respeito ao meio ambiente, e as normas específicas BS 8800, OHSAS 18001 e SA 8000, que certificam, respectivamente, as empresas que dão garantias adequadas para a segurança e a saúde do trabalhador e as que respeitam os direitos humanos e trabalhistas.

A International Organization for Standardization (ISO), reconhecendo a importância das questões relacionadas à responsabilidade social, iniciou estudos para desenvolver a norma de Responsabilidade Social – a ISO 26000. A Conferência Internacional da ISO sobre Responsabilidade Social, realizada em junho de 2004 em Estocolmo, confirmou a necessidade de desenvolvimento da norma e inovou o processo de elaboração de normas quando estabeleceu a participação conjunta de um país não desenvolvido e um país desenvolvido na secretaria e presidência dos trabalhos – foram eleitos Brasil e Suécia, e a presidência coube ao Brasil – e o engajamento das partes interessadas no processo. A norma tem como propósito ser um documento integrador de diversos instrumentos de gestão reconhecidos internacionalmente, para orientar o processo de tomada de decisões alinhadas às estratégias e necessidades das organizações e das partes interessadas. A adesão à norma é voluntária, entretanto sem a certificação da organização.

As empresas investiram e têm investido em procedimentos e processos para a gestão socioambiental, especialmente em práticas de planejamento, controle e em sistemas de gestão ambiental. Atualmente existem inúmeros modelos, instrumentos e ferramentas de gestão ambiental e social; há uma concordância de que não existe um modelo ou padrão único que sirva a todas as empresas porque seu comportamento social difere de organização para organização. O desenvolvimento da gestão da responsabilidade social empresarial é complexo, porque as organizações são compostas por muitas pessoas com diferentes posições na hierarquia organizacional, crenças, valores e interesses divergentes, e por muitos processos que requerem coordenação, bem como os ambientes institucional, social, cultural e econômico gerando expectativas e padrões de comportamento diferentes para os indivíduos, entidades e agentes sociais que interagem com as empresas.

A maior dificuldade dos modelos e padrões é incluir as perspectivas externas dos diversos grupos e agentes que interagem com as empresas, refletindo sobre as limitações dos padrões e indicadores de responsabilidade socioambiental; surgiram códigos, normas e padrões resultantes de um diálogo com os múltiplos *stakeholders* – sindicatos, organizações não governamentais, entidades setoriais e governo –, como o padrão AA 1000 (AccountAbility 1000).

Outra iniciativa relevante é a Global Reporting Initiative (GRI), organização não governamental com sede em Amsterdã, fundada em 1997. Ela tem trabalhado no desenho e na construção da aceitabilidade de sistemas comuns para o desenvolvimento de relatórios sobre aspectos da sustentabilidade – econômica, ambiental e social. A GRI é uma iniciativa da Ceres[24] em parceria com o Pnuma.[25]

Por meio da reunião de centenas de parceiros em um processo voluntário, multi-*stakeholder* e consensual, a GRI busca reduzir a confusão, harmonizar regras tanto quanto possível e maximizar o valor de relatórios de sustentabilidade tanto para as empresas que os fazem quanto para quem os utiliza. Em março de 1999, a GRI lançou a primeira versão das diretrizes para relatórios de sustentabilidade de empresas. Essas diretrizes fornecem um sistema para relato que promove comparabilidade entre empresas e apresentam indicadores sobre os três elementos de sustentabilidade (econômico, social e ambiental), tratados separadamente.

A base conceitual desses novos padrões e modelos de gestão é a teoria do *stakeholder*, que tem se mostrado uma visão de gestão promissora, uma ferramenta valiosa para identificar e organizar a multiplicidade das obrigações de uma empresa com os diferentes grupos. Por enquanto é um arcabouço teórico para iniciar uma tarefa muito difícil de decidir exatamente as obrigações sociais de uma empresa, orientar e construir os processos organizacionais para incorporá-la na gestão.

Teoria do *stakeholder*

A abordagem do *stakeholder* representa o conceito de firma da teoria dos contratos, procura definir a responsabilidade social amplamente em relação aos grupos de interesses que afetam a atuação das corporações ou são afetados por ela. A teoria de *stakeholder* incorpora a noção de que as corporações têm uma obrigação com os grupos constituintes na sociedade além dos acionistas e funcionários.

O conceito de *stakeholder* atenta para o fato de que a atividade empresarial não é somente uma transação de mercado, mas uma rede de relações cooperativas e competitivas de um grande número de pessoas organizadas

---

[24] Disponível em http://www.ceres.org.
[25] Disponível em http://www.unep.org.

de várias maneiras. A empresa é uma organização na qual (e pela qual) muitos indivíduos e grupos empreendem esforços para atingir seus fins.

O modelo de *stakeholder* personaliza as responsabilidades sociais, delineando os grupos específicos ou as pessoas que os negócios devem considerar na orientação da responsabilidade e atuação social. A nomenclatura de *stakeholder* põe nome e face nos membros da sociedade ou grupos mais importantes para os negócios e mostra quais são mais responsáveis.[26]

Stakeholders são os grupos que levam ao sucesso e participam das ações das empresas. As demandas destes variam de grupo para grupo, mas podem afetar as atividades de uma organização ou ser afetados por elas, de maneira positiva ou negativa.

Donaldson e Preston[27] distinguem três usos para o modelo de *stakeholder*: descritivo, instrumental e normativo. O modelo pode ser usado como uma descrição da empresa que pode capacitar os gestores para entender melhor como está organizada e é gerenciada, e o que as pessoas pensam sobre o seu papel.

O modelo pode ser usado instrumentalmente como uma ferramenta de gestão para os administradores se relacionarem melhor com os *stakeholders* e como um meio de melhorar o desempenho da empresa. O uso descritivo e instrumental sugere que as empresas devem administrar os *stakeholders* como uma necessidade prática.

O uso normativo do modelo leva a administração a reconhecer os interesses dos empregados, clientes e outros com o mesmo grau de importância que preza seus próprios interesses. Os *stakeholders* possuem valor intrínseco.

O modelo baseia-se na visão sistêmica da organização dentro da sociedade e na ideia de que as empresas estão engajadas, ativa ou passivamente, nas relações com as partes interessadas. As relações das empresas com as partes interessadas são envolventes, mutuamente definidas e governadas por contratos – explícitos e implícitos –, os quais especificam o que ambas as partes esperam da relação e o que dão em troca. Os grupos de interesse proveem as informações, a energia e os recursos necessários para as empresas. Por meio dessas relações as empresas criam o capital social, intelectual,

---

[26] R. Edward Freeman, *apud* Archie B. Carroll, "Corporate Social Responsibility", cit., p. 284.
[27] Donaldson & Preston, *apud* John R. Boatrigt, *Ethics and the Conduct of Business*, cit.

ambiental e financeiro essencial para a sustentabilidade e o crescimento organizacional.

A teoria de sistema assume que as empresas estão envolvidas numa rede de relações de grupos de interesse interdependentes que são mutuamente definidas. A teoria do sistema de relações das corporações com os grupos de interesse leva a novas ideias sobre as responsabilidades das organizações, o papel dos gestores e o sistema mais apropriado de gestão.

A responsabilidade é compartilhada com os *stakeholders* na procura de oportunidades e soluções, e o estilo de administração é a colaboração. O quadro 1 resume as características das abordagens para as relações com os *stakeholders*.

QUADRO 1

Características da velha e da nova abordagem para as relações com os stakeholders

Administração dos stakeholders	Colaboração com os stakeholders
Fragmentada.	Integrada.
Foco na administração das relações.	Foco na construção das relações.
Ênfase na defesa da organização.	Ênfase em criar oportunidades para mútuos benefícios.
Relacionada aos objetivos de curto prazo dos negócios.	Relacionada aos objetivos de longo prazo dos negócios.
Implementação idiossincrática dependente dos interesses dos departamentos e do estilo pessoal dos gerentes.	Abordagem coerente dirigida pelos objetivos dos negócios, missão, valores e estratégias corporativas.

Fonte: Ann Svedsen, *The Stakeholder Strategy* (São Francisco: Berrett-Koehler, 1998), p. 4.

Ver as companhias e suas relações com a sociedade sob a perspectiva sistêmica ajuda a entender a corporação como um sistema orgânico, regrado pela autorregulamentação e renovação por meio das interações com as diversas partes do ambiente. Com uma forte rede de relações as companhias podem antecipar, compreender e responder mais rapidamente e com mais facilidade às mudanças do ambiente externo.

A empresa é vista como um conjunto de contratos que estabelecem as expectativas da empresa em relação às partes interessadas para atingir seus objetivos organizacionais e as expectativas das partes interessadas em relação à empresa em troca de sua cooperação. Com essa estrutura de contratos, explícitos e implícitos, administram-se as relações com as partes interessadas. Como Wheeler e Sillanpää denominam: *Stakeholder Organization*.[28]

Os contratos explícitos são formais, fruto de acordos entre as partes, e seu cumprimento pelas partes é reforçado pela lei. Nos contratos implícitos, as obrigações e os deveres não são especificados previamente, não são garantidos pela lei, os resultados não são observáveis, os julgamentos sobre o valor de cada parte são subjetivos, definem expectativas e afetam o comportamento e, portanto, as relações entre as partes.

Os contratos implícitos existem e são sustentados quando ambas as partes se beneficiam de uma relação de longo prazo e precisam da flexibilidade que esse contrato provê. São implícitos, porque são informais e têm como fundamento a reputação, a confiança e a integridade para o seu cumprimento. Nessa estrutura de contratos, as relações das empresas com as partes interessadas são compreendidas por serem recíprocas e mutuamente definidas.

As demandas e expectativas dos *stakeholders* são essenciais para a sobrevivência, competitividade e lucratividade das empresas. São eles que dão suporte às empresas quando seu desempenho atende às suas expectativas ou as excede. O ponto crucial é que as demandas dos *stakeholders* podem pressionar a empresa em diferentes direções, porque as relações entre os diversos *stakeholders* e a empresa são diferentes, assim como a influência deles no comportamento das empresas.

A gestão dos *stakeholders* é complexa e envolve o reconhecimento de seus valores, direitos e interesses, e a busca de um equilíbrio entre eles para que as decisões sejam tomadas dentro de um contexto mais amplo e num horizonte de longo prazo.

Um modelo de engajamento na atuação de responsabilidade socioambiental requer que os gestores definam os elementos básicos da RSE, compreendendo as questões que envolvam responsabilidade social, identificando os agentes sociais com os quais a empresa tem responsabilidade, relações ou dependência e especificando a filosofia de resposta para as questões.

Freeman, pai da teoria do *stakeholder*, baseado em Ansoff, formulou a questão: "For whose benefit and whose expense should the firm be

---

[28] David Wheeler & Maria Sillanpää, *The Stakeholder Corporation: a Blueprint for Maximizing Stakeholder Value* (Londres: Pitman, 1997).

managed"²⁹ e propõe que as corporações devem definir amplamente a responsabilidade social em relação aos grupos de interesses que afetam a atuação das corporações ou são por ela afetados.

Cada empresa tem seu conjunto de grupos de interesse que afetam as atividades das empresas e são afetados por elas. Ele classificou como grupos de interesse primários aqueles que influenciam diretamente os negócios das empresas – acionistas, sócios, empregados, fornecedores, clientes e a população residente na área de atuação da empresa. O ambiente natural, as espécies não humanas e as futuras gerações também são vistos como grupos de interesse primários. Os *stakeholders* secundários incluem os que indiretamente influenciam a corporação, não são diretamente afetados por suas atividades e não estão diretamente engajados nas suas transações – não são essenciais para sua sobrevivência. A mídia e os grupos de pressão são classificados como grupos de interesse secundários, pois podem afetar a reputação das empresas mobilizando a opinião pública a favor da companhia ou contra ela.

O ponto crucial é que os interesses dos grupos são diferentes e, na maioria das vezes, não são convergentes. As organizações têm relações de dependência com as partes interessadas, que não são iguais para todas. Quanto mais crítica e valiosa a participação dos grupos de interesse, maior a dependência da firma, o que significa maior poder de influência sobre ela, sobre seus compromissos, decisões e ações. Nesse sentido, entre os desafios da alta administração e dos que formulam as estratégias está acomodar ou achar meios de separar a organização das demandas das partes interessadas de controlar recursos críticos.

Cada parte interessada espera que as decisões estratégicas venham ao encontro de seus objetivos, mas estes frequentemente diferem de um grupo para outro, pondo os administradores em situações de escolha entre um e outro. Em linhas gerais, os acionistas querem maximizar seus retornos, preservar e aumentar sua riqueza; os consumidores querem qualidade e confiabilidade dos serviços e produtos sem aumento de preços; os fornecedores querem aumentar o preço e reduzir os custos; a comunidade quer que as empresas sejam empregadores de longo prazo,

---

[29] R. Edward Freeman, *Strategic Management: a Stakeholder Approach* (Boston: Pitman, 1984), p. 76, *apud* Kim Davenport, "Corporate Citizenship: a Stakeholder Approach for Defining Corporate Social Performance and Identifying Measures for Assessing it", em *Business and Society*, vol. 39, Chicago, junho de 2000, pp. 210-219.

paguem mais impostos e não demandem serviços de infraestrutura; e finalmente os organizacionais esperam que a firma forneça um ambiente de trabalho dinâmico, estimulante e compensador. Sempre há potenciais conflitos, o que dificulta a gestão, mas estes podem ocorrer em momentos diferentes, permitindo um campo de manobra para administrar as demandas das partes interessadas.

A essência da responsabilidade social é reconhecer o valor do diálogo com os *stakeholders* externos e depende da compreensão dos valores e princípios dos que participam das atividades das empresas. Estas, por sua vez, devem conhecer a visão dos *stakeholders*-chave em relação às questões sociais, ambientais e éticas, e precisam também saber como essas visões mudam no tempo e como vão afetar o relacionamento entre a empresa e os *stakeholders*.

A premissa do modelo é que o engajamento na responsabilidade social é representado pela adoção dos princípios da responsabilidade social, sua integração nas atividades e práticas gerenciais diárias da empresa, compreendendo que o papel das empresas na sociedade inclui a responsabilidade nas suas dimensões econômica, social, ambiental e ética.

A ideia de sustentabilidade vem sendo representada pela elevação das expectativas em relação ao desempenho social e ambiental, além do econômico, traduzido no conceito de *triple bottom line* (tripé da sustentabilidade): *profit – planet – people*. Criado por Elkington,[30] refere-se à adoção de novas posturas corporativas comprometidas com questões sociais e ambientais, para além do objetivo comum das empresas de obter lucro. Tema central para a agenda de práticas sustentáveis das corporações, o termo *triple bottom line* está relacionado com a aliança entre prosperidade econômica, qualidade do meio ambiente e equidade social, tido como uma estratégia empresarial de desenvolvimento sustentável.

O modelo da sustentabilidade é uma nova forma de fazer negócios, que tem como pressuposto o novo papel da empresa na sociedade. Sustentabilidade e responsabilidade social trazem para o modelo de negócios a perspectiva de longo prazo, a inclusão sistemática da visão e dos interesses das partes interessadas, e a transição para um modelo em que os príncipios,

---

[30] John Elkington, *Sustentabilidade: canibais com garfo e faca* (São Paulo: M. Books, 2012).

a ética e a transparência precedem a implementação de processos, produtos e serviços.

Considerações finais

O ambiente empresarial é cada vez mais complexo, vivemos numa sociedade culturalmente pluralista e globalizada, o que significa que os indivíduos ou grupos de um mesmo país ou região podem não concordar com o que constitui um comportamento socialmente responsável ou pelo que as empresas devem ser responsáveis. Toda tomada de decisões processa-se num contexto em que interesses contraditórios se movimentam, tenham ou não consciência disso os agentes envolvidos.

No novo milênio, as questões econômicas, sociais, ambientais, éticas – societais – e as questões empresariais estão em constante debate. O período é turbulento, caracterizado por significativas mudanças na economia, na tecnologia, na sociedade e nas relações globais.

Temas como mudanças climáticas, redução da pobreza e crises do mercado financeiro transformaram a sustentabilidade no maior desafio das empresas para o século XXI, porque estão questionando seu modelo de negócios. Serão as empresas socialmente responsáveis que terão condições de responder a esse desafio.

As organizações empresariais estão passando por uma transição de modelos de gestão, da visão *single bottom line* para a consideração do *triple bottom line*, como um sistema de gestão que englobará o tripé da sustentabilidade, na sua tríplice dimensão econômico-socioambiental, no planejamento estratégico empresarial e na definição de suas metas e ações. Responsabilidade social e sustentabilidade são conceitos complementares, e não podem ser interpretados como a nova onda de mercado, como tantos outros temas que envolvem a gestão empresarial.

Não será suficiente, entretanto, atender às expectativas dos *stakeholders*. É necessário mudar profundamente as regras de mercado para viabilizar a agenda ambiental, incluir a população de baixa renda como agentes econômicos e criar oportunidades de investimento que garantam o futuro das próximas gerações. Mudar o modelo de negócios não se restringe às empresas; abrange governos e organizações da sociedade civil.

Os ODS (Agenda 2030) aprovados durante a Cúpula das Nações Unidas sobre o Desenvolvimento Sustentável (25 a 27 de setembro 2015) reúnem 17 objetivos globais e 169 metas com o propósito de acabar com a pobreza até 2030 e promover universalmente a prosperidade econômica, o desenvolvimento social e a proteção ambiental. A seguir, elencam-se os objetivos:

1 Acabar com a pobreza.

2 Acabar com a fome.

3 Saúde de qualidade.

4 Educação de qualidade.

5 Equidade de gênero.

6 Água limpa e saneamento.

7 Energia renovável, acessível.

8 Empregos de qualidade e crescimento econômico.

9 Inovação e infraestrutura.

10 Redução das desigualdades.

11 Cidades e comunidades sustentáveis.

12 Consumo responsável.

13 Ação climática.

14 Vida debaixo da água.

15 Vida na Terra.

16 Paz e justiça.

17 Parcerias para a implementação das metas.

Os ODS, que substituíram as metas do milênio, traduzem o desafio para toda a sociedade, pois podem mobilizar os investimentos das empresas e abrem uma janela de oportunidades para a construção de uma sociedade sustentável, que por sua vez implica a convergência dos esforços para equilibrar os interesses dos *stakeholders*, levando à inovação e à prosperidade do mercado para atender às expectativas sociais, ambientais e éticas da sociedade civil.

Avaliação de impacto ambiental e seu papel na gestão de empreendimentos

Luis Enrique Sánchez

A avaliação de impacto ambiental (AIA) é um instrumento de planejamento da maior importância para empresas privadas, órgãos públicos e instituições financeiras. Com o objetivo de antecipar os resultados futuros de decisões tomadas no presente, a AIA proporciona uma abordagem sistemática e estruturada que permite evitar ou minimizar consequências socioambientais indesejáveis e estabelecer diálogos com as partes interessadas.

As potencialidades já demonstradas da AIA, entretanto, são muitas vezes desconhecidas dos dirigentes empresariais – e mesmo de seus gerentes de meio ambiente –, que a veem como uma formalidade burocrático-legal necessária para obter uma licença ambiental. Em alguns casos, despendem-se somas consideráveis na contratação de estudos ambientais, na realização de audiências públicas e mesmo na contratação de serviços especializados de comunicação, com a finalidade de obter a aprovação de um novo projeto e a concessão de sua licença ambiental. Uma vez implantado o empreendimento, outros serviços são contratados para orientar a gestão ambiental, eventualmente até mesmo com a adoção de um sistema de gestão. Os estudos anteriores são esquecidos, reinicia-se o trabalho com o levantamento de aspectos e impactos ambientais, seguido da definição de objetivos e metas, com a expectativa de que se consiga atender aos requisitos legais, entre os quais destacam-se as condicionantes da própria licença ambiental, cuja obtenção foi demorada e custosa (e, ademais, baseada no estudo de impacto ambiental!).

O estudo de impacto ambiental (EIA), suas complementações, os planos de controle ambiental e demais estudos e documentos exigidos pelos órgãos ambientais somente teriam valor como um meio para a obtenção da licença? A avaliação de impacto ambiental – ferramenta básica do planejamento de novos projetos – teria alguma contribuição para a gestão ambiental desse empreendimento? Poderia, de alguma forma, orientar sua implantação, operação ou desativação? É evidente que sim, embora muitos gestores ambientais e um número ainda maior de gerentes de projeto não vejam com clareza essa conexão. Este texto explora algumas ligações possíveis e busca apontar sinergismos entre as etapas de planejamento e de gestão ambiental de empreendimentos.

Diversos instrumentos foram desenvolvidos nas últimas décadas para atender às necessidades de planejamento e gestão ambiental de organizações governamentais e privadas. Alguns tornaram-se exigência legal, a exemplo da avaliação de impacto ambiental, da análise de risco, do licenciamento ambiental e, parcialmente, da auditoria ambiental, enquanto outras ferramentas encontram suas principais aplicações em iniciativas voluntárias de empresas e demais organizações ou no atendimento a demandas do mercado, como os sistemas de gestão ambiental, os padrões de desempenho ambiental e social, a investigação e avaliação do passivo ambiental, a avaliação do ciclo de vida, a rotulagem ambiental e a demonstração de responsabilidade social.

Essas ferramentas foram desenvolvidas para atender a necessidades específicas e têm sido aplicadas de maneira relativamente estanque. Por exemplo, os estudos prévios de impacto ambiental raramente consideram as necessidades futuras de gestão do empreendimento, e, caso a organização opte por adotar um sistema de gestão, as informações colhidas durante a elaboração desses estudos raramente são utilizadas. Da mesma forma, os estudos de impacto ambiental raramente consideram os impactos do ciclo de vida dos materiais de construção, das matérias-primas e dos insumos utilizados na implantação e operação de empreendimentos que avaliam.

Os próprios profissionais e pesquisadores que atuam no ramo do planejamento e gestão ambiental parecem desenvolver nichos especializados e pouco interagem entre si. Da mesma forma, empresas de consultoria se especializam em determinados tipos de serviços, para os quais empregam um número limitado de ferramentas.

Para fins da análise apresentada neste texto, entende-se que as atividades de *planejamento ambiental* dizem respeito aos estudos prévios, à análise de alternativas, à consulta pública e à decisão final sobre um projeto ou investimento, enquanto as atividades de *gestão ambiental* significam a aplicação das medidas preventivas, corretivas e compensatórias e correspondentes programas socioambientais durante as três principais fases do período de vida de um empreendimento (implantação, operação e desativação).

Avaliação de impacto ambiental: suas funções e seus resultados

É indiscutível que a AIA, ao identificar as consequências futuras de ações presentes, tem como principal finalidade a análise da viabilidade ambiental de novas decisões de investimento. Nesse sentido, um de seus papéis é certamente o de *ajuda à decisão*. O processo de AIA informa os tomadores de decisão – empreendedores, financiadores, investidores e autoridades governamentais – acerca da magnitude e da importância das alterações socioambientais decorrentes de um projeto. Informa também sobre as medidas necessárias para evitar, reduzir ou compensar os impactos adversos (conhecidas como hierarquia de mitigação) e, portanto, sobre os custos de mitigação que deverão ser internalizados para garantir a viabilidade do projeto. Ao promover, de modo estruturado, uma consulta pública, o processo de AIA também possibilita a expressão de pontos de vista da sociedade (que os gestores ambientais chamam de *partes interessadas*), alertando os tomadores de decisão.[1]

Trata-se, evidentemente, de uma decisão acerca da concessão de uma licença ambiental e das condições a serem impostas ao empreendedor para que seu projeto possa seguir adiante. Mas há diversas outras decisões tomadas ao longo do processo de AIA que têm implicações para as futuras atividades de gestão ambiental, em caso de aprovação do projeto. Trata-se de decisões acerca de alternativas tecnológicas e de localização (uma das questões centrais da avaliação de impacto ambiental), de decisões acerca de medidas mitigadoras e outras ações de controle ambiental que serão incorporadas ao projeto e mesmo de decisões sobre possíveis modificações de projeto, com vistas a eliminar ou reduzir a magnitude dos impactos adversos. Essas questões são tratadas no EIA e assentam as bases das futuras necessidades de gestão. Assim, a AIA tem também o papel de servir como ferramenta de *planejamento de projeto*, analisando alternativas, testando hipóteses e propondo soluções de menor risco, buscando assim reduzir os impactos ambientais e sociais adversos, ao mesmo tempo que busca maximizar os benefícios econômicos e os impactos socioambientais positivos.

Um terceiro papel da AIA é de *negociação social*. Os projetos com potencial de causar impactos ambientais significativos[2] tendem a ser controversos. Por isso o processo de AIA inclui procedimentos de consulta pública, como a divulgação antecipada do projeto, a publicidade do estudo e do relatório de impacto ambiental e mecanismos para que os cidadãos

---

[1] Acerca da definição de processo de avaliação de impacto ambiental e descrição dos principais elementos desse processo, ver L. E. Sánchez, *Avaliação de impacto ambiental: conceitos e métodos* (2ª ed., São Paulo: Oficina de Textos, 2013), 583 p. O processo de avaliação de impacto ambiental e seus componentes também são tratados em vários livros-texto sobre avaliação de impacto ambiental, como P. André et al., *Environmental Assessment for Sustainable Development. Processes, Actors and Practice* (Montreal: Presses Internationales Polytechnique, 2004).

[2] Estudos de impacto ambiental são requeridos para empreendimentos que tenham o potencial de causar impactos *significativos*, segundo um princípio adotado internacionalmente e pela Constituição brasileira.

expressem suas preocupações e pontos de vista, como as audiências públicas. Desse processo podem surgir modificações do projeto ou medidas mitigadoras ou compensatórias adicionais, que podem ser incorporadas às exigências da licença ambiental. Além da consulta pública, abordagens de engajamento de partes interessadas, nas quais o empreendedor não apenas informa e ouve, mas também dialoga com vistas a compreender pontos de vista e preocupações das comunidades afetadas e de partes interessadas, cada vez mais fazem parte do processo de avaliação de impactos e riscos ambientais e sociais.

O quarto papel atribuído à AIA é justamente o de instrumento de *gestão ambiental*, uma vez que do processo de AIA resultam diretrizes e orientações para a gestão ambiental do empreendimento.[3] O que tem ocorrido é que esse último papel tem sido pouco explorado na teoria e na prática. Autores, como Ridgeway, Sánchez e Hacking, Slinn, Handley e Jay, Van der Vorst, Grafé-Buckens, Sheate e Varnäs, Faith-Ell e Balfors, têm apontado essa lacuna e proposto caminhos para integrar as etapas de planejamento e de gestão ambiental dos empreendimentos, assim como integrar os diversos instrumentos de planejamento e gestão.[4] O próprio Conselho Empresarial Mundial para o Desenvolvimento Sustentável (World Business Council for Sustainable Development – WBCSD) preconiza a integração com um sistema de gestão ambiental (SGA) como um caminho para "maximizar o valor da AIA".[5]

---

[3] Para uma discussão sobre os papéis e o potencial da AIA, ver L. E. Sánchez, "Os papéis da avaliação de impacto ambiental", em L. E. Sánchez (org.), *Avaliação de impacto ambiental: situação atual e perspectivas* (São Paulo: Epusp, 1993), pp. 15-33 ou L. E. Sánchez, "Os papéis da avaliação de impacto ambiental", em *Revista de Direito Ambiental*, nº 0, São Paulo, 1996, pp. 138-157.

[4] B. Ridgeway, "The Project Cycle and the Role of EIA and EMS", em *Journal of Environmental Assessment Policy and Management*, 1 (4), 1999, pp. 393-405; L. E. Sánchez & T. Hacking, "An Approach to Linking Environmental Impact Assessment and Environmental Management Systems", em *Impact Assessment and Project Appraisal*, 20 (1), 2002, pp. 25-38; P. Slinn *et al.*, "Connecting EIA to Environmental Management Systems: Lessons from Industrial Estate Developments in England", em *Corporate Social Responsibility and Environmental Management*, 14 (2), 2007, pp. 88-102; R. van der Vorst *et al.*, "A Systemic Framework for Environmental Decision-Making", em *Journal of Environmental Assessment Policy and Management*, 1 (1), 1999, pp. 1-26; A. Varnäs *et al.*, "Linking Environmental Impact Assessment, Environmental Management Systems and Green Procurement in Construction Projects: Lessons from the City Tunnel Project in Malmö, Sweden", em *Impact Assessment and Project Appraisal*, 27 (1), 2009, pp. 69-76.

[5] World Business Council for Sustainable Development, *Environmental Assessment. A Business Perspective* (Genebra: WBCSD, 1996).

O lugar da avaliação de impacto ambiental

Uma grande quantidade de instrumentos de planejamento e de gestão ambiental foi desenvolvida a partir da década de 1960. Uma verdadeira *caixa de ferramentas* está disponível na atualidade, como mostra o quadro 1. Algumas ferramentas se aplicam ao processo produtivo, enquanto outras foram desenvolvidas para gerenciar aspectos ambientais relativos aos produtos ou serviços. O subconjunto de ferramentas que interessa aqui é aquele que pode ser utilizado no planejamento e na gestão dos processos produtivos, para que possam ser apontados o lugar da AIA e seu potencial de aplicação. No quadro 1 os instrumentos são divididos em três grupos, segundo suas funções principais: 1. analíticos, 2. gerenciais e 3. comunicativos.

É interessante notar que a AIA foi o instrumento pioneiro, aquele que estabeleceu os fundamentos da gestão ambiental e que deu origem a diversos outros desses instrumentos. Por exemplo, são muitos os pontos comuns entre as metodologias empregadas na avaliação de impacto ambiental de projetos e a identificação de aspectos e impactos ambientais em um sistema de gestão ambiental, ou a avaliação do ciclo de vida, que vem a ser a avaliação do impacto ambiental de produtos.

Idealmente, o gestor ambiental deveria ter um bom conhecimento de todas essas ferramentas, mas são poucas as organizações nas quais é concebível a aplicação da totalidade delas. O porte da organização, a natureza e complexidade das operações (atividades, produtos e serviços) e as demandas das partes interessadas ditarão a escolha das ferramentas necessárias e adequadas e a consequente especialização do gestor ambiental. O emprego de alguns desses instrumentos em cada etapa do período de vida de um empreendimento é mostrado no quadro 2. Esse quadro sugere que a AIA é útil em todas essas etapas, desde o planejamento até a desativação. Sua aplicação em cada uma dessas etapas – planejamento, implantação, operação e desativação – será discutida nas seções seguintes.

QUADRO I

Principais instrumentos de planejamento e gestão ambiental para as organizações

Instrumento		Referências normativas e diretrizes	
		Internacionais	Brasileiras
Instrumentos analíticos	Avaliação de impacto ambiental[6]	Princípios Iaia[7] Marco Ambiental e Social do Banco Mundial[8] Padrões de Desempenho de Sustentabilidade Ambiental e Social da IFC[9]	Resolução Conama 01/86
	Análise de risco tecnológico	Diretiva Seveso[10] Guidelines AIChE[11]	Norma Técnica Cetesb P4.261
	Análise de risco ecológico e à saúde humana	EPA[12] ASTM 1689-95 (2003)[13]	
	Auditoria ambiental	ISO 19011:2002[14]	Resolução Conama 306/02
	Investigação e avaliação do passivo ambiental	ASTM E 1527-05 / ASTM E 1528-06 / ASTM 19034-97 (2002) e outras ISO 14015:2003	Decisão de Diretoria Cetesb nº 038/2017/C NBR 15.515-1-2-3:2007 / 16209:2013 / 16210:2013
	Monitoramento ambiental	ISO 14004:2004 ISO 14031:2015	
	Avaliação de desempenho ambiental	ISO 14031:2015 ISO 14032:2014	
	Avaliação social	SA 8000:2014[15]	
	Avaliação do ciclo de vida	ISO 14040:2006 ISO 14044:2006 ISO 14047:2003 ISO 14048:2002 ISO 14049:2000	
	Estimação de emissões de gases de efeito estufa	ISO 14064:2006 ISO 14065:2007 GHG Protocol[16]	

(cont.)

Instrumentos organizacionais	Sistema de gestão ambiental	ISO 14001:2015 ISO 14004:2016 EMAS[7] Sistema de Gestão Ambiental e Social (IFC)[9]	Códigos Gerenciais do Programa Atuação Responsável®[18]
	Sistema de gestão de saúde e segurança ocupacionais	OHSAS 18001:2007 ISO 45001:2018[19]	
	Programas de atendimento a emergências[20]	APELL[21] / ISO 22320:2011	
	Responsabilidade social	Diretrizes OCDE para empresas multinacionais (2011)[22] AA1000:2008 AA1000AP:2018[23] ISO 26000:2010	NBR 16001:2012
	Contabilidade ambiental	Normas Fasb (EUA) e suas similares em outros países[24] Diretrizes UNCTAD / ISAR[25]	
Instrumentos de comunicação	Relatório de desempenho ambiental, balanço social, relatório de sustentabilidade	GRI Standards (2018)[26]	Guia Instituto Ethos[27] Modelo Ibase[28]
	Rotulagem ambiental	ISO 14020:2000 ISO 14021:1999 ISO 14024:1999 ISO 14025:2006 Esquemas setoriais de certificação de produtos[29]	
	Programas de comunicação empresarial	ISO 14063:2006	Conselhos Comunitários Consultivos[30]

Nota: Quadro atualizado até agosto de 2018. Trata-se de referências institucionais amplamente reconhecidas. Há inúmeras outras não citadas aqui.

---

[6] Inclui avaliação de impacto social, às vezes apresentada como um instrumento de características próprias.

[7] Diretrizes e recomendações da International Association for Impact Assessment (Iaia), disponíveis em http://www.iaia.org/resources.php, acessado em 18-12-2018.

[8] World Bank Environmental and Social Framework, disponível em http://www.worldbank.org, acessado em 18-12-2018.

[9] International Finance Corporation, disponível em https://www.ifc.org/wps/wcm/connect/topics_ext_content/ifc_external_corporate_site/sustainability-at-ifc/policies-standards/performance-standards, acessado em 18-12-2018.

[10] Diretiva da União Europeia sobre o controle dos perigos associados a acidentes graves que envolvem substâncias perigosas; recebeu esse nome por causa de um grave vazamento de substâncias tóxicas ocorrido na cidade italiana de Seveso. A Diretiva Seveso I (82/501/EEC) foi aprovada em 24 de junho de 1982 e substituída em 1996 pela Diretiva Seveso II (96/82/EEC), a qual, por sua vez, foi substituída pela Diretiva Seveso III (2011/12/EU). Ver http://ec.europa.eu/environment/Seveso, acessado em 18-12-2018.

[11] American Institute of Chemical Engineers, disponível em http://www.aiche.org/Publications/, acessado em 18-12-2018.

[12] Há inúmeras publicações da Environmental Protection Agency dos Estados Unidos com diretrizes e recomendações para análises de risco. Ver http://www.epa.gov/risk/ecological-risk-assessment, acessado em 18-12-2018.

[13] Substitui ISO 14010, ISO 14011 e ISO 14012. International Organization for Standardization (ISO), disponível em http://www.iso.org, acessado em 18-12-2018.

[14] Normas técnicas da American Society for Testing and Materials, disponível em http://www.astm.org, acessado em 18-12-2018.
[15] Social Accountability International, SA 8000:2014, disponível em http://www.sa-intl.org, acessado em 18-12-2018. A SA8000 é uma norma certificável.
[16] Conjunto de normas, disponível em http://ghgprotocol.org/, acessado em 18-12-2018.
[17] Eco-Management and Audit Scheme (Sistema Europeu de Ecogestão e Auditoria), estabelecido pela União Europeia por meio do Regulamento nº 1836/93 e modificado pelo Regulamento nº 761/2001, disponível em http://ec.europa.eu/environment/emas/index_en.htm, acessado em 18-12-2018.
[18] Versão brasileira do programa Responsible Care®, promovido pela Associação Brasileira da Indústria Química (Abiquim), contém seis códigos de prática. Disponível em http://www.abiquim.org.br, acessado em 18-12-2018.
[19] Occupational Health and Safety. Norma britânica ainda muito usada, porém substituída pela norma ISO em 2016.
[20] Os programas de atendimento a situações de emergência requerem o envolvimento da organização e a articulação com agentes externos, incluindo a comunidade. Ver http://www.epa.gov/emergencies, acessado em 18-12-2018.
[21] Awareness and Preparedness for Emergencies at Local Level, programa promovido pelo Programa das Nações Unidas para o Meio Ambiente, disponível em http://www.uneptie.org/pc/apell, acessado em 18-12-2018.
[22] Primeira versão de 2001, autalizada em 2011, disponível em http://www.oecd.org/corporate/mne/, acessado em 18-12-2018.
[23] Norma de gestão interna para responsabilidade social corporativa, Institute of Social and Ethical Accountability, AA 1000:1999, Corporate Responsibility Management Structure, disponível em http://www.accountability.org/standards, acessado em 18-12-2018.
[24] Financial Accounting Standards Board (Fasb), em especial Statement of Financial Accounting Standards nº143 sobre Contabilidade para Obrigações de Retirada de Ativos, disponível em http://www.fasb.org, acessado em 18-12-2018.
[25] United Nations Conference on Trade and Development (UNCTAD), *A Manual for the Preparers and Users of Eco-Efficiency Indicators*, version 1.1, New York/Geneva, disponível em http://www.unctad.org, acessado em 18-12-2018; International Standards of Accounting and Reporting (ISAR), disponível em http://isar.unctad.org/, acessado em 18-12-2018.
[26] Global Reporting Initiative (GRI), Conjunto de normas e guias orientativos, disponível em http://www.globalreporting.org/, acessado em 18-12-2018.
[27] Instituto Ethos de Empresas e Responsabilidade Social, disponível em http://www.ethos.org.br, acessado em 18-12-2018.
[28] Instituto Brasileiro de Análises Sociais e Econômicas (Ibase), *Demonstrativo do Balanço Social*, disponível em http://www.balancosocial.org.br, acessado em 18-12-2018.
[29] Há vários programas de certificação, um dos pioneiros foi o Forest Stewardship Council, para produtos florestais. Ver http://br.fsc.org/pt-br, acessado em 18-12-2018.
[30] Parte do Programa Atuação Responsável®, disponível em http://www.abiquim.org.br, acessado em 18-12-2018.

QUADRO 2

Instrumentos de gestão ambiental de empreendimentos e os diversos usos da avaliação de impacto ambiental

Fase do empreendimento	Instrumentos de planejamento e gestão	Relação com o governo	Relação com a sociedade/ partes interessadas
Planejamento e projeto	Avaliação de impacto ambiental Análise de risco Investigação e avaliação do passivo ambiental Análise de ciclo de vida	Licença prévia Outras licenças exigíveis (i.e. remoção de vegetação, uso de água, alvará municipal, etc.)	Audiência pública Reuniões públicas Programas de comunicação
Implantação/construção	Monitoramento ambiental Programas de gestão ambiental Sistema de gestão ambiental Auditoria ambiental	Licença de instalação Relatórios de monitoramento Relatórios de andamento Vistorias e fiscalização	Comitês de acompanhamento Relatórios de atividades Programas de comunicação
Operação/funcionamento	Monitoramento ambiental Programas de gestão ambiental Sistema de gestão ambiental Auditoria ambiental Avaliação de desempenho ambiental Contabilidade ambiental e provisão financeira	Licença de operação Normas e padrões ambientais Relatórios de monitoramento e de desempenho	Comitês de acompanhamento Relatório de desempenho ambiental Balanço social Relatório de sustentabilidade
Desativação/fechamento	Investigação e avaliação do passivo ambiental Plano de fechamento ou de desativação + avaliação de impacto ambiental[31] Plano de recuperação de áreas degradadas ou plano de remediação de solos contaminados[32] Monitoramento ambiental[33] Auditoria ambiental	Normas e padrões ambientais Valores de referência (solos e águas subterrâneas) Futura autorização de fechamento	Relatório de desempenho ambiental Audiência pública Reuniões públicas

[31] Um projeto de fechamento pode ser objeto de avaliação de impacto ambiental; a AIA pode auxiliar no estudo das alternativas de fechamento e na mitigação dos impactos adversos; um EIA é exigido para o fechamento de certos tipos de empreendimentos em diversos países.

[32] A AIA pode ser empregada para avaliar opções de remediação; um EIA também é exigível em algumas jurisdições.

[33] O monitoramento ambiental pode ser necessário durante alguns anos após a desativação de certos tipos de empreendimentos.

A avaliação de impacto ambiental e o planejamento do projeto

É na função de ferramenta de planejamento de projetos que a AIA tem tido maior aplicação, e para essa finalidade surgiu. A preparação de um estudo de impacto ambiental requer a consideração sistemática de todos os impactos relevantes, benéficos ou adversos, diretos ou indiretos, imediatos ou de longo prazo, locais ou globais, decorrentes de todas as etapas do período de vida do projeto em análise *e de suas alternativas*. Desde a introdução da AIA como exigência legal, em 1969, nos Estados Unidos,[34] o estudo de alternativas é um de seus requisitos fundamentais. A AIA surgiu para atender a uma necessidade: que o planejamento de projetos (ou de quaisquer ações que possam afetar negativamente o ambiente humano) leve em conta as consequências ambientais das decisões acerca desses projetos.[35]

Um EIA não só ajuda na seleção das melhores alternativas em termos de localização do empreendimento e seus componentes, de tecnologia de processo e de medidas de controle, mas também facilita a comunicação com as partes interessadas[36] e a identificação dos riscos associados ao empreendimento proposto. O esquema 1 indica as atividades essenciais de um processo interativo de definição do projeto e análise de sua viabilidade ambiental. O esquema 2 mostra as principais etapas usualmente seguidas na preparação de um estudo de impacto ambiental.

---

[34] National Environmental Policy Act (Nepa). As origens e a evolução da AIA são descritas em vários livros-texto. Pode-se consultar, por exemplo, L. Ortolano, *Environmental Regulation and Impact Assessment* (Nova York: John Wiley & Sons, 1997); C. Wood, *Environmental Impact Assessment. A Comparative Review* (Harlow: Longman, 1995).

[35] Nas palavras de Daniel Dreyfus, assessor legislativo do Congresso dos Estados Unidos que acompanhou a discussão do projeto de lei, o objetivo do *environmental impact statement* (estudo de impacto ambiental) não era "coletar dados ou preparar descrições [do ambiente afetado], mas forçar uma mudança nas decisões administrativas". D. A. Dreyfus & H. M. Ingram, "The National Environmental Policy Act: a View of Intent and Practice", em *Natural Resources Journal*, 16 (2), 1976, pp. 243-262.

[36] A consulta pública é parte obrigatória do processo de avaliação de impacto ambiental em quase todos os países. A consulta pode ser feita de diversas maneiras, como a promoção de reuniões públicas para expor as características do projeto que se deseja implantar e ouvir as preocupações do público. Em muitas jurisdições, inclusive no Brasil, a realização de uma audiência pública promovida pelo órgão governamental responsável é obrigatória.

ESQUEMA I

Uso da avaliação de impacto ambiental no planejamento de projetos

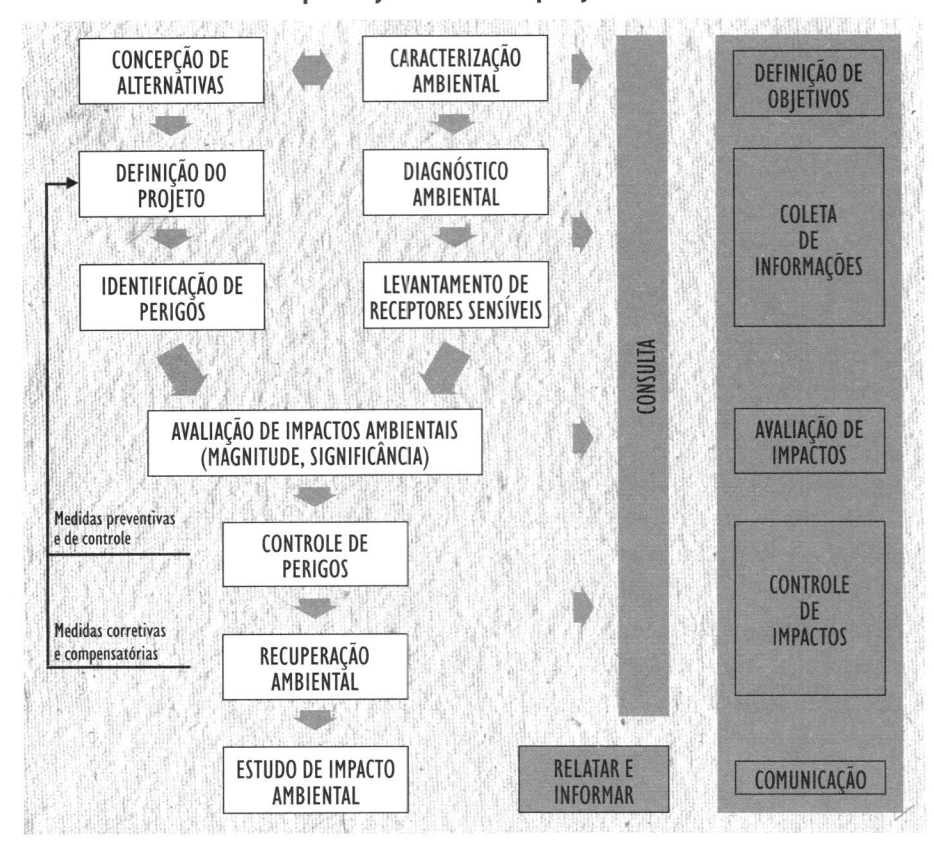

```
CONCEPÇÃO DE           CARACTERIZAÇÃO              DEFINIÇÃO DE
ALTERNATIVAS      ⇔    AMBIENTAL          ⇒        OBJETIVOS
     ↓                      ↓
DEFINIÇÃO DO           DIAGNÓSTICO                 COLETA
PROJETO                AMBIENTAL                   DE
     ↓                      ↓                      INFORMAÇÕES
IDENTIFICAÇÃO DE       LEVANTAMENTO DE
PERIGOS                RECEPTORES SENSÍVEIS
           ↓           ↓                 C
     AVALIAÇÃO DE IMPACTOS AMBIENTAIS    O        AVALIAÇÃO DE
     (MAGNITUDE, SIGNIFICÂNCIA)     ⇒    N        IMPACTOS
                ↓                        S
Medidas preventivas                      U
e de controle      CONTROLE DE           L
                   PERIGOS               T
                      ↓                  A        CONTROLE
Medidas corretivas                                DE
e compensatórias   RECUPERAÇÃO                    IMPACTOS
                   AMBIENTAL
                      ↓
                   ESTUDO DE IMPACTO     RELATAR E
                   AMBIENTAL             INFORMAR    COMUNICAÇÃO
```

Fonte: Modificado de World Business Council for Sustainable Development, *Environmental Assessment: a Business Perspective* (Genebra: WBCSD, 1996).

ESQUEMA 2
Principais etapas no planejamento e execução de um estudo de impacto ambiental

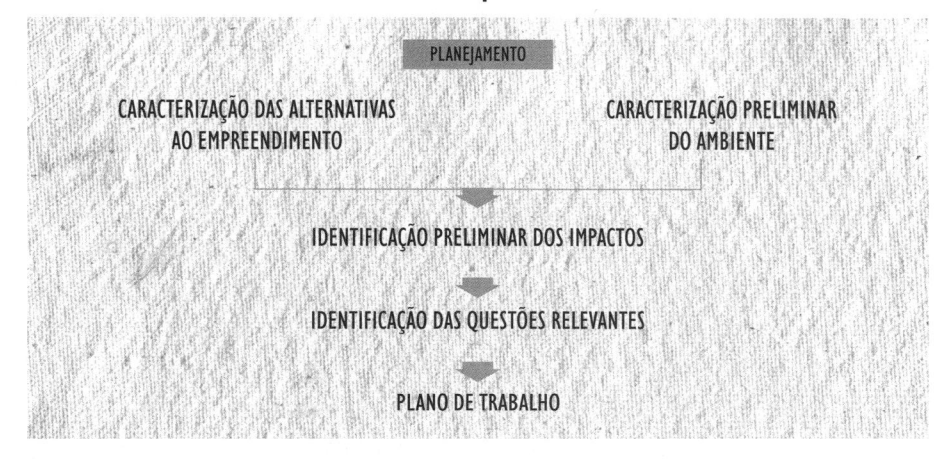

PLANEJAMENTO

CARACTERIZAÇÃO DAS ALTERNATIVAS AO EMPREENDIMENTO

CARACTERIZAÇÃO PRELIMINAR DO AMBIENTE

↓

IDENTIFICAÇÃO PRELIMINAR DOS IMPACTOS

↓

IDENTIFICAÇÃO DAS QUESTÕES RELEVANTES

↓

PLANO DE TRABALHO

EXECUÇÃO

PLANO DE TRABALHO/TERMOS DE REFERÊNCIA

↓

ESTUDOS DE BASE

↓

IDENTIFICAÇÃO DOS IMPACTOS

↓

PREVISÃO DOS IMPACTOS

↓

AVALIAÇÃO DOS IMPACTOS

Análise dos impactos

↓

PLANO DE GESTÃO

↓

ESTUDO DE IMPACTO AMBIENTAL

RELATÓRIO DE IMPACTO AMBIENTAL

Fonte: L. E. Sánchez, "Evaluación de impacto ambiental", em F. L. Repetto & C. S. Karez (orgs.), *Aspectos geológicos de protección ambiental* (Montevidéu: Unesco, 2002), pp. 46-78, disponível em http://www.unesco.org.uy/geo/campinaspdf/campinasprimeras.pdf, acessado em 18-12-2018.

Um estudo de impacto ambiental sempre deve ser planejado previamente. Em muitas jurisdições é necessária a preparação de termos de referência, que definem a abrangência e o conteúdo do futuro estudo de impacto ambiental, devendo ser elaborados caso a caso.[37] Sua preparação é baseada na identificação das questões-chave, ou dos prováveis impactos mais relevantes do projeto.[38]

Para a identificação das questões relevantes, normalmente parte-se de uma descrição das alternativas de projeto proposto e de um reconhecimento das condições ambientais da área potencialmente afetada. O cruzamento das ações e atividades do projeto (em suas fases de implantação, operação e desativação) com as características principais do meio fornece uma lista preliminar de prováveis impactos ambientais. Os impactos mais relevantes são, então, destacados dessa lista usando-se critérios previamente definidos, como a existência de requisitos legais, a fragilidade dos ambientes afetados ou a vulnerabilidade das populações humanas.

Todas essas iniciativas de planejamento do EIA permitem que ele seja dirigido para elucidar as questões que terão mais peso nas decisões sobre o projeto, como: Haverá perda de fragmentos de vegetação nativa? Haverá interferência sobre espécies de flora e fauna ameaçadas de extinção? Haverá interferência sobre nascentes de água? Haverá deslocamento de populações humanas? Serão afetados bens do patrimônio cultural?

A execução do EIA tem três etapas principais. Os estudos de base fornecem um retrato da situação da área antes da construção do empreendimento, resultando no diagnóstico ambiental. A análise dos impactos fornece um prognóstico da situação ambiental futura e é composta de três atividades: a identificação, a previsão da magnitude ou intensidade dos impactos e a avaliação ou interpretação de sua importância ou significância. A análise dos impactos leva à formulação de medidas de gestão ambiental segundo a ordem de preferência estipulada no esquema 3, também chamada de hierarquia de mitigação.

---

[37] No Brasil é comum – e ineficaz – a prática de certos órgãos ambientais terem termos de referência padronizados por tipo de empreendimento, e não desenvolvidos cuidadosamente para cada EIA.

[38] Essa atividade é conhecida na literatura internacional sobre AIA como *scoping*, ou definição da abrangência ou do alcance do estudo de impacto ambiental. A legislação portuguesa denomina essa atividade como definição do âmbito do EIA. A obrigatoriedade e a formalização de uma etapa de *scoping* são indicações de uma boa prática internacional em AIA.

ESQUEMA 3

Hierarquia de mitigação

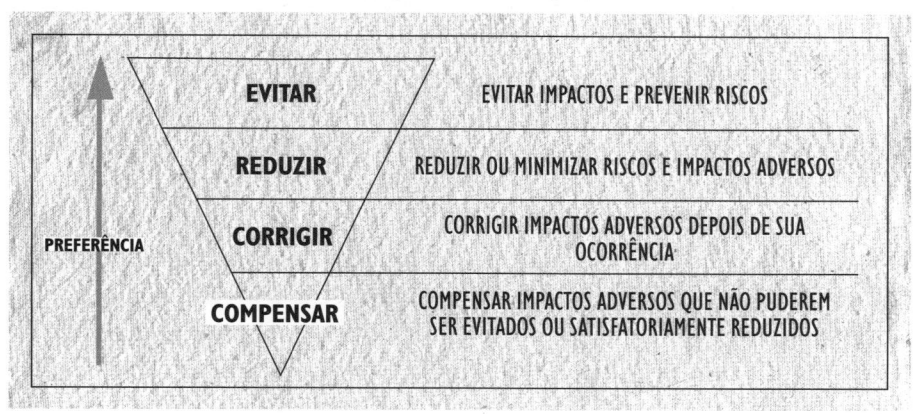

EVITAR	EVITAR IMPACTOS E PREVENIR RISCOS
REDUZIR	REDUZIR OU MINIMIZAR RISCOS E IMPACTOS ADVERSOS
CORRIGIR	CORRIGIR IMPACTOS ADVERSOS DEPOIS DE SUA OCORRÊNCIA
COMPENSAR	COMPENSAR IMPACTOS ADVERSOS QUE NÃO PUDEREM SER EVITADOS OU SATISFATORIAMENTE REDUZIDOS

(PREFERÊNCIA ↑)

É fundamental compreender que as etapas do planejamento e da execução de um EIA são concatenadas. A mitigação de impactos adversos deve ser baseada na análise dos impactos, que, por sua vez, somente é possível depois da preparação do diagnóstico ambiental; para que esse diagnóstico forneça informações necessárias para a análise dos impactos e a definição de medidas de gestão, deve ser baseado na identificação das questões relevantes. Finalmente, deve-se lembrar que o processo não é linear: a análise dos impactos pode concluir que determinado impacto é muito significativo, a ponto de inviabilizar o empreendimento, e isso pode, consequentemente, demandar modificações substanciais no projeto. Da mesma forma, as medidas mitigadoras deverão ter seu custo estimado, o que pode requerer uma revisão do estudo de viabilidade econômica do projeto.[39]

---

[39] Para uma explanação dos passos e atividades de planejamento e execução de estudos de impacto ambiental, pode-se consultar L. E. Sánchez, *Avaliação de impacto ambiental: conceitos e métodos*, cit.

A gestão ambiental durante a implantação de empreendimentos

A implantação de um projeto sujeito ao licenciamento ambiental deve, evidentemente, ser feita em observância às condições estabelecidas nas licenças ambientais.[40] Normalmente o empreendedor assume diversos compromissos, propostos no estudo de impacto ambiental ou nos estudos ambientais[41] posteriores, ou ainda negociados com o órgão licenciador ou impostos por ele. Obrigações contratuais com agências reguladoras assim como requisitos de instituições financeiras muitas vezes também contêm cláusulas socioambientais. Tais compromissos tornam-se obrigações a serem cumpridas em determinadas etapas do período de vida do empreendimento. Por exemplo, um compromisso comum é a obrigação de recompor trechos de vegetação nativa ao longo de cursos d'água (vegetação ciliar), atendendo a um dispositivo do Código Florestal.[42]

Automaticamente, a função de gestão ambiental dentro da empresa deve incorporar essas condicionantes da licença ambiental como requisitos legais a serem atendidos, além de exigências de instituições financiadoras, que podem ser mais abrangentes que os requisitos legais. É usual que cada exigência ou um grupo de exigências assemelhadas constitua um programa de gestão ou um programa ambiental. Exemplos de programas ambientais usuais durante a fase de implantação de empreendimentos são programas de gerenciamento de resíduos sólidos, programas de controle de erosão e programas de conscientização e capacitação de pessoal na área ambiental.

---

[40] A legislação brasileira (Lei nº 6.938/81, Decreto nº 99.274/90 e extensa legislação complementar) estabelece a necessidade de obtenção sequencial de três licenças ambientais: licença prévia, licença de instalação e licença de operação. A construção e a implantação de um novo empreendimento sujeito a licenciamento somente pode começar após a obtenção da licença de instalação. Essa licença estipula as obrigações específicas do empreendedor, a exemplo da adoção de determinadas medidas de controle e da implementação de medidas compensatórias.

[41] O termo *estudos ambientais* é definido pela Resolução Conama nº 237/97, artigo 1º, III: "são todos e quaisquer estudos relativos aos aspectos ambientais relacionados a localização, instalação, operação e ampliação de uma atividade ou empreendimento, apresentados como subsídios para a análise da licença requerida, tais como: relatório ambiental, plano e projeto de controle ambiental, relatório ambiental preliminar, diagnóstico ambiental, plano de manejo, plano de recuperação de área degradada e análise preliminar de risco".

[42] Artigo 7º da Lei nº 12.651/2012.

O cumprimento desses requisitos não é trivial e demanda comprometimento, empenho, capacidade técnica e gerencial, recursos humanos e financeiros. Estudos empíricos realizados no Brasil têm mostrado baixa aderência ao cumprimento das exigências das licenças ambientais[43] e que os gestores ambientais de empreendimentos sujeitos à apresentação prévia de um EIA pouco levam em consideração as recomendações desses estudos,[44] mas há várias exceções notáveis, a exemplo da construção da pista descendente da rodovia dos Imigrantes, no estado de São Paulo.[45]

> **Um caso de sucesso do acompanhamento ambiental durante a fase de construção de um grande empreendimento**
>
> Nem sempre os órgãos ambientais aplicam um programa cuidadoso de acompanhamento ambiental. Se os problemas decorrentes da falta de acompanhamento já foram bastante discutidos, os benefícios do acompanhamento rigoroso também já foram documentados. O caso da construção da pista descendente da Rodovia dos Imigrantes é bem documentado.[46] O rigor do acompanhamento desse projeto deve-se à sua localização e às características ambientais da área afetada (a rodovia atravessa um parque estadual com remanescentes importantes de Mata Atlântica e tem o potencial de afetar manguezais e recursos hídricos tanto do Planalto Paulistano quanto da Baixada Santista), assim como, provavelmente, à sua visibilidade. A sistemática de acompanhamento incluiu:

---

[43] G. C. S. Dias, *Avaliação de impacto ambiental de projetos de mineração no Estado de São Paulo: a etapa de acompanhamento*, tese de doutorado (São Paulo: Escola Politécnica da USP, 2001), disponível em http://www.teses.usp.br/teses/disponiveis/3/3134/tde-23052001-171051/publico/Elviradias.pdf; E. G. C. S. Dias & L. E. Sánchez, "Deficiências na implementação de projetos submetidos à avaliação de impacto ambiental no Estado de São Paulo", em *Revista de Direito Ambiental*, 6 (23), São Paulo, 2001, pp. 163-204.

[44] J. F. Prado Filho & M. P. Souza, "Auditoria em avaliação de impacto ambiental: um estudo sobre a previsão de impactos ambientais em EIAs de mineração do Quadrilátero Ferrífero (MG)", em *Solos e Rochas*, 27 (1), São Paulo, 2004, pp. 83-89.

[45] A. L. C. F. Gallardo & L. E. Sánchez, "Follow-up of a Road Building Scheme in a Fragile Environment", em *Environmental Impact Assessment Review*, 24 (2), 2004, pp. 47-58.

[46] A. L. C. F. Gallardo & L. E. Sánchez, "Follow-up of a Road Building Scheme in a Fragile Environment", cit.; "Práticas de gestão ambiental da construção da pista descendente da Rodovia dos Imigrantes: atenuação de impactos sobre o meio físico em ambientes frágeis", em *Solos e Rochas*, v. 29, 2006, pp. 341-358; e L. E. Sánchez & A. L. F. C. Gallardo, "On the Successful Implementation of Mitigation Measures", em *Impact Assessment and Project Appraisal*, 23 (3), 2005, pp. 182-190.

- um programa de monitoramento definido na licença ambiental e que foi implementado à risca, com relatórios semestrais enviados à Secretaria do Meio Ambiente.
- uma equipe permanente de meio ambiente do consórcio construtor, com atribuição de implementar os programas ambientais e de supervisão das atividades construtivas e de apoio.
- um sistema de gestão ambiental implementado pelo proponente do projeto, baseado na norma ISO 14001.
- a formação de uma equipe própria de meio ambiente na empresa proponente e a contratação de serviços de consultoria para supervisão da obra, realização do monitoramento, documentação do SGA e preparação de relatórios.
- a contratação, pela Secretaria do Meio Ambiente (SMA), do Instituto de Pesquisas Tecnológicas (IPT), órgão estatal prestador de serviços, para realização de vistorias semanais para controle dos impactos sobre o meio físico.
- a realização de diversas vistorias por parte de técnicos de diversos órgãos vinculados à SMA.

Esse arranjo de acompanhamento, pouco usual no Brasil àquela época, permitiu:

1. manter os impactos reais da obra dentro do que havia sido estipulado na licença ambiental;
2. demonstrar e documentar o atendimento às exigências; e
3. identificar impactos adversos não previstos no EIA e implantar medidas corretivas.

Esse último benefício do acompanhamento ambiental do projeto Imigrantes deve ser salientado, pois revela a importância dessa etapa e o necessário vínculo que tem de ser estabelecido entre planejamento e gestão. O impacto em questão é a deterioração da qualidade das águas superficiais dos córregos da Serra do Mar devido à alcalinidade da água de drenagem oriunda da construção dos túneis. As águas que percolavam pelo maciço rochoso onde foram escavados os túneis se tornaram alcalinas ao entrar em contato com o cimento utilizado para revestir os túneis. A detecção do impacto (por meio do programa de monitoramento) levou à implantação de quatro estações de tratamento de efluentes para tratar as águas de drenagem. Sem um bom programa de acompanhamento, esse impacto significativo, não identificado nos estudos prévios, não teria sido mitigado.

Esse modelo de acompanhamento, que passou a ser adotado por vários empreendedores e exigido por órgãos ambientais e instituições financeiras, é conhecido por *supervisão ambiental*. Caracteriza-se pela contratação, pelo empreendedor, de uma terceira parte independente encarregada de verificar o cumprimento de exigências contratuais, obrigações legais e eventuais compromissos voluntários. Seu emprego tem sido mais usual na etapa de implantação de empreendimentos.

Esses e outros casos de sucesso mostram com clareza que a avaliação dos impactos ambientais não termina quando um projeto recebe aprovação na forma de uma licença ambiental. Pelo contrário, o processo de avaliação prossegue durante todo o período de vida do empreendimento, ou seja, as etapas de implantação, de operação e mesmo de desativação, incluindo as modificações que usualmente ocorrem durante o funcionamento de qualquer empreendimento. O princípio norteador da AIA, de *avaliar as consequências futuras das decisões presentes*, é aplicável a todas as decisões tomadas no âmbito de um empreendimento.

Da mesma forma, deve-se entender que o uso integrado de instrumentos de planejamento e gestão também contribui para a redução dos riscos. Em janeiro de 2007, um desmoronamento durante a construção da Estação Pinheiros da linha 4 do Metrô de São Paulo tirou a vida de sete pessoas que passavam pelo local, próximo às escavações. Nenhum trabalhador foi afetado. Em consequência do acidente, 57 imóveis foram interditados e 61 famílias, removidas. A apuração das condições do acidente nos dias subsequentes constatou que o plano de emergência adotado pelas empresas integrantes do consórcio construtor foi eficaz para salvaguardar a vida dos trabalhadores, uma vez que houve evacuação da área. Entretanto, não havia plano semelhante para alertar a população. Nem os estudos ambientais nem os pareceres técnicos que os analisaram haviam apontado a necessidade de algum programa de gerenciamento de riscos voltado para o ambiente externo às obras. Sem entrar no mérito das responsabilidades pelo acidente, questão espinhosa discutida na esfera judicial com base em complexos pareceres técnicos, uma lição de gestão ambiental pode ser tirada desse caso: dificuldades técnicas e situações imprevistas são inerentes a diversos tipos de obras de engenharia e é justamente por essa razão que a análise de riscos deve ser integrada à análise de impactos, de modo que suas conclusões sejam traduzidas em requisitos claros de gestão.

É também importante considerar que é principalmente com base nos erros que se aprende, e melhorias podem ser introduzidas em processos e procedimentos. Assim, hoje é plenamente reconhecida a importância das etapas do processo de AIA que se seguem à aprovação do projeto, notadamente a etapa de acompanhamento (*follow-up*).[47] O acompanhamento é composto pelas seguintes atividades:[48] 1. monitoramento, 2. supervisão, fiscalização ou auditoria, 3. documentação e análise.

O monitoramento ambiental se refere à coleta sistemática e periódica de dados previamente selecionados, com objetivo de verificar o atendimento de requisitos obrigatórios, como padrões legais ou condições impostas pela licença ambiental, assim como a implementação dos programas de gestão e seus resultados. Os itens monitorados abarcam parâmetros do ambiente afetado e parâmetros do empreendimento. Quando o monitoramento ambiental usa os mesmos parâmetros, as mesmas estações de amostragem e os mesmos métodos de coleta e análise, é possível constatar os impactos reais do projeto por meio de uma comparação com a situação pré-projeto (dada no diagnóstico ambiental, que é um dos componentes do estudo de impacto ambiental). Todavia, isso pressupõe qualidade e consistência no monitoramento pré-projeto, que, dessa forma, se revela como um dos pontos críticos para promover a integração entre o planejamento e a gestão ambiental.

A função mais importante do monitoramento não é, entretanto, comparar os impactos reais com os previstos, mas alertar os gestores para a necessidade de ações corretivas caso os resultados do monitoramento mostrem qualquer não conformidade com relação a algum critério preestabelecido, como um padrão legal ou alguma das condicionantes da licença ambiental.

---

[47] J. Arts, *EIA Follow-up: on the Role of ex Post Evaluation in Environmental Impact Assessment* (Groninga: Geo Press, 1998); J. Arts *et al.*, "Environmental Impact Assessment Follow-up: God Practice and Future Directions – Findings from a Workshop at the Iaia 2000 Conference", em *Impact Assessment and Project Appraisal*, 20 (4), 2001, pp. 229-304; R. Marshall et al., "International Principles for Best Practice EIA Follow-Up", em *Impact Assessment and Project Appraisal*, 23 (3), 2005, pp. 175-181; A. Morrison-Saunders *et al.*, "Roles and Stakes in Environmental Assessment Follow-up", em *Impact Assessment and Project Appraisal*, 19 (4), 2001, pp. 289-296.

[48] L. E. Sánchez, *Avaliação de impacto ambiental*, cit.

A supervisão, a fiscalização e a auditoria são atividades complementares que se superpõem parcialmente e não têm sido definidas de maneira consistente. No sentido mais comum desses termos, a supervisão é uma atividade contínua realizada pelo empreendedor ou seu representante, com a finalidade de verificar o cumprimento de exigências legais ou contratuais por parte de empreiteiros e quaisquer outros contratados para a implantação ou operação de um empreendimento. O termo *supervisão* também é usado para designar as atividades de verificação do cumprimento das condições contratuais realizadas por um agente financiador.

A fiscalização é uma atividade correlata, porém realizada por agentes governamentais no cumprimento do poder de polícia do Estado.[49] A fiscalização muitas vezes se faz por amostragem e é discreta, em contraposição ao caráter usualmente contínuo e permanente da supervisão. Já a auditoria, genericamente definida como "procedimento em que uma terceira parte independente sistematicamente examina evidência de conformidade de alguma prática com um conjunto de normas ou padrões para aquela prática e emite uma opinião profissional",[50] analisa a conformidade com critérios prescritos, nesse caso o atendimento aos requisitos legais, aos termos e condições da licença ambiental ou a outros critérios, como os que podem ser impostos por agentes financiadores do projeto.

Tem sido demonstrado, por meio de vários estudos de caso, que a supervisão ambiental é ferramenta da maior importância para assegurar:

1. o cumprimento efetivo das medidas mitigadoras e demais condições impostas; e[51]
2. a adaptação do projeto ou de seus programas de gestão no caso de impactos não previstos ou de impactos de magnitude maior que o esperado.[52]

A documentação é parte da fase de acompanhamento que envolve o registro sistemático de resultados de monitoramento, de constatações de

---

[49] O poder de polícia do Estado é o poder de limitar o direito individual em benefício da coletividade.
[50] T. A. Schwandt, "Auditing", em V. Jupp (org.), *The Sage Dictionnary of Social Research Methods* (Londres: Sage, 2006).
[51] R. Goodland & J. R. Mercier, *The Evolution of Environmental Assessment in the World Bank: from "Approval" to Results*, nº 67, The World Bank Environment Department Paper, 1999.
[52] A. L. C. F. Gallardo & L. E. Sánchez, "Follow-up of a Road Building Scheme in a Fragile Environment", cit.; e R. Marshall, "Environmental Impact Assessment Follow-Up and its Benefits for Industry", em *Impact Assessment and Project Appraisal*, 23 (3), 2005, pp. 191-196.

não conformidades, de evidências de atendimento a requisitos e de quaisquer outras informações relevantes. Os registros devem ser armazenados de modo tal que permitam sua fácil recuperação e submetidos a uma análise que possa alertar para a necessidade de adotar medidas corretivas caso os critérios preestabelecidos não sejam atendidos.

Monitoramento, supervisão, auditoria e documentação têm sido reconhecidos como atividades essenciais para assegurar a implementação satisfatória das condições da licença ambiental e o atendimento aos requisitos legais.[53] A articulação dessas atividades na forma de planos de gestão ambiental já previstos no EIA promove a integração entre o planejamento e a gestão ambiental.[54]

As semelhanças com os requisitos de um sistema de gestão ambiental, particularmente o modelo preconizado pela norma ISO 14001, não são uma coincidência, mas o resultado de necessidades quase idênticas:

1. gerir o empreendimento com observância dos requisitos legais (e demais requisitos aplicáveis); e
2. demonstrar o cumprimento desses requisitos.

O esquema 4, na página seguinte, ilustra a relação entre planejamento e gestão ambiental de um novo empreendimento, o lugar da fase de acompanhamento e sua relação com os demais instrumentos de gestão ambiental.

A gestão ambiental durante a operação de empreendimentos

Quando um empreendimento entra em funcionamento, começam também as atividades rotineiras de gestão ambiental. Como se sabe, essas atividades podem ser organizadas na forma de programas ou de sistemas de gestão, sendo prerrogativa da empresa escolher a forma que mais lhe convenha. Independentemente do formato escolhido, as atividades de gestão ambiental já terão sido

---

[53] L. Wilson, "A Practical Method for Environmental Assessment Audits", em *Environmental Impact Assessment Review*, nº 18, 1998, pp. 59-71.
[54] C. Wood *et al.*, "Auditing the Assessment of the Environmental Impact of Planning Projects", em *Journal of Environmental Planning and Management*, 43 (1), 2000, pp. 23-47.

ESQUEMA 4

Relação entre os papéis da avaliação de impacto ambiental (AIA) e dos sistemas de gestão ambiental (SGA) nas principais fases do ciclo de vida de um empreendimento, mostrando a função da etapa de acompanhamento na ligação entre o planejamento e a gestão ambiental

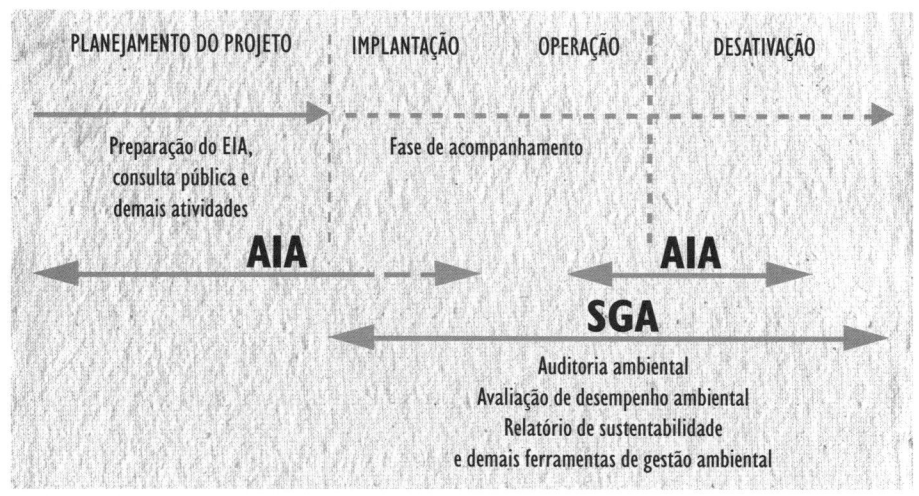

```
PLANEJAMENTO DO PROJETO   |  IMPLANTAÇÃO   |   OPERAÇÃO   |   DESATIVAÇÃO

Preparação do EIA,              Fase de acompanhamento
consulta pública e
demais atividades

        AIA                              AIA
                                         SGA
                              Auditoria ambiental
                              Avaliação de desempenho ambiental
                              Relatório de sustentabilidade
                              e demais ferramentas de gestão ambiental
```

Fonte: Adaptado de R. Marshall, "Mitigation Linkage: EIA Follow-up Through the Application of EMP's in Transmission Construction Projects", em *IAIA'01*, Cartagena [International Association for Impact Assessment], 2001, CD-ROM.

largamente definidas (ainda que de modo implícito e às vezes não reconhecido pelos gestores ambientais) durante o planejamento do projeto.

É possível planejar as futuras atividades de gestão ambiental desde a preparação do estudo de impacto ambiental de um novo empreendimento. Sánchez e Hacking[55] sugerem que a integração entre a AIA e o SGA será facilitada se o EIA já identificar os aspectos e impactos ambientais relevantes do projeto analisado. Identificar impactos ambientais é tarefa obrigatória em todo estudo de impacto ambiental, e o mesmo ocorre quando do planejamento de um SGA de acordo com a ISO 14001.

O quadro 3 mostra a complementaridade entre o planejamento e a execução de um EIA e o planejamento de um SGA. Há diversas tarefas comuns ou semelhantes entre os dois instrumentos, como a preparação

---

[55] L. E. Sánchez & T. Hacking, "An Approach to Linking Environmental Impact Assessment and Environmental Management Systems", cit.

QUADRO 3

Comparação entre a preparação de um EIA e o planejamento de um SGA

Etapas do processo de AIA		SGA ISO 14001		
Planejamento do projeto	Identificação das questões relevantes e termos de referência para o EIA	5	Liderança e comprometimento	6 Planejamento
	Descrição do projeto	6.1.2	Identificação e documentação de aspectos e impactos ambientais	
	Análise da compatibilidade com requisitos legais e com planos e programas governamentais			
	Diagnóstico ambiental		Determinação de aspectos ambientais significativos	
	Identificação, previsão e avaliação dos impactos			
		6.1.3	Identificação de requisitos legais e outros requisitos	
	Preparação de planos de gestão ambiental (medidas mitigadoras e compensatórias dos impactos adversos e potencializadoras dos impactos benéficos)	6.1.4	Planejamento das ações	
		6.2.1	Definição de objetivos ambientais	
		6.2.2	Planejamento de ações para alcançar os objetivos	
	Estabelecimento de um plano de monitoramento ambiental			
Implantação e operação	[Estes itens do SGA podem ser tratados conceitualmente nos planos de gestão do EIA]	7.1	Recursos	7 Apoio
		7.2	Competência	
		7.3	Conscientização	
		7.4	Comunicação interna e externa	
		7.5	Informação documentada	
		8.1	Planejamento e controle operacional	8 Operação
		8.2	Preparação e resposta a emergências	
	Acompanhamento (monitoramento, supervisão, auditoria)	9.1	Monitoramento, medição, análise e avaliação	9 Avaliação de desempenho
		9.1.2	Avaliação de conformidade	
		9.2	Auditoria interna	
		9.3	Análise crítica	
		10.2	Não conformidade e ação corretiva	10 Agir
		10.3	Melhoria contínua	

Nota: Todos os itens da norma NBR 14001:2015 são citados, porém nem todas as etapas do processo de AIA figuram no quadro; foram selecionadas somente aquelas correlacionáveis ao SGA.
Fonte: Adaptado e atualizado de L. E. Sánchez & T. Hacking, "An Approach to Linking Environmental Impact Assessment and Environmental Management Systems", em Impact Assessment and Project Appraisal, 20 (1), 2002, pp. 25-38, originalmente preparado para a norma ISO 14001:1996.

de planos ou programas de gestão para atingir determinados objetivos e metas, que por sua vez devem obedecer aos requisitos legais. Uma diferença significativa, contudo, é que o SGA foi idealizado para empreendimentos em funcionamento, enquanto o EIA é preparado para um projeto que alguém tenciona implantar. Dessa forma, a maioria dos SGAs não cobre os impactos ambientais decorrentes da fase de implantação de empreendimentos, enquanto o EIA deve necessariamente identificar impactos e propor medidas mitigadoras para todas as fases do empreendimento.

Os EIAs frequentemente apresentam os impactos identificados por meio de matrizes que correlacionam as atividades de cada fase do empreendimento com elementos ou fatores ambientais (como ar, solo, ambientes aquáticos, etc.), enquanto os SGAs geralmente utilizam planilhas nas quais, para cada atividade, produto ou serviço, apontam-se os aspectos ambientais e em outra coluna os impactos ambientais associados. Ao preparar um EIA, os analistas não precisam se preocupar em identificar os aspectos ambientais, pois isso não é requerido pela regulamentação, mas, para um SGA, a norma ISO 14001 obriga a identificação dos aspectos ambientais para que em seguida sejam apontados os impactos associados:[56]

> A organização deve determinar os aspectos ambientais de suas atividades, produtos e serviços os quais ela possa controlar e aqueles que ela possa influenciar, e seus impactos ambientais associados, considerando uma perspectiva de ciclo de vida. [...] A organização deve determinar aqueles aspectos que têm ou podem ter um impacto ambiental significativo por meio do uso de critérios estabelecidos.[57]

Nada impede que o levantamento dos aspectos ambientais já seja feito durante a preparação do EIA. O quadro 4 mostra um exemplo, extraído de um estudo de impacto ambiental, de uma relação de aspectos e de impactos ambientais da fase de operação de uma mina de bauxita. Essa forma de apresentação facilita a visualização da relação entre as causas (atividades, produtos ou serviços) e as consequências (impactos ambientais) por meio de um mecanismo ou processo (aspecto ambiental).

---

[56] A versão oficial brasileira NBR ISO 14001:2015 adota as seguintes definições: "*3.2.2 Aspecto ambiental*: elemento das atividades, produtos ou serviços de uma organização que interage ou pode interagir com o meio ambiente. Nota: Um aspecto ambiental significativo é aquele que tem ou pode ter um impacto ambiental significativo. *3.2.4 Impacto ambiental*: modificação no meio ambiente, tanto adversa como benéfica, total ou parcialmente resultante, dos aspectos de uma organização".

[57] NBR ISO 14001:2015, item 6.1.2.

QUADRO 4

Matriz de identificação de aspectos e impactos ambientais

Extração do minério por escavação mecânica	Carregamento em caminhões basculantes	Transporte rodoviário até o pátio de estocagem	Captação de água em riacho e umectação das pistas	Descarregamento de minério no pátio	Estocagem de minério no pátio	Carregamento de minério em carretas rodoviárias	Transporte rodoviário em carretas até a fábrica de alumínio	Abastecimento das máquinas	Manutenção de máquinas e caminhões	Pagamento de salários e benefícios	Recolhimento de impostos e contribuições	Pagamento de royalties aos proprietários	ASPECTOS AMBIENTAIS
													MUDANÇAS DE USO DO SOLO
▲													alteração da topografia local
▲													aumento das taxas de erosão
▲													aumento da carga de sedimentos
													CONSUMO DE RECURSOS NATURAIS
▲													minério (bauxita)
			■										água
								■	■				óleos e combustíveis
													EMISSÕES HÍDRICAS
			■										geração de efluentes líquidos
					■								carreamento de partículas sólidas
													EMISSÕES ATMOSFÉRICAS
■	■	■		■	■	■							emissão de material particulado
■	■	■				■	■		■				emissão de gases de combustão
													LIBERAÇÕES PARA O SOLO
								■	■				vazamento de óleos
									■				geração de resíduos sólidos
													OUTRAS EMISSÕES
▲	▲	▲				■			■				emissão de ruídos
													ASPECTOS SOCIOECONÔMICOS
		▲					▲						aumento do tráfego de caminhões
										▲			aumento da demanda de bens e serviços
												▲	aumento da massa monetária local
	▲									▲	▲		geração de impostos

(cont.)

ASPECTOS AMBIENTAIS	Contaminação do solo	Deterioração das propriedades físicas do solo	Deterioração do ambiente sonoro	Deterioração da qualidade do ar	Deterioração da qualidade das águas superficiais	Redução da disponibilidade hídrica	Redução do estoque de recursos naturais	Afugentamento da fauna	Impacto visual	Desconforto ambiental	Aumento do índice de acidentes rodoviários	Dinamização da economia local	Aumento da arrecadação tributária
MUDANÇAS DE USO DO SOLO													
alteração da topografia local		●							●				
aumento das taxas de erosão		●			●								
aumento da carga de sedimentos					●								
CONSUMO DE RECURSOS NATURAIS													
minério (bauxita)							●						
água					●	●							
óleos e combustíveis							●						
EMISSÕES HÍDRICAS													
geração de efluentes líquidos					●								
carreamento de partículas sólidas					●								
EMISSÕES ATMOSFÉRICAS													
emissão de material particulado				●						●			
emissão de gases de combustão				●									
LIBERAÇÕES PARA O SOLO													
vazamento de óleos	●				●								
geração de resíduos sólidos					●								
OUTRAS EMISSÕES													
emissão de ruídos			+					+		●			
ASPECTOS SOCIOECONÔMICOS													
aumento do tráfego de caminhões			+							★	★		
aumento da demanda de bens e serviços												●	+
aumento da massa monetária local												●	+
geração de impostos												●	+

▲ ASPECTO SIGNIFICATIVO
● IMPACTO DE PEQUENA IMPORTÂNCIA
■ ASPECTO POUCO SIGNIFICATIVO
+ IMPACTO DE MÉDIA IMPORTÂNCIA
★ IMPACTO DE GRANDE IMPORTÂNCIA

Fonte: Matriz: L. E. Sánchez & T. Hacking, *Impact Assessment and Project Appraisal*, 20 (1), (Guildford: BeechTree, 2002), pp. 25-38. Dados extraídos de: Prominer Projetos S/C Ltda., EIA Minas de Bauxita de Divinolândia, Cia. Geral de Minas, 2003, reproduzido com autorização (com modificações).

Esse tipo de matriz, proposto por Sánchez e Hacking,[58] é estruturado em dois campos. No primeiro, à esquerda, a relação de atividades dessa fase do empreendimento é correlacionada com os aspectos ambientais; além de se apontarem as interações, os aspectos podem ser classificados em significativos ou não significativos, segundo critérios previamente definidos e que devem ser aplicados sistemática e homogeneamente a todos os aspectos. No segundo campo, à direita, os aspectos já identificados são correlacionados a impactos ambientais sobre os meios físico, biótico e antrópico, como deve ser feito nos EIAs. Os impactos são também classificados, neste caso, em três graus de importância, também segundo critérios previamente definidos. Naturalmente, a classificação dos impactos, um dos requisitos tanto do EIA quanto do SGA, pode ser feita segundo outras categorias e diferentes critérios.

O passo seguinte para a integração entre o EIA e o SGA é formular as medidas mitigadoras e demais programas ambientais em termos compatíveis com a norma e, ao mesmo tempo, aceitáveis para o órgão governamental que irá analisar o EIA e, caso aplicável, para o agente financiador.

Talvez a recomendação mais importante seja a de que as medidas de gestão ambiental preconizadas no EIA sejam formuladas de maneira tal que sejam passíveis de verificação (ou seja, auditáveis). Infelizmente, essas medidas são muitas vezes formuladas de maneira vaga e imprecisa, dificultando ou mesmo impossibilitando a verificação de atendimento. Não são poucos os auditores que, ao realizar uma auditoria de conformidade legal, se deparam com a dificuldade de interpretar o significado das condicionantes da licença ambiental. Dias,[59] ao estudar a implantação de medidas mitigadoras propostas em seis EIAs preparados para diferentes projetos de mineração de areia e brita, observou que, de um total de 122 medidas mitigadoras descritas nos EIAs, somente 41 eram plenamente passíveis de verificação ou fiscalização, enquanto para 23 dessas medidas simplesmente não havia meios de verificar seu cumprimento. As restantes 58 medidas foram classificadas como *parcialmente fiscalizáveis*, ou seja, sua verificação demanda interpretação da parte do fiscal ou auditor, interpretação que,

---

[58] L. E. Sánchez & T. Hacking, "An Approach to Linking Environmental Impact Assessment and Environmental Management Systems", cit.
[59] E. G. C. S. Dias, *Avaliação de impacto ambiental de projetos de mineração no Estado de São Paulo: a etapa de acompanhamento*, cit., p. 171.

inevitavelmente, pode não ser a mesma de outro auditor ou daquela de um fiscal de um organismo governamental.

Outro mecanismo que pode contribuir para maior eficácia e eficiência da gestão ambiental é capacitar as equipes envolvidas na operação e informá-las sobre o histórico de avaliação e licenciamento ambiental do empreendimento. Sabedores dos motivos que levaram à elaboração de cada um dos programas de gestão socioambiental, os gerentes operacionais terão maior condição de implementá-los satisfatoriamente.

A gestão ambiental durante a desativação de empreendimentos

A avaliação de impacto ambiental também pode ser empregada para planejar a desativação de um empreendimento, ou seja, como se dará o final de sua vida útil, sempre objetivando reduzir os impactos adversos. No passado, o fechamento de uma indústria, de uma mina, de um aterro de resíduos ou de qualquer outro empreendimento causador de impactos significativos não era seriamente considerado como uma etapa de seu ciclo de vida. Os empreendimentos eram simplesmente fechados ou mesmo abandonados, ou então uma nova atividade passava a funcionar no mesmo local, *esquecendo* os usos anteriores e às vezes sofrendo as consequências.

A contaminação de solos e águas subterrâneas é um resultado frequente de práticas inadequadas de gestão usadas em grande variedade de empreendimentos. A necessidade de recuperar áreas degradadas e de remediar áreas contaminadas é agora imposta pela legislação.[60] Projetos de remediação visam tornar uma área contaminada apta para um novo uso seguro, mas esses projetos, embora tenham a melhoria da qualidade ambiental e a redução dos riscos como objetivos, também podem causar impactos socioambientais negativos. Poluição do ar e de águas superficiais, ruído, tráfego de caminhões e equipamentos e geração de resíduos sólidos são alguns dos problemas ambientais encontrados na remediação de áreas contaminadas. Tais impactos podem ser significativos em determinados projetos de remediação, a ponto de justificarem o uso da AIA para planejá-los

---

[60] Lei Estadual (São Paulo) nº 13.577, de 8 de julho de 2009. A evolução das exigências legais no trato das áreas contaminadas é examinada por: L. E. Sánchez, "Revitalização de áreas contaminadas", em E. Moeri & A. Marker (orgs.), *Remediação e revitalização de áreas contaminadas* (São Paulo: Signus, 2004), pp. 79-90.

e promover uma consulta pública. Projetos de remediação fazem parte da lista de atividades sujeitas à AIA em locais como Canadá, Austrália e Hong Kong, mas não no Brasil.

Uma medida para evitar que o passivo ambiental[61] seja transferido a terceiros é o planejamento do fechamento de empreendimentos que possam causar degradação ambiental significativa. No Brasil, a prática de elaborar planos de desativação é incipiente. As exigências legais ainda são genéricas e demasiado formais, sem que tenha havido um aprofundamento sobre o conteúdo e os objetivos dos planos de fechamento.[62] Porém, em diversos países um estudo de impacto ambiental é exigido para o fechamento de certos tipos de empreendimentos, como refinarias de petróleo, algumas instalações industriais, usinas de geração de energia elétrica, instalações militares e aeroportos. Nesses casos, e de modo similar ao seu uso para avaliar os impactos da construção ou ampliação de empreendimentos, a AIA serve para avaliar alternativas de fechamento, para estruturar o processo de participação pública e para definir medidas mitigadoras e compensatórias, enquanto a análise de riscos é usada para estabelecer objetivos de remediação para a contaminação de solos e águas subterrâneas.

Um exemplo da aplicação da AIA à fase de desativação de empreendimentos é dado pelos estudos realizados nos Estados Unidos para remoção de barragens. Barragens têm sido removidas por não se prestarem mais aos usos para que foram construídas, ou porque o custo de manutenção da estrutura pode superar os benefícios auferidos com a continuidade da operação da barragem, ou simplesmente por razões de ordem ambiental, para recuperar ambientes aquáticos e suas comunidades faunísticas.[63] Ao

---

[61] Passivo ambiental é um conceito de múltiplos significados. Ver L. E. Sánchez, "Danos e passivo ambiental", em A. Philippi Jr. & A. Caffé (orgs.), *Curso interdisciplinar de direito ambiental* (Barueri: Manole, 2005), pp. 261-293.

[62] Exemplos de menção a planos de desativação na legislação ambiental brasileira são: Resolução Conama nº 316/2002, sobre sistemas de tratamento térmico de resíduos; dispõe que, "Na hipótese de encerramento das atividades, o empreendedor deverá submeter ao órgão ambiental competente o Plano de Desativação do sistema (Anexo V), obtendo o devido licenciamento" (artigo 26, § 3º) e "O encerramento das atividades dos sistemas de tratamento térmico deverá ser precedido da apresentação de Plano de Desativação" (artigo 1º, Anexo V); Decreto Estadual (São Paulo) nº 47.400/2002, sobre licenciamento ambiental, que estabelece que "Os empreendimentos sujeitos ao licenciamento ambiental deverão comunicar ao órgão competente [...] a suspensão ou o encerramento das suas atividades. § 1º – A comunicação a que se refere o 'caput' deverá ser acompanhada de um Plano de Desativação que contemple a situação ambiental existente e, se for o caso, informe a implementação das medidas de restauração e de recuperação da qualidade ambiental das áreas que serão desativadas ou desocupadas" (artigo 5º). O estado de Minas Gerais passou a exigir a partir de 2008 a apresentação de um Plano Ambiental de Fechamento para Minas (Deliberação Normativa Copam nº 127, de 27-11-2008).

[63] Sobre desativação e remoção de barragens, ver L. E. Sánchez, *Desengenharia: o passivo ambiental na desativação de empreendimentos industriais* (São Paulo: Edusp, 2001).

expirarem as licenças federais concedidas para as barragens pela Federal Energy Regulatory Commission (Ferc), o proprietário deve apresentar um estudo de impacto ambiental que considere alternativas de manutenção ou, em certos casos, a opção de remoção da barragem.

Nesses casos, o EIA é em tudo similar a um estudo preparado para um novo empreendimento: identifica, prevê e avalia impactos, benéficos e adversos, e aponta medidas mitigadoras. Portanto, dá diretrizes para gerenciar o projeto de desativação[64] até que seja atingido seu objetivo – a remoção de uma barragem, o fechamento de uma mina, de um aterro de resíduos ou de uma indústria –, garantindo a proteção ambiental, a recuperação de áreas degradadas e a mitigação dos impactos sociais. Fecha-se, assim, um ciclo, e o terreno, reabilitado, fica disponível para novo uso, cujo projeto pode requerer um novo estudo de impacto ambiental e assim sucessivamente.

Conclusão e perspectivas

O gestor ambiental dispõe hoje de uma completa e cada vez mais sofisticada caixa de ferramentas. Do mesmo modo que em marcenaria ou em mecânica, algumas ferramentas são multifuncionais, enquanto outras são extremamente especializadas e somente servem para determinado uso muito particular; algumas são usadas para um trabalho bruto, enquanto outras para acabamento ou trabalhos de precisão. Saber escolher a ferramenta certa para cada problema é uma das habilidades requeridas do profissional dessa área.

A avaliação de impacto ambiental é uma ferramenta multifuncional. Neste texto procurou-se mostrar os usos múltiplos da AIA, que vão além das exigências legais de licenciamento ambiental. A vertente mais utilizada da AIA é justamente aquela de instrumento de política ambiental pública; diferentemente da maioria dos outros instrumentos de planejamento e gestão, a AIA é instituída por lei e é obrigatória para um grande número de atividades. Ademais, a AIA é também regida por princípios e convenções

---

[64] A desativação de um empreendimento é a preparação para seu fechamento. Corresponde ao termo, em inglês, *decommissioning*, às vezes inadequadamente transladado para o português como *descomissionamento*, cf. L. E. Sánchez, S. Silva-Sánchez, A. C. Neri, *Guia para planejamento do fechamento de mina* (Brasília: Ibram, 2013).

internacionais, como a Declaração do Rio[65] e a Convenção da Diversidade Biológica.[66]

Mas o emprego da AIA como instrumento de planejamento e gestão em organizações – a vertente aqui tratada – ainda é desconhecida dos gestores ambientais. Seus benefícios potenciais precisam ser divulgados e explorados. A AIA pode desempenhar quatro papéis complementares: planejamento de projeto, auxílio à decisão, promoção da participação pública e gestão ambiental. É justamente sua função como ferramenta para planejar e organizar a gestão ambiental de um empreendimento que tem sido insuficientemente explorada. A solução de controvérsias quando da discussão e do licenciamento de um novo projeto muitas vezes depende, em larga medida, da capacidade gerencial demonstrada pelo empreendedor: conseguir a aprovação governamental ou a aceitação social de um novo projeto quando se tem um histórico de mau desempenho ambiental é muito mais difícil. De modo análogo, a possibilidade efetiva de mitigar impactos adversos e de conseguir sucesso na implementação das medidas preconizadas em um EIA depende tanto do desenho de medidas eficazes quanto da capacidade gerencial de implementá-las.

---

[65] A Declaração do Rio é um dos documentos resultantes da Conferência das Nações Unidas sobre Meio Ambiente e Desenvolvimento (Cnumad), realizada no Rio de Janeiro em 1992. Seu princípio 17 estabelece o seguinte: "A avaliação do impacto ambiental, como um instrumento nacional, deve ser empreendida para atividades propostas que tenham probabilidade de causar um impacto adverso significativo no ambiente e sujeitas a uma decisão da autoridade nacional competente".

[66] Artigo 14, avaliação de impacto e minimização de impactos negativos: "1) Cada Parte Contratante, na medida do possível; e, conforme o caso, deve: a) Estabelecer procedimentos adequados que exijam a avaliação de impacto ambiental de seus projetos propostos que possam ter sensíveis efeitos negativos na diversidade biológica a fim de evitar ou minimizar tais efeitos e, conforme o caso, permitir a participação pública nesses procedimentos".

Sistemas de gestão ambiental

Michel Epelbaum

Introdução

As últimas décadas assistiram a um grande crescimento mundial da preocupação com os impactos no meio ambiente. Os problemas ambientais ocorridos até a década de 1960, como a acidificação dos lagos suecos e a contaminação por pesticidas, ampliaram-se nas décadas seguintes para outros temas como o esgotamento de recursos naturais, poluição do solo e águas subterrâneas por fontes industriais, e graves acidentes, entre outros. Na atualidade, o aquecimento global é preocupação mundial, considerado por cientistas, políticos e empresários um dos maiores riscos ao planeta e à vida. Sob o ponto de vista temporal, o ditado *prevenir é melhor que remediar* passou a ser considerado para os assuntos ambientais.

As pressões por um ambiente mais limpo, atribuídas a várias partes como comunidades locais, organizações não governamentais (ONGs) e órgãos fiscalizadores, somadas a requisitos legais crescentemente rigorosos, levaram a uma necessidade de resposta por parte dos maiores alvos das críticas quanto a posturas ambientais – as empresas de setores com processos altamente poluidores, particularmente as indústrias química, de petróleo, de mineração, siderúrgica, de celulose e papel, florestal, de geração de energia e de transportes.

A resposta desses grupos aos novos cenários determinou os rumos da gestão ambiental. A gestão ambiental pode ser entendida como a aplicação dos princípios de planejamento e controle na identificação, avaliação, controle, monitoramento e redução dos impactos ambientais a níveis pré-definidos.[1] Diante do estágio de maturidade e resposta de cada organização, diversas classificações surgiram para avaliar a gestão ambiental empregada:[2] desde as reativas (caracterizadas pela reação pontual a problemas específicos) até as mais proativas (que buscaram uma forma de organizar a gestão ambiental para reduzir riscos, identificar oportunidades e melhorar a imagem).

Uma das primeiras formas de resposta demonstrada deu ênfase aos aspectos de engenharia ambiental por meio de projetos de tratamento de poluentes, originando uma gestão reativa, excessivamente focada na tecnologia de *fim de tubo/fim de linha* como solução dos problemas, completamente segregada da gestão empresarial.

---

[1] Michel Epelbaum, *A influência da gestão ambiental na competitividade e no sucesso empresarial*, dissertação de mestrado (São Paulo: Escola Politécnica da USP, 2004).
[2] *Ibidem*.

Os primeiros modelos mais estruturados de gestão ambiental surgiram na década de 1970, em corporações transnacionais, diante da crescente demanda por melhores desempenhos ambientais. Eles constituíam-se de manuais de procedimentos aplicados às unidades ao redor do mundo, verificados quanto ao cumprimento por auditorias ambientais corporativas. No entanto, o foco vislumbrado desses modelos, até meados da década de 1980, concentrava-se nos aspectos tecnológicos e legais, basicamente vinculado ao controle ambiental de fim de linha.

Um dos primeiros modelos de gestão ambiental a ultrapassar esse conceito foi o adotado pelo setor químico, estabelecido a partir de 1986 em vários países. Como dito anteriormente, o setor químico era considerado um dos vilões ambientais no período. O acidente de Bhopal, na Índia, em 1984, representou o grande marco na revisão dos conceitos de gestão de saúde, segurança e meio ambiente, em função de suas gravíssimas consequências em termos de vidas humanas.

Após esse acidente, o setor químico adotou o Programa Atuação Responsável, objetivando melhorar o desempenho nesses temas e mudar a imagem do setor. Tal programa contemplou um conjunto de princípios, códigos de práticas, comitês de lideranças dos executivos das empresas, conselhos consultivos para melhorar o relacionamento com o público e as comunidades e uma autoavaliação anual de implementação (medida de 0% a 100%) e de desempenho.

O programa inovou a gestão ambiental da época ao requerer práticas mais avançadas além das tecnologias de fim de linha, como a prevenção da poluição pela redução na fonte, a educação e o treinamento ambiental, a definição de requisitos sobre fornecedores e prestadores de serviços e a preocupação com o comprometimento gerencial, entre outros tópicos.[3]

As tecnologias são parte da resposta empresarial à questão ambiental. As empresas perceberam, no entanto, que soluções de engenharia não se sustentam se não forem amparadas por estruturas organizacionais adequadas, cultura e valores apropriados, pessoas preparadas e sistemas de informação que possibilitem um contexto de comprometimento com a melhoria e a prevenção contínuas.

---

[3] Associação Brasileira da Indústria Química (Abiquim), "Atuação responsável: compromisso com a sustentabilidade", disponível em http://abiquim.org.br/atuacaoresponsavel.

Diversas pesquisas realizadas na década de 1990[4] demonstram que as empresas continuavam preocupadas com a imagem e os requisitos legais, que os modelos de gestão não eram suficientes para equacionar os problemas ambientais e que elas buscavam outros mais eficazes. A pesquisa efetuada pelo BNDES, CNI e Sebrae[5] com 1.451 empresas de vários segmentos e tamanhos sobre a pergunta "Quais são as principais razões para a adoção de práticas de gestão ambiental?" mostrou que os fatores mais citados são "estar em conformidade com a política social da empresa" (62%) (também relacionado à preocupação com a imagem); "atender à exigência para licenciamento" (56%); "atender a regulamentos ambientais apontados por fiscalização de órgão ambiental" (56%); e "melhoria de imagem perante a sociedade" (21%).

Pesquisa da empresa de consultoria SGS-Yardley,[6] efetuada com quinhentas empresas de cinco países europeus, mostrou que os fatores causais mais mencionados para a implementação de sistema de gestão ambiental (SGA) foram "conformidade legal" (81%), "valorização das ações" (80%), "pressão dos consumidores" (78%) e "reconhecimento público" (64%).

As discussões sobre sistemas (que ganharam corpo no pós-guerra) e aquelas referentes a sistemas de gestão empresarial e da qualidade (esta última tendo por eixo a Norma ISO 9001:1987 e seu êxito internacional) se constituiriam na base da estruturação de um novo modelo para a gestão ambiental de forma organizada e consistente. Pode-se entender como *sistema de gestão* um conjunto de elementos inter-relacionados ou interativos de uma *organização* para estabelecer políticas, *objetivos* e *processos* para alcançar esses objetivos.[7]

O sistema de gestão ambiental pode ser definido como a parte do sistema de gestão usado para gerenciar aspectos ambientais, cumprir requisitos legais e outros requisitos, e abordar riscos e oportunidades.[8] Ela difere, portanto, da abordagem tradicional da gestão ambiental por

---

[4] Michel Epelbaum, *A influência da gestão ambiental na competitividade e no sucesso empresarial*, cit.
[5] Banco Nacional do Desenvolvimento Econômico e Social *et al.*, *Pesquisa gestão ambiental na indústria brasileira* (Brasília: BNDES/CNI/Sebrae, 1998).
[6] J. M. Csillag & P. Csillag, "A evolução da preocupação ambiental das empresas", em *Encontro nacional sobre gestão empresarial e meio ambiente*, nº 5, São Paulo: USP/FGV, 1999, pp. 493-506.
[7] Associação Brasileira de Normas Técnicas, *Sistemas da gestão ambiental – Requisitos com orientação para uso – NBR ISO 14001*, ABNT, 2015.
[8] *Ibidem.*

tratá-la de forma sistemática e integrada à gestão empresarial, o que antes ocorria de forma pontual, isolada e concentrada somente na questão tecnológica. Pode-se visualizar essa nova estrutura tomando-se emprestada a terminologia da área de informática, como ilustrado na figura 1.

FIGURA 1

Sistema de gestão ambiental (SGA) dentro da gestão global da empresa

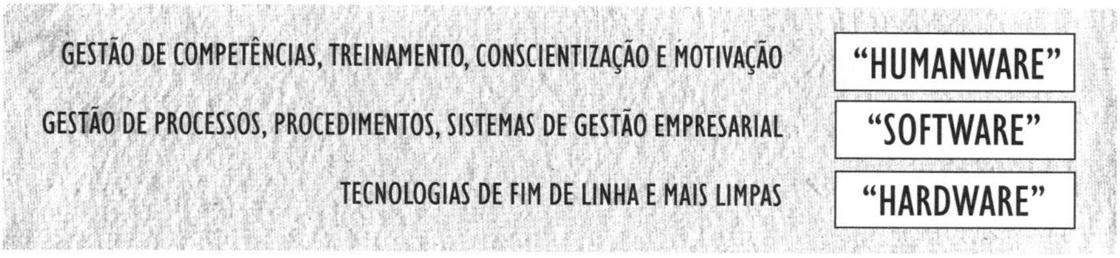

GESTÃO DE COMPETÊNCIAS, TREINAMENTO, CONSCIENTIZAÇÃO E MOTIVAÇÃO	"HUMANWARE"
GESTÃO DE PROCESSOS, PROCEDIMENTOS, SISTEMAS DE GESTÃO EMPRESARIAL	"SOFTWARE"
TECNOLOGIAS DE FIM DE LINHA E MAIS LIMPAS	"HARDWARE"

O primeiro modelo de SGA baseado na abordagem de sistemas da qualidade foi o definido pela Norma Britânica BS 7750:1992. Tal norma foi adotada como base para o modelo europeu de SGA,[9] assim como para uma norma a ser elaborada no âmbito da ISO, por meio de seu Comitê Técnico 207, a futura norma ISO 14001:1996. Essa norma passou por duas revisões a partir de sua versão inicial, em 2004 e em 2015.

Neste capítulo, será discutido o modelo de SGA definido pela Norma ISO 14001:2015, considerado o modelo mais consagrado na atualidade. Serão abordados os avanços e benefícios esperados desse modelo e por ele obtidos, assim como suas limitações. No final é apresentado o estudo de caso de sua implementação em uma empresa do setor de materiais de construção, com o objetivo de analisar o processo vivenciado até a certificação externa e concluir sobre seus resultados e limites.

---

[9] Eco-Management and Audit Scheme (Emas – Sistema Europeu de Ecogestão e Auditoria), estabelecido pela União Europeia por meio do Regulamento nº 1.836/93, modificado pelo Regulamento nº 761/2001, disponível em http://www.europa.eu.int/comm/environment/emas/.

O sistema de gestão ambiental segundo a Norma ISO 14001

O modelo da Norma ISO 14001 prevê a implementação de 22 itens dentro de 7 tópicos para uma gestão eficaz, baseado em uma série de boas práticas e ferramentas ambientais (por exemplo, avaliação de impactos ambientais, preparação e resposta a emergências), da qualidade (por exemplo, ciclo PDCA – planejar, executar, checar e atuar, descrito em seguida; tratamento de não conformidades) e empresariais (por exemplo, gerenciamento por objetivos).

Tal modelo pode ser aplicado em qualquer tipo de organização, de qualquer porte e em qualquer país. Como premissas básicas, impõe-se o comprometimento com o cumprimento da legislação aplicável (como requisito mínimo de desempenho), com a melhoria contínua do sistema de gestão ambiental para aumentar o desempenho ambiental, e com a proteção do meio ambiente, incluindo a prevenção da poluição. Nesse sentido, não é um modelo de excelência ambiental, pois não exige os melhores padrões e tecnologias imediatamente, mas serve para demonstrar que uma organização tem sua gestão ambiental organizada para obter esses resultados e que está melhorando o seu desempenho ambiental e respectivos indicadores, de acordo com sua política, seus objetivos e suas metas ambientais.

O objetivo da Norma 14001 é prover às organizações a estrutura e os requisitos para a proteção do meio ambiente e possibilitar uma resposta às mudanças das condições ambientais em equilíbrio com as necessidades socioeconômicas, contribuindo para o desenvolvimento sustentável, por meio de:

- proteção do meio ambiente pela prevenção ou mitigação dos impactos ambientais adversos;
- mitigação de potenciais efeitos adversos das condições ambientais na organização;
- auxílio à organização no atendimento de requisitos legais e outros requisitos;
- elevação do desempenho ambiental;
- controle ou influência no modo em que os produtos e serviços da organização são projetados, fabricados, distribuídos, consumidos e descartados, utilizando uma perspectiva de ciclo de vida que possa

prevenir o deslocamento involuntário dos impactos ambientais dentro do ciclo de vida;
- alcance dos benefícios financeiros e operacionais que podem resultar da implementação de alternativas ambientais que reforçam a posição da organização no mercado;
- comunicação de informações ambientais para as partes interessadas pertinentes.

O PDCA do SGA de acordo com a Norma ISO 14001

O SGA segundo a Norma ISO 14001 está estruturado de acordo com um ciclo PDCA, ferramenta de controle da qualidade tradicionalmente utilizada na administração da qualidade. Ela é constituída de quatro etapas básicas, encadeadas como ilustrado de forma simplificada na figura 2.

FIGURA 2

O PDCA e os elementos do sistema de gestão ambiental conforme a Norma ISO 14001:2015

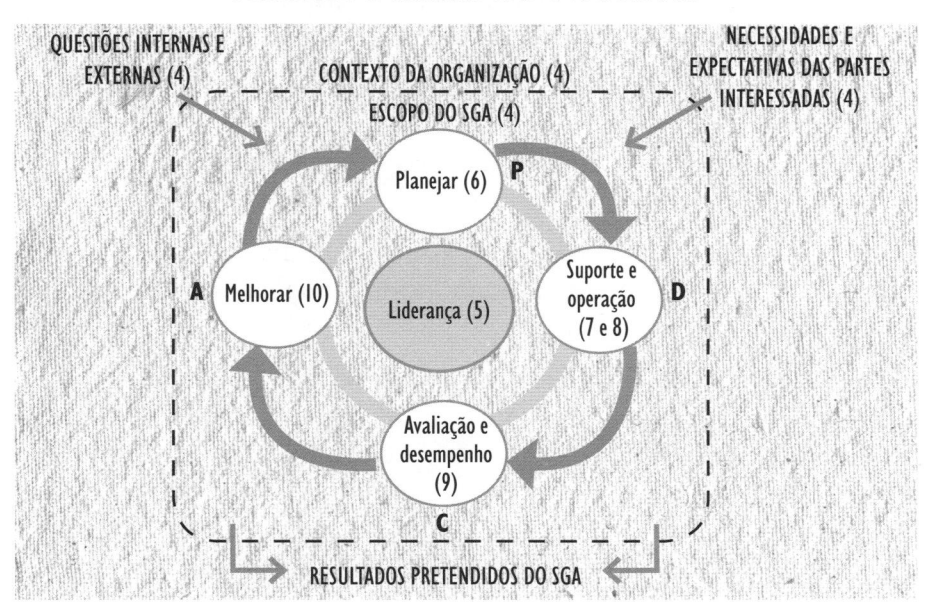

QUESTÕES INTERNAS E EXTERNAS (4)
CONTEXTO DA ORGANIZAÇÃO (4)
ESCOPO DO SGA (4)
NECESSIDADES E EXPECTATIVAS DAS PARTES INTERESSADAS (4)

Planejar (6) — P
Suporte e operação (7 e 8) — D
Avaliação e desempenho (9) — C
Melhorar (10) — A
Liderança (5)

RESULTADOS PRETENDIDOS DO SGA

Nota: os números entre parênteses definem o parágrafo da Norma a que se refere o elemento citado.
Fonte: Associação Brasileira de Normas Técnicas, *Sistemas da gestão ambiental – Requisitos com orientação para uso* – NBR ISO 14001, ABNT, 2015

O *planejamento* (P) consiste na determinação, na avaliação e no planejamento de ações para riscos e oportunidades, aspectos ambientais (elementos das atividades, produtos e serviços que podem resultar em impacto ambiental), requisitos legais e outros pertinentes, e objetivos, metas e programas para melhoria ambiental.

Na etapa da *operação* (D) devem ser definidos os critérios operacionais e controles para os processos próprios e terceirizados, nas etapas do ciclo de vida, de modo a proteger o meio ambiente e prevenir a poluição, de acordo com aspectos significativos, legislação e outros requisitos, riscos e oportunidades, objetivos e política.

Para *checagem* (C) da gestão a organização deve monitorar, medir, analisar e avaliar o desempenho ambiental, incluindo o atendimento aos requisitos legais e outros, bem como realizar auditorias internas e análise crítica pela direção.

A partir dessas informações, a alta direção deve determinar as oportunidades de melhoria e as ações necessárias para alcançar os resultados desejados do SGA (incluindo ações corretivas necessárias), consolidando-se o elemento ações (A) e retroalimentando-se o início de um novo ciclo PDCA.

Vale comentar que na figura 2 pode-se verificar que a estrutura da norma prevê ainda elementos de apoio ao ciclo PDCA descrito:

- Contexto da organização – determinam-se as questões internas e externas pertinentes ao SGA pela alta direção, as partes interessadas pertinentes e suas necessidades e expectativas, para estabelecer o escopo e a própria estruturação do SGA.

- Liderança – determina-se o papel da alta direção e da gestão de linha para que o SGA possa ser estabelecido e implementado de acordo com os resultados pretendidos.

- Suporte – contém os elementos de apoio para que o SGA possa ser operacionalizado, como provisão de recursos; competência e conscientização do pessoal que realiza trabalhos sob o seu controle e que afeta o desempenho ambiental; comunicação; e controle de informação documentada.

Avanços do SGA de acordo com a Norma ISO 14001

O modelo de SGA apregoado pela Norma ISO 14001 foi criado para solucionar problemas da gestão ambiental anterior. Nesse sentido, diversas sistemáticas e ferramentas foram introduzidas para suprir as necessidades identificadas. Os principais avanços identificados nesse modelo estão expressos no quadro 1.

Em 2015 foi aprovada a revisão mais atual da Norma ISO 14001, atendendo a dois objetivos:

- Aumentar o alinhamento com as outras normas de sistemas de gestão da ISO, por meio do atendimento a uma estrutura comum definida por esse órgão. Essa nova estrutura levou à mudança do PDCA, como visto na figura 2, e à introdução de novos elementos no SGA, como Contexto da Organização e Liderança. Além disso, foram reforçados: a gestão por processos, o pensamento baseado em risco, a integração do SGA com o negócio, a simplificação da documentação, de modo a agregar valor à gestão empresarial.

- Busca da evolução do SGA, sendo introduzidas melhorias específicas na norma, como o reforço na proteção ao meio ambiente (mais amplo do que a prevenção da poluição), nas etapas do ciclo de vida, nas partes interessadas, na avaliação do desempenho ambiental e na busca de sua melhoria contínua.

QUADRO I

Principais avanços do SGA segundo a Norma ISO 14001: 1996, 2004 e 2015

Tema	Avanço
Comprometimento da alta direção e gestão de linha	Necessidade de demonstração da liderança e do comprometimento, incluindo a integração de meio ambiente ao negócio e ao processo estratégico; a definição de uma política ambiental que contemple a busca da melhoria contínua, a proteção ambiental e o atendimento à legislação e a outros requisitos; a análise crítica dos resultados do SGA e a tomada de ações para alinhamento à expectativa.
Avaliação de impactos ambientais	Sistematização da avaliação prévia dos aspectos e impactos ambientais decorrentes de suas atividades, produtos e serviços, contemplando as situações acidentais e emergenciais, as etapas do ciclo de vida, além da avaliação quando de mudanças e de passivos ambientais.
Identificação e avaliação da conformidade legal	Identificação, acesso, interpretação e avaliação sistemática da conformidade aos requisitos legais e outros pertinentes às atividades, produtos e serviços da empresa, essenciais para redução de risco de vulnerabilidades, multas e penalidades junto aos órgãos reguladores.
Melhoria do desempenho	Definição de objetivos e planos para alcançá-los visando à melhoria contínua, à proteção do meio ambiente (incluindo a prevenção da poluição) e à implementação da política ambiental definida. Tal requisito é um avanço diante da gestão ambiental vigente anteriormente, que se esgotava na conformidade legal em projetos de curto prazo, em muitos casos. A partir do SGA, a empresa deve buscar melhorar sempre seu desempenho ambiental, procurando alinhar as metas da gestão ambiental com a meta da gestão estratégica empresarial. Além disso, nos níveis operacional, tático e estratégico, os resultados devem ser avaliados e buscam-se oportunidades de melhoria contínua, incluindo a tomada de ações corretivas para não conformidades e de ações para prevenir riscos.
Treinamento, conscientização e competência	Definição de mecanismos para identificação e provisão de treinamento e competências ambientais. Ela inova também ao exigir procedimentos para garantir a conscientização contínua de todo o pessoal próprio e daqueles que atuam em seu nome.
Comunicação	Definição de procedimentos formais sistemáticos para a comunicação interna e externa que usualmente era feita de maneira informal.
Controles sobre as etapas do ciclo de vida	O SGA agrega valor à gestão requerendo controles sobre as etapas do ciclo de vida, alinhado ao identificado na avaliação de aspectos ambientais, legislação e outros requisitos, riscos e oportunidades, política e objetivos. Tais controles podem envolver: requisitos ambientais no projeto e desenvolvimento de produtos/serviços, requisitos ambientais a fornecedores e prestadores de serviços (inclusive processos terceirizados) e tratamentos/informações sobre potenciais impactos significativos no transporte/uso/pós-uso de produtos e serviços.
Emergências ambientais	Implementação e simulação de planos para resposta a emergências ambientais, prática relativamente recente em consequência dos muitos acidentes ocorridos mundialmente.
Auditorias ambientais	Definição de procedimentos e programas para auditorias de SGAs visando prover informações à alta administração para tomada de decisões. A norma inova ao adotar uma auditoria de sistema de gestão, diferentemente das tradicionais auditorias técnicas ambientais executadas por especialistas ambientais externos, normalmente da matriz da empresa, que não eram assimiladas pela gestão das subsidiárias.

Aceitação internacional da Norma ISO 14001

Na tabela 1 são apresentados os dados relativos ao crescimento mundial de certificações ISO 14001, e os equivalentes ao Brasil. Os países com maior número de certificações são: China (114.303), Japão (26.069), Itália (22.350), Reino Unido (17.824), Espanha (13.310), Romênia (10.581), Alemanha (8.224), França (6.847), Índia (6.782) e Estados

TABELA 1

Número de Certificações ISO 14001 no mundo e no Brasil

Ano	Número de certificações no mundo	% de crescimento anual (mundo)	Número de países/economias	Número de certificações no Brasil
1999	13.994	-	84	165
2000	22.847	63%	98	330
2001	36.464	60%	112	350
2002	49.440	36%	117	900
2003	64.996	31%	114	1.008
2004	90.554	39%	128	1.800
2005	111.163	23%	139	2.061
2006	128.211	15%	141	2.447
2007	154.572	21%	149	1.872
2008	188.574	22%	156	1.428
2009	222.974	18%	160	1.186
2010	251.548	13%	156	3.391
2011	261.926	4%	157	3.517
2012	284.654	9%	167	3.300
2013	273.861	-4%	171	3.695
2014	296.736	8%	170	3.220
2015	319.324	8%	201	3.113

Fonte: International Organization for Standardization, *The ISO Survey of ISO 9000 and ISO 14001 Certificates*, 2015, disponível em http://www.iso.org, acesso em 27-7-2017.

Unidos (6.067).[10] Percebe-se uma atenuação do crescimento mundial das certificações nos últimos anos, mas um aumento ainda pode ser visto nas economias emergentes (por exemplo, China, Romênia e Índia na lista dos 10 países com mais certificações). No Brasil percebe-se uma retração no número de certificações nos últimos anos, retroagindo aos níveis de 2010. Tal fato pode estar associado à crise mundial ocorrida desde 2008.

Os setores de atividades econômicas com maior número de certificações são: construção (43.759), produtos de metais básicos e derivados (24.171), equipamentos elétricos e ópticos (22.183), vendas/reparos/manutenção de veículos e autopeças (17.967) e máquinas/equipamentos (14.024).

Esses números indicam uma grande aceitação do modelo de SGA proporcionado pela Norma ISO 14001, inclusive no Brasil. Essa aceitação talvez se deva ao fato de ele trabalhar com uma série de boas práticas que agregam valor, integradas com a gestão empresarial. Além disso, buscou-se adotar uma abordagem pragmática com relação ao desempenho ambiental mínimo, atrelado ao comprometimento com o atendimento da legislação e outros requisitos vigentes no país.

O papel da certificação não é o de definir os padrões mínimos (legais), mas sim trabalhar com os padrões existentes. Com relação ao desempenho *máximo*, adotou-se a administração por objetivos como plataforma para se buscar a melhoria contínua, porém sem predefinição de requisitos de excelência ambiental (apesar disso, a norma estabelece na versão 2015 que as organizações poderiam buscar contribuir para o desenvolvimento sustentável). Essa definição possibilitou a milhares de empresas uma espécie de *carta de crédito* chancelada pela certificação independente reconhecida pelos governos nacionais, que a cada auditoria de manutenção é renovada mediante a comprovação da melhoria do desempenho. Se a proposta da norma houvesse sido a de se definirem parâmetros de excelência ambiental (por exemplo, ter a melhor tecnologia disponível para a redução de poluição) até o momento da certificação, a adesão por parte das empresas seria extremamente reduzida.

Pode-se afirmar que o mesmo critério que tornou a norma mundialmente aceita nos segmentos produtivos é alvo de grandes críticas de organizações ambientalistas, como será discutido posteriormente neste capítulo.

---

[10] International Organization for Standardization, *The ISO Survey of ISO 9000 and ISO 14001 Certificates*, 2015, disponível em http://www.iso.org, acesso em 27-7-2017.

Vale comentar que, conforme visto nas pesquisas mencionadas anteriormente, a motivação das empresas para certificar os SGAs, na maioria dos casos, não se deu em função de requisitos reais de clientes, mas sim mediante diretrizes dos acionistas, busca da melhoria da imagem, como antecipação a pressões de partes interessadas e requisitos legais, ou diante da percepção de oportunidades de diferenciação de mercado. Contrariamente a esse panorama, a decisão de implementação e certificação do SGA em certos nichos de mercado (por exemplo, setor automobilístico, empresas de petróleo específicas) se deu, via de regra, como resposta a exigências dos clientes para sua cadeia de fornecimento. Esse esclarecimento será fundamental quando da discussão dos benefícios esperados e obtidos, pois as empresas que veem valor no SGA o implementarão com foco nos benefícios esperados, enquanto as empresas que o fizeram somente por pressões comerciais implementarão SGAs reativos e com o menor dispêndio possível de recursos.

Benefícios do SGA segundo a Norma ISO 14001

Para saber se efetivamente os SGAs (de acordo com a Norma ISO 14001) e sua certificação trazem benefícios efetivos à gestão empresarial, foi utilizada pesquisa abrangente[11] que avaliou dezoito benefícios esperados indicados por vários autores brasileiros, internacionais e aqueles declarados pela própria ISO, perante os benefícios obtidos mensurados por pesquisas efetuadas por diversos autores.

Quanto aos benefícios propriamente ditos, deve-se comentar que alguns deles podem ser obtidos plenamente somente pela implementação do SGA (por exemplo, redução da poluição), enquanto outros são bastante aumentados mediante a certificação externa do SGA (por exemplo, atender a critérios de certificação para a venda). Vale esclarecer que implementar o SGA não é sinônimo de certificar o SGA: a certificação é de caráter eminentemente voluntário, efetuada por empresas auditoras credenciadas pelos governos nacionais, com o intuito de prover credibilidade de que o SGA atende efetivamente à Norma ISO 14001. Uma organização pode se limitar a implementar seu SGA, obtendo os benefícios específicos, e não solicitar esse credenciamento externo.

---

[11] Michel Epelbaum, *A influência da gestão ambiental na competitividade e no sucesso empresarial*, cit.

Benefícios obtidos

Os resultados obtidos mostram que oito deles podem ser considerados atingidos, como ilustrado no quadro 2. Percebe-se pela pesquisa efetuada, e pela experiência deste autor na implementação de SGAs, que, mesmo para as empresas que o implementam baseadas somente em exigências externas, os resultados comentados são obtidos, pois eles são derivados do modelo e dos requisitos de gestão da Norma ISO 14001. Talvez o menos evidente deles seja a redução de custos. Nesse sentido, Harrington e Knight[12] citam pesquisa realizada em 230 organizações certificadas no Japão, mostrando

QUADRO 2

Benefícios esperados e atingidos dos SGAs (Norma ISO 14001)

Benefício esperado	Comentário
1. Atender a critérios de certificação para a venda	Nos casos em que é necessário prover confiança sobre a gestão ambiental, a ISO 14001 é um bom modelo. Particularmente no setor automobilístico, a certificação ISO 14001 é uma exigência dos clientes.
2. Satisfazer critérios dos investidores para aumentar o acesso ao capital	Vários agentes financiadores (por exemplo, BID, BNDES, Bird) solicitam uma contrapartida ambiental para os seus investimentos, e em alguns casos essa contrapartida é a ISO 14001. Ela serve bem a esse papel.
3. Melhorar a organização interna e a gestão global	Esse benefício é imediato na maioria das empresas, porém pode ser maior dependendo da condução do processo de implementação do SGA.
4. Redução da poluição, conservação de materiais e energia	A norma requer ações de prevenção da poluição. Mesmo aceitando as tecnologias de fim de linha, várias empresas declararam resultados de redução da poluição e do uso de recursos.
5. Reduzir custos	O SGA auxilia a empresa a visualizar oportunidades de melhoria e redução da poluição, permitindo um gerenciamento mais racional e proativo, o que se espera que permita a redução dos custos.
6. Aumentar a conscientização	Mesmo considerando as empresas que implementaram o SGA por vontades do pessoal externas, esse é um dos pontos fortes da ISO 14001, sendo benefício perceptível em grande parte delas.
7. Melhorar o clima e comunicação internos	Na maioria dos casos, esse não é um objetivo a ser atingido, mas acaba advindo como resultado indireto dos trabalhos de implementação.
8. Aumentar o desempenho ambiental de fornecedores	Apesar de a abrangência e a profundidade dos requisitos aos fornecedores serem extremamente variáveis (uma vez que a norma não as especifica), os ganhos nessa área são significativos em todos os casos.

Fonte: Michel Epelbaum, *A influência da gestão ambiental na competitividade e no sucesso empresarial*, cit.

---

[12] J. Harrington & A. Knight, *A implementação da ISO 14000: como atualizar o sistema de gestão ambiental com eficácia* (São Paulo: Atlas, 1999).

que a redução de custos foi citada como maior impacto da implementação da ISO 14001 por 20,3% delas. Das 79 respostas indicando que a redução de custos foi o melhor resultado da ISO 14001, 15% indicaram que foi muito eficaz, 54% indicaram que foi mais ou menos eficaz e 23%, baixa eficácia. Oliveira[13] realizou pesquisa com 62 empresas de vários setores e portes (52% com mais de quinhentos funcionários), constatando que 85% das empresas responderam que houve redução de custos após a implantação do SGA na unidade, apesar de ele não ter feito essa pergunta.

Benefícios parcialmente atingidos

Dos dezoito benefícios esperados pela implementação/certificação do SGA, julgou-se que oito deles foram parcialmente atingidos, os quais são ilustrados no quadro 3. Percebe-se que, de modo geral, esse resultado se dá principalmente em decorrência da falta de visão antecipada dos benefícios ambientais esperados e da falta de conexão desses benefícios com a maneira como é feita a implementação do SGA. Tal falha acaba levando a SGAs burocráticos, feitos para atender minimamente aos requisitos normativos, não sendo visualizados os benefícios potencialmente advindos de procedimentos mais proativos e preventivos, mas sim buscando-se somente a certificação como um fim em si mesmo. Essa afirmativa será detalhada a seguir, enfatizando-se alguns dos principais benefícios mencionados.

No que se refere aos benefícios ligados à comunidade e ao público em geral (o de número 1 do quadro 3), há que se considerar que a norma não exige a proatividade como requisito mínimo, e esse resultado só seria atingido se a empresa demonstrasse transparência, abertura para o diálogo, e adotasse práticas além do mínimo requerido, o que só seria normalmente observado em empresas mais comprometidas com a gestão ambiental.

No que se refere aos benefícios associados aos consumidores e clientes (o de número 2 do quadro 3), deve-se considerar que a norma não exige processos limpos, e é pouco prescritiva quanto ao impacto e gerenciamento ambiental de produtos. Para atingir esse benefício, ferramentas mais avançadas (por exemplo, *ecodesign* e/ou análises de ciclo de vida) e *marketing* ambiental deveriam ser introduzidos, o que só teria sentido em empresas

---

[13] R. L. Oliveira, "Identificação dos benefícios de um sistema de gestão ambiental para organizações produtivas", em *Encontro nacional sobre gestão empresarial e meio ambiente*, nº 7, São Paulo: USP/FGV, 2003, pp. 1.511-1.525, CD ROM.

QUADRO 3

Benefícios esperados e parcialmente atingidos dos SGAs

Benefício esperado	Comentário
1. Demonstrar ao público um razoável cuidado ambiental, mantendo boas relações e canais de comunicação	As relações com a comunidade melhoraram com a abertura da comunicação, porém ainda de forma reativa em grande parte das empresas. A divulgação de informações ainda é pequena.
2. Assegurar aos clientes e consumidores o comprometimento com uma gestão ambiental demonstrável	Pode-se assegurar somente uma melhor gestão ambiental no processo (não é possível assegurar processos limpos já). Pode-se demonstrar um estágio ainda inicial da preocupação ambiental com os produtos, e as auditorias de certificação pouco têm enfocado esse tema.
3. Melhorar a imagem	A melhoria de imagem advém de sucessivos anos de ações consistentes com resultados, e uma falha pontual pode anular todo o esforço.
4. Melhorar a participação de mercado e vendas	Não há evidências de aumento de participação de mercado. A ISO 14001 parece ter mais um caráter de *requisito qualificador* do que de *requisito ganhador de pedidos*.
5. Reduzir prêmios de seguro	O SGA melhora significativamente o gerenciamento dos riscos ambientais, podendo implicar menores prêmios de seguro. No entanto, há poucas evidências do alcance desse resultado, pois o seguro ambiental ainda é pouco empregado.
6. Melhorar o controle sobre os custos	A norma não requer o controle de custos ambientais. As evidências mostram implementação pontual de sistemas de custos ambientais nas empresas. No entanto, há grande potencial de sistematização.
7. Reduzir incidentes, riscos, vulnerabilidades e passivos ambientais	Os requisitos relativos a gerenciamento de riscos da norma são pouco prescritivos, porém há avanços significativos para muitas das empresas. Para atividades de maior risco, requisitos adicionais associados às melhores práticas levariam a resultados mais eficazes.
8. Melhorar as relações entre indústria e governo, e facilitar a obtenção de licenças e autorizações	Em alguns países (por exemplo, Estados Unidos), a adoção da ISO 14001 é parte de esquemas voluntários para a obtenção de licenças ambientais. Apesar de prevista em legislação brasileira (por exemplo, Resolução Conama nº 237/97 e Decreto Estadual de São Paulo nº 47.400/02), a facilitação na obtenção de licenças para empresas com SGA ainda é bastante limitada, dependendo a obtenção desse benefício também da predisposição dos órgãos governamentais.

Fonte: Michel Epelbaum, *A influência da gestão ambiental na competitividade e no sucesso empresarial*, cit.

nas quais produtos e processos ambientalmente responsáveis representassem diferencial competitivo ou em empresas de sólida cultura de responsabilidade social. Na grande maioria das organizações, esses benefícios só seriam atingidos parcialmente.

No que se refere ao ganho de imagem (benefício número 3 do quadro 3), apesar de ser um dos ativos mais desejados por muitas organizações, como ilustrado nas pesquisas apresentadas anteriormente, esse benefício pode ser alcançado somente em longo prazo e sua correlação estrita com o SGA não é tão simples. A melhoria efetiva de imagem advém de anos de ações consistentes e continuadas em relação a processos e produtos limpos/seguros, compromisso com o desenvolvimento sustentável, crescente grau de envolvimento das partes interessadas na definição dos rumos de melhoria da empresa e resultados concretos mensuráveis seguindo os melhores padrões.

De qualquer maneira, ganhos teóricos de imagem pela certificação de seus SGAs foram relatados por muitas organizações, como reportado pela pesquisa citada por Harrington e Knight[14] (a melhoria de imagem foi declarada como o maior impacto da ISO 14001 por 18,5% das empresas entrevistadas).

No que tange ao aumento de vendas e de participação de mercado, conclui-se que, apesar de haver valorização por parte dos clientes, a certificação ISO 14001 tem se mostrado mais um requisito qualificador do que ganhador de pedidos, em nichos de mercados com demandas ambientais de clientes/consumidores. Nessa linha, Oliveira[15] conclui de sua pesquisa que não houve necessariamente aumento de vendas, segundo 50% dessas companhias, enquanto outros 29% disseram ter havido apenas pequeno aumento das vendas e que pode não ter sido consequência direta do gerenciamento ambiental.

Quanto à redução de incidentes, riscos, vulnerabilidades e passivos ambientais, é possível mensurar os ganhos obtidos nas empresas. Muitas empresas não dispunham de avaliações e sistemas de gerenciamento de riscos de acidentes ambientais, assim como de procedimentos para resposta a emergências. Muitas empresas que implementaram e certificaram os seus SGAs não dispunham de avaliações de passivos ambientais, e passaram a fazê-lo quando da implementação do SGA. Da mesma forma, no momento em que as organizações passaram a conhecer melhor o seu ponto crítico (inclusive legal) e a definir um melhor gerenciamento para ele, a vulnerabilidade diminuiu sobremaneira.

Apesar desses avanços, não se pode afirmar com segurança que esses benefícios foram plenamente atingidos, pois a Norma ISO 14001 e os critérios de certificação são pouco prescritivos quanto aos meios e

---

[14] J. Harrington & A. Knight, *A implementação da ISO 14000: como atualizar o sistema de gestão ambiental com eficácia*, cit.
[15] R. L. Oliveira, "Identificação dos benefícios de um sistema de gestão ambiental para organizações produtivas", cit.

desempenho mínimos nesses assuntos. Empresas com um limitado gerenciamento de riscos ou com passivos ambientais gerenciados podem ser certificadas. Mas empresas de alto potencial para acidentes maiores certamente demandarão critérios mais rigorosos para gerenciamento de riscos, além do previsto pela Norma ISO 14001.

Cabe ressaltar que a revisão de 2015 da norma deve melhorar o alcance desses benefícios esperados, uma vez que prevê uma maior consideração das necessidades e das expectativas das partes interessadas, dos aspectos ambientais em produtos e serviços ao longo de seu ciclo de vida, dos riscos e das oportunidades, dentro de uma maior visão estratégica do SGA e do alinhamento ao negócio, em direção ao desenvolvimento sustentável.

Benefícios não atingidos

O único benefício esperado julgado como não atingido foi o de *ampliar o desenvolvimento e a difusão de soluções ambientais*, pois não é uma premissa nem um requisito do modelo ISO 14001 e certamente não seria alcançado pela implementação do SGA.

Críticas ao SGA conforme a Norma ISO 14001

Como discutido nos tópicos anteriores, o modelo ISO 14001 é o mais consagrado atualmente para SGAs, sendo amplamente difundido em nível internacional. Além disso, da análise dos benefícios obtidos pôde-se perceber que ela é capaz de produzir resultados positivos mesmo nas organizações mais reativas, gerando vantagens maiores nas empresas mais proativas. Porém, mesmo diante desses fatos, a ISO 14001 é alvo de certo ceticismo e críticas, advindas principalmente de dois grupos distintos.

O número tímido de certificações ISO 14001 nos Estados Unidos (6.067 em 2015) evidencia uma pequena aceitação do modelo, considerando-se o tamanho da economia americana perante os números dos outros países. Harrington e Knight[16] comentam que há uma resistência

---

[16] J. Harrington & A. Knight, *A implementação da ISO 14000: como atualizar o sistema de gestão ambiental com eficácia*, cit.

de empresas americanas ao esquema baseado na ISO, ponderando que o modelo de norma e o esquema de certificação são tipicamente europeus.

Prakash[17] ratifica essa opinião, explicando que em parte isso se deve a um receio de que informações internas atingissem públicos externos, estando sujeitas às duras regras judiciárias daquele país. Além disso, o apoio da agência ambiental americana (United States Environmental Protection Agency – EPA) à adoção da Norma ISO 14001 seria considerado um fator negativo para elas, que geralmente identificam os requisitos legais e governamentais como ineficientes e custosos. Somando-se a isso, ele afirma que empresas que já possuíam um SGA de acordo com outros modelos não viam incentivo para a adoção do modelo da Norma ISO 14001.

Por fim, é visível a posição reativa americana diante de outras necessidades ambientais que poderiam, segundo eles, representar custos adicionais não bem-vindos, como aqueles referentes ao Acordo de Paris (conforme declaração do presidente Donald Trump) e a tendência de alguns governos locais americanos de adotar a legislação europeia sobre responsabilidade pós-consumo dos fabricantes de produtos eletroeletrônicos.[18]

A crítica mais contundente à Norma ISO 14001 é originada de segmentos *ambientalistas* da sociedade e baseia-se no que foi discutido no tópico "Aceitação internacional da Norma ISO 14001". Essa norma concedeu uma espécie de *carta de crédito* para as empresas caminharem para a melhoria contínua e a prevenção da poluição, sem prazo definido para a chegada a processos e produtos limpos. Algumas ONGs questionam que empresas que ainda contêm passivos ambientais, ou que oferecem produtos agressivos, ou onde ocorreram acidentes ambientais graves, ou, ainda, que não cumprem integralmente a legislação ambiental, recebam o certificado ISO 14001, significando que a própria ISO 14001 levaria a uma *certificação quebra-galho*.[19] No entender dessas organizações, a certificação deveria significar excelência ambiental e processos e produtos limpos. Por um lado, a expectativa de alguns grupos pela *excelência já* é irreal. Por outro lado, a aceitação da certificação de organizações com pobre desempenho

---

[17] A. Prakash, *Greening the Firm: the Politics of Corporate Environmentalism* (Cambridge: Cambridge University, 2000).

[18] M. Epelbaum & R. Aguiar, "A influência da gestão ambiental na competitividade empresarial setorial no Brasil: o caso do setor eletroeletrônico", em *Simpósio de Gerenciamento Ambiental na Indústria – Nisam 2002*, nº 5, São Paulo, 2002, CD-ROM.

[19] Amália Safatleda, "ISO 14: certificação quebra-galho", em *Carta Capital*, ano VII, nº 151, São Paulo, 18-7-2001.

ambiental acarreta perda de credibilidade generalizada do sistema de certificação definido.

Não se trata somente de esclarecer os vários públicos sobre o real significado da certificação ISO 14001: que a certificação não é um fim, mas sim o início da caminhada para a sustentabilidade; que a análise do resultado ambiental de uma empresa não deveria se fazer pela obtenção do certificado, mas sim pela sua política, por seus objetivos/metas e resultados de desempenho ao longo dos anos. Trata-se de entrar em consenso no que diz respeito a compromissos com prazos coerentes para atingir padrões mais elevados, e que o caminho seja viável. Trata-se, ainda, de determinar regras mais rigorosas para o momento inicial da certificação, coibindo a certificação de empresas com desempenho ambiental muito aquém do mínimo. Para tanto, pode ser necessário o envolvimento dos órgãos reguladores e legisladores, responsáveis pela definição dos padrões ambientais.

Ressalte-se, também, que a falta de abertura de informações sobre a certificação e o desempenho ambiental das empresas para os diversos públicos contribui sobremaneira para a falta de entendimento do processo de certificação. Os critérios atuais não exigem que as informações sejam divulgadas, especialmente aquelas referentes ao desempenho ambiental das organizações certificadas. Tal requisito é parte do modelo europeu de SGAs (o EMAs, citado na introdução deste capítulo).

Por fim, outra questão que contribui para as críticas públicas à Norma ISO 14001 se refere a como a certificação é comunicada. A publicidade dada à obtenção da certificação ISO 14001 tem extrapolado o limite do real significado desse *prêmio*, levando a mau entendimento quanto à sua finalidade. Três exemplos de declarações que não explicam corretamente os fatos são:

- *a organização X tem a ISO 14001*, podendo dar a entender que todas as suas unidades de negócio e produtivas estão certificadas, quando na verdade somente uma planta industrial pode estar certificada;
- *a empresa Y está na vanguarda ambiental – agora obteve a certificação ISO 14001*, podendo levar à interpretação errônea de que alcançou a excelência ambiental; e
- o fabricante inclui na embalagem de seu produto o selo de certificação pela Norma ISO 14001, com o logo da certificadora e órgão

credenciador, podendo levar ao entendimento equivocado de que o produto é certificado e é ecológico.

Cada divulgação efetuada na mídia no estilo das que foram citadas acaba gerando mais reações contra o modelo ISO 14001, apesar de a falha ser devida à empresa que a publicou e aos órgãos governamentais que regulam o sistema de certificação dos SGAs.

Nesse sentido, os requisitos adicionais sobre definição de escopo da revisão de 2015 da norma bem como a maior proatividade em relação à comunicação com as partes interessadas podem ajudar a reduzir esse risco.

Estudo de caso: Amanco Brasil S.A.

As motivações, os benefícios esperados e os obtidos a partir da implementação e certificação de um SGA são bastante variáveis, dependendo do setor envolvido e da situação de mercado. A explicitação prévia dos benefícios competitivos tem sido decisiva na adoção e certificação de SGAs. Empresas do setor de celulose e papel, por exemplo, buscam desde a década de 1990 as melhores práticas, temendo barreiras comerciais. No Brasil, foram as primeiras a aderir ao novo modelo ISO 14001. Por outro lado, empresas do setor de autopeças são requeridas a adotar o SGA de acordo com a Norma ISO 14001 pelas montadoras, consistindo-se em um requisito qualificador.

Percebe-se que grande parcela das empresas que busca a certificação de seu SGA conforme a Norma ISO 14001 o faz por fatores externos, ligados à situação de mercado, requisitos de clientes e pressão de partes interessadas, entre outros, como já discutido neste capítulo. No entanto, as pesquisas citadas também consideram a cultura corporativa um grande estimulador da implementação do SGA conforme a Norma ISO 14001, baseada em valores empresariais, por vezes sem a intenção de obter benefícios competitivos em curto prazo.

Para ilustrar a implementação do SGA e discutir seus benefícios e limitações, foi selecionada uma empresa que buscou a Norma ISO 14001 como modelo não por fatores externos e competitivos de curto prazo, mas por ter como valor o comprometimento com a sustentabilidade socioambiental. Não se vislumbraram requisitos no mercado específico de atuação nem de partes interessadas. A estratégia de implementação foi baseada nas diretrizes corporativas e na crença de que, mais cedo ou mais tarde, tal postura será valorizada e traduzida em imagem de marca, sendo agregada ao produto, atraindo clientes e convertendo-se em vantagem competitiva.

É o caso da Amanco Brasil S.A., subsidiária do Grupo Mexichem, de origem mexicana e com atuação no ramo petroquímico, com mais de dezenove empresas e mais de 6 mil colaboradores em quatorze países da América Latina. Fabricante de tubos, conexões e acessórios para construção civil, é a líder em Tubosistemas® na América Latina. Presente no Brasil desde 1991, o grupo possui duas unidades industriais em Joinville (SC), uma unidade em Sumaré (SP) e uma em Cabo de Santo Agostinho (PE). A sede administrativa do grupo situa-se em São Paulo (SP). No Brasil a Amanco conta com mais de 1.600 colaboradores.

O histórico de comprometimento da empresa vem de longa data, considerando-se a trajetória de seu ex-acionista, o Grupo Nueva.

Por meio de sua visão, sua missão e seus valores, a Amanco enfatiza o seu compromisso com a sustentabilidade, ecoeficiência e responsabilidade social, baseada no conceito do *tripple bottom line*.[20] Ela é associada ao Conselho Empresarial Brasileiro para o Desenvolvimento Sustentável (CEBDS), estruturou um Conselho Consultivo de Desenvolvimento Sustentável formado por diversas partes interessadas externas e relata desde 2000 seu desempenho econômico, social e ambiental conforme um dos modelos mais avançados em nível mundial, o definido pelo Global Reporting Initiative (GRI).

Sua gestão está consolidada por meio do Sistema Integrado de Gestão Amanco (Siga), que integra a gestão empresarial, de produção, de qualidade, meio ambiente, responsabilidade social e segurança e saúde ocupacional. A empresa foi certificada na ISO 9002:1994, em 1996, e na versão 2000, em 2003. A definição e o acompanhamento de metas, programas e indicadores são estruturados por meio de uma adaptação do modelo estratégico de gestão de indicadores balanceados *balanced scorecard*,[21] denominada

---

[20] J. Elkington, *Canibais com garfo e faca* (São Paulo: Makron, 2001).
[21] D. Norton & R. Kaplan, *A estratégia em ação* (Rio de Janeiro: Campus, 1997).

sustainability scorecard, explicitando a gestão ambiental nas perspectivas do desenvolvimento sustentável e dos processos internos.

A implementação e certificação do SGA de acordo com a Norma ISO 14001 foi diretriz corporativa para todas as unidades do grupo. Os trabalhos no Brasil na área ambiental começaram em 2001, com iniciativas como a realização de estudo abrangente de análise de ciclo de vida do PVC (uma de suas matérias-primas principais) e adoção de ações de redução de impacto ambiental nesse ciclo; definição de indicadores de ecoeficiência; implementação de sistema de gestão de resíduos, incluindo um programa de coleta seletiva e o treinamento e conscientização dos colaboradores.

Como parte dessa estratégia, a empresa definiu cronograma e meta de prazo para a certificação das unidades de Joinville e Sumaré para o ano de 2003. Em 2004 a empresa obteve a certificação OHSAS18001 para a Gestão de Saúde Ocupacional e Segurança. Em 2005 a nova unidade de Cabo de Santo Agostinho (PE) também obteve a tripla certificação, seis meses após sua inauguração.

O trabalho foi liderado pela coordenadora de engenharia de materiais e meio ambiente, junto com o gerente responsável por coordenar a integração dos sistemas de gestão. Os gerentes e líderes de cada área foram envolvidos logo no início do trabalho (o que é rotineiro dentro do modelo de administração participativa praticado na empresa), buscando o comprometimento da linha hierárquica, o que se revestiu de fundamental importância. Foi montada uma equipe com 25 facilitadores das diversas áreas da empresa, que coordenaram a execução das ações necessárias em cada setor. O cronograma foi acompanhado mensalmente pela gerência e diretoria da empresa, nas reuniões do Sistema Integrado de Gestão Amanco (Siga).

O levantamento de aspectos e a avaliação de significância dos impactos ambientais foram realizados a partir de um modelo desenvolvido pela empresa, considerando-se critérios separados para os aspectos normais e subnormais daqueles em condições de emergência. Os facilitadores de cada área foram orientados a realizar os levantamentos necessários, passando os resultados à coordenação de engenharia de materiais e meio ambiente, que avaliou sua significância. Nos filtros de significância, foram incorporados os critérios pertinentes à empresa, incluindo as oportunidades de ecoeficiência, as demandas das partes interessadas e os requisitos corporativos. No final, os resultados, as ações necessárias e oportunidades de melhoria foram consenso entre os gerentes, o que constituiu ponto forte da implementação do SGA. A partir desse levantamento, cada área definiu seu plano de ação para a aplicação dos requisitos ambientais no dia a dia das atividades da empresa.

Como pontos de destaque da implementação, por exceder os requisitos normativos, podem ser apontados:

- preocupação no SGA com os impactos ambientais no ciclo de vida do produto. Um comitê corporativo de materiais reúne especialistas que estudam novas alternativas técnicas e qualificam materiais por meio de guia corporativo, levando em consideração critérios de meio ambiente, saúde e segurança;
- comprometimento da alta administração com a responsabilidade socioambiental, exemplificado pela liderança e determinação na condução do processo, a inserção da variável socioambiental no *balanced scorecard* e a realização de *patrulha* ambiental liderada pelo diretor industrial;
- sistema de consulta com as partes interessadas, como comunidades vizinhas, que são convidadas a visitar as fábricas e recebem os resultados das consultas e ações apresentadas;
- integração com o Siga e a cultura existente; e
- grande ênfase na comunicação, treinamento e conscientização ambiental, com execução de treinamentos de grande carga horária que envolveram os colaboradores e terceiros permanentes, apesar de o grau de impacto ambiental dos processos existentes ser relativamente baixo (vale comentar que, mesmo num momento de queda de vendas e contenção de custos, esses treinamentos e o processo de implementação do SGA foram mantidos).

Foram contabilizados gastos específicos de R$ 498.000,00 na implementação e certificação do SGA das unidades de Joinville e Sumaré. Durante a implementação, outros investimentos foram efetuados, dos quais alguns são apresentados no quadro 4. Nesse quadro são destacados os benefícios atingidos pela implementação e certificação do SGA, conforme relatado pela empresa. O benefício atingido *atender a critérios de certificação para a venda* foi considerado não aplicável para a Amanco, pois não há requisito específico de certificação dos clientes no mercado

QUADRO 4

Benefícios gerais atingidos e a implementação do SGA na Amanco

Benefício		Comentário
Geral atingido	Amanco	
2. Satisfazer critérios dos investidores para aumentar o acesso ao capital	Atingido	A gestão ambiental implementada e a certificação ambiental conforme a ISO 14001 foram fatores que contribuíram positivamente para a obtenção de financiamento para a nova planta de Cabo de Santo Agostinho.
3. Melhorar a organização interna e a gestão global	Atingido	Melhoria nas relações entre as áreas, na definição de papéis e responsabilidades, definição clara de regras e procedimentos, visão clara dos dados para a definição de melhorias, melhor organização das informações ambientais.
4. Redução da poluição, conservação de materiais e energia	Atingido	Melhoria dos controles sobre o processo produtivo, identificando e quantificando a geração de resíduos, consumo de energia, água e insumos, com estabelecimento de metas para melhoria desses indicadores. Implementação de sistema de reúso de água no processo de extrusão, representando investimento de R$ 60.000,00, em 2003, na planta de Joinville, levando ao reaproveitamento de 700 m^3/mês de água. Redução de 58% em peso dos resíduos destinados para aterro sanitário, de 2002 para 2003, em duas plantas de Joinville. Implementação de tratamentos de efluentes líquidos, representando investimentos de R$ 108.800,00, nas plantas de Joinville e Sumaré.
6. Aumentar a conscientização do pessoal	Atingido	Aumento significativo dos projetos de conscientização ambiental, como o 2º Prêmio Amanco de Proteção ao Meio Ambiente (que visa despertar a conscientização ambiental dos filhos de colaboradores efetivos, temporários e terceiros), o patrocínio ao Seminário de Resíduos da Construção Civil do Sinduscon de Joinville, doação de resíduos recicláveis para o projeto social Reciclar 2000 (Sumaré). Aumento da conscientização dos colaboradores, com investimentos de R$ 18.000,00, podendo ser mensurados pelos resultados do índice médio de conformidade da coleta seletiva, nas plantas de Joinville, de 93%.
7. Melhorar o clima e a comunicação internos	Atingido	A forma como o projeto foi conduzido, com grande envolvimento das várias áreas de forma matricial, num contexto de administração participativa, levou a que esse benefício fosse obtido.
8. Aumentar o desempenho ambiental de fornecedores	Atingido	Estabelecimento sistematizado de requisitos ambientais e da homologação ambiental de fornecedores de materiais e prestadores de serviços, sendo que para alguns fornecedores de matérias-primas foi solicitada a certificação ISO 14001 em um período máximo de dois anos. Foi instituído um sistema corporativo de auditorias junto a fornecedores que leva em consideração critérios de meio ambiente, segurança, saúde, qualidade e responsabilidade social.

de atuação da empresa, da mesma forma que o benefício *melhorar a participação de mercado e vendas*. O benefício *reduzir custos* não foi mensurado pela Amanco, pois a motivação para o SGA não foi financeira ou comercial, o que não quer dizer que não possa ter sido obtida redução de custos. De forma semelhante, o benefício *reduzir prêmios de seguro* não foi esperado e não foi quantificado, independentemente de ter efetivamente ocorrido ou não.

Os demais benefícios atingidos na visão geral dada no tópico "Benefícios obtidos" também o foram na situação vivenciada pela Amanco quando da implementação de seu SGA.

Com relação aos benefícios parcialmente atingidos, contemplados no quadro 5, cabe destacar aqueles em que a Amanco trabalhou e obteve mais do que outras empresas, como no relacionamento com a comunidade, clientes/consumidores e órgãos ambientais e no desenvolvimento de soluções. Apesar de não ser esperado o benefício *ampliar o desenvolvimento e a difusão de soluções ambientais*, a empresa implementou ações tecnológicas que reduziram o impacto ambiental, entre as quais destacam-se:

- caixa de descarga de 6 litros, que oferece uma redução de 50% no consumo de água em relação à convencional (sendo premiada pela revista *Casa Claudia* em 2002);
- tubo celfort, solução para a aplicação no mercado de infraestrutura, que, por meio de suas três camadas de espessura, viabiliza a inclusão de material reciclado em sua camada interna, possibilitando a redução de peso e o aproveitamento de materiais; e
- ao longo do ciclo de vida do PVC, eliminação de pigmentos à base de metais pesados; substituição dos plastificantes à base de DOP ou DEHP por DOA.

Apesar de no quadro 5 o benefício *reduzir incidentes, riscos, vulnerabilidades e passivos ambientais* ter sido considerado atingido, vale comentar que os riscos das unidades da Amanco são menores do que os de empresas de setores de alto risco. Nesse sentido, o resultado obtido poderia se aproximar daquele obtido pelas demais empresas de maior potencial de acidentes ambientais.

Para os demais benefícios analisados, o resultado obtido pela Amanco se aproxima daquele das demais empresas discutidas no tópico "Benefícios parcialmente atingidos".

QUADRO 5
Benefícios gerais parcialmente atingidos e a implementação do SGA na Amanco

Benefício		Comentário
Parcialmente atingido	Amanco	
1. Demonstrar ao público um razoável cuidado ambiental, mantendo-se boas relações e canais de comunicação	Atingido	A Amanco já tinha essa preocupação antes da implementação do SGA, que foi incrementada durante o processo (por exemplo, sistema de consultas a partes interessadas). Considera-se que o benefício foi obtido pela implementação de sistemáticas proativas (além do mínimo da Norma ISO 14001). A demonstração ao público do comprometimento da empresa com o meio ambiente também melhorou, com medidas como a introdução de informações e cuidados ambientais nas toalhas do restaurante aberto ao público.
2. Assegurar aos clientes e consumidores o comprometimento com uma gestão ambiental demonstrável	Atingido	A Amanco já tinha essa preocupação antes da implementação do SGA (por exemplo, relatórios de sustentabilidade são emitidos pelo Grupo Amanco desde 2000. A Amanco Brasil publica também seu balanço social desde o ano de 2001). Os avanços ocorridos durante o processo são: projeto de substituição de estabilizantes à base de chumbo por outros à base de cálcio e zinco em tubos (2003); introdução de informações e cuidados ambientais nos catálogos de produtos da empresa.
3. Melhorar a imagem	Parcialmente atingido	A empresa alegou que houve ganho de imagem, porém não havia dados que pudessem subsidiar essa afirmação.
6. Melhorar o controle sobre os custos	Parcialmente atingido	A empresa alegou que houve melhoria no controle físico dos gastos e investimentos ambientais, e que, como utiliza sistema de gestão empresarial em que os custos ambientais são contemplados, melhorou o controle financeiro também.
7. Reduzir incidentes, riscos, vulnerabilidades e passivos ambientais	Atingido	Melhoria na gestão de riscos ambientais, com a adoção de melhorias para evitar derramamentos, instruções para atendimento de situações acidentais; adequação de áreas de estocagem de resíduos (com investimentos de R$ 50.000,00, em 2003, nas plantas de Joinville e Sumaré).
8. Melhorar as relações entre indústria e governo, e facilitar a obtenção de licenças e autorizações	Atingido	No período da implementação do SGA houve grande melhoria das relações entre a empresa e os órgãos governamentais estaduais e municipal (Joinville), com abertura de informações e busca do diálogo sobre o desempenho ambiental. Nesse período foi equacionado o licenciamento ambiental, e no período posterior à certificação foi mais fácil renovar e obter novas licenças (por exemplo, Joinville, onde a validade das novas licenças passou de um para cinco anos).

Como comentário final, coloca-se como ponto de reflexão o efeito que o prazo de certificação determinou nas decisões de alguns procedimentos e sistemáticas, que foram objeto de evolução após a certificação. Além disso, a própria análise prévia dos benefícios esperados do SGA não foi feita formal e sistematicamente, o que se poderia atribuir à velocidade do processo. Apesar de a empresa já utilizar previamente bons indicadores de ecoeficiência, o estabelecimento de indicadores para mensurar o alcance desses benefícios poderia ser de grande valia para esta análise.

Conclusão

Da mesma forma que a gestão empresarial avança há décadas com novos modelos que solucionam problemas anteriormente encontrados, a gestão ambiental vem evoluindo desde o início dos anos 1970. O SGA representou um grande avanço em relação à gestão ambiental tradicional. O modelo ISO 14001 é o mais utilizado mundialmente e o melhor existente atualmente para o SGA, apesar das limitações discutidas neste capítulo. Agregando ferramentas gerenciais efetivas, ele tornou a gestão ambiental mais integrada com as decisões de negócios, avançando no comprometimento da linha hierárquica e sistematização, além de auxiliar na solução dos problemas e na busca de caminhos de melhoria contínua.

Pode-se afirmar que o SGA de acordo com a Norma ISO 14001 agregou valor à gestão empresarial. As organizações que implementaram o SGA, independentemente da motivação original pela qual o fizeram e com graus variáveis de profundidade, ganharam em organização, planejamento, prevenção, proatividade, cultura, conscientização, participação, responsabilidade, comunicação interna e externa. Ademais, as pesquisas citadas mostraram que elas obtiveram redução da poluição e do consumo de recursos, com redução de custos (apesar de não requerido esse controle na ISO 14001, ele acaba ocorrendo, mesmo naquelas empresas que não têm sistemas de controle de custos). Aquelas organizações que precisam demonstrar confiança sobre a sua gestão ambiental a outras partes obtiveram um modelo reconhecido no mundo todo.

Foram evidenciados também ganhos de redução de passivos e de riscos de acidentes, demonstração de bons resultados para clientes, consumidores e comunidades, relacionamento com os órgãos ambientais e potenciais ganhos de imagem no longo prazo. Porém a magnitude de tais ganhos é muito dependente da forma como o SGA foi estabelecido, e as empresas mais proativas obtiveram mais retorno. Para que as empresas otimizem os benefícios obtidos, elas deverão adotar políticas, programas e procedimentos mais proativos do que o mínimo requerido pela Norma ISO 14001, com medição de custo-benefício. Como declarado na introdução da norma, o SGA é um meio para atingir os seus resultados e finalidades, e não um fim em si mesmo.

Vale comentar que não existe modelo que não dependa de um forte e contínuo comprometimento da alta administração. Empresas cujas culturas corporativas já internalizaram o valor da gestão ambiental têm menor dificuldade para implementar o SGA em suas unidades, e usualmente esses sistemas vão além do mínimo preconizado pela Norma ISO 14001. Empresas cujo fator de motivação para a implementação originou-se de pressões externas terão dificuldade maior para incorporar essa consciência no dia a dia, e os sistemas implementados serão possivelmente menos maduros. Nesse sentido, não é a certificação que vai distinguir umas das outras para as partes interessadas, mas sim os resultados atuais de desempenho ambiental, que demonstram o quanto seus processos e produtos estão próximos das tecnologias mais limpas, e as intenções, os objetivos e as metas delas, que indicam para onde e em que ritmo ela quer caminhar em direção ao desenvolvimento sustentável.

Essa situação foi discutida no estudo de caso apresentado, sendo selecionada uma empresa com forte comprometimento da alta administração e cuja motivação para a implementação e certificação do SGA de acordo com a Norma ISO 14001 estava ligada a uma responsabilidade social e a uma imagem de longo prazo, mais do que requisitos de mercado de curto prazo. Os benefícios obtidos pela Amanco corroboram, de modo geral, os benefícios visualizados para as demais organizações, resguardadas as especificidades do grupo empresarial ao qual pertence e do setor-produto-mercado em que atua. Os benefícios plenamente atingidos pela ISO 14001 também o foram pela Amanco, com exceção do requisito de certificação para venda, que não se aplica a ela. A diferença marcante do estudo de caso para o estudo geral se deu com relação aos benefícios parcialmente atingidos, nos quais a proatividade, a cultura e os valores empresariais da Amanco a levaram à busca de melhores práticas e à obtenção de benefícios superiores aos verificados para a média das outras empresas. Isso aconteceu principalmente na demonstração de cuidados ambientais e na comunicação com comunidades, clientes, consumidores e órgãos ambientais, com os quais a empresa tem uma preocupação e um trabalho avançado no diálogo com as partes interessadas.

Foram assinaladas limitações importantes, que, se não forem tratadas, poderão ser fonte de rejeição crescente ao modelo. A coibição de certificação de empresas com pobre desempenho mínimo, a definição de marcos e metas de desempenho ambiental crescente que permitam melhor direcionar e comparar a melhoria contínua em direção ao desenvolvimento sustentável, a maior visibilidade e transparência de informações de desempenho aos públicos e a punição de propagandas que levem a mal-entendidos são fatores que tornarão o modelo ISO 14001 melhor e mais amplamente utilizado.

Considerando-se que a Norma ISO 14001 tem um caráter eminentemente voluntário, seus requisitos podem e devem evoluir no sentido de alcançar seu objetivo: prover confiança a partes interessadas sobre o comprometimento com a gestão e o desempenho ambientais especificados, o cumprimento dos requisitos legais e outros, a proteção do meio ambiente (incluindo a prevenção da poluição) e a melhoria contínua. Nesse sentido, a ISO, juntamente com os órgãos oficiais credenciadores, entidades certificadoras e órgãos envolvidos na definição de padrões ambientais dos países, têm uma oportunidade de aperfeiçoar o processo de implementação e aceitação entre todas as partes interessadas, diante do risco de perda de credibilidade e/ou sua substituição. A revisão da Norma ISO 14001 em 2015 ajudou a caminhar nesse sentido. No Brasil, um primeiro passo foi dado nessa direção com a aprovação da interpretação da Norma ISO 14001 sancionada pela ABNT,[22] que contém um conjunto de perguntas e respostas sobre as dúvidas mais recorrentes sobre a norma. Apesar de não ter esse objetivo, essa interpretação acabou adicionando requisitos ao processo, com grande benefício.

No quadro 6 são apresentadas sugestões de práticas a serem incorporadas aos SGAs de modo a otimizar os benefícios alcançados.

---

[22] Associação Brasileira de Normas Técnicas, *Interpretação NBR ISO 14001 (1996)*, abril de 2002.

QUADRO 6

Sugestões de requisitos adicionais a serem incorporados ao SGA para otimizar o alcance do benefício esperado

Benefício esperado	Requisitos adicionais a serem incorporados ao SGA para otimizar o alcance do benefício esperado
Demonstrar ao público um razoável cuidado ambiental, mantendo boas relações e canais de comunicação	Análise e engajamento das partes interessadas; comunicação proativa com a comunidade; tecnologias mais limpas de processo e produto, Indicadores de Desempenho Ambiental (IDAs).
Ampliar o desenvolvimento e o compartilhamento de soluções ambientais	—
Assegurar aos clientes e consumidores o comprometimento com uma gestão ambiental demonstrável	*Ecodesign*; orientação aos clientes e consumidores; IDAs.
Melhorar a imagem	Tecnologias mais limpas de processo e produto; liderança de iniciativas ambientais; *ecodesign*; comunicação proativa com as partes interessadas; IDAs.
Melhorar a participação de mercado e vendas	Todos os relacionados no item "Estudo de caso: Amanco Brasil S.A."; produtos com diferenciais ecológicos; produtos competitivos.
Atender critérios de certificação para a venda	—
Satisfazer critérios dos investidores para aumentar o acesso ao capital	Transparência das informações ambientais e contábeis; indicadores de desempenho ambiental; critérios de sustentabilidade alinhados aos adotados para investimentos socialmente responsáveis do mercado acionário e financeiro.
Reduzir prêmios de seguro	Melhores práticas de gerenciamento de riscos.
Melhorar o controle sobre os custos	Contabilidade ambiental.
Melhorar a organização interna e a gestão global	Melhores resultados poderiam advir da integração do SGA com os outros sistemas de gestão.
Reduzir custos	Tecnologias mais limpas; IDAs; contabilidade ambiental.
Reduzir incidentes, riscos, vulnerabilidades e passivos ambientais	Melhores práticas de gerenciamento de riscos; melhores tecnologias para gerenciamento de passivos ambientais.
Redução da poluição, conservação de materiais e energia	Melhores resultados poderiam advir do uso de melhores práticas associadas à produção mais limpa.
Aumentar a conscientização Melhorar o clima organizacional e comunicação interna	Visão e culturas apropriadas; gestão por times; programa de sugestões; educação ambiental mais avançada; participação nos a resultados com critérios ambientais.
Aumentar o desempenho ambiental de fornecedores	Qualificação e seleção de fornecedores com critérios ambientais proativos e evolutivos com o tempo, incluindo a avaliação de seu desempenho.
Melhorar as relações entre indústria e governo e facilitar a obtenção de licenças e autorizações	Comunicação proativa e transparência junto aos órgãos governamentais.

Cabe ressaltar, por fim, algumas tendências com relação ao SGA. Percebe-se um aumento da utilização da ISO 14001 no setor público em diversos países.[23] Deve-se ressaltar a tendência de uso de mecanismos legais de incentivo aos SGAs, como é o caso da legislação do estado de São Paulo, onde o Decreto nº 47.400/02 determina que a introdução de sistema de gestão ambiental pode aumentar a validade da licença ambiental em até um terço em relação ao período normal previsto. No mesmo sentido, o Conselho de Proteção Ambiental do Governo de Minas Gerais aprovou a Deliberação Normativa nº 121/08, que estabelece que os empreendimentos e atividades passíveis de licenciamento ambiental que apresentarem certificação de SGA, nos termos da ABNT NBR ISO 14001 por empresa certificadora acreditada por sistema nacional ou internacionalmente reconhecido, farão jus ao acréscimo de um ano ao prazo de validade da Licença de Operação (LO).

É visível também um movimento real de integração dos sistemas de gestão em torno de um núcleo comum, com temas como qualidade, meio ambiente, saúde ocupacional, segurança, responsabilidade social, energia e *compliance*, e destes com a gestão empresarial. A adoção da estrutura de alto nível pela ISO, comum a todas as normas de sistemas de gestão, facilitou sobremaneira essa tarefa.

Por fim, diante das demandas mundiais crescentes, estão em desenvolvimento linhas de modelos normativos mais amplos que acabam englobando a gestão ambiental em parte ou no seu todo. Entre eles destacam-se as normas relativas ao desenvolvimento sustentável (por exemplo, a inglesa BS 8.900 e a francesa SD 21.000), responsabilidade socioambiental (por exemplo, a ISO 26.000 e a brasileira NBR ISO 16.001) e gestão de riscos (por exemplo, a ISO 31.000). Tais modelos mostram que novas respostas vêm sendo buscadas aos desafios da atualidade, em particular a busca de uma sociedade sustentável, o que pode levar a mudanças futuras na ISO 14001 para aumentar sua utilização, relevância e eficiência.

---

[23] Alexander Moutchnik, "ISO 14001 on Public Sector Agenda at all Levels around the World", disponível em http://www.iso.org.

Ecoeficiência e o desempenho econômico e ambiental nas organizações

Jacques Demajorovic
Felipe Zacari Antunes

Introdução

A ecoeficiência tem assumido um papel cada vez mais importante nas estratégias de gestão ambiental das organizações. Pressionadas por uma legislação mais rigorosa e pelo aumento de custos com o uso dos recursos naturais, um número cada vez maior de empresas tem superado o paradigma que prevaleceu até a década de 1980: meio ambiente e competitividade seriam variáveis antagônicas. Isso porque o contínuo avanço tecnológico vem propiciando mudanças em processos e produtos que conciliam o aumento da eficiência econômica e ambiental das empresas. No entanto, ainda que o discurso empresarial atual reconheça a gestão ambiental como ferramenta primordial para a sustentabilidade dos empreendimentos no cenário contemporâneo, tal preocupação tem se concentrado no setor industrial.

Essa opção se justifica na medida em que grande parte dos riscos socioambientais vivenciados pela sociedade estão diretamente relacionados à ação industrial. Fortemente regulamentados, alguns setores industriais particularmente controversos, como o químico, o petroquímico, o de mineração e o de papel e celulose, passaram a conviver com novas formas de regulação que impactaram significativamente a estrutura de custos de produção, obrigando as empresas a incorporar ações a suas estratégias com o objetivo de internalizar parte dos custos de seus impactos ambientais.

Já o setor de serviços apenas recentemente ganhou espaço nesse debate. Apesar de uma rica literatura ter sido produzida, principalmente para analisar seu impacto econômico na economia mundial, resultado da transição de uma economia industrial para outra pós-industrial, há poucos estudos sobre a relação entre o setor de serviços e a problemática ambiental.

No entanto, assim como o setor industrial, o setor de serviços apresenta uma variedade de aspectos ambientais que, dependendo da atividade, podem se transformar em menores ou maiores impactos ambientais. No geral, a cadeia de serviços está diariamente consumindo uma enorme quantidade de recursos, como energia e água, e gerando grande quantidade de resíduos sólidos e efluentes.

Muitos desses impactos poderiam ser evitados ou restringidos, caso essas atividades incorporassem medidas para a racionalização dos recursos naturais. Diminuição da geração de papel em agências bancárias, maior eficiência energética em hospitais e racionalização do uso da água em hotéis são alguns dos exemplos que possibilitariam que empreendimentos lograssem equilibrar sustentabilidade econômica e ambiental.

Soma-se a esse quadro o fato de que os impactos potenciais dos setores industrial e de serviços não se restringem à operação direta de fábricas, bancos, hospitais, escolas e hotéis. Todas essas atividades, como as demais que compõem o variado universo do setor produtivo, têm o potencial de influenciar positiva ou negativamente toda a cadeia produtiva quanto aos impactos tanto a montante (*upstream impacts*) – habilidade do empreendimento de influenciar seus fornecedores – como a jusante (*downstream impacts*) – capacidade de influenciar os clientes no que se refere a seu comportamento ou padrões de consumo.

Nesse contexto, a ecoeficiência constitui uma ferramenta essencial para que as atividades de produção e de serviço possam conciliar crescimento econômico e mitigação dos impactos ambientais. Este capítulo apresenta a evolução do conceito de ecoeficiência e sua aplicação. Aborda também o desenvolvimento de metodologias e referenciais normativos de forma que auxiliem as organizações a implementar essa estratégia.

Conceituando a ecoeficiência

Nas últimas décadas, paralelamente ao debate sobre desenvolvimento sustentável, uma série de ferramentas voltadas à concretização da responsabilidade socioambiental no âmbito empresarial têm sido discutidas, tais como produção limpa, produção mais limpa, prevenção à poluição, avaliação do ciclo de vida e ecoeficiência.

Entre todas essas, a ecoeficiência recebeu especial atenção nos últimos anos. É interessante notar que não se trata de um debate tão recente, pois, segundo Lehni, o termo *ecoeficiência* foi utilizado pela primeira vez pelos pesquisadores Schaltegger e Sturm em 1990.[1]

Na verdade, a busca por conciliar eficiência econômica e ambiental tem uma história ainda mais longa. Desde a década de 1970, algumas empresas já defendiam a possibilidade de conciliar crescimento econômico com melhoria do desempenho ambiental. Um dos casos mais emblemáticos dessa postura é o programa implementado em 1975 pela 3M, denominado *Evitar*

---

[1] Markus Lehni, *Eco-Efficiency: Creating More Value with Less Impact* (Genebra: WBCSD, 2000).

a poluição dá retorno. A empresa teria alcançado uma redução de cerca de US$ 1 bilhão desde o início do programa por meio de investimentos realizados para a minimização de geração de resíduos no processo produtivo.[2]

Para a maior parte das empresas, no entanto, permanecia uma postura reativa em relação a incorporar a dimensão ambiental nos processos de tomada de decisão. Para Porter e Linde, o principal fator para a resistência empresarial é a permanência de uma visão dicotômica entre meio ambiente e competitividade. Para esses autores, essa posição só poderia ser aceita caso vivêssemos em um mundo estático, onde tecnologia, produtos, processos e necessidades dos consumidores pudessem ser considerados fixos.[3] Porém, no atual estágio da economia mundial, caracterizado por um ambiente dinâmico, baseado na inovação contínua, há inúmeras possibilidades de desenvolver alternativas que congreguem esses objetivos, aparentemente irreconciliáveis (contraditórios).

Além disso, o desenvolvimento de uma legislação ambiental cada vez mais rigorosa, a expansão dos chamados consumidores conscientes e o aumento dos custos pela utilização dos recursos naturais propiciaram uma reformulação da visão empresarial em relação à questão ambiental, aumentando o interesse em torno de estratégias de ecoeficiência.

Nesse processo, uma importante contribuição foi a publicação do livro *Mudando o rumo*, de Stephan Schmidheiny.[4] Fundador do Conselho Empresarial Mundial para o Desenvolvimento Sustentável (World Business Council for Sustainable Development – WBCSD), Schmidheiny defendia uma mudança da percepção do setor empresarial em relação à variável socioambiental. Em vez de se colocar exclusivamente como agente do processo de degradação, o setor empresarial poderia desempenhar um papel crucial para solucionar os desafios da sustentabilidade global.[5] No entanto, isso só ocorreria se fosse possível fundamentar as estratégias empresariais em alternativas que conciliassem melhorias ambientais e econômicas. Nesse sentido, a busca da ecoeficiência permitiria ao setor empresarial concretizar tais objetivos.

---

[2] Subhabrata Bobby Banerjee, "Corporate Environmentalism", em *Management Learning*, 29, Thousand Oaks, junho de 1998.

[3] Michel Porter & Class Van der Linde, "Towards a New Conception of the Environmental-Competitiveness Relationship", em *Journal of Economic Perspective*, 9 (4), Saint Paul, 1995, pp. 97-118.

[4] Stephan Schmidheiny, *Mudando o rumo* (São Paulo: FGV, 1992).

[5] Markus Lehni, *Eco-Efficiency: Creating more Value with Less Impact*, cit.

Desde a publicação de *Mudando o rumo*, o conceito de ecoeficiência tem sido constantemente remodelado. No livro, uma empresa ecoeficiente seria aquela que conseguisse gerar produtos e serviços com maior valor agregado ao mesmo tempo que assegurasse a redução do consumo de recursos e a menor geração de poluição.[6]

Para a Organização para a Cooperação e o Desenvolvimento Econômico (OCDE), a ecoeficiência foi definida como a eficiência com que os recursos ecológicos são utilizados para atender às necessidades humanas, sendo seu resultado obtido a partir do valor dos produtos e dos serviços gerados por uma empresa, um setor econômico ou, ainda, um país, dividido pela soma das pressões ambientais geradas pelas empresas e pelos setores.[7]

Em outros termos, ecoeficiência significa gerar mais produtos e serviços com menor uso dos recursos e diminuição da geração de resíduos e poluentes. Considerada dessa forma, a ecoeficiência tem conseguido grande aceitação no meio empresarial, embora recentemente se tenha observado a publicação de diversos trabalhos ressaltando as limitações dessa ferramenta.

Uma das principais razões que explicam a popularidade dessa ferramenta no setor empresarial é o fato de que a ecoeficiência não impõe limites ao crescimento e não envolve restrições a qualquer tipo de atividade produtiva ou de serviços. Como afirmam Holliday e colaboradores, seu objetivo é o crescimento mais eficiente a partir de uma abordagem de negócios que minimize os impactos ambientais.[8] Na prática, essa abordagem possibilita que uma organização seja considerada ecoeficiente ao conseguir reduzir sua poluição relativa, ainda que, em termos absolutos, esta tenha aumentado.

Tal flexibilidade se mostra compatível com as formas atuais de conduzir os negócios, baseadas nas mudanças incrementais da eficiência dos processos, propiciando maior interesse por parte das empresas em implementar estratégias de ecoeficiência em sua gestão. De fato, inúmeros estudos têm demonstrado que, tanto no setor industrial como no de serviços, estratégias de ecoeficiência têm propiciado reduções significativas nos custos com matéria-prima e energia.

---

[6] *Ibidem*.
[7] *Ibidem*.
[8] Charles O. Holliday *et al.*, *Cumprindo o prometido: casos de sucesso de desenvolvimento sustentável* (Rio de Janeiro: Campus, 2002).

Para seus críticos, porém, não se pode creditar à ecoeficiência a potencialidade para a concretização de desenvolvimento sustentável. Segundo a OCDE, para que a ecoeficiência alcançasse tal objetivo, seria necessário um aumento em mais de dez vezes na produtividade média dos recursos nos países industrializados nos próximos trinta anos, de forma que se assegurasse uma expansão da produção a partir de uma quantidade cada vez menor de recursos naturais.[9] Nesse contexto, apesar dos avanços tecnológicos e produtivos vivenciados em diferentes setores produtivos, de acordo com a organização Global Footprint Network (GFN), em agosto de 2017, a demanda da humanidade por recursos naturais ultrapassou a capacidade da Terra de se regenerar durante um ano, colocando o planeta em situação de sobrecarga meses antes do final do ano.[10]

Day, no entanto, contesta essa visão pessimista ressaltando que os ganhos obtidos nas últimas décadas na eficiência dos processos não foram suficientes para compensar o aumento em termos absolutos do consumo de recursos. Segundo o autor, economias altamente industrializadas, como Estados Unidos, Alemanha e Japão, conseguiram expressivos aumentos da produtividade de recursos, o que favoreceu a redução em cerca de 20% da intensidade de materiais em relação ao PIB nos últimos vinte anos. No entanto, o consumo total de recursos nesses países aumentou em 27,7% no mesmo período.[11] O mesmo raciocínio é válido em relação ao consumo de energia. Enquanto nos Estados Unidos projeta-se um aumento de 20% do consumo de energia para os próximos vinte anos, na Ásia estima-se um crescimento superior a 40% para o mesmo período.

Nesse contexto, Day apresenta a seguinte questão:

> Se os ganhos de eficiência, nas últimas décadas, não foram suficientes para superar o crescimento do consumo, podem eles garantir a ênfase na ecoeficiência dentro do setor privado, acelerando suficientemente nosso progresso para o desenvolvimento sustentável? A ênfase pode estar não tanto no aumento da eficiência do processo quanto na inovação.[12]

Para Day, as mudanças incrementais propiciadas pelos ganhos de ecoeficiência seriam um passo importante, mas não suficiente para alcançar o

---

[9] *Ibidem.*
[10] Global Footprint Network, Earth Overshoot Day, disponível em http://www.overshootday.org/, acessado em 6-8-2017.
[11] Robert M. Day, "Beyond Eco-Efficiency: Sustainability as a Driver innovation", em *Sustainable Enterprise Perspective*, World Resources Institute, 1998, disponível em http://www.wri.org/wri/meb/sei/beyond.html, acessado em 10-5-2004.
[12] Ibid., p. 4.

desenvolvimento sustentável. O verdadeiro desafio está na incorporação contínua de um processo de inovação baseado na transformação radical das tecnologias, garantindo novos processos e produtos, em vez de concentrar-se apenas na melhoria dos processos atuais. Para Day, no entanto, o problema não está no conceito de ecoeficiência e sim em sua aplicação. Segundo ele, o conceito atual de ecoeficiência é suficientemente amplo para incorporar os desafios da sustentabilidade, uma vez que inclui mudanças no processo e inovação nos produtos.

No entanto, Day ressalta que o que prevalece na maior parte das organizações empresariais é uma ênfase à eficiência do processo como sinônimo de ecoeficiência, enquanto o desenvolvimento de novos produtos e novos serviços continua a ocupar uma posição secundária. Nesse sentido, uma aplicação parcial do conceito de ecoeficiência não pode ser confundida com o desenvolvimento sustentável. Além disso, é importante frisar que a ecoeficiência não trabalha com todas as variáveis presentes no debate atual sobre sustentabilidade socioambiental corporativa. Trata-se de um conceito que relaciona apenas duas dimensões: a econômica e a ambiental. A variável social, elemento fundamental do *tripple bottom line*, não está incluída.

Apesar desses limites, a ecoeficiência é uma ferramenta fundamental para as estratégias das organizações. Além disso, ela deve ser buscada em toda a cadeia de valor, não se limitando apenas à produção e à organização. Por fim, a ecoeficiência pode ser utilizada por organizações de serviços de forma a garantir que tanto a organização como seus clientes tenham um comportamento comprometido com a melhoria do desempenho econômico e ambiental.

Para o WBCSD, a ecoeficiência é composta por sete elementos: redução da intensidade do material, redução da intensidade de energia, redução de emissão de substâncias tóxicas, aumento da reciclabilidade, maximização do uso de fontes renováveis, aumento da durabilidade dos produtos e aumento da intensidade de serviços.[13]

Esses elementos mostram claramente que a ecoeficiência não se limita a mudanças incrementais no uso de recursos e em práticas existentes. Para o WBCSD, as oportunidades de ecoeficiência podem surgir em diferentes momentos da cadeia de valor, especialmente quando há o estímulo à

---

[13] Charles O. Holliday *et al.*, *Cumprindo o prometido: casos de sucesso de desenvolvimento sustentável*, cit.

inovação de novos processos, produtos e serviços.[14] Ao incluir elementos como durabilidade do produto ou intensidade de serviços, mostra-se que o conceito inclui a redefinição do produto feito ou mesmo a forma de conduzir os negócios. Em muitos casos, isso significa vender serviços no lugar de produtos, o que possibilita ao consumidor ter suas necessidades atendidas com menos emprego de recursos.

Um das formas para reduzir impactos e ampliar resultados ecoeficientes tem sido a estratégia de compartilhamento, que substitui a tradicional posse de um bem pela garantia de suprimento do serviço desejado. Isso pode ser feito com uma série de bens, tais como carros ou furadeiras elétricas.[15]

É o caso da parceria da empresa suíça Mobility com a Ferrovia Federal Suíça. Ao usuário oferece-se um sistema de compartilhamento de automóveis que lhe permite utilizar um automóvel estacionado em lugares predefinidos durante determinado tempo. E a empresa ferroviária suíça disponibiliza para os interessados tarifas promocionais para o uso de trem. O resultado dessa iniciativa é a mudança do comportamento dos usuários na atividade de transporte, utilizando muito mais os serviços ferroviários do que o automóvel. Além disso, usuários frequentes desse serviço consomem em média menos da metade de combustível por ano quando comparados aos proprietários de automóveis. Para a empresa ferroviária, a principal vantagem é o aumento do uso dos serviços por parte dos usuários do sistema.[16]

Corroborando as vantagens econômicas e ambientais geradas pelo sistema de compartilhamento, Abramovay[17] mostra a partir da experiência da Zipcar que neste sistema cada veículo retira das ruas 20 automóveis particulares. Além disso, os usuários reduziram em 44% a quilometragem rodada, resultando na diminuição de 55% na geração de gases de efeito estufa. Complemento o autor que os custos dos usuários reduziram também significativamente, variando de 30% a 50% anualmente dependendo do padrão de consumo. Destaca-se que a Zipcar projeta um crescimento de 1 milhão de usuários em 2013 na União Europeia para 26 milhões em 2020.

---

[14] World Business Council for Sustainable Development (WBCSD), *Eco-Efficiency Learning Module*, disponível em https://www.wbcsd.org/Projects/Education/Resources/Eco-efficiency-Learning-Module, acessado em 15-7-2017.

[15] Eva Heiskanen & Mikko Jalas, Can Services Lead to Radical Eco-Efficiency Improvements? – a Review of the Debate and Evidence, *Corporate Social – Responsibility and Environmental Management*, 10, 2003, pp. 186-198.

[16] Markus Lehni, *Eco-Efficiency: Creating More Value with Less Impact*, cit.

[17] Ricardo Abramovay, *Muito além da economia verde* (São Paulo: Abril, 2012).

Outro exemplo interessante de reposicionamento estratégico é o da empresa Interface. O início desse processo remonta a 1994 quando o seu presidente, Ray Anderson, decide transformar a empresa criada em 1973 em um novo modelo de negócios. Esse processo teve início a partir de um questionamento de como a empresa extraia os recursos, manufaturava e descartava os produtos na natureza. Fabricantes de carpetes utilizam petróleo e seus derivados, água e energia intensa nos processos tradicionais, e a destinação final dos seus produtos pós-consumo são os aterros sanitários. Seguindo os preceitos atuais da chamada economia circular, o presidente lançou o desafio de tornar a empresa restauradora, de forma que todos os insumos teriam que ser reciclados ou regenerados para reduzir drasticamente o impacto de seus processos, tendo como meta zerar a geração de resíduos em 2020.[18]

Ela incorporou o conceito de intensidade de serviços em sua linha de produtos substituindo a simples venda de carpetes por serviços associados a esse produto. Segundo Maturana e Reis,[19] um dos principais processos de inovação da Interface foi a introdução dos carpetes modulares, destacando-se o fato de que, em caso de troca ou manutenção do produto, é possível substituir apenas os módulos isolados, e o material retirado do cliente é reaproveitado pela própria empresa como matéria-prima em seus processos de produção. Em 14 anos, a InterfaceFLOR reduziu 60% das emissões de gases de efeito estufa, 68% do consumo de energia, 80% do consumo de água na organização nos Estados Unidos e 95% do consumo de água nas instalações no Canadá – e aumentou a quantidade de matéria-prima reciclada e biomaterial de 0,5% para mais de 20%. Com todas essas mudanças, obteve uma economia superior a US$ 300 milhões, boa parte reinvestida em pesquisa e desenvolvimento de novos processos de gestão sustentável dos negócios.

Dados disponíveis de ecoeficiência em seus processos até 2016 indicam uma redução significativa de resíduos enviados para aterros e de água consumida por poduto final.

---

[18] Cornelia Dean, *Executive on a Mission: Saving the Planet*, disponível em https://www.nytimes.com/2007/05/22/science/earth/22ander.html, acessado em 20-6-2017.

[19] Luciana Minaki Maturana & Daniela Faria Reis, *Desenvolvimento de produtos sustentáveis. Estudos de casos: purificadores de água Brastemp e carpetes Interface*, Trabalho de Conclusão do Curso de Bacharelado em Administração – Linha de Formação Específica em Gestão Ambiental (São Paulo: Centro Universitário Senac, 2008), 99 f.

GRÁFICO 1

Resíduos das fábricas enviados para aterros
(interface consolidada)

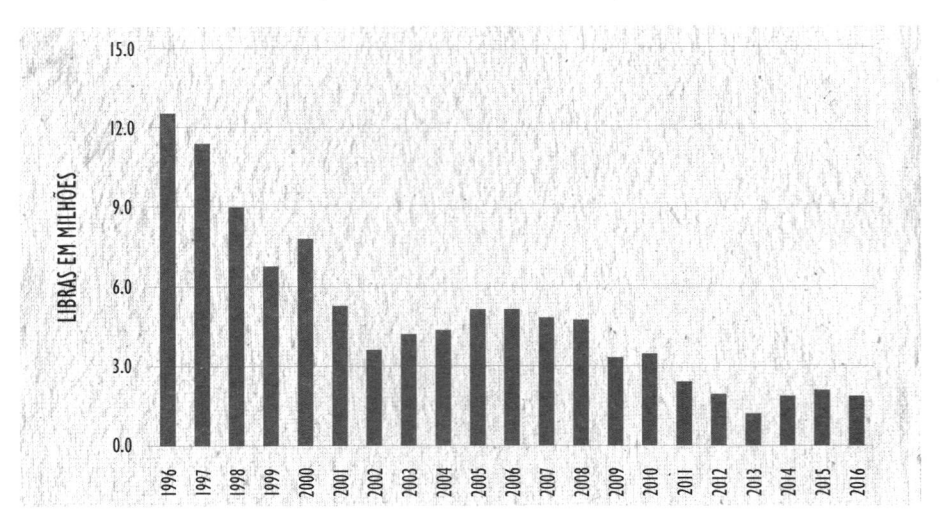

Nota: 1 libra equivale a aproximadamente 453 gramas.
Fonte: Traduzido e adaptado de Interface, *Waste to Landfills from Manufacturing Sites*, disponível em http://www.interfaceglobal.com/Sustainability/Environmental-Footprint/Waste.aspx, acessado em 15-5-2017.

GRÁFICO 2

Uso de água por unidade de produto acabado
(interface consolidada)

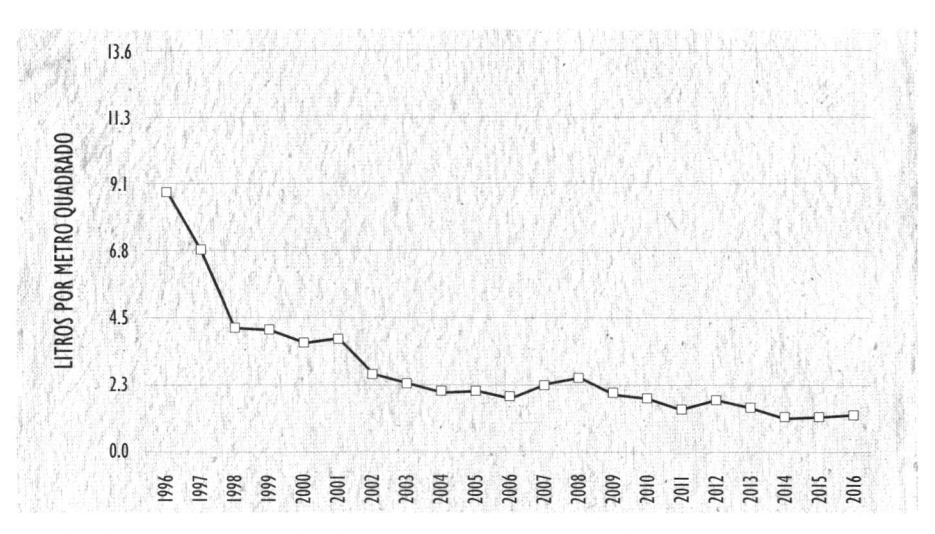

Fonte: Traduzido e adaptado de Interface, *Water Use per unit of Finished Product*, disponível em http://www.interfaceglobal.com/Sustainability/Our-Progress/AllMetrics.aspx, acessado em 15-5-2017.

Os indicadores tornam-se mais expressivos ainda ao notarmos que, de 1996 a 2016, a produção da Interface continou aumentando, o que tornou a empresa a maior fabricante mundial de carpetes.

Ainda que se considerem promissores os resultados descritos nos exemplos, do ponto de vista de aplicação da ferramenta, embora apresente uma abordagem prática, para o WBCSD, a ecoeficiência não deve ser trabalhada como um modelo rígido e fechado, tão pouco apresentar soluções únicas para melhorar o desempenho ambiental e econômico.[20] Por isso, o WBCSD destaca que a ecoeficiência pode ser usada de maneira estratégica e integrada à gestão ambiental e à sustentabilidade nas organizações, sendo incorporados políticas, objetivos, agendas corporativas, sistemas de gestão ambiental ou integrado, gerenciamento de riscos, monitoramento de indicadores ambientais e de performance, com os relatórios de sustentabilidade e no relacionamento com *stakeholders*. Além disso, sua aplicação pode ocorrer de maneira temática e específica, como na gestão de resíduos sólidos, no uso da água e na eficiência energética, ou em conjunto com outras ferramentas, como o caso da avaliação do ciclo de vida.

No entanto, se, por um lado, a flexibilidade da ferramenta permitiu que ela ganhasse escala e tivesse seu uso difundido, por outro, apresentou no monitoramento e na mensuração dos resultados um importante desafio. A ausência de uma metodologia ou de um referencial normativo claro e de uso comum, para demonstrar a relação entre os ganhos de desempenho ambiental e o valor agregado dos produtos e serviços desenvolvidos a partir da ecoeficiência, exemplificam essa questão.

Ecoeficiência e a avaliação do ciclo de vida

O desenvolvimento de metodologias e referenciais normativos contribui para a confiabilidade dos resultados, além de permitir que as organizações tomem decisões baseadas em fatos e comuniquem as iniciativas de maneira transparente.

Nesse sentido, em 1996, a Basf iniciou o desenvolvimento de uma ferramenta própria para analisar a ecoeficiência, incorporando informações

---

[20] World Business Council for Sustainable Development (WBCSD), *Eco-Efficiency Learning Module*, cit.

baseadas na avaliação do ciclo de vida de produtos às decisões de negócios. Nos últimos vinte anos, a empresa realizou mais de 600 análises utilizando a ferramenta. Para Peter Saling, esses estudos têm ajudado ao longo do tempo a empresa, seus clientes e outras partes interessadas a tomarem melhores decisões, pensar de maneira mais estratégica e desenvolver produtos e soluções mais sustentáveis.[21]

Em termos práticos, as análises da ecoeficiência da Basf consideram diferentes categorias de impactos ambientais, como mudanças climáticas, consumo de água, uso da terra, eutrofização, acidificação, potencial de toxicidade e consumo de matérias-primas, cujos custos ao longo do ciclo de vida são combinados e apresentados em forma de gráfico, conforme indicado na figura 1.

FIGURA 1

Análise de ecoeficiência

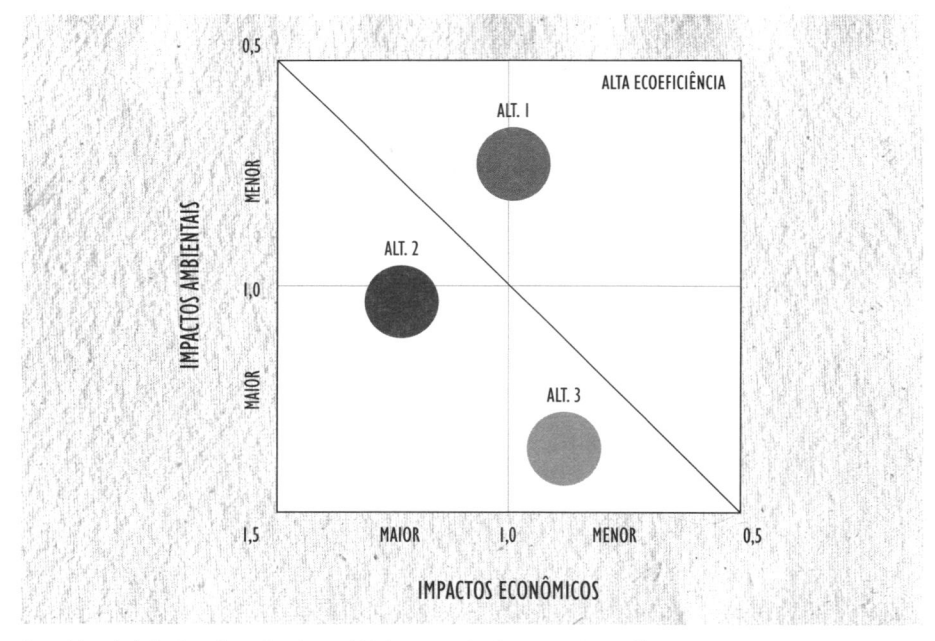

Fonte: Adaptado de Fundação Espaço Eco, *Sustentabilidade que se mede: 10 anos gerando valor* (2015).

---

[21] Peter Saling, *The Basf Eco-Efficiency Analysis: A 20-year Success Story*, disponível em https://www.basf.com/en/company/sustainability/management-and-instruments/quantifying-sustainability/eco-efficiency-analysis.html, acessado em 5-6-2017.

No eixo vertical, estão considerados os impactos ambientais e, no horizontal, os econômicos da avaliação realizada. O gráfico permite realizar comparações da ecoeficiência à medida que cada esfera representa um produto ou processo. Quanto mais à esquerda e para a base do gráfico, menor a ecoeficiência. Quanto mais à direita e para cima do gráfico, melhor a sua performance ambiental e econômica. Importante destacar que, mesmo um produto ou processo sendo indicado como mais ecoeficiente no âmbito geral, ele pode apresentar em um ou mais aspectos da avaliação um desempenho inferior em relação a outro.

Do ponto de vista metodológico, a empresa tem considerado as normas ISO 14040 e ISO 14044 de avaliação do ciclo de vida para a análise dos impactos ambientais e, desde 2012, a norma ISO 14045 tem sido o referencial para as avaliações econômicas e de valor agregado dos projetos analisados.[22]

Outra perspectiva importante na evolução metodológica da aplicação da ecoeficiência é a necessidade de se propor e estabelecer indicadores que reflitam os ganhos ou as perdas de eficiência no uso de recursos e na intensidade dos impactos ambientais relacionados. Nesse sentido, a United Nations Economic and Social Commission for Asia and the Pacific (Escap) publicou, em 2009, o documento *Eco-Efficiency Indicators: Measuring Resource-Use Efficiency and the Impact of Economic Activities on the Environment.*[23]

Atrelada às discussões sobre o desenvolvimento de padrões de produção e de consumo a partir dos princípios de ecoeficiência, a publicação da Escap expande o debate em torno da aplicação tradicional da ferramenta para o meio empresarial e de negócios, incentivando sua incorporação também nas políticas públicas. Para o ambiente de negócios, os resultados da ecoeficiência tendem a ser mais específicos, como a eficiência no uso de energia elétrica em um determinado tipo de equipamento, por exemplo, uma geladeira. A aplicação em uma escala macro pode representar uma melhor avaliação do desempenho ambiental e de valores para o desenvolvimento de uma cidade, um país ou uma região.[24]

---

[22] Basf, *Eco-Efficiency Analysis,* disponível em https://www.basf.com/en/company/sustainability/management-and-instruments/quantifying-sustainability/eco-efficiency-analysis.html, acessado em 20-6-2017.

[23] United Nations Economic and Social Commision for Asia and the Pacific, *Eco-Efficiency Indicators: Measuring Resource-Use Efficiency and the Impact of Economic Activities on the Environment,* 2009, disponível em http://www.unescap.org/publications/eco-efficiency-indicators-measuring-resource-use-efficiency-and-impact-economic, acessado em 23-6-2017.

[24] *Ibidem.*

O conjunto de indicadores propostos pela Escap apresenta uma relação fundamental entre a intensidade no uso de recursos, a intensidade dos impactos ambientais e a eficiência para as atividades econômicas. O quadro 1 ilustra os indicadores propostos pela Escap.

QUADRO 1

Conjunto de indicadores de ecoeficiência

	Intensidade no uso de recursos	Intensidade dos impactos ambientais
Indicadores econômicos gerais		
	• Intensidade de água (m^3/PIB) • Intensidade de energia (J/PIB) • Intensidade de terras (km^2/PIB) • Intensidade de material (DMI/PIB)	• Intensidade das emissões para as águas (t/PIB) • Intensidade das emissões atmosféricas (t/PIB) • Intensidade das emissões de GHG (t/PIB)
Indicadores setoriais		
Agricultura	• Intensidade de água (m^3/PIB) • Intensidade de energia (J/PIB) • Intensidade de terras (km^2/PIB)	• Intensidade de CO_2 (t/PIB) • Intensidade de CH_4 (t/PIB)
Indústria	• Intensidade de água (m^3/PIB) • Intensidade de energia (J/PIB) • Intensidade da Entrada Direta de Materiais (EDM/PIB)	• Intensidade de CO_2 (t/PIB) • Intensidade de resíduos sólidos (t/PIB)
Fabricação	• Intensidade de água (m^3/PIB) • Intensidade de energia (J/PIB) • Intensidade da Entrada Direta de Materiais (EDM/PIB)	• Intensidade de CO_2 (t/PIB) • Intensidade DBO (t/PIB) • Intensidade de resíduos sólidos (t/PIB)
Setor público e de serviços	• Intensidade de água (m^3/PIB) • Intensidade de energia (J/PIB) • Intensidade de terras (km^2/PIB)	• Intensidade de CO_2 (t/PIB) • Intensidade de emissões de efluentes (m^3/PIB) • Intensidade de resíduos sólidos municipais (t/PIB)
Transporte	• Intensidade de combustíveis (J/PIB)	• Intensidade de CO_2 (t/PIB)

Fonte: Adaptado de United Nations Economic and Social Commision for Asia and the Pacific, *Eco-Efficiency Indicators: Measuring Resource-Use Efficiency and the Impact of Economic Activities on the Environment*, 2009, disponível em http://www.unescap.org/publications/eco-efficiency-indicators-measuring-resource-use-efficiency-and-impact-economic, acessado em 23-6-2017.

Os indicadores apresentados estão divididos em indicadores econômicos gerais, considerando o micro e o macro nível de ecoeficiência do crescimento da sociedade ou da economia, e indicadores setoriais. Já a estruturação dos indicadores considerou a intensidade ou a produtividade do uso de recursos e a intensidade dos impactos ambientais e adotou o PIB como base de comparação (numerador do indicador).

A proposição de um conjunto de indicadores de ecoeficiência contribui para que seu uso seja ajustado conforme as características locais e os objetivos econômicos e ambientais. Além disso, permite uma melhor base de comparação entre organizações de um mesmo setor, entre setores e entre localidades (países e regiões).

O uso de normas e referenciais normativos permite também que algumas iniciativas desenvolvidas possam considerar em maior ou menor grau diferentes elementos da ecoeficiência. Com isso, uma avaliação comparativa entre produtos ou serviços com as mesmas características pode ser realizada, agregando valor e melhorando o desempenho ambiental e econômico. Importante destacar que a preocupação com a ecoeficiência amplia seu escopo de atuação, deixando de se concentrar apenas nas organizações de forma individual e passando a valorizar o contexto da cadeia produtiva.

Caminhando nessa direção, e como forma de avançar na definição de um modelo metodológico comum de avaliação da ecoeficiência, em 2012, a International Organization for Standardization (ISO), por meio do Subcomitê 5 de Avaliação do Ciclo de Vida do ISO/TC207, integrou à série de normas da família ISO 14000 a norma ISO 14045 – Gestão ambiental – Avaliação da ecoeficiência de sistemas de produto – Princípios, requisitos e orientações.

A norma adota a perspectiva de ciclo de vida como um dos princípios fundamentais para a aplicação da ferramenta. Nesse sentido, estabelece que a avaliação quantitativa dos impactos ambientais deve ser executada de acordo com as normas ISO 14040 e 14044 para Avaliação do Ciclo de Vida. Em relação ao valor do sistema de produto, aspectos funcionais, monetários e outros intangíveis, como valores culturais, estéticos e de marca, podem ser considerados no processo de avaliação.

Em relação à metodologia de avaliação da ecoeficiência, a norma propõe o desenvolvimento em cinco fases:

QUADRO 2

Fases da metodologia de avaliação da ecoeficiência

Fase	Características da fase
Objetivos e metas	Definir: • Sistema de produto a ser avaliado. • Público-alvo. • Uso pretendido dos resultados. • Características de desempenho e unidade funcional da avaliação. • Fronteiras do sistema de produto. • Método de avaliação ambiental e tipos de impactos. • Método de avaliação do valor e tipo de valor do sistema de produto. • Indicadores de ecoeficiência. • Interpretação. • Limitações. • Relato e divulgação dos resultados.
Avaliação ambiental	Avaliar o ciclo de vida em conformidade com a ISO 1040 e a ISO 14044.
Avaliação do valor do sistema de produto	Estabelecer os tipos de valores do sistema de produto que serão avaliados: monetário, funcional, estético, cultural, marca e outros.
Quantificação da ecoeficiência	Definir os indicadores de ecoeficiência a partir dos resultados da avaliação do valor do sistema de produto pela avaliação ambiental.
Interpretação	Considerar as questões significativas dos resultados ambientais e de valor do produto ou do sistema de produto, conclusões, limitações e recomendações. Considerar possíveis compromissos e a comparação entre os resultados relacionados ao desempenho.

Fonte: Adaptado de NBR ISO 14045:2014.

De acordo com a norma, a definição e o desenvolvimento das respectivas fases são importantes para poder comparar a análise realizada com outro sistema de produto, identificando se temos um produto ou um sistema de produto mais ou menos ecoeficiente. Além disso, a norma exige das empresas uma forma estruturada de selecionar os indicadores, diferente do padrão mais genérico anterior proposto pelo WBCSD. Ao incluir a avaliação do ciclo de vida, a escolha dos indicadores de ecoeficiência passa a depender da magnitude do impacto em cada etapa do ciclo de vida do produto. O foco no ciclo de vida também possibilita identificar possibilidades de substituições de materiais e processos já no âmbito do fornecedor, o que potencializa os ganhos de ecoeficiência ao longo da cadeia produtiva.

Ecoeficiência e o ciclo de vida: a proposta da rede de varejo Walmart no Brasil

Em 2008, a empresa iniciou um processo para implementar a estratégia global da companhia de desenvolver e fornecer produtos mais sustentáveis. Por meio do Projeto Sustentabilidade de Ponta a Ponta, fornecedores foram convidados a repensarem e avaliarem melhorias nos processos produtivos de produtos já comercializados e conhecidos em suas categorias, considerando, fundamentalmente, a perspectiva do ciclo de vida. Aspectos como consumo de recursos naturais, eficiência energética, uso de água, emissões atmosféricas, geração de resíduos sólidos, embalagens, transporte, entre outros foram considerados.

Para garantir a independência do processo de avaliação dos ganhos ambientais, o Centro de Tecnologia de Embalagem (Cetea)[25] foi contratado. O processo adotou a avaliação do ciclo de vida do produto para ter os resultados apresentados pelos fornecedores mensurados a partir de uma mesma metodologia.

Entre os anos de 2008 e 2014, a empresa desenvolveu 3 ciclos de projetos, contou com a participação de 29 fornecedores de diferentes categorias de alimentos e não alimentos, inclusive os de marca própria da empresa. A partir de 2015, o projeto tornou-se um programa permanente sob a gestão do Cetea, ampliando a possibilidade de outras empresas, fornecedores ou não do Walmart, de melhorarem a ecoeficiência de seus produtos.[26]

Ao discutir o conceito de ciclo de vida de produtos e serviços na cadeia de valor, o setor de varejo representa uma importante conexão entre a cadeia produtiva e os consumidores finais. Essa relação possibilita que o

---

[25] Centro de Tecnologia em Embalagens (Cetea) – vinculado ao Instituto de Tecnologia de Alimentos (ITAL) do Governo do Estado de São Paulo.

[26] *Ibidem*

setor contribua para promover e influenciar mudanças e direcionamentos relevantes nos padrões de produção e consumo da sociedade moderna.

Nesse sentido, a ecoeficiência, conforme discutido, apresenta-se como uma ferramenta importante para a implementação de diferentes estratégias para a integração entre a melhoria do desempenho ambiental da produção e a geração de valor para os consumidores. A capacidade de aplicação em diferentes momentos da cadeia de valor de um produto ou serviço e a possibilidade de integração com outras ferramentas da gestão ambiental reforçam essa questão.

Os resultados mensurados do trabalho consideraram como base uma quantidade definida, por exemplo, tonelada de produto ou estimativa anual de venda na rede Walmart. Para se ter uma ideia, os 13 produtos que integraram a segunda edição do projeto representaram uma redução no consumo de energia elétrica de mais de 19 GWh (ou 8,03 milhões de lâmpadas de 100 W), de 2.402 m^3 de água, mais de 232 mil litros de óleo diesel, 79 toneladas de massa de embalagens e mais de 250 toneladas de resíduos de produção.[27]

Em termos práticos, os fornecedores que participaram do projeto apresentaram diferentes tipos de soluções e melhorias em seus processos produtivos e também ao longo de suas cadeias de valor. Redução e substituição de matéria-prima das embalagens, redução do consumo de água e de energia nos processos produtivos, maior eficiência no transporte e origem de insumos e matéria-prima são algumas melhorias conquistadas no processo.

A linha de aveias Sentir Bem, produto de marca própria do Walmart Brasil, é um exemplo dos resultados alcançados. A empresa atuou em conjunto com seu fornecedor em Lagoa Vermelha, interior do Rio Grande do Sul. A celebração de um contrato de garantia de compra entre a indústria e os produtores locais de aveia permitiu o desenvolvimento de técnicas para o aumento da produtividade por hectare. Inicialmente, a indústria comprava aveia de produtores conforme a disponibilidade, tendo, por vezes, que percorrer longas distâncias para suprir sua demanda de fornecimento de produtos. Com esse trabalho, as distâncias percorridas foram reduzidas para até 30 quilômetros da fábrica, além dos benefícios de desenvolvimento da produção local. Em relação aos resíduos das cascas da aveia, estes passaram

---

[27] Walmart Brasil, *Sustentabilidade de Ponta a Ponta – Produtos desenvolvidos com menor impacto ambiental* (2ª ed., São Paulo, 2011), disponível em http://www.cetea.ital.sp.gov.br/arquivos/Sustentabilidade_Ponta_a_Ponta2aEd-2010.pdf, acessado em 10-6-2017.

a ser agregados como ingrediente de ração animal, como cama de aviário e para o aproveitamento como combustível em caldeira, contribuindo para uma redução de mais de 200 toneladas de resíduos industriais.

A indústria também passou a reaproveitar como combustível para sua caldeira os resíduos de MDF de uma indústria moveleira a poucos metros de distância. Por fim, a embalagem, que teve uma redução de 10% em massa de celulose (redução de 1,5 tonelada de massa de embalagem), também teve seu processo de paletização para o transporte repensado. O aumento de 80 para 100 caixas de produto por palete possibilitou a redução do número de viagens entre a indústria e o Walmart.[28]

O quadro 3 apresenta outros exemplos de resultados conquistados individualmente por 9 produtos desenvolvidos ao longo das três primeiras edições do Projeto Sustentabilidade de Ponta a Ponta.

QUADRO 3
Produtos do Sustentabilidade de Ponta a Ponta – Exemplos de ecoeficiência

Produto	Fornecedor	Edição	Ganho ambiental estimado
Band-aid	Johnson & Johnson	1ª	• Redução de 18% no uso de matérias-primas para a embalagem (tamanho da embalagem). • Redução de 1.192.000 kWh por ano de energia no processo de produção. • Redução de mais de 11 mil km em transporte de contêineres de produtos no Brasil e na América Latina. • Redução do transporte de mais de 3 mil paletes e de 72 contêineres por ano para o transporte de produtos para os Estados Unidos e o Canadá.
Amaciante Comfort Concentrado	Unilever Brasil	1ª	• Redução de 63% no consumo de papel na caixa de papelão utilizada no transporte e na distribuição do produto. • Redução de 37% no consumo de plástico para a produção da embalagem. • Economia de até 68% no uso de água para enxágue.

(cont.)

---

[28] *Ibidem.*

Produto	Empresa	Edição	Resultados
Fralda Pampers Total Confort	Procter & Gamble (P&G)	1ª	• Redução de 30% no uso de polpa de celulose. • Redução de 7,5% no volume pela compactação da embalagem e do produto. • Redução de 7% no peso total da fralda. • Redução de 9% no consumo de energia utilizada no processo de produção.
Neve Naturali	Kimberly-Clark	2ª	• Redução de 58,2 ton de CO_2 equivalentes. • Redução de 1.018 litros de diesel. • Redução de 30,2 ton de resíduo sólido destinado a aterro sanitário. • Redução de 455 mil litros no consumo de água. • Redução de 520 GJ de energia renovável com a recuperação de energia da queima do lodo.
Linha Elseve – shampoo, condicionador e creme para pentear	L'Oréal Brasil	2ª	• Redução de 988 mil litros no consumo de água. • Redução de 4.485 m³ no consumo de gás. • Redução de mais de 49 mil kWh no consumo de energia elétrica. • Redução de mais de 52 mil km rodados.
Refrigerador Brastemp Inverse Viva	Whirlpool	2ª	• Aumento em 25% da eficiência energética no uso para o cliente final. • Índice de reciclabilidade do produto no pós-consumo de 80% (todos os materiais).
Linha de molho de tomate Pomarola	Cargill	3ª	• Redução de 11 ton de papelão. • Redução de 6 mil litros no consumo de óleo diesel. • Reciclagem de 437 toneladas de resíduos de produção.
Linha de cappuccinos Nescafé	Nestlé	3ª	• Redução de 1,3 ton no consumo de materiais de embalagem de origem mineral ou fóssil. • Aumento de 12% de produto por caminhão. • Aumento de 7 ton na quantidade de café com certificação 4C na formulação do produto (2,3 vezes a quantidade empregada no ano anterior).
Protetor solar Nivea Sun	Nivea	3ª	• Redução de 46 mil litros no consumo de água. • Redução de 6.800 MJ no consumo de energia. • Redução de 850 quilos no uso de plástico. • Redução de 33,8 mil unidades na devolução de protetores solares. • 2.900 pessoas contempladas no programa de conscientização da necessidade de uso de protetor solar.

Fonte: Adaptado de Walmart Brasil, *Sustentabilidade de Ponta a Ponta – Produtos desenvolvidos com menor impacto ambiental* (1ª, 2ª e 3ª ed., São Paulo, 2010, 2011, 2013), disponível em http://www.cetea.ital.sp.gov.br/programa_pap.php, acessado em 10-6-2017.

Embora a avaliação da ecoeficiência não seja o alvo do Sustentabilidade de Ponta a Ponta, a partir dos exemplos apresentados no quadro, é possível extrapolar a iniciativa para demonstrar seu potencial também de ecoeficiência. Primeiro porque os projetos consideraram a avaliação do ciclo de vida e a melhoria do desempenho ambiental foi comparada entre a versão anterior e a nova do produto. Segundo, ao tratar de produtos que já são conhecidos do mercado consumidor, permite-se que o valor percebido (funcional, financeiro e de qualidade) reforce também os ganhos da dimensão econômica. Em termos práticos, esse tipo de iniciativa apresenta ganhos exponenciais, pois à medida que apenas os resultados relacionados às vendas em uma rede de varejo foram medidos ou estimados, demonstra-se o potencial de ganho ao longo do tempo. O conceito de fazer mais com menos é evidenciado novamente na iniciativa.

Considerações finais

Este capítulo abordou a importância da ecoeficiência no aprimoramento das práticas gerenciais das organizações. Um número crescente de empresas, seja no setor produtivo, seja no de serviços, vem demonstrando ganhos importantes no que se refere à melhoria de seu desempenho ambiental a partir da redução do consumo de água e de energia elétrica ou diminuição da geração de resíduos sólidos.

No entanto, essa estratégia, embora fundamental, não é suficiente para lidar com os desafios enfrentados por uma sociedade em que o consumo de produtos e de serviços continua a aumentar. Nesse caso, a ênfase nos ganhos relativos de ecoeficiência pode encobrir o agravamento das condições do ecossistema na medida em que a extração dos recursos naturais permanece em expansão. Nesse quadro, mais importante do que mudanças incrementais, o principal objetivo deve ser a busca de um processo de inovação radical em novos produtos e processos que transforme ganhos relativos de ecoeficiência em ganhos absolutos.

Nesse sentido, a intensificação dos serviços, conforme mostrado neste capítulo, é fundamental para avançar em um processo de desmaterialização da economia, de forma a reduzir o consumo global de recursos naturais e alterar os padrões de produção e de consumo. Igualmente importante é avançar em um processo que envolva reduções ao longo de toda a cadeia produtiva. Até os anos 2000, a melhoria dos indicadores de ecoeficiência estava centrada nos ganhos obtidos nas organizações individualmente sem uma avaliação do impacto ao longo de todas as etapas do ciclo de vida dos produtos.

O desenvolvimento da ISO 14045 é uma contribuição importante nessa direção, ao adotar a avaliação de ciclo de vida como base da avaliação do desempenho ambiental e a necessidade de definir os valores agregados de acordo com as funções dos produtos, para o desenvolvimento de indicadores de ecoeficiência. Integrar fornecedores nesse processo, assim como utilizá-la em conjunto com outras ferramentas da gestão ambiental, é essencial para potencializar a ecoeficiência nas fases de produção, distribuição e consumo.

Ecoinovação: conceitos e determinantes a partir de um estudo de caso

Rafael Ricardo Jacomossi

Introdução

O campo da gestão organizacional tem se deparado recentemente com o debate em torno da necessidade de se desenvolver capacidades inovadoras e críticas, de modo que auxiliem a garantir a competitividade e a longevidade das empresas em ambientes concorrenciais, turbulentos e em constante mudança.[1] Esse ambiente de complexidade apresenta a emergência da questão ambiental como uma das vertentes de preocupação, não sendo mais mera recomendação por parte da mídia ou de organizações não governamentais, mas, sim, uma situação concreta e dada que necessita ser incorporada às estratégias empresariais.

Desse modo, uma alternativa que vem chamando a atenção tanto em debates acadêmicos como empresariais é relativa à adaptação dos esforços de inovação das empresas na direção ambiental. Esses esforços podem ser traduzidos desde a incorporação de um *design* conceitual resultando em novos produtos, processos ou soluções verdes, incluindo novos valores de sustentabilidade relativos à redução dos impactos ambientais.[2] Além do benefício ambiental gerado, pode-se ter ganhos econômicos, de aprendizagem decorrente da cocriação entre empresas e clientes, e de inclusão social.

Por se tratar de um tema relativamente novo, há uma profusão de terminologias que nem sempre são consensuais e precisamente elaboradas para abordar essa questão. Diversos são os temas relacionados a essa concepção, como *inovação sustentável, inovação verde, inovação ecológica, ecoinovação* e *inovação social*. Para os fins deste capítulo, será utilizada a expressão *ecoinovação*, sendo esta a mais encontrada nos debates sobre a temática.[3]

Além da própria investigação sobre o tema da ecoinovação em si, é preciso que se avance no entendimento dos fatores internos e externos da organização que promovam mudanças no modelo de negócio, no desenvolvimento de produtos, ou na adoção de novos processos que considerem a diminuição dos impactos ambientais – por exemplo, entender por que algumas organizações conseguem integrar a sua cadeia de produção e inovar

---

[1] M. M. Crossan & M. Apaydin, "A Multi-Dimensional Framework of Organizational Innovation: a Systematic Review of the Literature", em *Journal of Management Studies*, 47 (6), 2010, pp. 1154-1191.

[2] F. Damanpour & D. Aravind, "Organizational Structure and Innovation Revisited: from Organic to Ambidextrous Structure, em M. Mumford, *Handbook of Organizational Creativity* (London: Academic Press, 2011).

[3] F. D. Angelo et al., "Environmental Innovation: in Search of a Meaning", em *World Journal of Entrepreneurship, Management and Sustainable Development*, 8 (2-3), 2012, pp. 113-121.

de forma a obter benefícios ambientais e sociais, além dos tradicionais ganhos econômicos. Alguns fatores externos poderiam ser: o estágio de integração do sistema nacional de inovação, a legislação ambiental ou as políticas públicas para a inovação. Já no âmbito interno das organizações, fatores como as características do empreendedor e as formas do exercício da liderança são identificados como algumas das razões que diferenciam o desempenho das organizações na criação de valor sustentável.[4]

Nessa direção, o presente capítulo pretende demonstrar quais os fatores internos e externos às organizações que desempenham elemento determinante ao sucesso das estratégias empresariais em torno das ecoinovações, abordando o exemplo de uma empresa, denominada neste capítulo de Alpha. Ela é a pioneira mundial do ramo gráfico na utilização de uma matéria-prima que reduz drasticamente o impacto ambiental.

Para explicar o processo de desenvolvimento de ecoinovações na Alpha, este texto é dividido da seguinte forma: introdução, uma seção que abordará os conceitos de ecoinovação e seus determinantes externos e internos, uma seção que apresentará o estudo de caso na referida empresa e uma seção de considerações finais.

Ecoinovação

De maneira geral, as expressões similares em torno da ecoeficiência estão associadas ao processo de desenvolvimento de novas ideias, soluções, comportamentos, produtos e processos que contribuem para a redução dos impactos ambientais, ou, ainda, a criação de ferramentas de ecoeficiência, que visam a alcançar metas empresariais de sustentabilidade ecológica.[5]

O termo *ecoinovação* (ou *inovação ambiental, verde* ou *sustentável*) é frequentemente utilizado para identificar as inovações que contribuem para um ambiente sustentável por meio de aperfeiçoamento ecológico. Tal abordagem envolve o desenvolvimento e a difusão de produtos ecológicos, processos organizacionais e sistemas que podem levar a melhorias nas condições de vida das gerações presentes e futuras. No entanto, os

---

[4] F. A. Zhang et al., "Toward an Systemic Navigation Framework to Integrate Sustainable Development into the Company", em *Journal of Cleaner Production*, 54, 2013, pp. 199-214.

[5] K. Rennings, "Redefining Innovation: Eco-Innovation Research and the Contribution from Ecological Economics", em *Ecological Economics*, 32, 2000, pp. 319-332.

autores ressaltam que as ecoinovações não apresentam apenas importância ambiental, mas também um impacto positivo no desenvolvimento econômico da empresa.[6]

O primeiro trabalho a utilizar o conceito de ecoinovação foi o livro de Fussler e James.[7] Para eles, a definição de ecoinovação envolve um conjunto de novos produtos, processos e serviços que oferece ao cliente um alto valor percebido do negócio, ao mesmo tempo que reduz drasticamente os impactos ambientais. Nessa abordagem, a ecoinovação tem um forte componente social avaliado a partir do seu uso, adquirindo assim um *status* que vai além da oferta de um novo tipo de mercadoria ou de um novo setor.

Apesar da ecoinovação estar associada ao surgimento de novas atividades econômicas (como o tratamento de resíduos, a reciclagem, entre outros), ela também deve ser considerada em termos de uso e não apenas em termos de produto. O pilar social associado à ecoinovação introduz uma componente de governança que a torna uma ferramenta mais integrada para o desenvolvimento sustentável.[8]

Importante ressaltar que a adoção de estratégias de ecoinovação pode representar uma ferramenta inicial relevante para conduzir a empresa a uma trajetória de inovação mais ampla, tendo como principal fator a redução do seu impacto ambiental.[9] Nesse sentido, esse tipo de inovação pode representar uma oportunidade de as empresas iniciarem um processo mais estruturado de aprendizagem para a sustentabilidade.

Assim, uma vez que a empresa decide implantar alguma estratégia de ecoinovação, seja por meio da criação de um novo produto ou de um novo processo, seja por meio da concepção de um novo modelo organizacional, não há uma hierarquia predefinida. Isso significa dizer que essas estratégias se complementam, sendo sua consolidação dependente de uma mudança de orientação da organização, incorporando esses novos valores a sua cultura organizacional. Isso posto, a ecoinovação deve fazer parte da

---

[6] F. Halila & J. Rundquist, "The Development and Market Success of Eco-Innovations: a Comparative Study of Eco-Innovations and "Other" Innovations in Sweden", em *European Journal of Innovation Management*, 14 (3), 2011, pp. 278-302.

[7] C. Fussler & P. James, *Driving Eco-Innovation: a Breakthrough Discipline for Innovation and Sustainability* (Victoria: FT Prentice Hall, 1996).

[8] R. Jacomossi et al., "Fatores determinantes da ecoinovação: um estudo de caso a partir de uma indústria gráfica brasileira", em *Gestão & Regionalidade*, 32 (94), 2016, pp. 101-117.

[9] J. Carrillo-Hermosilla *et al.*, *Eco-Innovation: When Sustainability and Competitiveness Shake Hands* (London: Palgrave Macmillan, 2009).

visão e das práticas institucionais de organização da empresa, bem como o delineamento de mudanças estratégicas que envolvam sustentabilidade.[10]

No entanto, transformar a cultura organizacional implica superar uma série de barreiras já institucionalizadas nas empresas. Algumas dessas barreiras incluem a ineficiência na formação ambiental dos recursos humanos, as limitações gerenciais para compreender a relevância das questões ambientais, a dificuldade para a construção de redes entre os parceiros e a equipe, a baixa percepção de ganhos com a ecoinovação por parte de gestores, o investimento com retorno de longo prazo, as dificuldades para obtenção de recursos financeiros e do lento sistema governamental de regulação ambiental.[11]

A fim de operacionalizar o conceito tratado aqui, uma iniciativa importante foi a da Organização para Cooperação e Desenvolvimento Econômico (OCDE) ao elaborar um manual metodológico com métricas de mensuração, no qual a ecoinovação é definida como uma prática que resulta em redução do impacto ambiental, devendo ser analisada em três dimensões: metas (relacionadas às áreas de foco da ecoinovação: produtos, processos, métodos de *marketing*, organizações e instituições); mecanismos (as formas em que são feitas alterações nas metas: modificação, *redesign*, alternativas e criação); e impactos (efeitos da ecoinovação no ambiente).[12]

Determinantes da ecoinovação

Mais recentemente, a literatura sobre ecoinovação (ou inovação ambiental) tem focado os estudos nas características organizacionais que explicariam por que algumas empresas conseguem promover mudanças em seus processos e produtos, incorporando requisitos ambientais nas tomadas de decisão. O sucesso não estaria só ancorado nas estratégias, mas também em uma série de outras características sob as quais a empresa deve considerar suas decisões, adaptando-se a diversos contextos. Assim, devem-se discutir ou analisar os fatores que promovem a ecoinovação sob uma abordagem ampla e ao mesmo tempo complexa.

---

[10] C. C. J. Cheng et al., "The Link Between Eco-Innovation and Business Performance: a Taiwanese Industry Context", em *Journal of Cleaner Production*, 64, fev. 2014, pp. 81-90.
[11] F. D. Angelo et al., "Environmental Innovation: in Search of a Meaning", cit.
[12] Organização para Cooperação e Desenvolvimento Econômico – OCDE, *Eco-Innovation in Industry: Enabling Green Growth*, 2009, disponível em http://www.oecd.org/sti/ind/eco-innovationinindustryenablinggreengrowth.htm, acessado em 14-12-2018.

Determinantes internos

Uma das características mais importantes para o processo de sustentabilidade e ecoinovação está relacionado às características individuais do gerente líder. Essa liderança se refere a um novo padrão comportamental e de aprendizagem entre o gerente e seus colaboradores internos e externos, inspirados por valores ambientais e sociais.

Nessa direção, são identificados três estilos de liderança: o diretivo, o consultivo e o participativo. O diretivo é caracterizado pelo modelo *top-down* de tomada de decisão, a qual é informada aos colaboradores e não há possibilidade de participação. Já o modelo consultivo consiste em alinhar alternativas e ouvir os colaboradores antes do processo de decisão final. E o participativo possibilita uma construção conjunta por meio da ativa participação dos colaboradores no processo deliberativo e de decisão final. A abordagem participativa consegue motivar os empregados, estimular a pesquisa e a geração do conhecimento, assim como sua difusão na organização.[13]

O papel dos líderes é essencial, uma vez que a transição para um negócio sustentável transpassa obrigatoriamente pela habilidade de promover a criatividade por meio de seus colaboradores. Além desses, outros aspectos compõem a base desse novo modelo de gestão – como o de delegar poder às pessoas, ou o da existência de um sistema de recompensas e do estímulo à criação de competências para lidar com os desafios impostos à adoção de ecoiniciativas.[14] Ainda em relação aos líderes, o empreendedor, ou o executivo principal, age como um catalisador de ecoinovações, que pode ser potencializado por características como persistência e nível educacional.

Outros aspectos internos são introduzidos na análise dos determinantes da ecoinovação como parte da estratégia da organização ao se contemplar projetos, ideias ou programas que visem reduzir os seus impactos ambientais. A sustentabilidade precisa estar ancorada pela visão de longo prazo e trabalhada sistematicamente nas organizações, integrando todos os setores.

---

[13] B. Siebenhüner & M. Arnold, "Organizational Learning to Manage Sustainable Development", em *Business Strategy and the Environment*, 16 (5), 2007, pp. 339-353.

[14] S. El-Kafafi & S. Liddle, "Innovative Sustainable Practices: Are They Commercially Viable?", em *World Journal of Entreprenuership, Management and Sustainable Development*, 6 (1-2), 2010, pp. 19-28.

É necessária a criação de um espaço institucional dentro da empresa para capturar a adesão das questões de sustentabilidade.[15]

Outro ponto se refere às articulações das empresas com fornecedores e clientes situados em uma mesma cadeia produtiva formando redes de colaboração. A partir daí se buscam soluções por intermédio de soluções compartilhadas entre os respectivos departamentos de pesquisa e desenvolvimento (P&D), podendo ser acrescentado aqui o relacionamento com universidades.[16]

Além da reconhecida importância referente aos fatores organizacionais internos que engendram processos de ecoinovação, a maior valorização da questão ambiental na sociedade transformou o ambiente externo das organizações em uma força indutora desse movimento nas empresas.

Determinantes externos

Com relação aos fatores externos que promovem a incorporação de soluções e critérios de sustentabilidade às estratégias de inovação em organizações, destacam-se principalmente aquelas de natureza legal/institucional, oriundas de capacitação organizacional e tecnológica às adequações das normas e da legislação e/ou ao marco de regulamentações públicas, sendo essas moldadas pelas pressões exercidas pela opinião pública, pelos clientes, por fornecedores, por órgãos governamentais e não governamentais.[17]

Já os fatores oriundos da incerteza do ambiente tecnológico (*technology push*) são críticos na adoção de ecoinovações, pois a oferta de um novo *design* de tecnologia determina o potencial de sua difusão e sua aceitação pelo mercado. Por sua vez, a solução tecnológica é em muitas vezes orientada pelas flutuações cíclicas ou condições de customização de demanda inauguradas pelos usuários (*market pull*).[18]

Outro fator importante se refere à importância da aceitação dos usuários e sua orientação ao uso do produto (*demand pull*) para o êxito de soluções guiadas pelos princípios da ecoinovação. Por exemplo, usuários

---

[15] F. A. Zhang *et al.*, "Toward a Systemic Navigation Framework to Integrate Sustainable Development Into The Company", cit.
[16] P. Berrone et al., "Necessity as the Mother of 'Green' Inventions: Institutional Pressures and Environmental Innovations", em *Strategic Management Journal*, 34 (8), 2013, pp. 891-909.
[17] J. A. Ford *et al.*, "How Environmental Regulations Affect Innovation in the Australian Oil and Gas Industry: Going Beyond the Porter Hypothesis", em *Journal of Cleaner Production*, 84, dez. 2014, pp. 204-213.
[18] J. Horbach *et al.*, "Determinants of Eco-Innovations by Type of Environmental Impact: the Role of Regulatory Push/Pull, Technology Push and Market Pull", em *Ecological Economics*, 78, jun. 2012, pp. 112-122.

FIGURA 1

Determinantes da ecoinovação

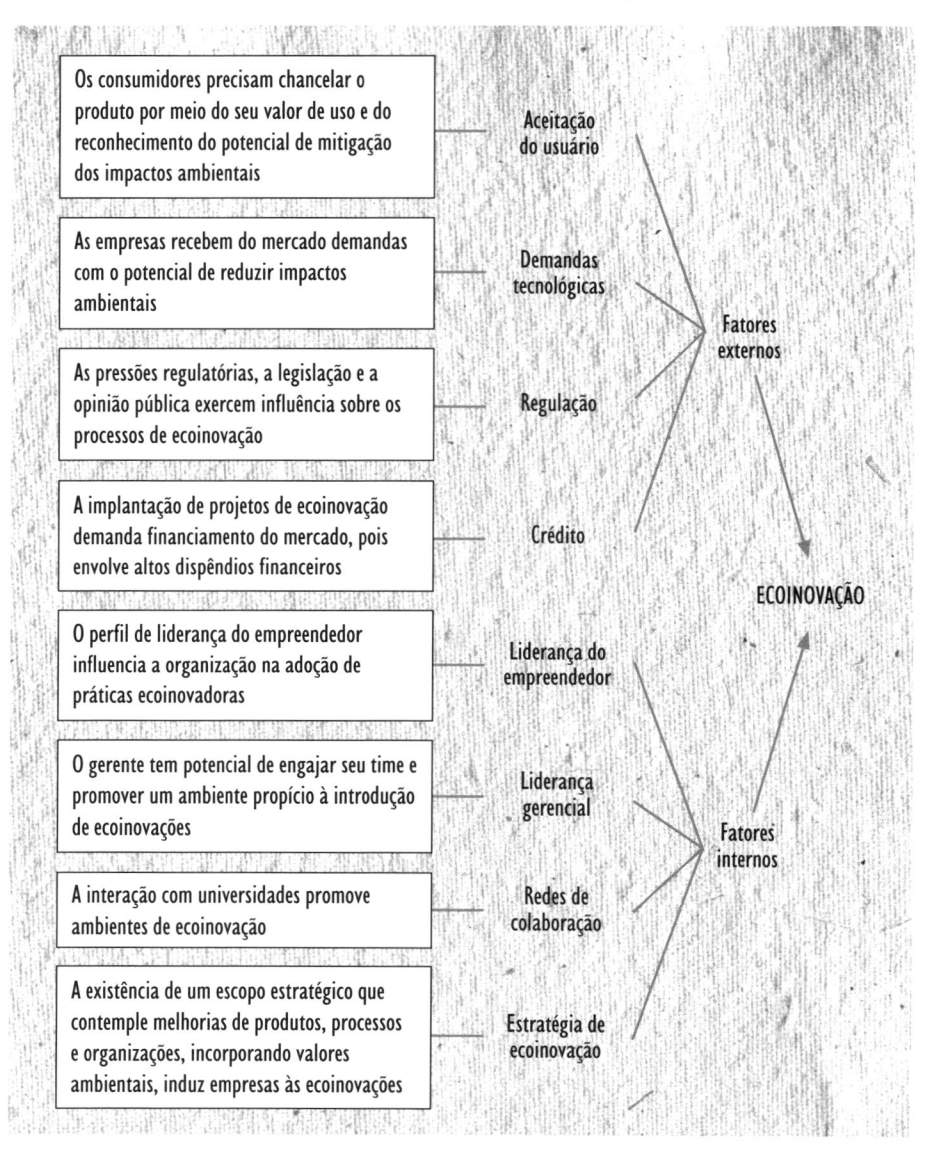

Descrição	Fator	Categoria
Os consumidores precisam chancelar o produto por meio do seu valor de uso e do reconhecimento do potencial de mitigação dos impactos ambientais	Aceitação do usuário	Fatores externos
As empresas recebem do mercado demandas com o potencial de reduzir impactos ambientais	Demandas tecnológicas	
As pressões regulatórias, a legislação e a opinião pública exercem influência sobre os processos de ecoinovação	Regulação	
A implantação de projetos de ecoinovação demanda financiamento do mercado, pois envolve altos dispêndios financeiros	Crédito	
O perfil de liderança do empreendedor influencia a organização na adoção de práticas ecoinovadoras	Liderança do empreendedor	Fatores internos
O gerente tem potencial de engajar seu time e promover um ambiente propício à introdução de ecoinovações	Liderança gerencial	
A interação com universidades promove ambientes de ecoinovação	Redes de colaboração	
A existência de um escopo estratégico que contemple melhorias de produtos, processos e organizações, incorporando valores ambientais, induz empresas às ecoinovações	Estratégia de ecoinovação	

Os Fatores externos e Fatores internos convergem para **ECOINOVAÇÃO**.

Fonte: Adaptado de R. Jacomossi et al.,"Fatores determinantes da ecoinovação: um estudo de caso a partir de uma indústria gráfica brasileira", em *Gestão & Regionalidade*, 32 (94), 2016, pp. 101-117.

podem ser receptivos a determinados produtos, sobretudo se estes tiverem incorporado o conceito atrelado à diminuição dos impactos ambientais.[19]

Também é considerado como elemento crítico a empresa possuir acesso ao capital, pois projetos com uso de novas tecnologias possuem, em muitos casos, alto custo de implantação, havendo forte dependência de recursos externos para sua consecução. Isso se justifica, principalmente, pelo fato de a demanda por produtos ecoinovadores não se dar de modo automático, sendo necessário que se induza o consumo de produtos desenvolvidos sob critérios de ecoinovação pela concessão de subsídios por parte do poder público de forma a incentivar seu consumo.[20]

A partir da discussão apresentada, em que se viu o conceito de ecoinovação e os principais determinantes internos e externos que induzem as empresas a esse tipo de comportamento, é apresentado um esquema que retrata esses elementos (figura 1).

A partir desse esquema visual, que demonstra quais elementos internos e externos da empresa promovem a inovação ambiental, será abordada a experiência de duas empresas que adotam estratégias de ecoinovação para buscar diferenciações nos mercados em que atuam.

O caso da empresa Alpha

Situada na cidade de São Paulo, a empresa Alpha é caracterizada como de médio porte e emprega em torno de 150 colaboradores, ocupando uma planta fabril de aproximadamente 9.000 m². Seu ramo de atuação é o de embalagens decorativas, mais precisamente o de rótulos adesivos.

As embalagens decorativas estão principalmente contempladas como insumo de produção para empresas de bens de consumo, nos segmentos de higiene e beleza, limpeza, bebidas, farmacêuticos, dentre outros, tendo os supermercados como área de vitrine para essas empresas divulgarem suas marcas e produtos.

A operação da Alpha iniciou em 1958 como fruto de uma oportunidade vislumbrada pelo filho de seu fundador quando em uma de suas

---

[19] Ibidem. C. Marinescu et al., "Drivers of Eco-Innovation within Waste Electrical and Electronic Equipment Field", em *Theoretical and Empirical Researches in Urban Management*, 10 (4), 2015, pp. 5-19.
[20] W. Sierzchula et al., "The Influence Of Financial Incentives and Other Socio-Economic Factors on Electric Vehicle Adoption", em *Energy Policy*, 68, maio 2014, pp. 183-194.

viagens para os Estados Unidos. Naquela época, uma tecnologia emergente de decoração de embalagens,[21] a de rótulos adesivos, ganhara cada vez mais espaço entre empresas de bens de consumo, já que lhes possibilitaria conquistar um número maior de consumidores nos pontos de venda. Na sequência, o empresário fundador importou um equipamento para iniciar a operação nesse segmento, consolidando-se como a primeira empresa desse ramo na América Latina.

Além do pioneirismo da Alpha para justificar sua escolha para a pesquisa, ressalta-se que, em alguns períodos de tempo, essa empresa apareceu no *ranking* nacional de maiores detentores de patentes, figurando na 16ª posição como indústria e em 1º lugar como inventor pessoa física. No mais, ela está à frente de diversas universidades públicas e de empresas com renome internacional.[22] Outro fato que merece destaque é que, em 2011, a empresa recebeu um prêmio mundial de inovação contínua, na Bélgica – o Label Industry Global –, que contempla as empresas em função de seu processo de inovação contínua em uma linha temporal dos últimos 10 anos. A empresa possui em torno de uma centena de patentes, sendo 3 internacionais, e que essas contemplam melhorias e invenções em produtos e processos.

Apesar de a empresa se caracterizar como uma das maiores detentoras de patentes do país, sua maior inovação ambiental não está registrada: o *liner* em polipropileno biorientado (BOPP), a ser apresentado na próxima seção.

Projetos de inovação ambiental da empresa Alpha

Como comentado anteriormente, a mais relevante ecoinovação da Alpha está no *liner*[23] em BOPP, que constitui uma alternativa de insumo que fabricantes de matérias-primas oferecem a seus clientes – gráficas convertedoras, setor em que a Alpha se enquadra oficialmente.

---

[21] Dentre as possibilidades de decoração de embalagens de bens de consumo, destacam-se as tecnologias que são aplicadas diretamente nelas, como a serigrafia ou litografia, e as que utilizam outros insumos, como é o caso dos rótulos adesivos.

[22] D. Cornachione, "Quem são os maiores inventores do Brasil", em *Revista Época*, São Paulo, ago. 2011.

[23] O *liner*, como demonstrado na figura 2, representa a estrutura/suporte do rótulo adesivo antes de ser dispensado do rolo para a decoração de embalagem durante o processo de rotulagem. Após essa etapa, o liner transforma-se em resíduo industrial.

Para entender melhor, a figura 2 representa a estrutura de composição da matéria-prima necessária à impressão de rótulos adesivos:

FIGURA 2

Estrutura do rótulo adesivo

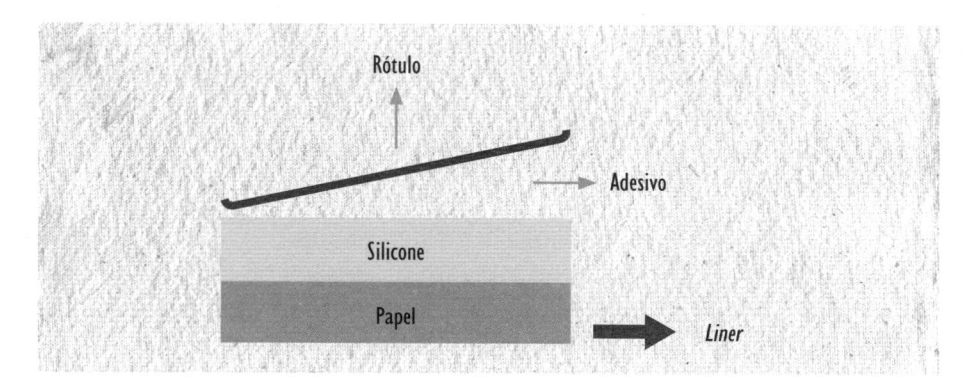

Fonte: Adaptado de Associação Brasileira das Indústrias de Etiquetas Autoadesivas, *Manual técnico* (São Paulo: Abiea, 2010).

Nessa figura, tem-se a estrutura da matéria-prima utilizada para a conversão de um filme ou papel adesivo em um rótulo. Basicamente, essa matéria-prima é composta por quatro componentes: 1) papel, que é utilizado como suporte do rótulo e que representa o resíduo produtivo nas empresas de bens de consumo – clientes das gráficas; 2) silicone, aplicado sobre o papel para que o rótulo possa ser liberado da estrutura para ser fixado sobre a embalagem; 3) adesivo, que é aplicado na parte anterior do substrato ou frontal (filme ou papel); e, por fim, 4) o frontal, que recebe a decoração por intermédio de diversos processos de impressão existentes no mercado pelas gráficas convertedoras. Sobre o frontal, utilizam-se diversos materiais, como tintas, vernizes e fitas decorativas.[24]

Segundo os gestores e o próprio diretor-presidente da Alpha, a estrutura do rótulo, quando esta é de *liner* em papel, representa atualmente, na cadeia produtiva de rótulos adesivos, o maior passivo ambiental, pois recebe uma camada de silicone,[25] o que o torna tóxico, impedindo-o de ser reciclado.

---

[24] *Ibidem.*
[25] O silicone apresenta, em sua composição, aditivos químicos que o tornam tóxico.

No caso da Alpha, o uso do rótulo adesivo com estrutura de *liner* em BOPP representa quase a totalidade de material que a empresa vende ao mercado, e esse material pode ser reciclado. Além disso, esse silicone tem a propriedade de ser utilizado como aditivo químico nos processos de extrusão de plásticos, diminuindo a quantidade desse insumo nesses processos. Ademais, há outra vantagem que se refere ao ganho em produtividade industrial, já que as máquinas aplicadoras de rótulos aplicam em média de 30% a 40% mais rótulos/minuto, quando estes são à base de plástico, em função da resistência de tensão do material, que é muito superior ao de papel. Há também a vantagem da economia de espaço, pois um rolo de rótulos com *liner* em BOPP acondiciona um maior número do que rolos com *liner* de base em papel.

Quanto às vantagens para os clientes, essas iniciativas poderiam ser pensadas em termos de ganhos no processo produtivo, no armazenamento com menos espaço e na reutilização dos materiais reciclados, pois eles têm o potencial de impactar o ciclo de vida desses produtos.

Outra característica que torna a Alpha diferente de seus concorrentes é que ela não compra a principal matéria-prima do rótulo, representada pela figura 2, já que ela é fabricada pela própria empresa. Além disso, a organização também fabrica máquinas aplicadoras de rótulos, portanto, verticalizando todo o processo produtivo.

O mercado de estruturas adesivas para impressão é dominado por poucas empresas americanas e europeias, havendo plantas instaladas também no Brasil. Com relação à característica do material oferecido ao mercado, prevalece em torno de 90% o de *liner* em papel. Essas empresas também oferecem ao mercado um rótulo com *liner* à base de material plástico – o de poliéster –,[26] no entanto, este apresenta um custo elevado, superior ao material com *liner* em papel e também superior ao em BOPP. Já o rótulo com *liner* em BOPP, desenvolvido pela Alpha, possui um custo similar ao em papel.

O *liner* em BOPP foi desenvolvido pela Alpha na década de 1980, quando houve restrição da oferta de papel no mercado. Assim, pela necessidade, a empresa desenvolveu um material alternativo, sem imaginar que ele pudesse se tornar uma alternativa com viés ecológico ao longo do

---

[26] O poliéster apresenta propriedades similares ao BOPP, podendo também ser reciclado.

tempo. Ao ter que enfrentar aquela situação, a empresa iniciou um processo de desenvolvimento de produto em que viabilizaria a utilização do *liner* de BOPP, relegando no seu negócio a utilização do *liner* em papel, de forma que esse pioneirismo fosse reconhecido oficialmente pelo mercado mundial de rótulos adesivos.

Dessa forma, pode-se dizer que a empresa iniciou suas atividades de ecoinovação a partir de uma estratégia de produto, e que, dela, tanto inovações de processos como inovações organizacionais poderiam surgir, como sugere a figura 3.

FIGURA 3

Dinâmica de interação entre os tipos de ecoinovação relacionados à diminuição dos impactos ambientais

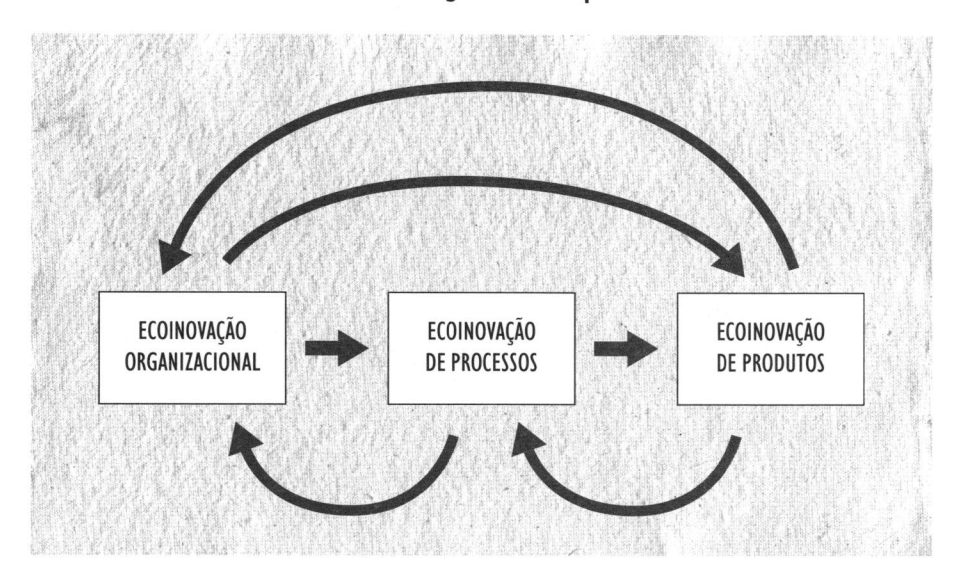

ECOINOVAÇÃO ORGANIZACIONAL → ECOINOVAÇÃO DE PROCESSOS → ECOINOVAÇÃO DE PRODUTOS

Fonte: Adaptado de C. C. J. Cheng et al., "The Link Between Eco-Innovation and Business Performance: a Taiwanese Industry Context", em *Journal of Cleaner Production*, 64, fev. 2014, pp. 81-90.

No caso da Alpha, foi a necessidade imposta por uma restrição de mercado que a fez desenvolver um material alternativo que possibilitasse que ela operasse sem dependência de fornecedores. Assim, mais tarde, essa inovação da empresa se traduziria em uma das mais importantes descobertas em termos de benefícios ambientais para o mercado de rótulos adesivos.

Com efeito, o desenvolvimento desse produto e a descoberta do potencial ambiental dele promoveram a necessidade de a empresa revisitar seu sistema de gestão e, sobretudo, suas crenças. Esse movimento provocou uma mudança estrutural no negócio, direcionando praticamente todos os seus esforços a partir daí. Isso posto, percebe-se que não há uma casualidade de acontecimentos, ou seja, a mudança pode-se dar por meio de um produto, sendo que este pode levar a empresa a ter que remodelar sua estratégia, como foi o caso da Alpha. Mas o contrário também pode ocorrer: a estrutura pode ser remodelada primeiramente, ou acontecer uma inovação de processos, e, na sequência, produtos com apelo ecológico podem ser lançados.

De fato, o importante é que a empresa possa transformar seu pensamento e sua rotina de modo a introduzir novidades que, por meio da ecoinovação, as diferencie dos seus concorrentes.

Além do projeto com *liner* em BOPP, foram realizados outros projetos (Nanomateriais e Sistemas de Segurança) na empresa, que serão abordados de maneira detalhada na seção Crédito e redes de colaboração.

Fatores internos à ecoinovação na Alpha

Nesta seção, abordaremos de que forma se desenvolvem na Alpha os fatores internos que promovem a ecoinovação.

Liderança do empreendedor

Como abordado em seção anterior, a empresa possui uma centena de patentes. Segundo a opinião de diversos funcionários da empresa, o número de patentes é relativamente alto em razão do perfil do diretor-presidente que tem uma preocupação individual em fazer coisas diferentes dos concorrentes. Segundo ele, sua preocupação reside em "não oferecer para o mercado produtos *commodities*".

É interessante notar o perfil do diretor-presidente, já que ele possui formação acadêmica na área de engenharia e, para complementar seus estudos, realizou pós-graduações na área de negócios nas universidades americanas de Berkeley e Harvard. Apesar de sua complementariedade educacional na área de negócios, ele se considera mais cientista do que empresário. A combinação dos estudos na área de engenharia e negócios, aliada à natureza curiosa do empresário, forjaram sua personalidade no sentido de criar coisas novas.[27]

Outro aspecto levantado é que, na rotina diária, o presidente procura inspirar as pessoas a buscarem inovações. Uma vez por semana são realizadas reuniões, chamadas pela empresa de "análise crítica". Nelas são discutidos os projetos de oportunidades de produtos por meio de novas ideias, mas também de encomendas realizadas pelos clientes. Nesse sentido, verifica-se um estilo participativo por parte do empreendedor, sendo esta uma abordagem mais eficaz para motivar os empregados a buscarem novos conhecimentos e difundi-los nas organizações.[28]

Liderança gerencial

Nas reuniões de análise crítica, conforme comentado anteriormente, são discutidos diversos temas concernentes ao escopo de negócio da Alpha, como a situação dos concorrentes e dos clientes, os produtos lançados tanto dos clientes como dos concorrentes, as oportunidades de novos negócios, o *status* interno de P&D, entre outros.

Nessas reuniões, também são discutidas potenciais ideias e/ou inovações que a empresa poderia se lançar a desenvolver. Nesse sentido, o foco dela é procurar se diferenciar da concorrência por meio de projetos que apresentem dificuldades de entrada em função, por exemplo, de aspectos tecnológicos. É o caso das máquinas aplicadoras de rótulos. Na cadeia produtiva de rótulos adesivos, há especificamente fabricantes de máquinas aplicadoras de rótulos, tanto de capital nacional como internacional.

No caso da Alpha, há um setor próprio dedicado a fabricar e a desenvolver máquinas aplicadoras, totalmente automatizadas e sempre buscando superar a concorrência em termos de produtividade. Muitas dessas máquinas geram patentes, o que garante exclusividade tecnológica para a empresa e também para os clientes que se beneficiam disso. Segundo o diretor de vendas da Alpha, o desenvolvimento de patentes está muito ligado à fabricação de equipamentos e advém de ideias do empreendedor. Ainda de

---

[27] F. Halila & J. Rundquist. "The Development and Market Success of Eco-Innovations: a Comparative Study of Eco-Innovations and "Other" Innovations in Sweden", cit.; F. A. Zhang *et al.*, "Toward an Systemic Navigation Framework to Integrate Sustainable Development into the Company", cit. Estes autores evidenciam a função do empreendedor para promover ecoinovações, algo resultante de características como nível educacional e persistência.

[28] B. Siebenhüner & M. Arnold. "Organizational Learning to Manage Sustainable Development", cit.

acordo com o executivo, dificilmente o mercado é consultado previamente para avaliar a viabilidade em seu negócio. Já o diretor-presidente da Alpha, no que tange ao número de patentes da empresa, comenta que esse número poderia ser superior, caso não fosse a lentidão provocada pelo excesso de burocracia no país.

De certo modo, esses diferenciais nascem nas reuniões de análise crítica. Depois delas, os gerentes, supervisores e outros líderes, por sua vez, procuram com seus respectivos times transferir as ideias, muitas vezes inaplicáveis para muitos dos concorrentes, em produtos que possam ser viabilizados e comercializados pela empresa. Segundo o diretor nacional de vendas: "Uma vez estabelecidos os projetos, reunimos nosso pessoal técnico e aí tentamos viabilizá-los em máquinas, de forma a poder aplicá-los no processo produtivo de nossos clientes".

Já para a gerente de qualidade, um dos pontos fortes da empresa é que "os funcionários recebem treinamento tratando de diversos temas relacionados a melhorias técnicas, de saúde do trabalho, de educação ambiental, entre outros".[29]

Por outro lado, constatou-se que temas mais amplos de educação ambiental não são tratados pela empresa, como aquecimento global, pressão climática sobre águas e alimentos, acidentes químicos industriais, entre outros. Esse vácuo em termos de treinamento nesses assuntos poderia ser preenchido com o desenvolvimento de novas rotinas na empresa, fortalecendo o processo de ecoinovação.

Estratégia de ecoinovação

Segundo funcionários da própria empresa, a maior inovação dela não está patenteada e trata-se do *liner* em polipropileno biorientado (BOPP), já apresentado na seção Projetos de inovação ambiental da empresa Alpha.

Esse projeto pauta as ações de toda a empresa, sobretudo, as ações do departamento comercial. Como resultado desse processo, a empresa divulga constantemente aos seus clientes o resultado do programa do *liner* em BOPP, que se traduz na transformação dele em: fios para vassouras, suportes para telefones celulares, aditivo para máquinas de extrusão, entre

---

[29] F. D. Angelo *et al.*, *"Environmental Innovation: in Search of a Meaning"* cit. Os autores postulam a necessidade de promover a educação ambiental dos funcionários, tendo os gerentes como multiplicadores desse conhecimento.

outros. Para um dos representantes comerciais da empresa: "O *liner* é, sem dúvida, nossa grande argumentação de vendas para converter não clientes em clientes".

Além dos benefícios comentados antes, um dos pilares da ecoinovação também explorado pela empresa é o sistema de aprendizagem para os clientes, a fim de divulgar suas ideias e programas buscando a aceitação, bem como a orientação à utilização do *liner*.[30] Essas experiências geram interação entre a empresa e os clientes o que, consequentemente, produz ideias e novas abordagens que potencialmente podem virar novos negócios.

Os gestores da Alpha enfatizam que as preocupações ambientais acompanham transversalmente os projetos de inovação na empresa, pois sempre é levada em conta a possibilidade de redução de materiais e outros pontos, como a não utilização de materiais químicos agressivos, como tintas à base de solvente, substituindo-as por tinta à base d'água. Contudo, há ainda muitos desafios, principalmente em relação aos adesivos – por exemplo, o mercado mundial ainda não conseguiu deixá-los seguros[31] do ponto de vista dos impactos ambientais.

Apesar desses esforços para comunicar seus diferenciais para o mercado, não foi constatada uma aderência em relação à missão e à visão, já que elas não contemplam nenhuma menção ao compromisso ambiental. A fim de que haja maior comprometimento por parte dos funcionários e para que as ações ambientais de fato provoquem externalidades à sociedade, é necessário que os valores concernentes a esse desafio estejam introjetados na cultura organizacional.[32] Com efeito, isso se consegue inicialmente quando esses valores estão, de fato, formalizados na organização, de modo que todos os departamentos possam guiar suas ações na direção desses princípios dos funcionários e da alta cúpula da empresa, provocando um pensamento sistêmico em relação ao papel da empresa e como ela pode contribuir para a sociedade.

---

[30] J. Carrillo-Hermosilla *et al.*, *Eco-Innovation: When Sustainability and Competitiveness Shake Hands*, cit.
[31] Segundo o diretor-presidente da Alpha, os adesivos utilizados pela indústria ainda possuem em sua composição muitos aditivos químicos, sendo atualmente um dos maiores gargalos para o meio ambiente.
[32] S. El-Kafafi & S. Liddle, "Innovative Sustainable Practices: Are They Commercially Viable?", cit. F. A. Zhang *et al.*, "Toward an Systemic Navigation Framework to Integrate Sustainable Development into the Company", cit. Estes autores comentam sobre a necessidade de os valores ambientais serem pensados de maneira estratégica na organização.

Adicionalmente, foi constatado na empresa que não existe uma área ou um departamento específico para gerenciar as questões de sustentabilidade. Ainda assim, a empresa preocupa-se em manter sua certificação ISO 9001:2008 dentro dos padrões, bem como atender aos requisitos das exigências constantes da ISO 14001 e OSHAS 18000. É importante destacar que a empresa não conta formalmente com essas duas certificações.

No entanto, alguns entrevistados afirmam adotar os mecanismos operacionais que estejam aderentes a essas normas, principalmente no que se refere ao manuseio de substâncias químicas em seu processo produtivo. Essa escolha da empresa parte de sua preocupação em estar legitimada perante seus clientes para ser enxergada por eles como uma empresa que está preocupada com questões ambientais e sociais.

Fatores externos à ecoinovação na Alpha

Dos fatores do ambiente externo que exercem influência no desenvolvimento das ecoinovações, podem-se destacar demandas tecnológicas externas, crédito e redes de colaboração, regulação e aceitação dos usuários.

Demandas tecnológicas externas

Um dos indutores de ecoinovação nas organizações são as demandas tecnológicas advindas do mercado. Nesse sentido, a empresa recebeu uma encomenda da Universidade de São Paulo (USP) para desenvolver um projeto de segurança à base de sistemas de identificação utilizando princípios de tecnologia de informação. O benefício ambiental que esse projeto traz na sua essência é prover tecnologias de transmissão de informações sem a utilização de *chips* como condutores, uma vez que eles utilizam metais nobres para sua fabricação.

É na reunião semanal de análise crítica, já apresentada, que a empresa discute sobre possibilidades que o mercado lhe encomenda. Uma das características de uma empresa direcionada à ecoinovação é a abertura dela para implementar necessidades advindas do mercado (*market pull*), e também absorver suas ideias de produtos (*market push*). Apesar de haver esse espaço de deliberação na empresa, normalmente, os projetos relacionados à ecoinovação são de iniciativa da empresa (*market push*), o que denota que o mercado ainda não se compromete de fato com a necessidade de se buscar alternativas de produtos com impacto ambiental positivo.

Crédito e redes de colaboração

Como mencionado anteriormente, o caminho que a inovação segue na empresa pode ocorrer a partir de demandas externas, embora também possa seguir um caminho inverso – da empresa para o mercado.

A Alpha não possui um departamento específico de P&D, mas, por outro lado, possui um laboratório em que são desenvolvidas todas as aplicações futuras em relação ao desenvolvimento de adesivos, uma matéria-prima com especificidades técnicas muito diferenciadas. Assim, os temas com potencial comercial são discutidos em reuniões entre o empreendedor e os gestores e, a partir daí, dá-se início aos esforços necessários à realização dos desenvolvimentos. Eles são direcionados às inovações de processos e inovações incrementais de produtos, se estiverem ligados às demandas de clientes. Outros desenvolvimentos mais específicos, sobretudo os que exigem um tempo maior de execução, são desenvolvidos em parceria com universidades e utilizando financiamento de órgãos fomentadores.

Um exemplo divulgado pela empresa é o projeto com nanomateriais, que reduz a quantidade de adesivos utilizada nos rótulos, economizando recursos e gerando maior produtividade.

Esse projeto foi financiado pela Financiadora de Estudos e Projetos (Finep), órgão ligado ao Ministério da Ciência, Tecnologia, Inovações e Comunicações e que teve a participação da Universidade de São Paulo (USP), por meio do seu departamento de Química, como interveniente acadêmica. Cabe ressaltar, com base nesse exemplo, a importância do papel da parceria com instituições público-privadas, bem como o acesso a financiamentos para a realização de ecoinovações.[33]

Como resultados, a empresa não só conseguiu a orientação acadêmica necessária à consecução do projeto, como também acesso ao capital e a resultados comerciais satisfatórios. Além desse projeto, houve outro, porém, desta vez, encomendado pela própria universidade, em que se combinaram a tecnologia de rótulos adesivos com a de comunicação. Ambos estão sintetizados no quadro 1, a seguir:

---

[33] J. Carrillo-Hermosilla *et al.*, "*Eco-Innovation: When Sustainability and Competitiveness Shake Hands*", cit.
F. Halila & J. Rundquist, "The Development and Market Success of Eco-Innovations: a Comparative Study of Eco-Innovations and "Other" Innovations in Sweden", cit.

QUADRO 1
Projetos de inovação tecnológica por meio da integração com a Universidade de São Paulo

Projeto Nanotecnologia

- Objetivo: Desenvolver produtos à base de nanotecnologia
- Vigência: Jul./2006–Jan./2008
- Modalidade: Reembolsável
- Demanda: Demanda espontânea
- Valor do projeto: R$ 2.842.012,00

Aplicações implementadas:

- Novas propriedades em adesivos *hot melt* e acrílicos, modificações no silicone, desenvolvimento de materiais ultrafinos, novas propriedades em tintas, *primers* e vernizes.
- Este projeto originou 11 patentes em nome da Alpha.

Projeto Sistemas de Segurança

- Objetivo: Desenvolver sistemas seguros em identificação baseados em filmes ultrafinos de propriedades variáveis
- Proponente: Fundação de Apoio à Universidade de São Paulo
- Vigência: Nov./2009–Mar./2012
- Modalidade: Não reembolsável
- Demanda: Encomenda transversal de projetos de pesquisa
- Valor do projeto: R$ 698.250,12

Aplicações implementadas:

- Desenvolvimento de rótulo de segurança baseado em compostos com características eletrocondutivas e eletrocrômicas.

Outras características:

- 2 doutores do Instituto de Química da USP trabalhando em parceria no projeto, sendo um residente na Alpha.

Fonte: Autor por intermédio do *website* da empresa.

Em relação aos projetos desse quadro 1, a inovação com aplicação de nanotecnologia foi traduzida para o mercado na comercialização de rótulos com menor quantidade de adesivos, o que gerou melhor desempenho produtivo nos seus clientes e, adicionalmente, aumentou a aderência do rótulo ao produto. O ganho obtido com essa inovação possibilitou reduzir em 1/3 a quantidade de adesivo aplicado no rótulo.[34]

Como o adesivo possui propriedades nocivas ao meio ambiente e sua quantidade em processos produtivos foi reduzida, pode-se considerar essa melhoria como uma ecoinovação. Já com relação ao projeto de sistemas de segurança, o potencial ambiental é decorrente da eliminação de um

---

[34] M. Oliveira, "Inovação em pequena escala", em *Pesquisa Fapesp*, nº 187, São Paulo, set. 2011.

circuito integrado – *chip* eletrônico utilizado nos sistemas tradicionais de tecnologias de transmissão de dados por radiofrequência. Contudo, comercialmente o projeto ainda não apresentou o sucesso almejado, em razão da sua falta de praticidade e operacionalização, de acordo com o gerente de vendas da empresa.

Apesar de haver algum esforço para o desenvolvimento da interação entre a empresa e a universidade, traduzido por projetos que elas desenvolvem em conjunto, diversos funcionários da empresa alegam alguns tipos de problemas no diálogo com ela. Por exemplo, criticam haver um distanciamento por parte das universidades em geral em relação ao entendimento das verdadeiras demandas empresariais. As empresas alegam que as universidades não as entendem e, muitas vezes, percebem que essas instituições não se preocupam em pesquisar algo que tenha aplicabilidade. Há, portanto, uma lacuna a ser preenchida no que tange a qualidade dessa interação.

Também é importante se desenvolver esse tipo de diálogo com fornecedores e clientes, na participação em eventos e reuniões setoriais, o que por si só pode contribuir para que ocorram ambientes de cocriação e de desenvolvimento de projetos em conjunto. Um exemplo é a participação ativa da empresa com uma cadeira cativa com direito a voto na associação que coaduna os esforços do setor de embalagens. Nessas reuniões, são apresentados diversos projetos e perspectivas de melhorias ambientais decorrentes dos processos produtivos das empresas da cadeia produtiva de embalagens, reforçando o laço da Alpha com esses *stakeholders*.

Para a empresa, como já abordado anteriormente, um dos pontos para a resistência do mercado para a não aceitação comercial do *liner* em BOPP se refere ao anseio dos clientes em não dependerem exclusivamente de um único fornecedor. A solução encontrada pela empresa para enfrentar esse conflito foi o estabelecimento de parceria com uma empresa fabricante de matérias-primas de rótulos que só possuem o *liner* em papel, terceirizando, portanto, a fabricação de *liner* em BOPP.

Essa decisão constituiu uma forma de tentar criar economias de escala, além de formar uma massa de consumo e, a partir disso, o produto ter maior aceitação. Dessa maneira, percebe-se a importância de se trabalhar em redes de interesses convergentes para se alcançar o objetivo tecnológico.[35]

---

[35] J. Quist & A. Tukker, "Knowledge Collaboration and Learning for Sustainable Innovation and Consumption: Introduction to the ERSCP Portion of this Special Volume", em *Journal of Cleaner Production*, 48, 2013, pp. 167-175.

Um dos executivos da empresa comenta que não é usual desenvolver os projetos juntamente com os clientes, mesmo que a demanda seja encomendada por eles. Exceção se dá com um cliente que está contemplado em uma cadeia produtiva citada na Política Nacional de Resíduos Sólidos (PNRS), em que eles trabalham conjuntamente para viabilizar o atendimento às questões normativas e legais.[36]

Regulação

Por mais que haja um esforço por parte da organização para viabilizar comercialmente a solução de rótulo adesivo em *liner* BOPP, além de outros procedimentos ligados ao programa de qualidade total, ela apresenta muito fortemente em seu discurso a necessidade de se ajustar às futuras imposições da legislação. Nesse sentido, uma das preocupações da empresa é estar adequada às imposições decorrentes da PNRS que exige de diversos setores, como eletroeletrônicos ou embalagens, compromissos com a destinação correta de seus produtos pós-consumo.

O ramo da empresa, ainda que não seja uma das prioridades da legislação, é um importante indutor para a sua gestão de resíduos sólidos, conforme o depoimento da gerente de qualidade: "Temos uma preocupação grande em seguir as normas da PNRS, pois quando esta contemplar nosso setor, já estaremos prontos. Além disso, podemos vender isso para nossos clientes".

Para evitar também problemas com a legislação que trata de manuseio de produtos químicos e destinação de resíduos e efluentes, mesmo não contando com certificação da ISO 14.001 e OSHAS 18.001, conforme já comentando, a empresa adota mecanismos operacionais para a gestão de insumos e de resíduos químicos de forma a evitar eventuais problemas com as agências ambientais.

Com efeito, pressões regulatórias apresentam um papel importante na disseminação de ecoinovações.[37] Dessa forma, poder-se-ia utilizar tal instrumento por meio de políticas públicas a fim de melhorar e desenvolver essas práticas por parte das empresas.

---

[36] A PNRS contempla acordos setoriais para que empresas das cadeias produtivas citadas na lei implantem operações ambientais adequadas.

[37] C. Ramus & U. Steger, "The Roles of Supervisory Support Behaviors and Environmental Policy in Employee "Ecoinitiatives" at Leading-Edge European Companies", em *Academy of Management Journal*, 43 (4), 2000, pp. 605-626.

Aceitação dos usuários

Uma variável apontada pela literatura como indutora de ecoinovações refere-se à aceitação dos usuários.[38] No caso estudado da Alpha, essa variável não foi identificada como um fator determinante. Ao se questionar sobre o diferencial do produto no mercado, os gerentes da empresa comentaram que o seu cliente ainda não aceitou totalmente essa ideia, prevalecendo ainda o *liner* em papel tradicional como principal produto no mercado.

De forma geral, o *liner* em BOPP apresenta um custo mais elevado que o produto em papel, no entanto, como a Alpha possui estrutura verticalizada, consegue, em muitos casos, oferecer o rótulo com esse tipo de característica a um custo mais competitivo que o de papel. Contudo, o limite para o sucesso comercial esbarra na própria insegurança do mercado em optar por esse insumo, pouco difundido ainda no Brasil quando comparado ao tradicional.

Isso se deve, sobretudo, pelo fato de que os clientes da Alpha não se sentem seguros na dependência de um único fornecedor. Não obstante, a fim de que haja efetividade nos processos de ecoinovação, é necessário que os consumidores e/ou usuários valorizem e aceitem os benefícios comunicados pela empresa vendedora. Nesse sentido, trabalhar campanhas de conscientização sobre educação ambiental para a população em geral por iniciativa dos órgãos públicos, bem como pelas próprias empresas, poderia gerar uma melhor percepção sobre a temática.

Considerações finais

Este estudo procurou identificar os principais fatores determinantes para a ecoinovação nas empresas, categorizando-os em fatores internos e externos, e a partir deles foi proposto um modelo conceitual para avaliação. O modelo foi empregado para a análise do processo de inovação de uma organização empresarial que, além de ocupar uma posição de destaque no *ranking* nacional de patentes, inclui melhorias ambientais nas modificações de seus produtos e processos.

Na empresa, verificou-se que as variáveis internas se apresentam como os principais indutores dos processos de ecoinovação observados.

---

[38] J. Carrillo-Hermosilla, *et al.*, "*Eco-Innovation: When Sustainability and Competitiveness Shake Hands*", cit.

Destacam-se o perfil e o nível educacional do empresário e também o papel desempenhado pela liderança gerencial.

Argumenta-se ainda que pelo fato de não haver uma área específica de sustentabilidade na empresa, a responsabilidade pelas ações ambientais acaba sendo compartilhada pelas lideranças, favorecendo a disseminação de uma conscientização ambiental na organização, sem ficar concentrada em um departamento específico. Por outro lado, pode-se inferir que a presença de uma área específica poderia impulsionar o processo de ecoinovação dentro da organização de forma mais efetiva.

Com relação às variáveis externas, destacam-se, em primeiro lugar, o papel da legislação como indutor de políticas internas de inovação, tal como a Política Nacional de Resíduos Sólidos. Essa escolha não se dá pelo fato de a empresa ser, nesse momento, impactada diretamente pela legislação, mas como uma estratégia de se antecipar aos seus desdobramentos. Além disso, foi também observado no caso analisado a importância do financiamento e de redes de colaboração para a proposição de ambientes que favoreçam o desenvolvimento de ecoinovações.

Embora exista o esforço da empresa, destaca-se negativamente o baixo interesse de usuários no produto *liner* em BOPP. Ainda que a empresa consiga operar de forma lucrativa com o produto, segundo seus administradores, a sua participação no mercado ficou abaixo do que a empresa projetava.

Isso posto, reforça-se a necessidade de o poder público criar mecanismos que gerem subsídios de preços para incentivar o uso inicial de produtos ecoinovativos, já que os atributos ambientais, nesse caso, não têm sido efetivos para ampliar significativamente a demanda pelo produto. Além disso, o uso de políticas públicas pode ser utilizado para incentivar o consumo de produtos ecoinovadores e aumentar a conscientização de usuários empresariais, potencializando ainda mais essa demanda.

A partir dos resultados aqui vistos, é possível inferir que o processo de ecoinovação da empresa poderia ser ampliado, caso as variáveis internas reconhecidas pelos entrevistados fossem reforçadas pelas variáveis externas, conforme proposto no modelo analítico.

Ademais, observa-se a oportunidade em se aplicar o modelo conceitual de análise em um número maior de empresas para trabalhos futuros, o que poderá contribuir para identificar as principais variáveis internas e externas que mais contribuem para o processo de ecoinovação em empresas brasileiras.

Em termos de políticas públicas, os *insights* aqui levantados, sobretudo no que se refere à força indutora da regulação, poderiam promover melhores ajustes na relação das empresas com o meio ambiente. Já do ponto de vista das práticas empresariais, o estudo revela áreas importantes que poderiam ser mais bem analisadas pelas organizações na busca por aumento de competitividade.

Avaliação e gerenciamento de risco

Milton Norio Sogabe

Introdução

Para boa parte da população o conceito de risco é algo bastante subjetivo, relacionado à percepção dos níveis de perigo que, em certas oportunidades, decidimos aceitar ou não. Usualmente, para a tomada de decisão, o público em geral considera a intuição, o chamado *sexto sentido*, premonições e outros sentimentos cuja magnitude é difícil ou impossível de ser medida. Em tempos imemoriais, os bruxos, oráculos, xamãs e feiticeiros anteviam as *coisas do futuro* analisando fatos e histórias passadas e, a partir disso, construíam suas previsões sobre as chances de sucesso das empreitadas. Assim, desde esse passado até os dias de hoje, grandes decisões foram tomadas (e algumas ainda continuam sendo) incorporando considerações de risco, mas sem que os tomadores da decisão tivessem uma ideia clara das grandezas a elas associadas.

Nos meados da Idade Moderna, estudiosos interessados nos jogos de azar passaram a dedicar tempo e ciência na quantificação da chance de ganhar, ou seja, no risco de perder. As grandes descobertas tinham acabado de acontecer e o comércio internacional começava a florescer pelos quatro cantos do mundo. Nesse cenário os mercadores começam a buscar meios de entender os riscos de suas atividades e métodos para verificar e quantificar os custos das oportunidades que surgiam.

A geração de riquezas por meio do comércio guarda muita semelhança com os jogos. Assim, a obra *Liber de ludo aleae* (Livro dos jogos de azar), de Gerolamo Cardano, de 1663, pode ser considerada uma das primeiras a abordar a probabilidade e a aleatoriedade dos resultados dos jogos. Depois de Cardano, estudiosos como Pascal, Fermat e Bernoulli conectaram de forma definitiva a arte da previsão a sistemas matemáticos, em que o conhecimento do passado (adequadamente coletado), a verificação do cenário presente, a estatística e outras ciências se juntavam para quantificar a chance de determinado evento ocorrer.[1]

Atualmente a palavra da mídia é *crise*, resultado de um risco mal calculado ou de gestão de risco mal conduzida. A avaliação de um risco ainda carrega em seu bojo muito da influência daqueles que se encarregam de juntar os dados e deles projetar as chances dos eventos, e ainda à frente

---

[1] Peter L. Bernstein, *Desafio aos deuses: a fascinante história do risco*, trad. Ivo Korytowski (Rio de Janeiro: Campus, 1977).

disso existe a forma como, uma vez caracterizado o risco, o gerenciamento da questão é conduzido. Nesse caso da crise econômica atual, o que se vê é que os riscos haviam sido caracterizados, mas acreditava-se piamente que a chance de eles ocorrerem seria quase nula, e o gerenciamento da questão teve na sua condução um grupo de pessoas que influenciaram outros tantos tomadores de decisão pelo mundo.

No século XIX, sob os auspícios dos movimentos de modernização da indústria, intensifica-se a busca por novos produtos, cuja manufatura demandava outra série de materiais e substâncias desconhecidos. Surge daí a necessidade de testar, analisar, enfim, conhecer a potencialidade desses novos materiais e substâncias químicas, o que possibilitou o desenvolvimento de várias descobertas que salvaram muitas vidas, bem como uma série enorme de equipamentos de uso bélico. Com o uso das novas substâncias, inicia-se o interesse pela forma de atuação delas na saúde humana e nos materiais. Os estudos iniciais focaram aspectos quantitativos e qualitativos do efeito agudo, altas doses e curtos espaços de tempo de exposição, cenário típico de catástrofe, em que o objetivo principal é a sobrevivência dos envolvidos e a proteção patrimonial, seguida pelas considerações dos aspectos da proteção ambiental.

Na sequência do desenvolvimento das avaliações de efeitos agudos, surge o interesse pelas de efeitos crônicos, ou seja, a exposição de longo prazo e baixa concentração. Esses novos trabalhos, no entendimento dos efeitos crônicos, estreitaram as relações entre os regulamentadores (planejadores/condutores da política) e a ciência, possibilitando clarear o caminho da fixação de contornos seguros para as exposições do público em geral, bem como de parcelas específicas da população, como os trabalhadores de determinadas unidades fabris (exposição ocupacional).

Durante os anos 1940, alguns toxicologistas começam a trabalhar na fixação de limites de tolerância para substâncias perigosas visando a proteger a saúde dos trabalhadores. A mesma metodologia é, posteriormente, utilizada para determinar quantidades máximas de resíduos de substâncias perigosas em alimentos. Os toxicologistas adotavam, na época, o princípio de que todas as substâncias podiam ser perigosas sob certas condições de exposição com a ultrapassagem da dose umbral. Em contraponto a isso, acreditava-se que a saúde humana pudesse estar perfeitamente protegida, desde que não houvesse exposições a doses maiores que os umbrais. A aceitação da hipótese da dose umbral implica a negação do princípio de que todas as substâncias poderiam ser divididas em tóxicas e não tóxicas e que, portanto, para todas sempre existiriam faixas de exposição nas quais algumas seriam tóxicas e outras seriam inofensivas. Já nessa época houve um questionamento da hipótese da dose umbral para as substâncias carcinogênicas, questão essa que será abordada adiante.[2]

O grau de desenvolvimento da capacidade analítica alcançado nas últimas décadas possibilitou um grande avanço na avaliação quantitativa dos riscos à saúde, principalmente no que tange às substâncias carcinogênicas. A melhoria na qualidade da informação ajudou a fixar prioridades nas ações de controle, mas não conseguiu auxiliar na determinação de um método amplamente aceito de fixar níveis de controle nas regulamentações. Nos Estados Unidos, em 1983, foi publicado pela Academia Nacional de Ciências o livro *Análise de risco no governo federal: gerenciando o processo*, o chamado *livro vermelho*.[3] Essa publicação trouxe um conjunto de conceitos e recomendava uma estrutura administrativa para condução das diferentes fases da avaliação e do gerenciamento de risco dentro dos Estados Unidos. O livro de 1994 da Academia Nacional de Ciências dos Estados Unidos, *Science and Judgement in Risk Assessment*,[4] pode ser considerado uma atualização e um desenvolvimento dos conceitos estabelecidos no *livro vermelho*.[5]

A proposta deste capítulo é apresentar os fundamentos de uma metodologia baseada na avaliação de risco crônico à saúde humana e ao meio ambiente, gerado por agentes específicos, e na determinação de suas magnitudes relativas, de forma a possibilitar a priorização de ações componentes, por exemplo, de um programa de gestão integrada que tenha como meta a redução do potencial deletério dos agentes, buscando a maximização da relação custo/efetividade.

A avaliação de risco incorpora um conjunto de atividades que objetiva agregar uma dimensão numérica (usualmente ligada à probabilidade da ocorrência e suas consequências) de determinados eventos (contínuos ou

---

[2] National Research Council, *Science and Judgment in Risk Assessment*, preparado pelo Committee on Risk Assessment of Hazardous Air Pollutants Board on Environmental Studies and Toxicology (Washington: National Academy Press, 1994).

[3] National Academy of Sciences, *Risk Assessment in the Federal Government: Managing the Process*, preparado pelo Committee on the Institutional Means for Assessment of Risks to Public Health (Washington: National Academy Press, 1983).

[4] National Research Council, *Science and Judgment in Risk Assessment*, cit.

[5] National Academy of Sciences, *Risk Assessment in the Federal Government: Managing the Process*, cit.

pontuais no tempo) por meio do conhecimento das fontes geradoras dos agentes, o transporte e a transformação destes, a percepção/exposição dos receptores, a avaliação dos efeitos deletérios na saúde pública e no meio ambiente. O gerenciamento do risco engloba outra série de atividades que, a partir da avaliação do risco, deverão ser desenvolvidas para gerir adequadamente o processo de busca da proteção da saúde pública e do meio ambiente, a partir do conhecimento dos resultados da avaliação de risco.

No desenvolvimento do gerenciamento de risco é fundamental agregar as ações de comunicação do risco, que devem incluir os trabalhos de coordenação e preparação dos comunicados para os envolvidos, a escolha dos meios de comunicação e o acompanhamento/modificações do processo de comunicação.

Conceituando o risco

Existe uma forma não científica de hierarquizar riscos à saúde, relacionando diretamente a magnitude do risco ao grau de percepção do efeito observado na pessoa exposta. A figura 1 mostra de forma crescente os níveis de preocupação, indo dos menos sérios (efeitos reversíveis e que não oferecem risco de morte), à esquerda, para os mais graves (efeitos irreversíveis e que podem levar à morte), à direita.

FIGURA 1
Efeitos na saúde e o risco

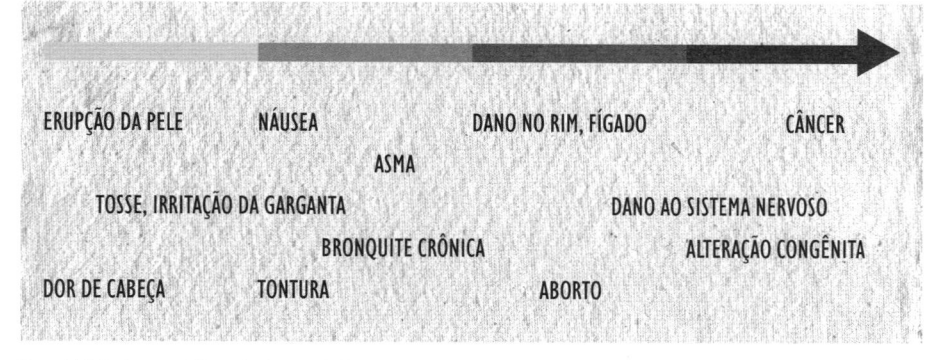

ERUPÇÃO DA PELE	NÁUSEA		DANO NO RIM, FÍGADO		CÂNCER
		ASMA			
TOSSE, IRRITAÇÃO DA GARGANTA				DANO AO SISTEMA NERVOSO	
		BRONQUITE CRÔNICA		ALTERAÇÃO CONGÊNITA	
DOR DE CABEÇA	TONTURA		ABORTO		

Fonte: U. S. Environmental Protection Agency, *Air Pollution and Health Risk*, EPA 450/3-90-022, Washington, Usepa, março de 1991, disponível em http://www.epa.gov/ttn/atw/3_90_022.html, acesso em julho de 2004.

Observa-se, então, que o risco pode ser relacionado à chance de que uma exposição a uma substância perigosa possa deixar uma pessoa doente, sendo que a magnitude desse risco estará intrinsecamente ligada à gravidade do efeito na saúde. Essa subjetividade inerente fornece os caminhos para a formalização dos *tamanhos* de risco e a possibilidade de compará-los, avaliá-los e hierarquizá-los. Até hoje algumas unidades de medida de risco têm sido utilizadas para descrever suas grandezas, como:

a) *para a saúde humana*: número de casos de determinada doença, número de casos fatais, diminuição da esperança de vida;

b) *ecológicos*: diminuição da biodiversidade, desaparecimento de espécies e bioindicadores; e

c) *financeiros*: quantia de dinheiro perdido, número de falências, queda de produção/vendas.

No âmbito da saúde humana, como descrito anteriormente, os toxicologistas, nos anos 1940, iniciaram estudos para o estabelecimento de limites de tolerância para preservação da condição ocupacional, e no início dos anos 1950 a American Conference of Industrial Hygienists (ACGIH) publicou a primeira série desses valores. A ACGIH denominou seus limites ocupacionais de *threshold limit value* (TLV) e publicou a primeira lista no início dos anos 1950.

Nessa época, dois cientistas da Agência de Alimentos e Fármacos dos Estados Unidos (Food and Drugs Administration – FDA) propuseram criar limites aceitáveis de ingestão de resíduos de pesticidas e aditivos alimentares, que mais tarde ficaram conhecidos pela sigla inglesa ADI, de *"acceptable daily intake"*, ou IDA, de "influxo diário aceitável".[6] O procedimento da FDA era baseado na hipótese da dose umbral e na determinação do nível denominado Noel, sigla derivada da expressão inglesa *"no-observed-effect-level"*, ou Neno, de "nível de efeito não observado", a partir de um conjunto de dados de toxicidade crônica animal obtidos em experimentos, sendo essas as mais baixas doses para as quais eles tenham respondido, ou seja, a menor das indicações de toxicidade da substância química.

A partir desse ponto, uma série de termos e siglas foi criada, como Noael, de *"no-observed-adverse-effect-level"* (nível de efeito adverso não observado – Neano), Loel, de *"lowest-observed-effect-level"* (nível inferior

---

[6] National Research Council, *Science and Judgment in Risk Assessment*, cit.

de efeito observado – Nieo) e Loael, de "*lowest-observed-adverse-effect-level*" (nível inferior de efeito adverso observado – Nieao).[7] A palavra *adverso* é adicionada para deixar claro que são esses os efeitos de interesse, da mesma forma que o Nieao designa o menor nível no qual um efeito adverso foi observado.

Os cientistas da FDA verificaram, durante a análise dos dados coletados, que a sensibilidade humana *média* poderia ser até dez vezes maior do que aquela determinada por meio dos ensaios com animais de laboratório e que alguns membros da população poderiam ser até dez vezes mais sensíveis do que a pessoa *média*. Dessa forma surge o fator de segurança de 100, e a obtenção de um IDA, para uma substância específica, seria igual ao Neno, experimental, dividido por 100. No caso de a exposição de uma pessoa limitar-se a doses diárias menores do que o IDA, não se esperam problemas de toxicidade. Tanto os cientistas da FDA como os da Organização Mundial da Saúde (OMS), que utilizam metodologia similar para a obtenção do IDA, reconhecem que esses limites podem apresentar riscos significativos, motivo pelo qual são descritos como tendo uma "razoável certeza de não apresentar perigo".[8]

O uso de fatores de segurança para o estabelecimento de IDAs tem sido recomendado por vários comitês do Conselho Federal de Pesquisa dos Estados Unidos e foi adotado pelos comitês conjuntos de especialistas da Organização das Nações Unidas para a Alimentação e a Agricultura (FAO) e da OMS no caso dos aditivos alimentares e resíduos de pesticidas em alimentos.

Apesar de terem sofrido pequenas modificações, os procedimentos básicos para fixação de limites de exposição humana, para substâncias químicas, têm permanecido os mesmos tanto no ar, na água e nos alimentos. A hipótese da dose umbral foi muito criticada e não é aceita por boa parte dos regulamentadores, principalmente no caso de substâncias carcinogênicas, motivo pelo qual existe uma abordagem toda especial para esse tópico.

---

[7] U. S. Environmental Protection Agency, *Tri-State Geographic Initiative Air Risk Assessment Work Plan*, plano preparado para os estados do Kentucky, West Virginia e Ohio pela Usepa, julho de 1997, disponível em http://www.epa.gov/region5/air/tristate/airrsk.htm; versão em português de Milton Norio Sogabe, *Plano de trabalho para avaliação de risco atmosférico*, maio de 2000, disponível em http://www.awma-brasil.org.br.

[8] National Research Council, *Science and Judgment in Risk Assessment*, cit., p. 30.

O risco, se tido como um efeito não desejado com consequência adversa à vida, à saúde, a materiais ou ao meio ambiente, deve considerar na sua avaliação tanto os aspectos da exposição aguda (altas concentrações e curta duração – até alguns dias) quanto os das crônicas (baixas concentrações e longa duração – até uma esperança de vida, que tem sido definida nos estudos como um período de setenta anos).

GRÁFICO I

Probabilidade de ocorrência (EUA)

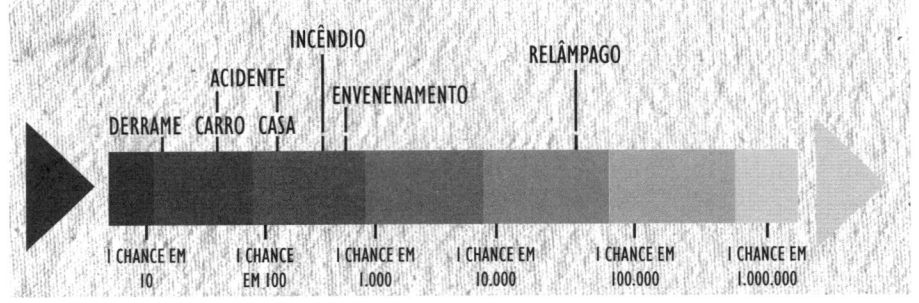

DERRAME	ACIDENTE CARRO	INCÊNDIO CASA	ENVENENAMENTO		RELÂMPAGO	
1 CHANCE EM 10	1 CHANCE EM 100	1 CHANCE EM 1.000	1 CHANCE EM 10.000	1 CHANCE EM 100.000	1 CHANCE EM 1.000.000

Fonte: U. S. Environmental Protection Agency, *Air Pollution and Health Risk*, cit.

O gráfico 1 mostra, a partir de valores médios de toda a população dos Estados Unidos, a chance ou probabilidade de ocorrerem determinados eventos com consequências adversas. Os profissionais envolvidos na avaliação e no gerenciamento de risco descrevem a magnitude do risco com notação científica, como 1×10^{-4}, o que significa que existe uma chance em 10 mil de o evento ocorrer; às vezes diz-se que esse é um risco de ordem de grandeza de 10^{-4}. Deve-se ressaltar que as ordens de grandeza mostradas no gráfico 1 são valores médios de toda uma população, enquanto as avaliações de risco, normalmente, estimam o risco máximo de determinado indivíduo.

Os dados do quadro 1, a seguir, foram adaptados de R. Wilson[9] e são baseados em extrapolações simples a partir de médias populacionais dos Estados Unidos; são modelos teóricos, portanto, dão ordens de grandeza

---

[9] R. Wilson, "Analyzing the Daily Risks of Life", em *Technology Review*, nº 81, Cambridge, 1979, pp. 40-46.

e não se recomenda o seu uso em estudos comparativos com riscos calculados.

QUADRO I

Atividades que aumentam o risco de morte em 1 chance em 1 milhão

Atividade	Causa da morte
Fumar 1,4 cigarro	Câncer, doença cardíaca
Beber 0,5 litro de vinho	Cirrose hepática
Viajar 6 minutos de canoa	Acidente
Viver 2 dias em Nova York ou Boston	Poluição do ar
Andar 16 quilômetros de bicicleta	Acidente
Viajar 1.600 quilômetros de avião a jato	Acidente
Viajar 9.600 quilômetros de avião a jato	Câncer causado por radiação cósmica
Um raio X do tórax em um bom hospital	Câncer causado por radiação
Viver 2 meses com fumante	Câncer, doença cardíaca
Morar por 20 anos próximo de fábrica de PVC	Câncer causado pelo cloreto de vinila (padrão 1976)
Comer 100 filés na brasa	Câncer devido ao benzopireno

Avaliação de risco ambiental

A avaliação de risco pode ser descrita como uma metodologia ou um processo de coletar e avaliar informações disponíveis sobre determinado efeito adverso, à saúde humana ou ao meio ambiente, como resultado de exposições ambientais e, a partir daí, obter uma estimativa da magnitude do risco (a probabilidade de o evento ocorrer) e dos potenciais desdobramentos. Tanto no Brasil como em outros países existe certa confusão na descrição dos estudos pelo fato de não haver uma terminologia de consenso. A descrição da metodologia serve, na maioria das vezes, como parte das definições dos termos mais relevantes, inclusive neste capítulo, devido ao fato de a expressão *análise de risco* estar muito vinculada ao estudo de eventos agudos, como os acidentes industriais, associados a explosões e liberação instantânea de grandes volumes de gás; utilizaremos *avaliação de risco* para o processo completo e amplo, que vem sendo utilizado como uma ferramenta do gerenciamento de risco.

A Academia Nacional de Ciências dos Estados Unidos definiu o processo da avaliação de risco por meio de seus quatro componentes:[10]

1. *Identificação do perigo*
A determinação de que uma substância química tem uma relação causal com certos efeitos específicos na saúde.

Esse componente caracteriza-se pelos estudos da determinação dos casos em que a exposição a um agente específico possa causar um aumento na incidência de uma condição de saúde (câncer, alteração congênita, problemas respiratórios, asma, etc.). Esses estudos abordam a natureza e a magnitude do poder do agente estudado em promover o efeito adverso. Em teoria, a verificação da capacidade de uma substância produzir um efeito adverso seria uma simples resposta afirmativa ou negativa à questão; porém, para a maioria das substâncias, os dados não são definitivos.

Nos casos de avaliação de risco ecológico esse componente (identificação do perigo) é referenciado como sendo o da formulação do problema, com a identificação das condições ambientais que possam causar o(s) efeito(s) adverso(s), que deverá ser o suporte para a qualidade e o peso da evidência.

No processo da identificação do perigo trabalha-se qualitativamente com um agente, o(s) receptor(es) e a via de exposição (parâmetros do transporte dos poluentes, magnitude da exposição). Consideram-se também a qualidade dos dados de toxicidade em seres humanos e em animais de laboratório e outras informações disponíveis (genotoxicidade, farmacocinética, propriedades físico-químicas, meia-vida ambiental, características e hábitos da população, etc.), além de uma avaliação crítica (qualidade, consistência, confiabilidade) do peso da evidência das fontes dos dados.

---

[10] National Academy of Sciences, *Risk Assessment in the Federal Government: Managing the Process*, cit.

2. *Avaliação de dose-resposta*
A determinação da relação entre a magnitude da exposição e a probabilidade de ocorrência do efeito na saúde.

Esse segundo componente do processo de avaliação de risco à saúde humana avalia a relação entre a quantidade do agente que entra em contato com um receptor, via uma rota específica de exposição, e os efeitos resultantes. Há que se ressaltar, porém, que nos casos dos estudos de efeitos de não câncer pode ocorrer sobreposição de partes do componente de identificação de risco.

GRÁFICO 2

Curva típica de dose-resposta para agente não carcinogênico

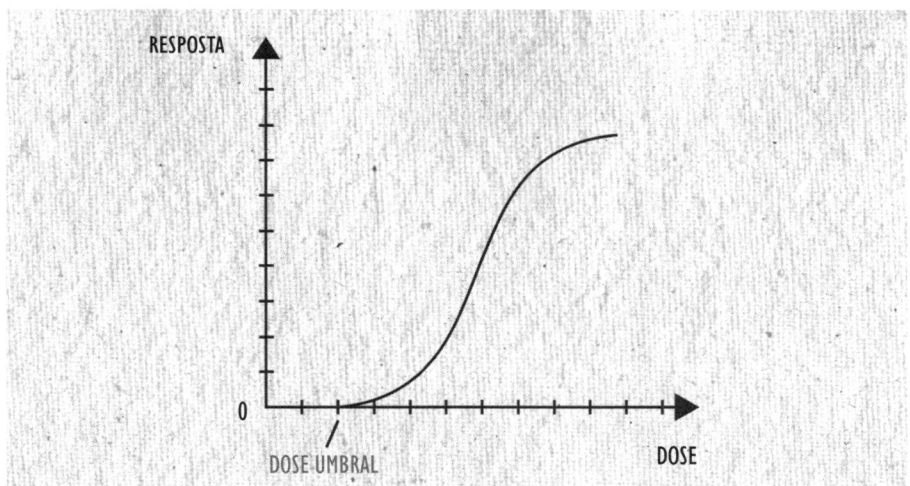

Fonte: U. S. Environmental Protection Agency, *Risk Assessment for Toxic Air Pollutants: A Citizen´s Guide*, EPA 450/3-90-024, Washington, março de 1991, disponível em http://www.epa.gov/ttn/atw/3_90_024.html, acesso em julho de 2004.

Quando do uso de dados de toxicidade obtidos com animais, na avaliação de risco de certas substâncias químicas, inferem-se efeitos em seres humanos a partir de efeitos observados em laboratórios com tais animais. Essa metodologia tem sido amplamente aceita nas comunidades científicas e entre os regulamentadores. A Usepa disponibiliza dados de estudos de dose-resposta por meio de seu banco de dados de possíveis efeitos à saúde humana devido à exposição a diversas substâncias encontradas no ambiente, denominado *Integrated Risk Information System* (Iris).[11]

No caso das substâncias não carcinogênicas, a Usepa assume que existe uma dose umbral (*threshold*) abaixo da qual os mecanismos de defesa do corpo o protegerão contra os possíveis efeitos adversos à saúde. Sob essa linha filosófica, a Usepa gera as denominadas *doses de referência* (DRfs), que são valores de doses diárias, expressas em miligramas (mg) da substância por quilograma (kg) de peso do corpo por dia, abaixo das quais não se espera que a exposição cause um efeito adverso significativo. As DRfs podem ser calculadas para períodos de exposição crônica (esperança de vida ou a vida toda), subcrônica (longo prazo, mas menores do que a esperança de vida) e aguda (curto prazo, horas ou poucos dias). Pode-se transformar a dose de referência (mg/kg/dia) em uma *concentração de referência* (CRf) (mg/m^3), assumindo-se um peso usual de corpo adulto (valor usual de 70 kg) e uma taxa de respiração de 20 m^3/dia. Da mesma forma que os cientistas da FDA, os técnicos da Usepa utilizam, na determinação de uma dose de referência, na sua grande maioria, fatores de segurança que variam de 100 a 1.000.[12]

Várias organizações que trabalham com a proteção da saúde do trabalhador também geram seus valores de concentrações/doses-limites, mas para serem utilizados em estudos ambientais devem considerar um fator de correção de 420, que engloba uma parcela de 4,2 (modificação do fato de o limite ocupacional ser para uma média ponderada de 8 horas por semana e a referência crônica ser para 7 dias/semana e 24 horas/dia = 168 horas por semana), uma parcela de 10 para as subpopulações mais sensíveis e outra parcela final de 10 para tempo de recuperação, do qual o público em geral não dispõe.[13]

Para os contaminantes carcinogênicos, diferentemente dos agentes não carcinogênicos, a maioria das agências internacionais admite que não existe um nível mínimo, abaixo do qual se espera uma condição de não efeito, ou seja, um valor umbral diferente de zero. Assim, assume-se que cada incremento de exposição acima de zero implica um risco incremental de causa de câncer.

---

[11] U. S. Environmental Protection Agency, *Banco de dados Iris*, disponível em http://www.epa.gov/iris/.
[12] U. S. Environmental Protection Agency, *Tri-State Geographic Initiative Air Risk Assessment Work Plan*, cit.
[13] *Ibidem*.

GRÁFICO 3

Curva típica de dose-resposta para agente carcinogênico

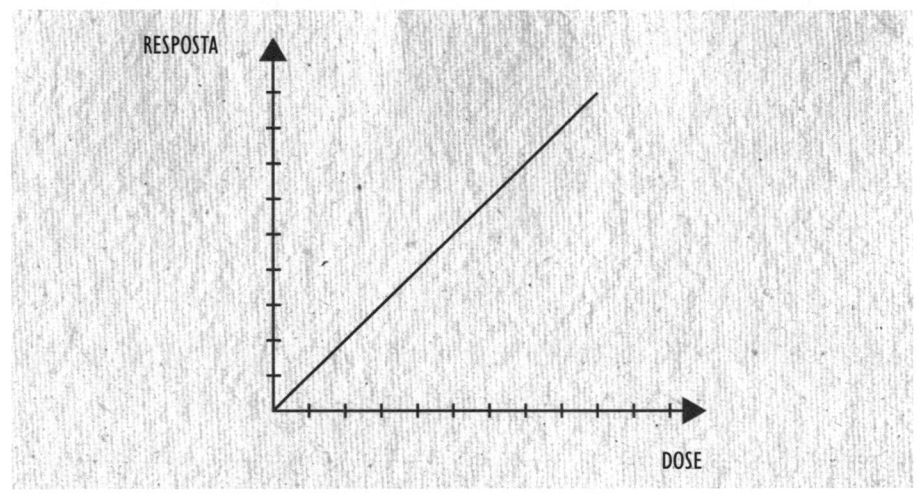

[Gráfico: eixo vertical RESPOSTA, eixo horizontal DOSE, reta linear a partir da origem]

Fonte: U. S. Environmental Protection Agency, *Risk Assessment for Toxic Air Pollutants: A Citizen's Guide*, cit.

A International Agency for Research on Cancer (Iarc), da Organização Mundial da Saúde (OMS), divulga periodicamente, por meio de sua página eletrônica,[14] a lista de agentes carcinogênicos, classificando-os conforme seus pesos de evidência (1, 2A, 2B, 3 e 4). A Usepa usa diferentes classificações de pesos de evidência (A, B1, B2, C e D). No quadro 2, a seguir, apresentamos a equivalência entre os pesos de evidência da Usepa e os adotados pelo Iarc.

A Usepa tem concentrado suas avaliações de dose-resposta quantitativa de carcinogênicos nas substâncias químicas dos grupos A e B e também em alguns casos específicos do grupo C. Essa agência utiliza um modelo de carcinogênese denominado *multiestágio linearizado*, que extrapola doses relativamente altas, dos estudos com animais, para as baixas doses ambientais via uma linha reta. A inclinação dessa reta é denominada *declividade da potência carcinogênica* – DPC (*carcinogenic potency slope* – CPS).

---

[14] International Agency for Research on Cancer/Organização Mundial da Saúde, *Overall Evaluations of Carcinogenicity to Humans*, atualizado em 28-4-2004, disponível em http://www.193.51.164.11/monoeval/crthall.html, acesso em julho de 2004.

Existem outros modelos de carcinogênese, mas sob a égide do princípio da precaução e do conservadorismo, o modelo de multiestágio linearizado tem sido o mais utilizado, a não ser no caso em que uma clara evidência comprove que um modelo alternativo seja mais adequado para aquele agente específico. Em suma, atualmente a Usepa assume que a relação dose-resposta para carcinogênicos é linear, ou pelo menos muito próxima na região de dose baixa, e que para qualquer dose, não importando quão pequena seja, haverá uma probabilidade de ocorrência de câncer.[15]

QUADRO 2

Equivalência entre os pesos de evidência do Iarc/OMS e da Usepa, na classificação dos carcinogênicos

Iarc	Usepa
Grupo 1 – Carcinogênico para humano (evidência epidemiológica suficiente)	Grupo A – Carcinogênico para humanos (evidência epidemiológica suficiente)
Grupo 2A – Provável carcinogênico para humano (evidência animal suficiente e limitada em humanos)	Grupo B1 – Provável carcinogênico para humanos
Grupo 2B – Possível carcinogênico para humano (evidência animal suficiente e sem evidência humana)	Grupo B2 – Provável carcinogênico para humanos
	Grupo C – Possível carcinogênico humano (evidência animal limitada e sem evidência humana)
Grupo 3 – Não classificável nenhum dado disponível em animais e humanos)	Grupo D – Não classificável (evidência insuficiente ou
Grupo 4 – Provavelmente não carcinogênico para humano	Grupo E – Evidência de não carcinogenicidade para humanos

Fonte: World Health Organization/International Agency for Research on Cancer, *IARC Monographs on the Evaluation of Carcinogenic Risks to Humans - Preamble*, Lyon, 2006, disponível em http://www.monographs.iarc.fr/ENG/Preamble/CurrentPreamble.pdf e Usepa, *EPA's Approach for Assessing the Risks Associated with Chronic Exposure to Carcinogens*, Washington, 1992, disponível em http://www.epa.gov/iris/carcino.htm.

---

[15] David R. Patrick (ed.), *Toxic Air Pollution Handbook* (Nova York: Van Nostrand, 1994).

A potência carcinogênica por inalação também pode ser expressa em *unidade de risco* (UR), que é um fator de declividade expresso com a magnitude de risco em µg/m^3; dessa forma, o DPC é convertido para UR efetuando-se a divisão deste pelo peso assumido do corpo de um adulto (70 kg) e multiplicando-se pela taxa assumida de inalação de um adulto (20 m^3/dia).[16]

O componente de dose-resposta é função da rota de exposição, ou seja, a toxicidade de um agente dependerá da forma como se deu a entrada no corpo humano, seja por inalação, ingestão ou pela epiderme, sendo que isso é válido tanto para os produtos tóxicos sistêmicos como para os carcinogênicos.

Entre as várias hipóteses de origem das incertezas dos estudos de dose-resposta,[17] listamos as seguintes:

- Os limites são determinados a partir de testes com animais, observando-se o efeito num pequeno número deles que são expostos a altas doses. A partir daí, extrapolam-se os resultados dessas altas doses para as baixas doses que são características das situações ambientais; para tanto utilizam-se modelos matemáticos. Os modelos tentam estimar respostas biológicas por meio de algoritmos, que, às vezes, não podem ser experimentalmente verificados.

- Extrapolar resultados observados em testes com animais para seres humanos pode introduzir erros por causa da diferença na suscetibilidade, devido às diferenças de tamanho, metabolismo e por outros fatores. Para as substâncias tóxicas sistêmicas, a Usepa assume que os seres humanos podem ser até dez vezes mais sensíveis, no que tange aos efeitos adversos à saúde, do que a mais sensível das espécies testadas, baseando essa conduta em estudos estatísticos de sensibilidade comparativa interespécies. Para os agentes carcinogênicos, a Agência Americana de Proteção ao Meio Ambiente faz a extrapolação animal–ser humano usando uma conversão de área superficial específica, que se baseia no princípio da diminuição da taxa metabólica conforme ocorre o aumento do risco de câncer. Esse método de extrapolação é mais conservativo do que o usado pelo FDA.

---

[16] U. S. Environmental Protection Agency, *Tri-State Geographic Initiative Air Risk Assessment Work Plan*, cit.
[17] National Research Council, *Science and Judgment in Risk Assessment*, cit.

- A diversidade genética entre as populações humanas é muito maior do que entre os animais de laboratório, assim, é de se esperar que a faixa de respostas humanas, para uma substância química, seja maior do que aquela observada no laboratório.

Os procedimentos para avaliação de dose-resposta, na sua grande maioria, superestimam as magnitudes dos riscos de efeitos adversos que os agentes químicos possam produzir. Porém tal procedimento não tem provocado grandes contestações e tem sido bem aceito, por se tratar de saúde humana. Isso se deve principalmente à falta de conhecimento de inúmeros outros fatores que podem conduzir a riscos subestimados, tais como a não detecção de outros agentes e a não identificação de um efeito de maior sensibilidade numa substância química específica.

3. *Avaliação da exposição*
A determinação da intensidade da exposição antes e depois da aplicação dos controles legais.

O terceiro componente da avaliação de risco à saúde humana verifica quais serão os possíveis receptores a serem expostos aos agentes de interesse, como essas exposições podem ocorrer e a magnitude e duração delas. A extensão na qual um indivíduo sofrerá o impacto é função da duração da exposição, do volume de ar inalado, do tamanho de partículas quando relevante e das concentrações dos contaminantes. A duração da exposição é determinada em função do período de operação das fontes de poluição, bem como pelo tempo em que os indivíduos permanecem num local em particular. Os estudos assumem um volume inalado de 20 m^3/dia e que 100% das substâncias químicas adsorvidas na partícula ou na forma gasosa serão inalados e retidos no sistema respiratório.

As informações sobre as populações expostas devem ser verificadas cuidadosamente para especificidades, tais como dietas regionais, hábitos locais, distribuições etárias, densidades populacionais, subpopulações mais sensíveis (creches, centros geriátricos, hospitais). No caso da exposição pela rota da ingestão de alimentos, deverão ser observados aqueles passíveis de contaminação via deposição atmosférica.

ESQUEMA I

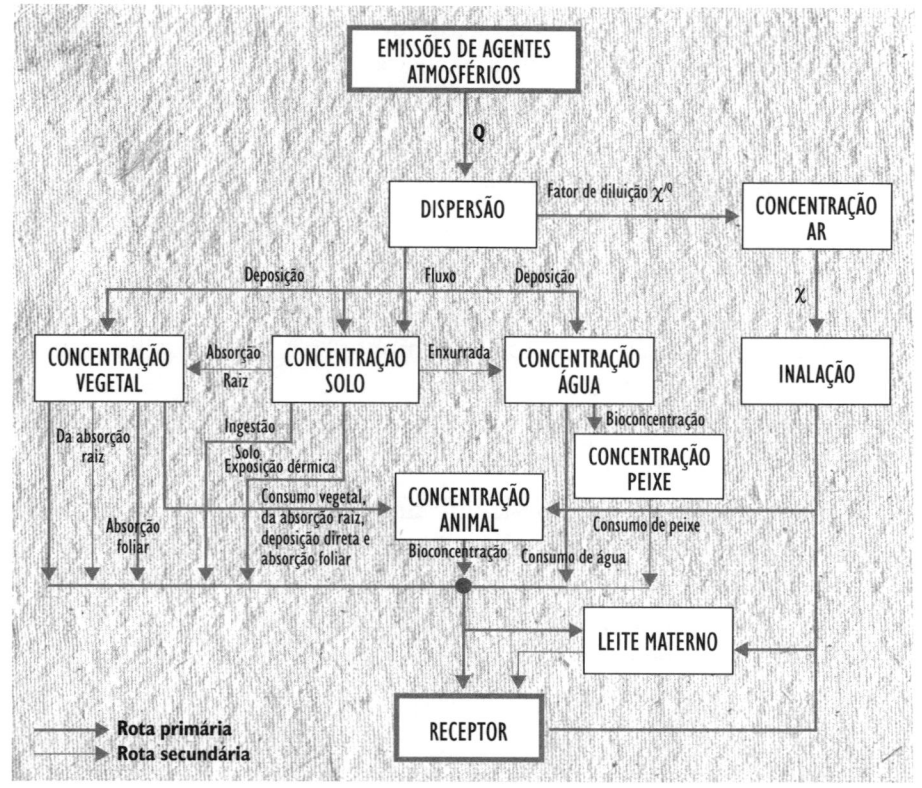

Rotas de exposição para agentes atmosféricos

[Fluxograma: EMISSÕES DE AGENTES ATMOSFÉRICOS → Q → DISPERSÃO → (Fator de diluição $\chi^{/q}$) → CONCENTRAÇÃO AR → χ → INALAÇÃO; DISPERSÃO → Deposição → CONCENTRAÇÃO VEGETAL; DISPERSÃO → Fluxo → CONCENTRAÇÃO SOLO; DISPERSÃO → Deposição → CONCENTRAÇÃO ÁGUA; CONCENTRAÇÃO VEGETAL ↔ Absorção Raiz ↔ CONCENTRAÇÃO SOLO; CONCENTRAÇÃO SOLO → Enxurrada → CONCENTRAÇÃO ÁGUA; CONCENTRAÇÃO ÁGUA → Bioconcentração → CONCENTRAÇÃO PEIXE; Da absorção raiz, Absorção foliar → CONCENTRAÇÃO ANIMAL; Ingestão Solo, Exposição dérmica → CONCENTRAÇÃO ANIMAL; Consumo vegetal, da absorção raiz, deposição direta e absorção foliar → CONCENTRAÇÃO ANIMAL; Bioconcentração, Consumo de água, Consumo de peixe → CONCENTRAÇÃO ANIMAL; CONCENTRAÇÃO ANIMAL → LEITE MATERNO → RECEPTOR. Legenda: Rota primária, Rota secundária.]

Fonte: Lawrence B. Gratt, *Air Toxic Risk Assessment and Management: Public Health Risks from Normal Operations* (Nova York: Van Nostrand Reinhold, 1996).

Uma ferramenta muito utilizada na avaliação da exposição é a modelagem matemática, que pode estimar as prováveis altas concentrações de um contaminante, numa situação do pior cenário, no que concerne tanto às condições meteorológicas como às de emissão. A modelagem pode fornecer estimativas dos gradientes de concentração, bem como permite simular cenários alternativos de emissão e de meteorologia.

Os estudos para avaliação de exposição crônica utilizam as concentrações de 24 horas obtidas durante o ano e as concentrações médias anuais obtidas das modelagens, e as exposições agudas utilizam as concentrações de 1 hora (tanto da modelagem como do monitoramento).

No caso de produtos de consumo direto, cujo agente de risco seja absorvido durante o uso, a forma como o usuário o utiliza irá afetar o grau da exposição. Covello[18] exemplifica com o caso do solvente cujo vapor seja potencialmente tóxico e que pode ser usado ao ar livre ou numa garagem mal ventilada; em cada situação a exposição dar-se-á numa intensidade diferente, o que com certeza deverá influenciar a magnitude da estimativa do risco.

4. Caracterização do risco
A descrição da natureza e, quase sempre, a magnitude do risco humano, incluindo também as incertezas inerentes.

Esse componente integra os anteriores, descrevendo o risco potencial e reconhecendo/identificando todas as hipóteses e incertezas do estudo. Os resultados desse componente de caracterização do risco são entregues para o gerenciador de risco, com uma completa avaliação da qualidade das informações utilizadas nas análises.

A quantificação do risco pode utilizar as medições diretas obtidas do monitoramento ambiental e também os resultados da modelagem atmosférica. Nesse componente trabalham-se os aspectos quantitativos do risco e, assim, seguindo a divisão anteriormente descrita dos agentes em carcinogênicos e não carcinogênicos, os cálculos para estimativa da magnitude do risco também são divididos em dois.

Estimando o risco carcinogênico

Os riscos carcinogênicos serão estimados multiplicando-se a dose diária média para o período da esperança de vida (da avaliação da exposição) pela declividade da potência carcinogênica – DPC (da avaliação de dose-resposta):[19]

$$\text{Risco} = \text{exposição} \left(\frac{\text{mg}}{\text{kg} \cdot \text{dia}}\right) \times \text{DCP} \left(\frac{\text{mg}}{\text{kg} \cdot \text{dia}}\right)^{-1}$$

---

[18] Vincent T. Covello & Miley W. Merkkhofer, *Risk Assessment Methods: Approaches for Assessing Health and Environmental Risks* (Nova York: Plenum, 1993).

[19] U. S. Environmental Protection Agency, *Tri-State Geographic Initiative Air Risk Assessment Work Plan*, cit.

O valor obtido representa o limite superior do excesso de risco, na esperança de vida, do exposto ao agente, em contrair câncer devido à exposição.

Estimando o risco não carcinogênico

As estimativas de riscos não carcinogênicos são obtidas dividindo-se a dose diária aguda pelo nível de referência agudo, ou a dose diária crônica pela dose de referência. Nos casos em que a rota da inalação for preponderante, utilizam-se as concentrações de referência na obtenção das estimativas. O resultado da divisão é denominado *quociente de perigo* (QP), que representa a razão entre a dose percebida pelo receptor e a dose que foi estabelecida como a que, estando abaixo dela, seria improvável a ocorrência de efeitos adversos à saúde:[20]

$$\text{Quociente de perigo (QP)} = \frac{\text{exposição}\left(\frac{mg}{kg \cdot dia}\right)}{DRf\left(\frac{mg}{kg \cdot dia}\right)}$$

Essa equação pode ser utilizada para calcular tanto o risco não carcinogênico agudo como o crônico. Os riscos agudos serão baseados nas DRfs para exposição aguda; os riscos crônicos serão baseados nas DRfs (dose para exposição crônica). O desenvolvimento da DRf é descrito na seção da avaliação de dose-resposta.

---

[20] *Ibidem.*

TABELA I
Valores de DPC e doses de referência

Substância química	Declividade da potência carcinogênica (mg/kg/dia)$^{-1}$	Dose de referência (mg/kg/dia)	Referência aguda de saúde ($\mu g/m^3$)
Ácido acrílico	-	0,000286	-
Amônia	-	0,0286	2.100
Antimônio	-	0,0004*	-
Arsênio	15,1	0,0003	-
Benzeno	0,029	0,00171	-
1,3-butadieno	-	0,98	-
Óxidos de cálcio	-	0,00476**	-
Tetracloreto de carbono	0,0525	0,000571	190
Cloro	-	0,1*	23
Criseno	0,0061	-	-
Cumeno	-	0,00257	-
Ciclo-hexano	-	5*	-
Diclorometano	0,00164	0,857	-
Dioxina	116.000*	-	-
Etilbenzeno	-	0,286	-
Furfural	-	0,014	-
Ácido clorídrico	-	0,00571	3.000
Fluoreto de hidrogênio	-	5,9	580
Anidrido maleico	-	0,1*	10
Metanol	-	0,5*	-
Naftaleno	-	0,04*	-
Estireno	-	0,286	-
Tolueno	-	0,114	-
1,2,4-triclorobenzeno	-	0,0571	-
1,1,1-tricloroetano	-	0,286	-
Xileno	-	0,2	-

Notas:

1. Declividade da potência carcinogênica expressa em (mg/kg/dia)$^{-1}$. Os limites crônicos (dose de referência) estão expressos em mg/kg/dia. As concentrações agudas têm limites máximos de exposição de 1 hora sem que se observe uma reação adversa e estão expressas em $\mu g/m^3$. A menos que haja uma observação específica, todos os valores de referência são baseados na exposição via inalação.

2. Espaços em branco indicam que não há dados disponíveis.

* Via oral.

** Derivado pela divisão do limite de tolerância da ACGIH por 420 (4,2 é um fator de conversão para converter uma exposição de 40 horas/semana para uma exposição de tempo integral – 168 horas/40 horas = 4,2); são considerados dois fatores de 10 para levar em conta as populações sensíveis e a falta de um período de recuperação. Os valores são expressos em mg/m^3.

Fonte: U. S. Environmental Protection Agency, *Tri-State Geographic Initiative Air Risk Assessment Work Plan*, cit.

Quando o quociente de perigo (QP), agudo ou crônico, for maior que 1, significa que existe um potencial para efeitos adversos, e a possibilidade será proporcional à magnitude da razão; no entanto, isso não significa probabilidade do dano.

Gerenciamento de risco

O esquema 2, retirado do *livro vermelho*,[21] exibe etapas da pesquisa, da avaliação de risco e do gerenciamento de risco, mostrando claramente a indicação da Academia Nacional de Ciências dos Estados Unidos de sua preferência pela condução estanque. Essa é uma visão macro da aplicação da avaliação e do gerenciamento de risco; dentro de um círculo mais restrito o avaliador e o gerenciador poderiam ter atuações mais próximas, tomadas certas precauções. As preocupações anteriormente citadas se referem às possíveis interferências que o entorno pudesse ter na forma de se conduzirem os aspectos científicos da avaliação, ou seja, com introdução de vieses não técnicos na questão, com distorção de resultados.

Imaginando que um ciclo vai da fonte de geração da exposição, passando pelo transporte (difusão/dispersão) e transformação, pode nesse ponto ocorrer a exposição do receptor, que poderá sofrer um efeito adverso. Considerando-se as relações contidas numa curva de dose-resposta, pode-se concluir a existência de certo grau potencial de risco, que poderá ter no gerenciamento de risco seu mais adequado complemento. Esse complemento poderá atuar em uma ou mais fases anteriores, mas a preferência dos gerentes de risco quase sempre recai sobre as fontes. Modificar o destino das emissões – atmosféricas, líquidas ou sólidas – depende principalmente de fatores da natureza cuja previsão comportamental, na maioria das vezes, é de difícil modelagem quando se requer alta precisão.

---

[21] National Academy of Sciences, *Risk Assessment in the Federal Government: Managing the Process*, cit.

ESQUEMA 2

Elementos da avaliação e do gerenciamento de risco

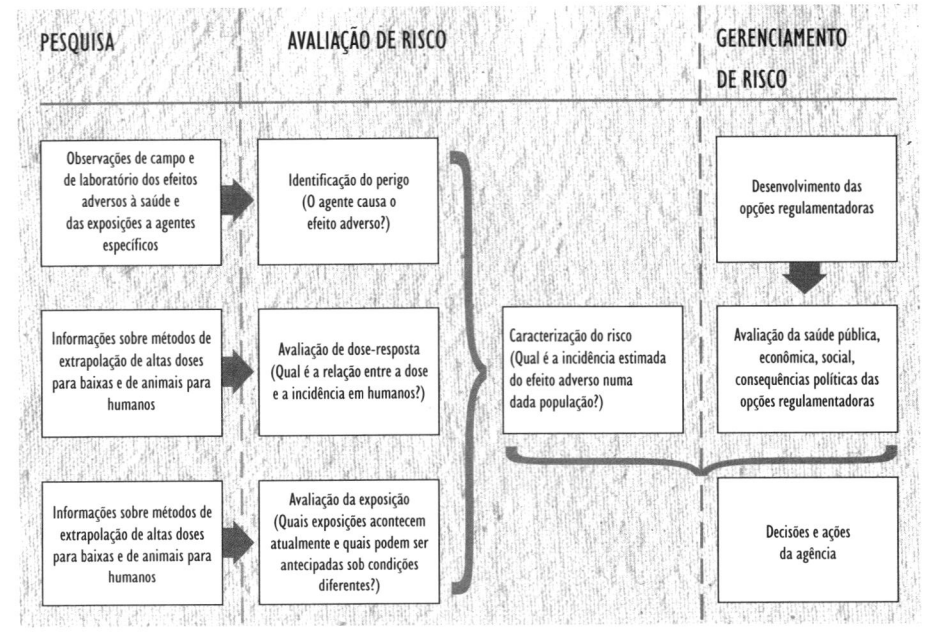

PESQUISA	AVALIAÇÃO DE RISCO		GERENCIAMENTO DE RISCO
Observações de campo e de laboratório dos efeitos adversos à saúde e das exposições a agentes específicos	Identificação do perigo (O agente causa o efeito adverso?)		Desenvolvimento das opções regulamentadoras
Informações sobre métodos de extrapolação de altas doses para baixas e de animais para humanos	Avaliação de dose-resposta (Qual é a relação entre a dose e a incidência em humanos?)	Caracterização do risco (Qual é a incidência estimada do efeito adverso numa dada população?)	Avaliação da saúde pública, econômica, social, consequências políticas das opções regulamentadoras
Informações sobre métodos de extrapolação de altas doses para baixas e de animais para humanos	Avaliação da exposição (Quais exposições acontecem atualmente e quais podem ser antecipadas sob condições diferentes?)		Decisões e ações da agência

Fonte: *Ibidem*.

As estratégias de redução das emissões, para qualquer um dos meios (ar, água, solo), normalmente passam pela substituição, minimização do uso, destruição e/ou redução da emissão (controle).

O gerenciamento do risco tem sido aplicado em campos diversos, e a Carnegie Mellon[22] afirma que cada meio profissional tem uma visão específica de sua aplicação: se para as pessoas (profissionais ou não) ligadas ao meio ambiente o entendimento é de que a gestão dos riscos originados dos grandes problemas (nucleares, bacteriológicos, de contaminação com produtos altamente tóxicos e/ou carcinogênicos) pode afetar de forma deletéria a nossa existência, para os financistas isso pode ser entendido como a chance de acontecerem determinados movimentos na bolsa de valores ou nos juros e mesmo na agregação de valores em determinadas operações/processos que poderiam provocar perdas significativas; para as seguradoras

---

[22] Software Engineering Institute do Carnegie Mellon University, *Risk Management Paradigm*, Pittsburgh, disponível em http://www.sei.cmu.edu/programs/sepm/risk/paradigm.html, acesso em fevereiro de 2005.

pode significar o conhecimento dos riscos passíveis de serem segurados e formas de diminuição dos custos dos seguros; para os administradores de hospitais pode ser a manutenção do nível de qualidade de seus serviços, e para os técnicos de higiene e segurança do trabalho poderia significar a redução nos acidentes ou afastamentos.

Enfim, resumem o gerenciamento do risco como uma prática que lança mão de um conjunto de processos, métodos e ferramentas, propiciando um ambiente disciplinado para uma tomada proativa de decisões para avaliar de forma contínua os possíveis efeitos dos eventos (riscos), determinar quais deles seriam os mais importantes, e que, portanto, devemos priorizar e implementar estratégias para lidar com eles.

FIGURA 2

Gerenciamento do risco

A Carnegie Mellon representa o processo de gerenciamento do risco num círculo contínuo de funções (figura 2). A terminologia usada por essa instituição tem uma abrangência maior do que apenas a ambiental, sendo composta pelas funções de: identificação, avaliação, planejamento, monitoramento, controle e comunicação, que, sendo a parte central, representa um campo de fluxo de informações entre todas as funções (comunicação interna) e entre estas e o mundo exterior (comunicação externa).

De forma resumida, as funções podem ser descritas como segue:
- *Identificação*: função que procura e localiza os riscos antes que eles se tornem problemas.

- *Avaliação*: transforma os dados de risco em informações para processo de tomada de decisão. Avalia impactos, probabilidade e cronologia dos eventos, classifica os riscos e faz uma priorização.
- *Planejamento*: traduz as informações de risco em decisões e ações (presentes e futuras), projeta e implementa essas ações.
- *Monitoramento*: monitora os indicadores de risco e as ações de mitigação.
- *Controle*: corrige os desvios dos planos de mitigação de riscos.
- *Comunicação*: distribui informações, retroalimentando os interessados, internos e externos do projeto, sobre as atividades de risco, os riscos atuais e os futuros. A comunicação acontece através de (e entre) todas as funções do gerenciamento do risco.

O programa de descontaminação de áreas contaminadas dos Estados Unidos, denominado *superfund*, conduz suas atividades em função dos resultados das avaliações de risco, que atualmente avançam para pontos além da proteção da saúde, trazendo à tona os chamados riscos ecológicos (ameaças à fauna, flora ou outro aspecto ambiental como a visibilidade). A proteção de objetivos ecológicos introduziu mudanças significativas na gestão das atividades de descontaminação dos sítios contaminados, e para auxiliar aqueles que trabalham nesse campo a Usepa formulou algumas diretrizes[23] para os trabalhos de gerenciamento de riscos ecológicos.

O documento da Usepa sugere alguns princípios que deveriam ser observados quando da tomada de decisões no gerenciamento de riscos ecológicos e indica alguns objetivos, entre os quais destaca-se a busca pela redução dos riscos ecológicos a níveis que irão resultar na recuperação e manutenção da saúde das populações locais e das comunidades da biota. Os gestores de risco devem escolher junto com os avaliadores de risco os parâmetros ecológicos de *performance* (o parâmetro ecológico de *performance* é definido como algo claro de um valor ambiental a ser protegido, como um grupo de plantas, uma espécie de organismo bentônico, etc., e que serve como medida de *performance* durante o processo) e medidas que sejam relevantes para a área, ou seja, aspectos

---

[23] U. S. Environmental Protection Agency, *Issuance of Final Guidance: Ecological Risk Assessment and Risk Management Principles for Superfund Sites*, Diretriz nº 9285.7-28P do Office of Solid Waste and Emergency Response (Oswer), Washington, outubro de 1999, disponível em http://www.epa.gov/oswer/riskassessment/ecorisk/final99.pdf, acesso em dezembro de 2004.

importantes para a sustentação de funções e estruturas ecológicas das populações locais, comunidades e hábitats existentes no local ou nas proximidades, verificando a existência de espécies que sejam sensíveis aos contaminantes, ou alguma espécie ameaçada ou em extinção na área e que mereça cuidados especiais.

Quando da avaliação dos riscos ecológicos e das alternativas de respostas potenciais para alcançar os níveis aceitáveis de proteção, os gestores de risco devem caracterizar os riscos em termos de:

a) magnitude, ou seja, a intensidade das respostas previstas ou observadas pelos receptores diante da faixa dos níveis de contaminantes;

b) severidade, que traduz a intensidade com que os receptores podem ser atingidos;

c) distribuição, que está relacionada ao tamanho da área afetada e à possível duração dos efeitos; e

d) potencial de recuperação dos receptores atingidos.

Os gestores de risco, junto com os avaliadores de risco, devem comunicar ao público, de forma bastante clara e sem uso intensivo de termos técnicos, os fundamentos científicos e a relevância do parâmetro ecológico de *performance* usado na avaliação de risco e a relação entre o efeito ou magnitude de exposição usada para determinar a existência de qualquer efeito adverso devido a quaisquer dos parâmetros ecológicos de *performance* avaliados. Por exemplo, as minhocas não são percebidas pelo público como importantes para o funcionamento do ecossistema, mas elas são muito importantes para vários hábitats, como fonte principal de alimento para vários pássaros e pequenos mamíferos e também pelo importante papel na reciclagem de nutrientes do solo e na melhoria da qualidade do solo para plantas e invertebrados.

Em determinadas áreas contaminadas, decidir sobre sua descontaminação com base nos riscos ecológicos pode ser uma decisão bastante difícil. Na determinação das alternativas para descontaminação de uma área deve-se verificar quais delas protegerão a saúde humana e o meio ambiente, atentando para a importância de considerar os efeitos de curto e longo prazo das alternativas de remediação, incluindo sempre, nas considerações, a alternativa de não se fazer nada.

Mesmo que a avaliação de risco ecológico tenha mostrado que efeitos adversos tenham ocorrido ou que possam ocorrer, pode ser que para o meio ambiente como um todo uma remediação forçada não seja a melhor solução; nesse sentido, vários estudos de atenuação natural têm sido conduzidos. Em algumas áreas onde existam hábitats muito raros ou sensíveis, a remoção ou tratamento *in situ* da contaminação pode causar maior perigo ecológico (usualmente devido ao tamanho da área de destruição física do hábitat) do que manter a situação do jeito que está.

Por outro lado, manter contaminantes persistentes e/ou bioacumulativos em locais onde possam atuar como fonte contínua de exposição significativa pode também não ser adequado. A probabilidade de uma alternativa de resposta ser bem-sucedida e o tempo necessário para uma comunidade biológica recuperar-se plenamente devem ser considerados na seleção de processo de remediação. Apesar de a maioria dos receptores e hábitats ter a capacidade de se recuperar de distúrbios físicos, os gestores de risco, quando da seleção da alternativa final, devem pesar cuidadosamente os efeitos tanto de curto como de longo prazo das alternativas de remediação e das alternativas passivas. Isso não implica uma preferência pelas alternativas passivas e sim que todas as alternativas razoáveis deverão ser consideradas. Por exemplo, a resiliência e a alta produtividade de algumas comunidades aquáticas permitem a seleção de processos de remediação mais agressivos; entretanto, a remoção de comunidades dos solos humificados de florestas em uma área onde não possa haver a restauração devido a considerações de gerenciamento de água pode pesar muito contra uma ação extensiva, sendo preferível uma ação apenas nas áreas de contaminação mais alta.

Quando se toma a decisão de que uma ação de resposta deve ser implementada em uma área contaminada, baseada em um risco ecológico inaceitável, o gestor do risco seleciona os níveis de descontaminação que sejam aceitáveis, para cada contaminante específico, ou seja, aqueles que forneçam proteção adequada aos receptores ecológicos (que no caso são os parâmetros ecológicos de *performance* selecionados na avaliação) em risco. O avaliador de risco pode usar os mesmos testes de toxicidade, população ou estudos em nível de comunidades, ou modelos de bioacumulação que tenham sido usados para determinar se havia um risco ecológico inaceitável e identificar níveis apropriados de descontaminação.

Em áreas contaminadas pequenas, porém, talvez a situação de melhor relação de custo-efetividade seja a remoção e tratamento, em vez da contenção de toda a contaminação e o estabelecimento de níveis específicos por contaminante e curvas de dose-resposta. A dificuldade está na determinação do nível aceitável de efeitos adversos para os receptores a serem protegidos, por exemplo, qual seria um nível conservativo em termos de percentual de redução na sobrevivência de um peixe ou na diversidade de espécies bentônicas? Não existe um *número mágico* que possa ser usado, de forma genérica, pois em tudo há uma dependência dos receptores a serem protegidos, do meio e das faixas de concentrações existentes ou esperadas. Os valores de níveis aceitáveis dos efeitos adversos devem ser discutidos pelo avaliador e o gestor de risco tão cedo quanto possível durante o processo de avaliação, devendo os proprietários também participar das discussões.

Usando a ferramenta

Ferramentas são desenvolvidas para usos específicos; algumas, por sua versatilidade, podem ter aplicações mais amplas do que a da função para a qual foram projetadas, mas mesmo assim as restrições/imprecisões aumentam conforme as condições de uso se distanciam das do projeto original. De forma análoga, a avaliação de risco, que reúne diferentes aspectos científicos e sociais em seu desenvolvimento, tem limites em sua aplicação, pois agrega uma série de incertezas em suas fases constituintes. A previsão de consequências a partir de uma exposição implica a necessidade de conhecer aspectos químicos, toxicológicos, estatísticos, epidemiológicos, variações nas reações, transporte nos vários meios (ar, água e solo), entre outros tantos campos da ciência, gerando, portanto, incertezas na condução do processo.

Essa ferramenta – avaliação de risco – possibilita agregar ordens de grandezas a julgamentos que, anteriormente, seriam patrocinados por cores de fumaças de fogueiras de xamãs e feiticeiras. No exercício de algumas previsões, sejam meteorológicas ou econômicas, entre outras, são envolvidos muitos parâmetros sobre os quais não se tem um conhecimento completo e, quando tentamos acoplá-los a uma equação matemática, estamos sempre desafiando os deuses no seu poder de condução do futuro.

Assim, nos processos de projeção de um cenário futuro, os estudiosos *futurólogos* buscam o melhor e mais completo banco de dados, uma série de algoritmos que nos permita, a partir deles, visualizar as condições que encontraremos. Nesses processos sempre haverá a agregação de graus de incerteza, pois em cada fase do seu desenvolvimento nos deparamos com milhares de fatores intervenientes sobre os quais jamais teremos um controle total; assim, o que se apresenta é o melhor produto que a ciência pode oferecer para que, associado a parâmetros sociais, nos seja permitido alcançar decisões para um desenvolvimento sustentável.

Os passivos ambientais e a contaminação do solo e das águas subterrâneas

Alfredo Carlos Cardoso Rocca

Introdução

Como *passivo ambiental* pode ser entendido, em um sentido mais restrito, o valor monetário necessário para custear a reparação do acúmulo de danos ambientais causados por um empreendimento ao longo de sua operação. Todavia, o termo tem sido empregado, com frequência, para conotar, de forma mais ampla, não apenas o custo monetário, mas a totalidade dos custos decorrentes do acúmulo de danos ambientais, incluindo os custos financeiros, econômicos e sociais.[1]

Entre os problemas associados a um passivo ambiental, destacam-se os episódios propositais ou acidentais de contaminação do solo e das águas subterrâneas, decorrentes de práticas inadequadas de manuseio, armazenamento, transporte, descarte e infiltração de substâncias químicas, efluentes e resíduos.

Os passivos ambientais são o legado do desenvolvimento tecnológico e industrial, sobretudo de uma época em que a gestão ambiental não era praticada e o meio ambiente e os recursos econômicos eram vistos de maneira completamente dissociada. O ser humano sempre alimentou a ideia de que o solo teria uma capacidade ilimitada para assimilar cargas poluidoras, de maneira que todo descarte de resíduos seria totalmente assimilado, sem maiores consequências. Sabemos, no entanto, que a capacidade do solo para assimilar cargas poluidoras é limitada e os contaminantes descartados podem permanecer nesse compartimento ambiental por longos períodos de tempo. Eles alteram a qualidade do solo, tornando-o impróprio para os usos a que se destina, transportando-se para outros compartimentos, como o ar e as águas, e configurando situações de risco à saúde, ao meio ambiente e outros bens a proteger. Segundo a Política Nacional do Meio Ambiente, são considerados bens a proteger: a saúde e o bem-estar da população; a fauna e a flora; a qualidade do solo, das águas e do ar; os interesses de proteção à natureza e paisagem; a ordenação territorial e planejamento regional e urbano; a segurança e ordem pública.[2]

---

[1] L. E. Sanchez, *Desengenharia, o passivo ambiental na desativação de empreendimentos industriais* (São Paulo: Edusp, 2001).

[2] Senado Federal, Lei Federal nº 6.938/81, dispõe sobre a Política Nacional do Meio Ambiente, seus fins e mecanismos de formulação e aplicação e dá outras providências, publicado em *Diário Oficial da União*, Brasília, 1981.

A área contaminada é entendida como um local onde há comprovadamente contaminação do solo e da água subterrânea, causada pela introdução de substâncias ou resíduos que nela tenham sido depositados, enterrados ou infiltrados, de forma planejada ou acidental. O gerenciamento ambiental das áreas contaminadas deve abranger o solo, saprólito ou rocha, incluindo o ar e a água presentes em seus poros ou fraturas.

Nem todas as áreas contaminadas representam um risco para o meio ambiente ou para a saúde humana. Um aspecto fundamental para a configuração de risco é o uso e ocupação do solo. Um risco só existirá se as concentrações de contaminantes excederem determinados limites considerados aceitáveis e se existirem receptores sensíveis e a possibilidade de um evento adverso.

As áreas contaminadas têm implicações ambientais, econômicas, sociais, jurídicas e de saúde pública. Qualquer política ambiental deve, necessariamente, incluir a gestão das áreas contaminadas, sua identificação e remediação, de maneira a prevenir ou minimizar os riscos decorrentes.

A necessidade de reutilização de áreas onde foram desenvolvidas atividades potencialmente poluidoras tem se intensificado nos últimos anos. Isso ocorre, sobretudo, em regiões densamente povoadas e industrializadas. Os problemas ambientais, associados às transformações que a produção tem sofrido, diante da variação das demandas de produtos, ao desenvolvimento tecnológico e à globalização, estimulam a relocação de empreendimentos. Essa reutilização de áreas, se realizada de maneira indiscriminada, pode representar um aumento de risco.

As preocupações mundiais com os passivos ambientais se intensificaram após a ocorrência de episódios espetaculares como os ocorridos em Niagara Falls (Estados Unidos), onde um canal inicialmente escavado para desviar parte do fluxo do rio Niágara foi preenchido com resíduos industriais, causando problemas de contaminação e riscos à saúde pública. Em Lekkerkerk (Holanda) e em LaSalle (Canadá), casas e escolas foram construídas sobre áreas contaminadas, colocando em risco as pessoas que ali habitavam. Esses casos despertaram a consciência mundial para os efeitos adversos dos passivos ambientais. A partir de então, intensificaram-se os esforços no sentido de entender os mecanismos envolvidos nesses passivos e suas implicações, bem como de prevenir a ocorrência de novos casos. Políticas, legislações, tecnologias e normas técnicas passaram a ser estabelecidas para regulamentar e orientar o planejamento e a realização de atividades potencialmente poluidoras, bem como o trato das áreas contaminadas.[3]

Como ocorreu nos países desenvolvidos, os problemas de contaminação do solo no Brasil começaram a aflorar na década de 1970, com os casos de áreas contaminadas por substâncias organocloradas da Rhodia na Baixada Santista. Porém a sensibilização da sociedade ocorreu nos últimos anos, com a descoberta, em número crescente, de casos devidos a vazamentos de tanques de produtos químicos, depósitos usualmente clandestinos de resíduos químicos perigosos e práticas de infiltração de efluentes no solo. Destacam-se os casos amplamente divulgados da Shell, em Paulínia (contaminação por solventes e pesticidas organoclorados), do Condomínio Residencial Barão de Mauá, em Mauá (contaminação por metano, benzeno, metais e outras substâncias orgânicas), e do Aterro Mantovani, em Santo Antônio de Posse (aterro de resíduos contendo solventes, óleos, metais e outras substâncias orgânicas e inorgânicas).[4]

A experiência internacional tem demonstrado que os custos dos passivos ambientais vão muito além da deterioração ambiental. Incluem a impossibilidade de reutilização do terreno, a perda de recursos econômicos, a necessidade de empate de vasto capital na reabilitação dos locais contaminados, a responsabilização civil e criminal por danos à saúde pública e ao meio ambiente e o desgaste da imagem da empresa envolvida.

Enfim, toda a sociedade perde com os passivos ambientais, e a reabilitação e revitalização de áreas contaminadas, incluindo sua reintegração urbanística, acabam envolvendo a todos.

Neste capítulo será abordada a questão da contaminação do solo e das águas subterrâneas, bem como o gerenciamento das áreas contaminadas, um dos principais problemas relacionados com os passivos ambientais.

O solo e as águas subterrâneas

O solo é um complexo componente do meio ambiente, podendo ser definido como o material que compõe a parte superficial do terreno, constituído por compostos minerais e orgânicos, resultantes da alteração

---

[3] L. E. Sanchez, *Desengenharia, o passivo ambiental na desativação de empreendimentos industriais*, cit.
[4] Companhia Ambiental do Estado de São Paulo, *Relação de áreas contaminadas no estado de São Paulo*, São Paulo, Cetesb, 19-7-2017, disponível em http://www.cetesb.sp.gov.br.

e evolução do material original (rocha ou outro solo) e da deposição de detritos. Difere do material original por características físicas, químicas, morfológicas e biológicas.[5]

Desempenha um papel fundamental na sustentabilidade dos ecossistemas terrestres, da vida animal e da sociedade humana, cumprindo as seguintes funções: sustentação da vida; hábitat para pessoas, animais, plantas e outros organismos; ciclagem de água e nutrientes; proteção das águas subterrâneas; arquivo natural e cultural; reserva mineral e de matéria-prima; ocupação territorial e recreação; agricultura, pecuária e silvicultura; disposição de resíduos e outros usos públicos e econômicos.[6]

As propriedades físicas, químicas e biológicas dos solos, incluindo os mecanismos de transporte de poluentes, são determinados pelo processo geológico de formação e dependem fortemente dos tipos de minerais constituintes, de sua forma, granulometria e estrutura; do teor de umidade; dos processos eólicos; do regime pluviométrico; da radiação solar, bem como das atividades antropogênicas. Em um mesmo local de formação, um mesmo tipo de solo pode apresentar grandes variações, mesmo considerando-se pequenas distâncias. O processo de deposição ou formação das camadas constituintes do subsolo também influi no transporte de poluentes. Dependendo da espécie mineralógica que deu origem e dos mecanismos de intemperismo e transporte, o solo pode ser constituído por areias, siltes ou argilas. Os grãos do solo acham-se reunidos de modo a se tocar entre si, deixando espaços vazios, os poros do solo, que são preenchidos por água ou ar. O tamanho relativo dos grãos do solo é chamado de textura e sua medida, de granulometria. A disposição relativa dos grãos em relação aos poros constitui a estrutura do solo. O tipo de material constituinte, a granulometria e a estrutura de um solo influem em suas propriedades e seus mecanismos de atenuação e transporte de poluentes.[7]

A introdução de poluentes no solo, dependendo das quantidades, concentrações e extensão da área afetada, poderá resultar em prejuízo às suas funções básicas.

---

[5] J. R. Bolding, *Practical Handbook of Soil, Vadose Zone and Groundwater Contamination – Assessment, Prevention and Remediation* (Boston: Lewis, 1995), p. 948.

[6] D. P. Casarini *et al.*, *Relatório de estabelecimento de valores orientadores para solos e águas subterrâneas no estado de São Paulo* (São Paulo: Cetesb, 2001).

[7] J. R. Bolding, *Practical Handbook of Soil, Vadose Zone and Groundwater Contamination – Assessment, Prevention and Remediation*, cit.

As águas subterrâneas ocorrem e se movimentam nos poros e fraturas do material geológico constituinte do subsolo, que podem estar parcialmente preenchidos com água, tal como ocorre na chamada zona insaturada do subsolo, ou praticamente todos preenchidos com água, tal como ocorre na chamada zona saturada. Uma formação que contenha água subterrânea e seja suficientemente permeável para transmiti-la em quantidade utilizável é chamada de aquífero, o qual pode ser não confinado, semiconfinado ou confinado.

Aquíferos não confinados são aqueles cujo nível pode variar livremente, por não estarem limitados superiormente por uma camada de argila ou outro material impermeável. A superfície livre de um aquífero não confinado é denominada lençol freático e está submetida à pressão atmosférica. A fronteira inferior de um aquífero é uma camada muito menos permeável, constituída de argilas ou rochas.

Um aquífero confinado tem suas superfícies superior e inferior limitadas por camadas de material muito menos permeável, denominadas aquicludes. Os aquíferos confinados não possuem uma superfície livre, e as condições de pressão são caracterizadas pela superfície piezométrica, obtida pelo nível de equilíbrio da água em tubos ou piezômetros penetrantes no aquífero.[8]

Ressalta-se que as águas subterrâneas alimentam os corpos d'água superficiais, e os rios ocorrem onde a topografia do terreno intercepta o lençol freático. Assim, toda a poluição que ocorrer nos solos terá reflexos nas águas subterrâneas e nas águas superficiais.[9]

A composição da água subterrânea é influenciada pelo material geológico no qual se insere. Suas características químicas dependem, inicialmente, da composição das águas de recarga e, em seguida, de sua evolução química, influenciada diretamente pelas litologias atravessadas. O teor de substâncias dissolvidas nas águas subterrâneas vai aumentando à medida que prossegue o seu movimento. As variações naturais de qualidade das águas subterrâneas são pequenas.[10]

---

[8] F. A. C. Feitosa & J. M. Filho (orgs.), *Hidrogeologia, conceitos e aplicações* (Rio de Janeiro: CPRM – Serviço Geológico do Brasil/Labhide/UFPE, 1997).

[9] C. E. M. Tucci, *Hidrologia* (São Paulo: Edusp, 1993).

[10] D. P. Casarini *et al.*, *Relatório de estabelecimento de valores orientadores para solos e águas subterrâneas no estado de São Paulo*, cit.

As águas subterrâneas constituem a maior reserva estratégica de água doce do planeta, e seu uso vem crescendo de maneira intensa, sobretudo a partir da década de 1980, em virtude da deterioração da qualidade das águas superficiais, principalmente nos grandes centros industrializados, o que exige elevados investimentos para captação e tratamento. Embora encontradas em abundância e, em geral, com boa qualidade no território nacional, as águas subterrâneas já apresentam sinais de contaminação nos grandes centros urbanos e industriais.[11]

No momento em que um contaminante atinge a superfície do solo, ele pode retornar à atmosfera, ser transportado pela ação do vento ou das águas do escoamento superficial ou lixiviado pelas águas de infiltração, sendo adsorvido, alterado quimicamente ou degradado pela ação de microrganismos, passando para as camadas inferiores do subsolo e atingindo as águas subterrâneas.[12]

Prevenção e controle da poluição do solo e das águas subterrâneas

Fontes de poluição

As atividades humanas, notadamente a produção agrícola e industrial e a crescente geração de resíduos, introduzem poluentes no solo. Esses poluentes podem sofrer reações químicas e biológicas, ou, ainda, ser transportados para outros meios e locais, tornando o solo impróprio para os usos a que se destina e alterando a qualidade do ar e das águas superficiais e subterrâneas. Nos casos de episódios de liberação de contaminantes no solo, sua ocorrência e concentração variarão de local para local, dependendo do processo específico utilizado, podendo apresentar separação de fases (gasosa, líquida ou sólida).

Um grande número de substâncias perigosas em potencial pode estar presente em um local, embora geralmente suas concentrações sejam distintas. Esses contaminantes com frequência estarão localizados perto do

---

[11] Companhia Ambiental do Estado de São Paulo, *Relatório de qualidade das águas subterrâneas no estado de São Paulo* (São Paulo: Cetesb, 2004).
[12] C. W. Fetter, *Contaminant Hydrogeology* (Nova Jersey: Prentice Hall, 1999).

ponto em que foram processados, estocados ou utilizados. Nos casos em que o contaminante é móvel, a contaminação pode se espalhar atingindo o subsolo e as águas subterrâneas. Entre as atividades potencialmente poluidoras do solo, destacam-se como principais fontes de contaminação: atividades industriais; áreas de estocagem, tratamento e descarte de efluentes e resíduos; atividades extrativistas; agricultura; aplicação de efluentes e resíduos no solo; e postos de combustíveis.[13]

Nas atividades industriais são armazenados e manipulados produtos químicos diversos e gerados efluentes e resíduos. O potencial poluidor dessas atividades depende do tipo e porte da atividade, dos tipos e quantidades de produtos químicos empregados e das formas como são armazenados e tratados os resíduos e efluentes gerados.[14]

Entre as atividades industriais, as que apresentam maior potencial poluidor do solo e das águas subterrâneas são as indústrias químicas, petroquímicas, farmacêuticas e metalúrgicas. O armazenamento, manuseio, tratamento e descarte inadequados de resíduos e efluentes industriais representam uma importante fonte de contaminação do solo e das águas subterrâneas.

As atividades extrativistas são potencialmente poluidoras porque demandam a remoção da cobertura vegetal de uma extensa área; resultam na supressão do solo da zona insaturada, que funciona como filtro de proteção da qualidade das águas subterrâneas; expõem o aquífero à contaminação direta; aumentam a lixiviação das substâncias naturalmente presentes e introduzem contaminantes tóxicos e patogênicos. O potencial poluidor das atividades extrativistas depende do tipo de mineral explorado, da área minerada e da vulnerabilidade natural dos aquíferos ao risco de contaminação.

A poluição na agricultura é decorrente, sobretudo, do emprego indiscriminado de fertilizantes e defensivos agrícolas, e os contaminantes associados a essas práticas são os nitratos, os pesticidas, os metais e os sais. O potencial poluidor das atividades agrícolas depende do tipo de cultura, da área cultivada, da localização geográfica e da vulnerabilidade natural dos aquíferos ao risco de contaminação.

---

[13] Instituto Geológico *et al.*, *Mapeamento da vulnerabilidade e risco de poluição das águas subterrâneas no estado de São Paulo* (São Paulo: IG/Cetesb/Daee, 1997).
[14] *Ibidem*.

Os postos de combustíveis constituem uma importante fonte de contaminação dos solos e das águas subterrâneas, por apresentarem tanques enterrados que, ao longo do tempo, acabam vazando, sobretudo pela deterioração dos materiais constituintes. Os contaminantes envolvidos são os hidrocarbonetos derivados do petróleo, destacando-se substâncias aromáticas como benzeno, tolueno, etilbenzeno e xilenos e substâncias policíclicas aromáticas, como pireno, naftaleno, benzo(a)pireno e benzo(a)antraceno.[15]

Gerenciamento da qualidade

No gerenciamento da qualidade do solo e das águas subterrâneas, tanto em caráter preventivo quanto corretivo, as seguintes questões devem ser respondidas: O que é solo *limpo*? O que é uma área suspeita de contaminação? A área está contaminada? A área requer uma intervenção? A intervenção é urgente?

Um solo pode ser considerado *limpo* quando a concentração de um elemento ou substância de interesse ambiental é menor ou igual ao valor de ocorrência natural. Essa concentração pode ser denominada *valor de referência de qualidade*.

Uma área suspeita de contaminação é aquela em que as concentrações desses elementos ou substâncias, após uma avaliação preliminar, indicam uma alteração da qualidade, com relação àquela estabelecida para solo *limpo* e águas naturais.

Em caráter preventivo, são estabelecidos valores denominados *valores de alerta* ou *valores de prevenção*, que representam valores de concentração de contaminantes que, se ultrapassados, indicam que o solo pode estar perdendo sua multifuncionalidade, requerendo um monitoramento e controle das fontes de contaminação existentes no local, para evitar que a área se torne seriamente contaminada.[16]

A área será considerada contaminada se as concentrações de elementos ou substâncias de interesse ambiental forem tais que induzam um risco de efeito deletério sobre a saúde pública, havendo necessidade de intervenção.

---

[15] *Ibidem*.

[16] D. P. Casarini *et al.*, *Relatório de estabelecimento de valores orientadores para solos e águas subterrâneas no estado de São Paulo*, cit.

Essas concentrações podem ser denominadas valores de investigação ou de intervenção. Os valores de investigação, ou intervenção, são derivados de uma avaliação de risco genérica, para um cenário de exposição conservativo, envolvendo uma valoração das variáveis de exposição representativas da região ou país para o qual são derivados. Se excedidos em dada área, significa que esta deve ser investigada detalhadamente para delimitação total das contaminações, identificação dos receptores de risco, avaliação e gerenciamento dos riscos, visando a reabilitá-la para uso seguro.

A urgência da intervenção e seus objetivos são definidos com base em uma avaliação de risco específica para as condições do local, levando em consideração a exposição humana.

De forma diferenciada, com relação à questão da poluição do ar e das águas superficiais, para a poluição do solo não existe uma abordagem internacional padronizada, em função de sua natureza complexa e variável, sendo o solo um bem econômico de propriedade privada. Muitos fatores são responsáveis pelas diferentes abordagens em diferentes países. Entre eles destacam-se o sistema legal e administrativo, as responsabilidades, as regras de propriedade de solo, os históricos industriais, os aspectos culturais e sociais, que definem as atitudes em relação aos bens a proteger; a forma de uso e ocupação do solo, incluindo as pressões de reutilização, e os aspectos econômicos, como disponibilidade de recursos financeiros e tecnologias.

De acordo com a experiência de países onde a questão encontra-se mais desenvolvida, não é praticada, a princípio, a fixação, em legislação, de padrões para solos e águas subterrâneas, uma vez que esses valores dependem do tipo e uso pretendido do solo e ainda encontram-se em fase de desenvolvimento. A tendência mundial é o estabelecimento de uma lista orientadora geral de valores de referência de qualidade, de valores de prevenção e de valores de investigação ou intervenção, estes últimos obtidos a partir de modelos matemáticos de avaliação de risco, baseando-se na definição de cenários de uso e ocupação do solo, nas diferentes vias de exposição e na quantificação de variáveis toxicológicas. A função dessas listas é prover uma orientação quantitativa no processo de avaliação de risco, dando suporte à avaliação de áreas contaminadas e à tomada de decisão sobre a urgência da intervenção e a meta de remediação, caso seja necessária a aplicação de técnicas de engenharia, com vistas à proteção da saúde humana e do meio ambiente e à reabilitação da área. A maioria das legislações preconiza que essa remediação deve ser encerrada quando um determinado valor de concentração de poluente é atingido. Este pode ser o valor de ocorrência natural ou outro valor superior, dependendo do cenário em que a área contaminada se insere.

Seguindo a tendência internacional, em 2001 a Companhia Ambiental do Estado de São Paulo (Cetesb) publicou no *Diário Oficial* do estado de São Paulo uma lista de valores orientadores para solos e águas subterrâneas, estabelecidos e derivados pela empresa, incluindo valores de referência de qualidade, valores de alerta ou prevenção e valores de intervenção, como ferramenta para o gerenciamento da qualidade do solo e das águas subterrâneas no estado. Esses valores foram atualizados em 2016.[17]

Em 8 de julho de 2009 foi aprovada, pela Assembleia Legislativa do Estado de São Paulo e promulgada pelo Governador do estado, a Lei nº 13.577, que dispõe sobre diretrizes e procedimentos para a proteção da qualidade do solo e gerenciamento das áreas contaminadas. Entre os objetivos da lei incluem-se a proteção da qualidade do solo contra alterações nocivas por contaminação; a identificação, cadastro e remediação de áreas contaminadas, de forma a tornar seguros seus usos atual e futuro, e a definição de responsabilidades. Incluem-se ainda: definições e instrumentos; instituição dos valores orientadores (referência de qualidade, prevenção e intervenção); instituição de sistemática de identificação e gerenciamento de áreas contaminadas; instituição do cadastro estadual de áreas contaminadas; mecanismos para informação da população e outros interessados; necessidade de reabilitação para uso declarado, com base em avaliação de risco; necessidade de articulação nas ações dos diversos órgãos públicos competentes e instituição de mecanismos financeiros para a reabilitação de áreas contaminadas.[18]

Em 30 de dezembro de 2009, o Conselho Nacional do Meio Ambiente (Conama) publicou a Resolução nº 420/2009, que dispõe sobre critérios e valores orientadores de qualidade do solo quanto à presença de substâncias químicas e estabelece diretrizes para o gerenciamento ambiental de áreas contaminadas por essas substâncias, em decorrência de atividades

---

[17] Companhia Ambiental do Estado de São Paulo, *Institucional, Decisões de Diretoria*, São Paulo, Cetesb, 19-7-2017, disponível em http://www.cetesb.sp.gov.br.
[18] Assembleia Legislativa do Estado de São Paulo, Lei nº 13.577, de 8-7-2009.

antrópicas.[19] Esse instrumento legal estabelece, para o Brasil, uma lista de valores orientadores para solos e águas subterrâneas, incluindo valores de referência de qualidade, valores de prevenção e valores de investigação e diversas ferramentas para o gerenciamento da qualidade do solo e das águas subterrâneas, quanto à presença de substâncias químicas e para o gerenciamento das áreas contaminadas.

Em 6 de junho de 2013 foi publicado, no Diário Oficial do Estado de São Paulo, o Decreto nº 59.263, de 5 de junho de 2013, que regulamenta a Lei nº 13.577, de 8 de julho de 2009, que dispõe sobre diretrizes e procedimentos para a proteção da qualidade do solo e o gerenciamento de áreas contaminadas, e dá providências correlatas.[20]

Prevenção e controle da poluição

A prevenção e o controle da poluição têm como finalidade principal a melhoria ou a manutenção da qualidade dos meios solo, água e ar. Geralmente, a prevenção e o controle da poluição são exercidos utilizando-se diversos instrumentos, que devem ser legalmente estabelecidos. Entre os instrumentos de prevenção e controle da poluição do solo destacam-se: padrões de qualidade ambiental; padrões de emissão; condicionamento de fontes; usos legalmente preestabelecidos; licenciamento ambiental; fiscalização; prevenção à poluição; instrumentos econômicos; banimento de tecnologias ou de produtos; e responsabilização pós-consumo.[21]

Um padrão de qualidade ambiental é definido como a máxima concentração ou intensidade de matéria ou energia, acima da qual se espera algum efeito danoso na população exposta ou nos sistemas e bens que devem ser protegidos; ou, ainda, que impeça ou prejudique qualquer um dos usos legalmente definidos para aquele meio.

Um padrão de emissão é definido como a máxima concentração de matéria ou energia que pode ser liberada para o ambiente por uma fonte em particular, a qual não implicará a ultrapassagem de um padrão de qualidade. A determinação de um valor específico para dada fonte deve ser feita

---

[19] Ministério do Meio Ambiente, Conselho Nacional do Meio Ambiente, Brasília, 19-7-2017, disponível em http://www.mma.gov.br.
[20] Assembleia Legislativa do Estado de São Paulo, Decreto nº 59.263, de 5 de junho de 2013, publicado em *Diário Oficial do Estado de São Paulo*, São Paulo, 2013.
[21] J. R. Bolding, *Practical Handbook of Soil, Vadose Zone and Groundwater Contamination – Assessment, Prevention and Remediation*, cit.

considerando-se o somatório de todas as emissões das fontes preexistentes e a capacidade do meio em diluir e assimilar essa emissão adicional.

O condicionamento de fontes se refere à imposição pelas autoridades de um conjunto de obras, equipamentos ou condições que determinada fonte deve possuir para adquirir o direito de pleitear seu funcionamento.

Os usos legais preestabelecidos são aqueles definidos por lei ou regulamento ou, ainda, aqueles historicamente praticados por uma comunidade, para o meio considerado.

O licenciamento ambiental é definido como uma autorização legal dada para a instalação ou funcionamento de uma fonte ou atividade, desde que todos os padrões e condicionantes sejam atendidos.

A fiscalização é a verificação, pelas autoridades competentes, de que as condicionantes impostas no licenciamento ambiental estão sendo seguidas ou se não está ocorrendo uma emissão irregular.

A prevenção à poluição é entendida como a adoção, pelas fontes potenciais, incentivadas ou não pelo poder público, de práticas gerenciais, de tecnologias mais eficientes de processo e critérios de utilização racional de matérias-primas, insumos e energia que, no seu conjunto, levam a uma redução de emissões ou mesmo à não geração de poluentes.

Os instrumentos econômicos são entendidos como um conjunto de incentivos fiscais, taxações e subsídios, dados pelo poder público, para que determinado produto, prática ou processo seja adotado ou restringido conforme o interesse da sociedade, para viabilizar processos ou produtos menos agressivos ou, ainda, para incentivar a utilização de materiais reciclados.

O banimento é um ato de governo, geralmente respaldado no legislativo, que proíbe uma prática, processo ou produto dentro de determinado território.

A responsabilização pós-consumo é a atribuição, imposta por ato legal ou acordada entre as partes (governo, sociedade civil e setor produtivo), colocada sobre determinado segmento industrial, de coletar, transportar, tratar e dispor seus produtos e/ou embalagens após o uso pelo consumidor final.[22]

---

[22] *Ibidem.*

As agências ambientais fazem uso de um conjunto desses instrumentos, se não de todos, sendo eles normalmente definidos em lei. Tradicionalmente, as agências têm se utilizado pelo menos daqueles instrumentos conhecidos como de comando e controle (estabelecimento de padrões, usos do meio, licenciamento e fiscalização), e só recentemente os países mais adiantados vêm se utilizando dos demais.

O controle da poluição no Brasil ainda está fortemente baseado em instrumentos de comando e controle. No entanto, grandes esforços têm sido empreendidos pelas autoridades ambientais e por alguns segmentos da sociedade, no sentido de incrementar os incentivos à prevenção da poluição.

Controle corretivo e gerenciamento de áreas contaminadas

A prevenção e o controle da poluição do solo e das águas subterrâneas passaram a ser exercidos mais recentemente com o advento das preocupações com o desenvolvimento sustentável e a adoção das práticas de gestão ambiental e de prevenção à poluição. Assim, por um bom período de tempo as atividades potencialmente poluidoras do solo e das águas subterrâneas foram exercidas sem os devidos cuidados, resultando em áreas contaminadas.

A Lei Estadual nº 13.577, de 8-7-2009, dá a seguinte definição de área contaminada: uma área, terreno, local, instalação, edificação ou benfeitoria que contém quantidades ou concentrações de matéria em condições que causem ou possam causar danos à saúde humana, ao meio ambiente ou a outro bem a proteger.[23]

Somente no estado de São Paulo já foram identificadas, até dezembro de 2016 (último dado disponível), 5.662 áreas contaminadas, pelo manejo inadequado de produtos químicos em instalações industriais, por vazamentos de tanques de produtos químicos e combustíveis, pelo descarte indiscriminado de resíduos no solo e por outros tipos de atividades.[24]

A distribuição dessas áreas por tipo e região do estado pode ser visualizada na tabela 1.

---

[23] Assembleia Legislativa do Estado de São Paulo, Lei Estadual nº 13.577, de 8-7-2009, São Paulo, 2009.
[24] Companhia Ambiental do Estado de São Paulo, *Relação de áreas contaminadas no estado de São Paulo*, cit.

TABELA I

Áreas contaminadas no estado de São Paulo – dezembro de 2016

Região	Atividade comercial	Atividade industrial	Descarte de resíduos	Postos de combustíveis	Outras	Total
São Paulo	109	341	51	1.533	16	2.050
RMSP outros	61	252	29	626	11	979
Interior	93	299	62	1.503	19	1.976
Litoral	32	46	25	264	3	370
Vale do Paraíba	5	64	5	211	2	287
Total	300	1.002	172	4.137	51	5.662

Fonte: Companhia Ambiental do Estado de São Paulo (Cetesb).

Para minimizar os riscos a que estão sujeitos a população e o meio ambiente, deve ser realizado um gerenciamento das áreas contaminadas, por meio de um conjunto de medidas que assegurem o conhecimento das características dessas áreas e dos impactos por elas causados, proporcionando os instrumentos necessários à tomada de decisão quanto às formas de intervenção mais adequadas para recuperar um uso seguro, adotando-se dessa forma o princípio da *aptidão para o uso*.

Com o objetivo de otimizar recursos técnicos e econômicos, a metodologia do gerenciamento de áreas contaminadas praticada nos países desenvolvidos tem se baseado em uma estratégia constituída por etapas sequen-ciais de atividades, segundo a qual a informação obtida em cada etapa é a base para a execução da etapa posterior. Essas atividades podem ser agrupadas em três blocos: identificação, reabilitação e cadastro de áreas contaminadas.

O bloco de identificação envolve a avaliação preliminar das áreas em que foram realizadas atividades potencialmente poluidoras e a realização de investigação confirmatória de contaminação naquelas consideradas suspeitas por terem ocorrido episódios de vazamentos de tanques, deposição inadequada de resíduos, infiltração de efluentes ou outros acidentes ambientais. Se houver perigo de explosão ou forem detectados contaminantes em fase livre, ou em concentrações que ultrapassam os valores de intervenção, a área é classificada como contaminada sob investigação, são adotadas medidas para resguardar preventivamente os receptores de risco identificados no entorno e a área é introduzida em um cadastro de áreas contaminadas.[25]

A princípio, sempre que houver indícios de alteração de qualidade dos solos, os responsáveis pelas áreas devem informar os órgãos ambientais, tendo, portanto, o encargo de identificar as áreas contaminadas. São considerados responsáveis pelas áreas contaminadas os causadores da contaminação, os proprietários do terreno ou seus sucessores legais.[26] Os órgãos ambientais também têm responsabilidades na identificação das áreas contaminadas, sobretudo para prevenir danos e riscos ao meio ambiente e à saúde pública.

O bloco de reabilitação engloba as atividades de investigação detalhada, avaliação de risco e remediação, que irão propiciar a reabilitação da área para um uso seguro. Essas atividades envolvem uma quantidade substancial de trabalhos incluindo levantamentos topográficos, prospecções e coleta de amostras de solos e águas, para realização de ensaios e análises químicas, visando à caracterização do meio físico e da dinâmica da contaminação. A realização desses estudos demanda uma equipe especializada e dedicada (técnicos de nível médio e superior, trabalhadores braçais e seguranças), um conjunto apreciável de equipamentos e o consumo de uma quantidade substancial de materiais diversos.[27]

Os responsáveis pelas áreas contaminadas devem arcar com os custos das atividades envolvidas na remediação. Ao Estado caberá a atuação nas áreas de sua responsabilidade e nas chamadas áreas órfãs, ou seja, áreas onde os responsáveis não são identificados ou não têm condições de arcar com os custos da remediação.[28]

Todas as informações obtidas em cada uma das etapas devem ser armazenadas em um cadastro de áreas contaminadas, que, além de ser utilizado como fonte de dados para o planejamento de medidas corretivas nas áreas contaminadas, poderá ser utilizado no controle e planejamento ambiental da região de interesse ou mesmo ser fornecido para outras instituições

---

[25] Companhia Ambiental do Estado de São Paulo, *Decisão de Diretoria nº 038/2017/C*, de 7 fevereiro de 2017, São Paulo, Cetesb, 19-7-2017, disponível em http://www.cetesb.sp.gov.br.
[26] Assembleia Legislativa de São Paulo, Lei Estadual nº 13.577, cit.
[27] Companhia Ambiental do Estado de São Paulo, *Decisão de Diretoria nº 038/2017/C*, de 7 fevereiro de 2017, cit.
[28] *Ibidem*.

públicas ou privadas, para diversos usos, tais como planejamento urbano e elaboração de propostas de ações preventivas e proativas.[29]

Identificação das áreas contaminadas

O processo de identificação de áreas contaminadas é constituído por quatro etapas: definição da região de interesse, identificação de áreas com potencial de contaminação, avaliação preliminar e investigação confirmatória. Na realização do processo de identificação de áreas contaminadas, em função das informações existentes sobre cada uma, estas podem ser classificadas como: áreas com potencial de contaminação, áreas suspeitas de contaminação ou áreas contaminadas sob investigação.[30]

As áreas com potencial de contaminação são aquelas onde estão sendo ou foram desenvolvidas atividades potencialmente contaminadoras, isto é, atividades onde ocorre ou ocorreu o manejo de substâncias cujas características físico-químicas, biológicas e toxicológicas podem causar danos e riscos aos bens a proteger.

As áreas suspeitas de contaminação são aquelas nas quais, durante a realização de avaliação preliminar, foram observados falhas no projeto, problemas na forma de construção, manutenção ou operação do empreendimento, indícios ou constatação de vazamentos e outros. Essas observações induzem a suspeitar da presença de contaminação nos solos e águas subterrâneas ou em outros compartimentos do meio ambiente.

A área contaminada é consequência da introdução de quaisquer substâncias ou resíduos que nela tenham sido depositados, acumulados, armazenados, enterrados ou infiltrados de forma planejada, acidental ou até mesmo natural. Nessa área, os poluentes ou contaminantes podem se concentrar em subsuperfície nos diferentes compartimentos do ambiente, por exemplo, no solo, nos sedimentos, nas rochas, nos materiais utilizados para aterrar os terrenos, nas águas subterrâneas ou, de forma geral, nas zonas não saturada e saturada, além de poderem se concentrar nas paredes, nos pisos e nas estruturas de construções.

Os poluentes ou contaminantes podem ser transportados a partir desses meios, propagando-se por diferentes vias, como o ar, o próprio solo, as águas subterrâneas e superficiais, alterando suas características naturais

---

[29] *Ibidem.*
[30] *Ibidem.*

ou qualidades e determinando impactos negativos e riscos sobre os bens a proteger localizados na própria área ou em seus arredores.[31]

A identificação das áreas com potencial de contaminação, de acordo com os itens mencionados, deve ser realizada por meio do levantamento de dados existentes sobre as fontes de poluição existentes/licenciadas na região de interesse.

Para a execução da etapa de avaliação preliminar, feita para identificar as áreas suspeitas de contaminação, devem ser realizadas as seguintes atividades: levantamento de informações existentes em documentação e levantamento de informações coletadas em inspeções de reconhecimento ao local.[32]

A confirmação da contaminação de uma área se dá pela realização de uma campanha de amostragem de solo e águas em pontos estrategicamente posicionados, seguida da análise química dessas amostras. Os resultados das análises realizadas são comparados com os valores de intervenção ou investigação estabelecidos pelos órgãos ambientais. Se houver perigo de explosão, presença de contaminantes em fase livre ou caso as concentrações observadas sejam maiores que os valores fixados, a área será declarada contaminada sob investigação, passando-se para a etapa de reabilitação.

Já nesse momento devem ser tomadas medidas emergenciais, para resguardar de imediato os receptores de risco identificados, até que se concluam os estudos de investigação detalhada e avaliação de risco, que subsidiarão a tomada de decisão quanto às necessidades de intervenção e tecnologias de remediação. Os perigos de que os receptores devem ser resguardados são, entre outros, os seguintes: incêndios; explosões; episódios de exposição aguda a agentes tóxicos, reativos e corrosivos; episódios de exposição a agentes patogênicos; migração de gases voláteis para ambientes confinados e semiconfinados; contaminação de águas superficiais ou subterrâneas utilizadas para abastecimento público e dessedentação de animais; e contaminação de alimentos. Entre as medidas preventivas a serem adotadas de imediato incluem-se: isolamento da área, restrição de acesso, restrição de consumo de alimentos e de águas, monitoramento de gases e explosividade, monitoramento ambiental, remoção de resíduos e solos contaminados.[33]

---

[31] *Ibidem.*

[32] Maria Cecília Pires *et al.*, *Guia para avaliação do potencial de contaminação em imóveis* (São Paulo: Cetesb, 2003).

[33] Companhia Ambiental do Estado de São Paulo, *Decisão de Diretoria nº 038/2017/C, de 7 fevereiro de 2017*, cit.

Reabilitação de áreas contaminadas

O número de áreas contaminadas no mundo todo é sempre crescente e já está comprovado que seria economicamente inviável, na maioria dos casos, a recuperação da qualidade original do solo ou das águas subterrâneas, bem como não existiriam recursos financeiros suficientes para custear a reabilitação de todas as áreas contaminadas conhecidas. Assim, faz-se necessária uma priorização, voltada para aqueles locais onde existiriam populações envolvidas, efetivamente expostas a um risco, cujos níveis de remediação sejam suficientes para garantir um uso seguro para a área, dentro de critérios razoáveis tanto técnicos quanto econômicos. Para isso, foi então proposto que as decisões sejam baseadas em uma avaliação de risco. A estratégia dessa avaliação está fundada em um tripé, ou seja, só existirá risco à saúde se existirem simultaneamente os contaminantes de forma disponível, os receptores e uma rota viável pela qual esses contaminantes possam entrar em contato com os receptores. Essas ideias foram disseminadas pelos diversos países desenvolvidos e por eles adotadas, obviamente com diferenças no modo como esses riscos são qualificados ou quantificados.[34]

O que tem sido adotado é a reabilitação da área, com base em metas que possibilitem o restabelecimento de um uso seguro, com base nos cenários de uso e ocupação do solo praticados no seu entorno. Como cenários podemos ter: cenário agrícola ou área de proteção máxima, sendo aquele de uso e ocupação com a atividade agrícola, áreas de proteção de mananciais e zonas de recarga de aquíferos, altamente vulneráveis à poluição e que se constituem em depósitos de águas essenciais para abastecimento público; cenário residencial, de uso e ocupação por habitações e obras de infraestrutura urbana, incluindo jardins, hortas, parques, áreas recreativas de circulação; ou cenário industrial, de uso e ocupação por unidades produtivas industriais.[35]

Assim, a tomada de decisão quanto à reabilitação de uma área contaminada se baseia em um conceito-chave, ou em um modelo de exposição que é dado pelas relações entre as fontes de poluição, as vias de contato e os receptores, fundamental para o efetivo entendimento e gerenciamento de risco de áreas contaminadas. Os modelos de exposição procuram definir e

---

[34] J. R. Bolding, *Practical Handbook of Soil, Vadose Zone and Groundwater Contamination – Assessment, Prevention and Remediation*, cit.

[35] D. P. Casarini et al., *Relatório de estabelecimento de valores orientadores para solos e águas subterrâneas no estado de São Paulo*, cit.

quantificar, de maneira objetiva: o aporte de contaminantes a um receptor de risco, ou seja, como determinado contaminante vai atingir esse receptor, a partir de sua liberação no ambiente, considerando-se todos os processos de transporte passíveis de ocorrer e o efeito adverso ao receptor, ou seja, como esse contaminante poderá afetar esse receptor em função de suas características toxicológicas e intensidade de aporte.

Para definição do aporte, deve ser realizada a avaliação das características das fontes de contaminação, dos compostos químicos de interesse e do meio físico, que podem afetar o transporte e a atenuação natural. Os seguintes aspectos devem ser avaliados: transporte do contaminante no meio físico; particionamento do contaminante; transformações químicas e biológicas; retenção e retardamento. Nessa etapa devem ser compilados os dados físico-químicos e propriedades relativas ao comportamento no meio físico dos contaminantes de interesse. A quantificação do aporte poderá ser efetuada usando-se somente dados de campo, obtidos mediante a realização de prospecções, sondagens, amostragem e análises de solos e águas, monitoramentos, análise e interpretação, ou usando dados de campo, associados a resultados de simulações mediante a modelagem matemática do transporte de contaminantes.[36]

Para quantificação do efeito adverso de um episódio de contaminação é utilizado o processo de avaliação de risco à saúde humana, segundo o qual o aporte total de cada contaminante, por todas as vias de exposição configuradas, é comparado a uma dose tolerável diária ou a um fator ou coeficiente de risco. A avaliação de risco visa determinar a necessidade de remediação, tendo por base a quantificação do risco à saúde humana, em consequência da exposição aos contaminantes presentes na área. O resultado da avaliação de risco orientará a definição dos limites de concentração dos contaminantes a serem alcançados pela remediação. O responsável pela contaminação deverá submeter à aprovação do órgão ambiental competente um plano para definição do escopo dos trabalhos a serem realizados, contendo a definição dos cenários de exposição, os contaminantes a serem considerados e os procedimentos a serem adotados na quantificação das concentrações de exposição.[37]

---

[36] J. R. Bolding, *Practical Handbook of Soil, Vadose Zone and Groundwater Contamination – Assessment, Prevention and Remediation*, cit.

[37] Companhia Ambiental do Estado de São Paulo, *Decisão de Diretoria nº 038/2017/C*, de 7 fevereiro de 2017, cit.

A Companhia Ambiental do Estado de São Paulo (Cetesb) desenvolveu uma planilha para avaliação de risco de populações expostas a passivos de contaminação de solos e águas subterrâneas.[38] Esse documento descreve as premissas básicas consideradas pela agência ambiental na realização de estudos de avaliação e gerenciamento de risco, tal como estabelecido na Decisão de Diretoria 103/2007/C/E, de 22 de junho de 2007, que dispõe sobre os procedimentos para o gerenciamento de áreas contaminadas no estado de São Paulo.

Essa planilha estabelece critérios para a elaboração do modelo conceitual de exposição, incluindo: definição dos cenários de exposição (identificação de receptores, definição dos cenários de uso e ocupação do solo e caminhos de exposição a serem considerados); valoração dos parâmetros de exposição e do meio físico e padronização de valoração das propriedades físico-químicas e parâmetros toxicológicos das substâncias químicas de interesse. Tendo em vista que a qualidade das informações levantadas em campo para a realização do estudo de avaliação de risco é fundamental para a qualidade dos resultados obtidos no estudo, são fornecidas orientações no que se refere a: qualidade de dados de caracterização da área, qualidade de análises laboratoriais e de serviços de consultoria; definição de substâncias químicas de interesse e determinação da concentração no ponto de exposição. Estabelece ainda níveis de risco aceitáveis e medidas para o gerenciamento dos riscos identificados em determinada área contaminada.[39]

O processo de reabilitação de áreas contaminadas é constituído, portanto, por quatro etapas: investigação detalhada, modelagem matemática do transporte de contaminantes, avaliação de risco e reabilitação propriamente.

Investigação detalhada

A etapa de investigação detalhada visa ao levantamento de informações para subsidiar a tomada de decisões quanto à remediação da área. Por meio da investigação detalhada deve-se quantificar a contaminação, isto é, avaliar detalhadamente as características da fonte de contaminação e dos meios

---

[38] Companhia Ambiental do Estado de São Paulo, *Planilhas para avaliação de risco em áreas contaminadas sob investigação*, São Paulo, Cetesb, 19-7-2017, disponível em http://www.cetesb.sp.gov.br.

[39] Para substâncias tóxicas não carcinogênicas, deve-se adotar um Índice de Risco igual ou inferior a 1, para risco cumulativo total, considerando-se todas as substâncias químicas de interesse e todos os caminhos de exposição. Para substâncias carcinogênicas, deve-se adotar como aceitável o risco adicional total de câncer igual ou inferior a 10^{-5}, considerando-se todas as substâncias químicas de interesse e todos os caminhos de exposição.

afetados, determinando-se as dimensões das áreas ou volumes afetados, os tipos de contaminantes presentes e suas concentrações. Da mesma forma devem ser definidas as características da pluma de contaminação, seus limites e suas taxas de propagação.

Como exigências básicas para realização de investigação detalhada podemos incluir:

- A área de estudo deve abranger, além da área-objeto propriamente dita, todo o seu entorno de interesse, para possibilitar a delimitação total dos resíduos depositados, dos focos de solos contaminados e das plumas de contaminação das águas subterrâneas, bem como a identificação de todos os receptores de risco e usuários dos recursos impactados no entorno.

- A caracterização da geologia regional e local deve possibilitar a descrição geológica da área de interesse, contemplando os aspectos geomorfológicos, litológicos, estratigráficos, pedológicos, estruturais e geotécnicos, pela elaboração de mapa geológico em escala apropriada e seções geológicas elucidativas.

- A caracterização da hidrogeologia regional e local deve possibilitar a delimitação das unidades aquíferas presentes, a determinação da superfície potenciométrica e do fluxo das águas subterrâneas, bem como o levantamento cadastral de fontes, afloramentos e captações existentes no entorno de interesse.

- É de fundamental importância a identificação dos poluentes presentes, em termos de sua origem, tipos, propriedades físicas, químicas e biológicas (peso molecular, toxicidade, solubilidade em água, pressão de vapor, etc.) e processos de transporte e imobilização ambiental (degradabilidade, persistência, bioacumulação, mobilidade). Essas informações, associadas à caracterização hidrogeológica, possibilitarão uma previsão inicial da pluma de contaminação de solos e águas subterrâneas, como subsídio a uma caracterização hidrogeoquímica mais detalhada.

- A caracterização geoquímica é realizada mediante uma campanha de amostragem de solos que contemple todas as camadas do subsolo, na zona insaturada, e toda a área afetada por poluentes, definidas com base na caracterização geológica e hidrogeológica, bem como nas propriedades dos poluentes e histórico da contaminação.

- A rede de poços de monitoramento de qualidade das águas subterrâneas deverá propiciar a delimitação total tridimensional de todas as plumas de contaminação de águas subterrâneas relacionadas aos contaminantes presentes no local e em seu entorno.
- As águas subterrâneas deverão ser amostradas e analisadas para os contaminantes presentes, considerando-se o comportamento do poluente nesse meio.
- A finalidade das investigações é servir como base para a avaliação de risco e a tomada de decisão sobre técnicas e cenários de remediação, bem como subsidiar a concepção de projetos tecnicamente adequados e legalmente cabíveis para cada caso constatado de contaminação, visando prevenir danos presentes e futuros à saúde e segurança públicas e ao meio ambiente.

Como resultado dessa etapa deverá ser apresentado, para aprovação do órgão ambiental competente, um relatório que deverá conter os métodos de investigação, as metodologias analíticas, os laudos analíticos com a identificação do laboratório responsável e assinatura do responsável e a interpretação dos resultados.

Modelagem matemática do transporte de contaminantes

Os dados disponíveis sobre uma área contaminada, obtidos na investigação detalhada ou em etapas anteriores, podem ser mais bem avaliados, utilizados e complementados pela aplicação de modelos matemáticos de escoamento e transporte de massa, os quais apresentam muitas utilidades, a saber: compreensão e previsão de fenômenos de escoamento e transporte de massa em sistemas aquíferos; delineamento de área de proteção de poços; definição de pontos para coleta de dados complementares de campo e avaliação de dados existentes; seleção e avaliação de alternativas de remediação em local contaminado.

Cabe ressaltar que os modelos matemáticos ampliam nossa base de informações, mas não produzem respostas definitivas, uma vez que fornecem uma versão simplificada de um fenômeno que frequentemente é muito mais complexo na prática. Todavia, quando usados em conjunto com a experiência e dados de campo, auxiliam na tomada de decisão, sobretudo quando várias alternativas, envolvendo muitas variáveis, precisam ser comparadas.

As equações diferenciais do escoamento e transporte de constituintes dissolvidos nas águas subterrâneas, na zona saturada, só podem ser resolvidas analiticamente para casos simplificados, envolvendo condições de contorno específicas e hipóteses de homogeneidade. Em geral, são empregadas soluções numéricas, por meio de modelos numéricos, constituídos por uma série de equações algébricas geradas por aproximação da equação diferencial e resolvidas por meio de modelos computacionais. O escoamento e o transporte de massa nas águas subterrâneas, na zona saturada, são matematicamente simulados, no caso de um aquífero específico, por meio de uma malha de discretização espacial, constituída de células organizadas horizontalmente em linhas e colunas e verticalmente em camadas, a qual constitui o chamado modelo conceitual do aquífero. Esse modelo procura representar as condições verificadas em campo, quanto à geologia, hidrogeologia, topografia, hidrografia e condições de contorno.[40]

Para a simulação do escoamento e transporte de massa, por meio de modelos computacionais, fazem-se necessários: caracterização da área de estudo e definição temporal das fontes de contaminação; formulação do modelo conceitual do aquífero, com base nas informações obtidas para a área de estudo, na estimativa inicial dos parâmetros característicos do subsolo e na definição das condições de contorno e das condições iniciais; solução da equação de escoamento, para determinação da distribuição de cargas hidráulicas e velocidades, mediante calibração do modelo de escoamento e determinação do transporte advectivo e difusivo de massa, a partir da distribuição de velocidades previamente calculadas e com base nas características do aquífero, fontes de contaminação e propriedades dos contaminantes, mediante calibração do modelo de transporte.

Os modelos matemáticos e computacionais utilizados devem ser selecionados entre aqueles disponíveis, com aplicação para a simulação do transporte dos contaminantes dissolvidos nas águas subterrâneas.[41]

Avaliação de risco à saúde humana

O desenvolvimento de estudos de avaliação de risco à saúde humana em áreas contaminadas normalmente pode ser desdobrado em etapas sucessivas,

---

[40] A. C. C. Rocca, *Simulação matemática do escoamento e transporte de massa no aquífero freático em uma área industrial contaminada*, dissertação de mestrado (São Paulo: Escola Politécnica da USP, 2000).

[41] *Ibidem*.

abordando inicialmente os processos de planejamento e aquisição de dados, a avaliação de confiabilidade desses dados, uma avaliação da toxicidade dos contaminantes, a determinação dos níveis de contaminação a que um receptor pode estar exposto sem risco e, finalmente, a quantificação dos riscos para aquele receptor.

A aquisição e a avaliação de dados envolvem o levantamento e análise dos dados relevantes para a identificação das substâncias presentes na área e avaliação dos riscos à saúde humana. Do rol dos contaminantes presentes, por vezes muito extenso, devem ser selecionados aqueles que servirão de indicadores na avaliação de risco. Desses compostos, os mais tóxicos, móveis e persistentes serão os que se apresentarem em maior concentração e distribuição espacial e aqueles presentes nos cenários mais importantes de exposição. A rota de transporte dos contaminantes entre as fontes de contaminação e os pontos de exposição pode ocorrer ou intrameios (o transporte ocorre somente ao longo de um meio de interesse) ou intermeios (o transporte ocorre entre dois meios de interesse distintos). Em ambos os casos, a rota de transporte deve ser mapeada por meio de coleta de amostras em cada meio de interesse, considerando-se sempre a fonte de contaminação, o ponto de exposição e pontos intermediários.

A exposição é definida como o contato de um organismo com um composto químico ou agente físico. Se a exposição ocorre ao longo do tempo, a exposição total pode ser dividida pelo período de interesse para ser obtida uma taxa de exposição média por unidade de tempo. A taxa de exposição média também pode ser expressa em função da massa corporal. A quantificação da exposição pode ser dividida em dois estágios: estimativa das concentrações de exposição e cálculo do ingresso. A estimativa das concentrações de exposição corresponde à quantificação das concentrações dos compostos químicos de interesse que estarão em contato com o receptor durante o período de exposição. As concentrações de exposição são estimadas usando dados de monitoramento ambiental e/ou modelos de transporte e atenuação natural de contaminantes.[42]

O cálculo do ingresso corresponde à quantificação das concentrações dos compostos químicos de interesse que potencialmente ingressaram no organismo exposto por uma via de ingresso determinada, considerando-se

---

[42] Companhia Ambiental do Estado de São Paulo, *Planilhas para avaliação de risco em áreas contaminadas sob investigação*, cit.

cada rota de exposição identificada. As doses de ingresso são expressas em termos de massa do composto que está em contato com o corpo por unidade de tempo (por exemplo, mg de cianeto por kg do corpo por dia). Devem ser estimadas por população potencialmente exposta. Nessa etapa devem ser avaliadas e sumariadas as fontes de incerteza como variação dos dados analíticos, resultado dos modelos e pressuposições assumidas. O resultado da avaliação das incertezas associado ao cálculo do ingresso deverão ser utilizados no processo de tomada de decisão com base no risco. A base para o cálculo da dose de ingresso é o estabelecimento do conceito de exposição máxima aceitável que se espera ocorrer para cenários de uso atual e futuro da área de estudo. A exposição máxima razoável pode ser definida como o valor de exposição mais alto que pode ser esperado para ocorrer em determinada área, sem que sejam verificados efeitos adversos aos receptores.

A análise de toxicidade define a toxicidade específica para cada composto químico indicador, considerando os efeitos adversos à saúde associados à exposição ao composto. Nessa etapa, os bancos de dados toxicológicos servem como fonte de informações sobre a toxicologia e os efeitos adversos à saúde dos compostos indicadores. A análise da toxicidade engloba a identificação dos efeitos adversos (determinação do tipo e magnitude do efeito adverso à saúde causado pela exposição a um agente tóxico específico) e a determinação da dose-resposta (a avaliação quantitativa da toxicidade, relacionando-se a dose do contaminante que foi administrada com a incidência de efeitos adversos à saúde em uma dada população exposta).

O propósito da análise de toxicidade é compilar e interpretar as evidências de ocorrências de efeitos adversos à saúde humana associadas à exposição de um receptor a um composto químico, segundo um evento de exposição, bem como estimar a relação entre a extensão da exposição e o incremento da probabilidade de efeitos adversos à saúde. Em vista de a população poder estar exposta a diferentes tipos de substâncias químicas, os efeitos produzidos podem ser de caráter tóxico ou carcinogênico, ou ambos. Para as substâncias carcinogênicas não há, teoricamente, um nível de exposição que possa ser considerado seguro. Entretanto, para as substâncias não carcinogênicas a exposição tem de ocorrer acima de determinado valor, denominado dose limiar, antes que os riscos para os humanos se tornem uma preocupação. Devido a essas diferenças, o analista deve relatar de forma diferente os efeitos carcinogênicos e os não carcinogênicos. Quando se estima o risco de câncer, procura-se predizer um nível de risco para a vida toda, para um indivíduo exposto e qual o número adicional de casos de câncer que podem ocorrer numa população de pessoas expostas. Esses casos de câncer podem ou não ocorrer, mas, se ocorrerem, estariam somados aos casos de câncer devidos a outras causas. Para a toxicidade dos não carcinogênicos, é estabelecido um nível de exposição diária que representa uma dose segura para não ocorrerem efeitos deletérios à saúde humana.[43]

Existem diversas fontes de dados toxicológicos. Entre elas sugere-se, por facilidade de acesso e frequência de atualização, para obtenção de dados toxicológicos não carcinogênicos e carcinogênicos, o uso das seguintes fontes: Integrated Risk Information System (Iris)[44] e Agency for Toxic Substances and Disease Registry (ATSDR).[45]

O processo de avaliação de risco à saúde humana, além de possibilitar o conhecimento dos níveis de risco ou dos índices de perigo a que um receptor, ou grupo de receptores, estaria sujeito, permitindo assim a tomada de decisão quanto à necessidade de intervenção na área de estudo, possibilita também a definição das concentrações dos compostos químicos de interesse no meio físico, que garantam índices de perigo ou níveis de risco à saúde humana aceitáveis caso ocorra situação de exposição de um indivíduo ou uma população. Essas concentrações podem ser utilizadas como metas de remediação.

Dentre os modelos de exposição mundialmente utilizados destacam-se: metodologia *Risk Based Corrective Action* (RBCA), da American Society for Testing and Materials (ASTM), e *Modelo Matemático de Avaliação de Risco C-Soil*.

Nos Estados Unidos, a ASTM homologou a metodologia RBCA (ASTM E 1739-95), que foi desenvolvida especificamente para hidrocarbonetos de petróleo e descreve uma sequência lógica de atividades e decisões a serem tomadas desde a suspeita da contaminação até o alcance das metas de remediação. Mais recentemente a ASTM publicou norma específica para produtos químicos em geral, designada E2081-00 *Standard Guide for Risk-Based Corrective Action*.

---

[43] Ver *site* da U. S. Environmental Protection Agency, disponível em http://www.epa.gov/iris, acesso em 10-5-2004.
[44] *Ibidem*.
[45] Ver *site* da Agency for Toxic Substances and Disease Registry, disponível em http://www.atsdr.cdc.gov, acesso em 10-5-2004.

O Modelo Matemático de Avaliação de Risco C-Soil foi desenvolvido pelo Instituto Nacional de Saúde Pública e Meio Ambiente da Holanda (RIVM), para avaliar os riscos à saúde humana decorrentes da exposição a substâncias químicas presentes no solo. O princípio básico da metodologia desenvolvida pelo RIVM é que uma contaminação de solo não é aceitável se o risco para a saúde pública ou ambiental exceder um nível de risco máximo tolerável (MTR).

Existem outros modelos, desenvolvidos ou em desenvolvimento na Inglaterra, Alemanha e Bélgica, que ou são análogos ao RBCA ou ao C-Soil, ou ainda não estão disponíveis em uma versão computadorizada comercializável. A grande inovação dos modelos em desenvolvimento se refere à abordagem probabilística que é dada a esses modelos, em substituição à determinística tradicional.

Desde outubro de 2009 está disponível a Planilha Cetesb para a Avaliação de Risco em Áreas Contaminadas sob Investigação.[46]

Para atender às necessidades da sociedade e orientar as relações entre empresas com passivos ambientais, empresas de consultoria e órgãos de controle ambiental, a Associação Brasileira de Normas Técnicas (ABNT) lançou diversos instrumentos que normatizam as várias etapas do gerenciamento de áreas contaminadas.

Gerenciamento de risco e reabilitação da área

Entre as ações requeridas para o gerenciamento de risco e reabilitação de áreas contaminadas, destacam-se: adoção de medidas emergenciais; estabelecimento de medidas de controle institucional ou de engenharia; aplicação de técnicas de remediação e monitoramento.

Sempre que for constatada situação de perigo, em qualquer uma das etapas do gerenciamento da área contaminada, deverão ser adotadas medidas ou ações emergenciais para eliminar a condição de perigo e resguardar os receptores de risco identificados. Algumas dessas medidas: isolamento da área com proibição de acesso; ventilação ou exaustão de espaços confinados; monitoramento dos índices de explosividade; monitoramento ambiental; remoção de materiais, produtos ou resíduos; fechamento e interdição de

---

[46] Companhia Ambiental do Estado de São Paulo, *Planilhas para avaliação de risco em áreas contaminadas sob investigação*, cit.

poços de abastecimento; interdição de edificações; proibição de escavações; proibição de consumo de alimentos; contenção do avanço das plumas de contaminação.

Entre as medidas de controle institucional podem ser citadas: restrição ao uso do solo; restrição ao uso de águas subterrâneas; restrição ao uso de águas superficiais; restrição ao consumo de alimentos e restrição ao uso de edificações. As medidas de controle institucional poderão ser implementadas, em substituição ou em complementação à aplicação de técnicas de remediação, nos casos em que a contaminação já esteja controlada, sem possibilidade de se intensificar ou expandir, e a mera eliminação ou redução da exposição dos receptores aos contaminantes é considerada suficiente, para gerenciamento dos riscos e reabilitação da área para uso seguro. Nos casos em que for proposta a adoção de medidas de controle institucional, o órgão ambiental poderá acatá-la, desde que a considere eficiente para o controle da situação de risco à saúde. Essa medida será comunicada aos órgãos competentes, a saber, Prefeitura Municipal, secretarias de saúde estadual e municipais e Departamento de Águas e Energia Elétrica (DAEE), além de outras entidades competentes, por exemplo, empresas concessionárias dos serviços públicos, e será considerada aceita desde que receba manifestação favorável dos órgãos responsáveis pela sua efetiva implementação. Caso seja caracterizada a inviabilidade de implantação das medidas de controle institucional pretendidas, o responsável pela área deverá propor outra medida de intervenção em substituição à rejeitada. É necessário registrar as restrições nos locais apropriados: matrícula dos imóveis; cadastro de poços do DAEE; vigilância sanitária municipal; contratos de compra e venda de imóveis; aprovação das construções pelas prefeituras municipais.[47]

Medidas de controle de engenharia compreendem a adoção de técnicas utilizadas normalmente pelo setor da construção civil, voltadas adicionalmente à interrupção da exposição dos receptores aos contaminantes presentes, entre elas a impermeabilização da superfície do solo, de modo a evitar o contato de receptores com o meio contaminado. Essas medidas poderão ser implementadas em substituição ou complementação à aplicação das técnicas de remediação. Nos casos de adoção das medidas de controle de engenharia, o responsável pela área deverá assegurar sua manutenção

---

[47] Companhia Ambiental do Estado de São Paulo, *Decisão de Diretoria nº 038/2017/C*, de 7 fevereiro de 2017, cit.

para o fim a que se destinam enquanto permanecer o uso proposto para a área ou a contaminação detectada.

A aplicação de técnicas de remediação deverá ser implementada quando existir risco à saúde acima do valor aceitável, necessidade de proteção de receptores ecológicos, manutenção da qualidade ambiental, ou quando ocorrerem situações de perigo. As técnicas de remediação são classificadas de acordo com seu objetivo em: técnicas para contenção ou isolamento, técnicas para tratamento ou descontaminação e técnicas que podem alcançar os dois objetivos citados.

O responsável pela área poderá optar pela adoção de técnicas de remediação por contenção, acompanhadas por medidas de controle de engenharia, ou institucionais, caso não existam técnicas de remediação por tratamento aplicáveis à situação específica, considerando-se as características dos contaminantes e do meio físico. A aplicação isolada das técnicas de remediação por contenção será considerada aceitável quando os contaminantes possuírem baixa mobilidade ou forem degradáveis em curto prazo. A aplicação de técnicas de remediação por contenção, isoladamente ou associadas a medidas de controle de engenharia ou institucionais, deve ser acompanhada da apresentação de garantias técnicas e financeiras para o funcionamento do sistema por longo período. No final desse período, o sistema de remediação deverá ser reavaliado de modo a assegurar a proteção à saúde e ao meio ambiente.

No processo de escolha das formas de intervenção a adotar deverão ser consideradas as metas de remediação a serem atingidas, estabelecidas a partir da avaliação de risco, bem como os padrões legais aplicáveis, por exemplo, de potabilidade, de qualidade da água de corpos superficiais, de lançamento de efluentes em corpos d'água, de qualidade do ar e de emissão para a atmosfera. A fonte primária de contaminação deverá ser sempre removida e deverá ser dada preferência à aplicação de técnicas de remediação por tratamento ou descontaminação. Nos casos em que existirem dois ou mais usos do solo sob a influência da fonte primária ou da fonte secundária de contaminação, a meta de remediação deverá ser estabelecida para o cenário de uso do solo mais restritivo. Os padrões legais aplicáveis deverão ser considerados no estabelecimento de metas de remediação sempre que houver a possibilidade de alteração da qualidade de recursos a serem protegidos por esses dispositivos legais.

A verificação do cumprimento das metas de remediação deverá ser feita nos pontos de conformidade (pontos de monitoramento situados junto aos receptores potencialmente expostos aos contaminantes), para os quais são fixadas concentrações que não poderão ser ultrapassadas, de modo a assegurar que as metas de remediação sejam atingidas.

Nas situações em que a existência de determinada área contaminada possa implicar impactos não aceitáveis a ecossistemas, o gerenciamento do risco poderá se basear nos resultados de uma avaliação de risco ecológica.

Caso a intervenção definida para um local contaminado seja a aplicação de técnicas de remediação, o responsável deverá apresentar o projeto detalhado para aprovação, incluindo o cronograma de atividades. O objetivo da remediação deverá ser o de evitar a propagação e absorção de contaminantes, por via direta ou indireta, pela percolação de águas pluviais, por meio das águas subterrâneas, da emissão de vapores e poeiras impregnadas de poluentes e pela absorção de contaminantes por plantas e outros tipos de alimentos, que podem provocar danos efetivos ou riscos à saúde da população e ao meio ambiente.

O objetivo da remediação será derivado com vistas ao controle de riscos, sempre atendendo às normas legais e ao bom senso, de maneira específica para cada caso em exame. Podemos dizer que os objetivos de um processo de remediação são agrupados sob três grandes aspectos: cessar o risco definido pela avaliação de risco dos bens a proteger, em especial a saúde das populações envolvidas, interrompendo as vias de propagação dos contaminantes; impedir o impacto resultante da descontaminação do solo para outros meios, em especial proteger a água subterrânea; proteger o entorno da área, levando-se em consideração também a possibilidade de reutilização da área afetada, pela sua reintegração a esse mesmo entorno, por meio da definição de um uso futuro.

O responsável deverá apresentar, para aprovação do órgão ambiental competente, a concepção do sistema de remediação, considerando as diversas alternativas aplicáveis, justificando sua seleção e assegurando que o sistema de remediação a ser implantado atenda às metas definidas na avaliação de risco. O dimensionamento do sistema deverá ser realizado com base nos limites definidos na avaliação de risco, nos dados disponíveis, nos dados adicionais levantados especificamente para essa etapa, em resultados de ensaios-piloto (campo e laboratório) e em resultados de modelagem matemática. O projeto final deverá ser submetido à aprovação do órgão ambiental competente, devendo conter o memorial técnico e descritivo, plantas e desenhos, memória de cálculo, eventuais laudos técnicos utilizados, cronograma de implantação, demonstração da eficiência do sistema e planos de monitoramento, de segurança dos trabalhadores e da vizinhança e de implantação e operação do sistema.

Definida a remediação, ela deverá ser iniciada, sendo sua execução acompanhada por monitoramento e avaliação da eficiência e eficácia. Atingidas as metas de remediação estabelecidas em função do cenário de uso e ocupação do solo esperado para a área, o caso poderá ser considerado encerrado.

É fundamental que o cenário de uso e ocupação para o qual a área foi remediada seja devidamente registrado e respeitado, incluindo as limitações ou restrições decorrentes. Caso se pretenda um novo cenário, o plano deverá ser revisto e novas metas de remediação deverão ser estabelecidas.

Técnicas de remediação de locais contaminados

Durante os últimos anos têm sido acumuladas, no ambiente, misturas complexas de compostos químicos sintéticos e derivados de petróleo. Técnicas convencionais, como a escavação dos solos contaminados, seguida de incineração ou disposição em aterros, têm sido utilizadas para efetuar a remediação de locais contaminados com resíduos perigosos, apesar de apresentarem elevados custos, bem como possibilitarem impactos adicionais ao ambiente. Além das técnicas de remoção de solos e incineração, outras têm sido aprimoradas, testadas e avaliadas em relação à sua eficiência e seu custo, incluindo a contenção, biorremediação, desorção térmica, oxidação química, extração de vapores do solo, bombeamento e tratamento de águas subterrâneas.

Atualmente, dados os altos custos envolvidos na remediação de áreas contaminadas, uma alternativa de intervenção adotada em locais contaminados por substâncias orgânicas biodegradáveis, nas condições naturais do meio, tem sido a atenuação natural com monitoramento. Essa alternativa é baseada na capacidade de atenuação natural de contaminantes, no solo e nas águas subterrâneas, a qual, em geral, ocorre durante um longo período de tempo, durante o qual não devem ocorrer riscos para a saúde pública, para o ambiente e para os demais bens a proteger. Sua adoção deve ser precedida de um estudo criterioso que inclua uma metodologia de avaliação de risco e monitorada durante todo o período necessário para que se atinjam as metas de remediação desejáveis. Ressalta-se que, nos casos de adoção da técnica da atenuação natural, os custos envolvidos na fase de estudos costumam ser bastante elevados, em função da grande quantidade de informações necessárias para subsidiar a tomada de decisão.[48]

Outra possibilidade de intervenção seria a alteração do uso e da ocupação do solo. Essa alternativa de intervenção é análoga à atenuação natural com monitoramento, envolvendo os mesmos princípios, com a diferença de que, para garantir a ausência de riscos à saúde pública, ao ambiente e aos demais bens a proteger, faz-se necessária uma redefinição ou restrição do uso do solo na área afetada.[49]

Em geral, a área contaminada não representa uma situação linear ou homogênea em todos os seus aspectos. Normalmente predominam variações nos aspectos do meio físico, tais como heterogeneidades de solos e diferentes litologias, condições hidrogeológicas específicas locais. Pode ainda existir grande quantidade de contaminantes secundários além daquele considerado o contaminante principal.

Cada forma de ocorrência do contaminante requer uma forma de tratamento específico. Além disso, comumente essas diversas formas de ocorrência dos contaminantes podem estar lado a lado em uma área contaminada. A escolha do tratamento que se deseja implantar em dada área deve levar em conta os fatores descritos anteriormente.

As várias técnicas de remediação podem ser distinguidas em dois *status* de aplicação, ditos tecnologias consagradas e tecnologias inovadoras ou emergentes. Tecnologias consagradas são aquelas sobre as quais já se possui suficiente conhecimento técnico para prever resultados, ou, em função disso, que não requerem mais testes de laboratório ou testes-piloto, podendo ser aplicadas diretamente no campo, em larga escala. Tecnologias emergentes ou inovadoras são aquelas em desenvolvimento, como alternativas de tratamento de locais contaminados às opções tradicionalmente

---

[48] U. S. Environmental Protection Agency, *Guidance on Remediation Actions for Contaminated Groundwater at Superfund Sites*, diretiva EPA/540/G-88/003 (Washington: Usepa, 1998).
[49] *Ibidem.*

empregadas. O princípio empregado no desenvolvimento dessas técnicas é o de diminuir a periculosidade ou o nível de toxicidade dos contaminantes presentes em dada área pela degradação biológica ou pela modificação química, utilizando reações que neutralizem ou decomponham esses compostos; ou pela retirada de determinadas frações dessa contaminação, tais como fases gasosas ou outras. Entre os objetivos dessas alternativas, além da redução ou eliminação da periculosidade, inclui-se a redução de custos, porém nem sempre seguida da redução de tempo.

Embora essas técnicas possam ser empregadas como alternativa plena de remediação, normalmente são utilizadas em parceria com outras técnicas ou outros métodos já consagrados, a fim de aumentar sua eficiência. A maioria dessas técnicas é, ainda, de cunho experimental e, apesar de trazerem bons resultados, encontram-se em fases de estudo e aprimoramento. Requerem, portanto, antes de sua aplicação, uma série de testes e experimentações que comprovem sua viabilidade técnica para os contaminantes e o local pretendido. Normalmente, antes de qualquer emprego são feitos testes de laboratório que comprovem a exequibilidade das reações esperadas. O passo seguinte é realizar um novo teste de pequena escala, chamado teste de bancada, que consiste em simular a reação que de fato ocorrerá em campo, tendo em vista todos os intervenientes, para uma primeira avaliação de sua eficiência e uma primeira antecipação dos futuros custos envolvidos. Após esse passo, são feitos novos testes, os chamados testes-piloto, em campo, porém com uma abrangência limitada, para comprovar a viabilidade observada em laboratório, de forma mais próxima da situação real.[50]

Técnicas de remediação

As técnicas de remediação de locais contaminados mais comumente aplicadas incluem: contenção; atenuação natural monitorada; remoção e redisposição de solo; extração de vapores, injeção de ar na zona saturada; bombeamento e tratamento de águas subterrâneas; bioventilação, biorremediação, desorção térmica, outros processos térmicos e oxidação química.[51]

A técnica da contenção consiste basicamente em criar barreiras para evitar a liberação de poluentes do solo para outros meios, como o ar e as águas superficiais e subterrâneas. Essas barreiras podem ser físicas ou

---

[50] *Ibidem.*
[51] *Ibidem.*

hidráulicas. As barreiras físicas são, em geral, constituídas por camadas impermeabilizantes de argila ou outro material, empregadas nos casos em que não existe a possibilidade de contato entre o solo contaminado e o aquífero freático. Nos casos em que existe essa possibilidade, são empregadas as barreiras hidráulicas, a partir do rebaixamento do lençol freático, pelo bombeamento das águas subterrâneas em poços estrategicamente localizados, ou por meio de trincheiras drenantes. A contenção da contaminação implica a necessidade de operação e manutenção do sistema por um longo período de tempo, durante o qual deverá haver um responsável munido dos recursos financeiros requeridos. Essa técnica implica a manutenção da contaminação, embora de maneira controlada, e só deve ser empregada, a princípio, quando se tem garantia de segurança para a área e seu entorno e quando não houver outra possibilidade técnica ou economicamente viável.

A técnica de atenuação natural monitorada constitui o aproveitamento dos processos de atenuação que ocorrem naturalmente no solo, com o objetivo de redução das concentrações dos contaminantes, toxicidade, massa e volume a níveis adequados à proteção da saúde humana e ao meio ambiente. Os principais processos de atenuação que ocorrem naturalmente no solo são: biodegradação, dispersão, sorção, volatilização, diluição e mecanismos de degradação abiótica. Para avaliar se a atenuação natural está ocorrendo na área contaminada, os seguintes parâmetros devem ser analisados: subprodutos de degradação, oxigênio dissolvido, nitrito, nitrato e nitrogênio, ferro total e dissolvido, sulfato e sulfeto, metano, dióxido de carbono, pH, alcalinidade e potencial de oxirredução. A maior vantagem do uso da atenuação natural monitorada como método de remediação é o custo que em geral é significantemente mais baixo que o custo de outros métodos. Dados gerais e resultados de estudos ambientais anteriores (diagnósticos ambientais ou programas de monitoramento de longo prazo, por exemplo) devem ser usados para demonstrar que a atenuação natural de contaminantes específicos está ocorrendo em determinada área e os poços de monitoramento já instalados podem ser amostrados para avaliar a diminuição das concentrações dos contaminantes ao longo do tempo. Entre as desvantagens e limitações da atenuação natural monitorada estão: quantidade de informações necessárias para demonstrar que o processo é viável e seguro ao longo do tempo; dificuldades dos interessados em demonstrar às agências ambientais que o método é viável em determinada área; longos períodos de tempo para que a remediação seja efetivada;

presença de contaminantes persistentes (resistentes à biodegradação), baixas taxas de dispersão no aquífero contaminado; falta de dados históricos e resultados que comprovem que a atenuação está realmente ocorrendo na área contaminada.

A remoção e redisposição de solos possibilitam a eliminação dos principais focos de contaminação e deverão seguir um plano previamente aprovado pelo órgão ambiental que contemple os seguintes aspectos: medidas de proteção individual dos trabalhadores, para evitar riscos de inalação, ingestão ou absorção dérmica de poluentes, e medidas de segurança para evitar a emissão de contaminantes e a exposição da população vizinha a riscos, seja durante as operações de escavação e armazenamento intermediário na área, seja durante o transporte de solos escavados ao local de disposição final. O armazenamento intermediário deverá ser realizado de acordo com normas técnicas, e a disposição final dos solos escavados deverá ser realizada em local adequado e previamente aprovado pelo órgão ambiental.

Entre os procedimentos de segurança, operação e controle previstos inclui-se o zoneamento de segurança em três zonas: área sem risco, onde as atividades não incluem solos contaminados e os equipamentos estão descontaminados; área considerada semicrítica e intermediária, entre a área de remoção e a de atividades administrativas, com acesso restrito e onde ocorrerá a descontaminação de equipamentos; e área crítica, onde ocorrerão a remoção, o acondicionamento e a estocagem de apoio ao transporte para o destino final dos solos contaminados. São considerados de fundamental importância: o treinamento de pessoal; a utilização de equipamentos de proteção individual; e a construção, sobre toda a área crítica, de galpão hermeticamente fechado e trabalhado em depressão. Deve ser instalado lavador de caminhões e equipamentos, com sistema de tratamento das águas de lavagem, e a qualidade do ar deve ser monitorada. Devem ser previstos medidas de controle e procedimentos para situações de emergência. Os solos removidos poderão ser tratados *on site* ou *off site*, dispostos em aterros ou incinerados em instalações adequadas.

A remoção de solos costuma ser a alternativa mais onerosa, entre as técnicas de remediação, pois, além dos custos relacionados com a remoção propriamente, devem ser considerados os custos de transporte, tratamento e disposição final do solo removido. Essa prática apresenta a desvantagem de que a remoção deve ser realizada com todos os cuidados para que não ocorra a propagação da contaminação para outros meios inicialmente não afetados, como o ar e as águas, a exemplo do que ocorreria durante a remoção de solos contaminados com substâncias voláteis. O transporte e o tratamento *off site* dos solos possibilitam a transferência do problema para outros locais que também poderão vir a se tornar contaminados. Por essas razões a adoção da técnica de remoção de solos só se justifica nos casos de presença de resíduos perigosos, solos altamente contaminados ou em que uma análise de risco demonstre a impossibilidade de aplicação de outras técnicas, de maneira a atingir as metas de remediação requeridas, no intervalo de tempo desejado.

O tratamento *on site* dos solos escavados ou sua disposição em aterros apresentam custo bem inferior ao da incineração. Os inconvenientes são reduzidos se a execução do aterro também for realizada no mesmo local, eliminando-se o transporte dos solos contaminados.

A técnica de extração de vapores do solo pode ser realizada mediante a aplicação de vácuo ou injeção de ar, através de tubos ou poços estrategicamente introduzidos no subsolo. Essa técnica é aplicada para remediação de contaminantes voláteis, presentes na camada insaturada do subsolo. Os vapores extraídos deverão ser tratados antes do seu lançamento na atmosfera.

A técnica de injeção de ar na zona saturada é utilizada para a remediação *in situ* de águas subterrâneas contaminadas. Consiste na injeção de ar comprimido, em volumes e pressões controlados, na água subterrânea, abaixo dos pontos mais profundos da contaminação. Durante a aplicação desse método, ocorrem três processos de transferência de massa: extração *in situ* dos compostos orgânicos voláteis (VOCs) dissolvidos; volatilização da contaminação em fase adsorvida abaixo do nível da água e aumento da biodegradação dos contaminantes em fase adsorvida e dissolvida, em função do aumento dos níveis de oxigênio dissolvido. Trata-se de uma opção interessante de remediação quando contaminantes orgânicos facilmente biodegradáveis e/ou voláteis estão presentes na água subterrânea, em aquíferos não confinados, com solos relativamente homogêneos e permeáveis. A aplicabilidade do método para determinado contaminante é influenciada principalmente pelo potencial de extração dos VOCs por volatilização e pela biodegradabilidade dos compostos. Compostos como benzeno, tolueno, xileno, etilbenzeno, tricloroeteno (TCE) e tetracloroeteno (PCE) são considerados facilmente extraíveis ou de alto potencial de extração.

O processo de extração e tratamento das águas subterrâneas pode reduzir ou eliminar totalmente as plumas de contaminação presentes nesse meio. Os poços de bombeamento devem ser estrategicamente localizados e implantados, com base em um estudo e uma modelagem do escoamento das águas subterrâneas e do transporte de poluentes. As águas removidas deverão ser tratadas e poderão ser descartadas em corpos-d'água superficiais ou reinjetadas no aquífero, após tratamento, atendendo aos padrões estabelecidos em legislação. O tratamento requerido vai depender das propriedades físicas e químicas dos contaminantes, podendo envolver adsorção em carvão ativo, *stripping* ou tratamento biológico.

A eficiência e a eficácia esperadas da técnica de bombeamento e tratamento de águas subterrâneas vão depender das características do subsolo, notadamente de sua permeabilidade e capacidade de reter os contaminantes por adsorção. A solubilidade do contaminante em água também influi no processo. Em geral, quando viável, essa técnica é empregada para eliminar as águas com altas concentrações de contaminantes, sendo complementada por outras técnicas de tratamento *in situ*, como polimento, para atingir as metas de remediação definidas para a área.

A bioventilação é uma técnica de remediação *in situ*, baseada na degradação de contaminantes orgânicos adsorvidos no solo pela ação de microrganismos de ocorrência natural. Na bioventilação, a atividade desses microrganismos é melhorada pela introdução de um fluxo de ar (oxigênio) na zona não saturada, usando poços de injeção ou extração e, caso necessário, adicionando macronutrientes ao meio. Os compostos presentes no solo da franja capilar ou na zona saturada não são tratados. A principal diferença em relação à técnica de extração de vapores, quando poços de extração são utilizados, deve-se ao fato de minimizar a volatilização, diminuindo a necessidade de tratamento de gases. A bioventilação é eficiente no tratamento de qualquer contaminante degradável em meio aeróbico, e é particularmente muito efetiva na remediação de solos contaminados por hidrocarbonetos de petróleo, sendo mais recomendada para locais onde ocorreu a liberação de compostos com peso molecular médio (*diesel*).

A biorremediação é uma técnica em que a atividade dos microrganismos naturalmente presentes no solo e em águas subterrâneas (fungos, bactérias e outros) é incrementada pela introdução de oxigênio e de nutrientes, associada ao controle de pH, temperatura e umidade, para promover a degradação dos contaminantes orgânicos presentes. Pode ocorrer por meio de processos aeróbicos em que, na presença de oxigênio, os contaminantes são convertidos em dióxido de carbono, água e massa celular microbiana, ou por meio de processos anaeróbicos em que, na ausência de oxigênio, os contaminantes são metabolizados em metano, pequenas quantidades de dióxido de carbono e outros metabolitos. Os processos podem ser conduzidos *in situ*, *on site* ou *ex-situ*. A biorremediação compreende duas técnicas: bioestimulação e bioaumentação. A bioestimulação é o processo de biodegradação que estimula o crescimento dos microrganismos naturais, autóctones ou indígenas da comunidade do local contaminado. Nesse caso são utilizadas técnicas de introdução de substâncias para correção de pH do meio, de nutrientes e de receptores de elétrons específicos para a degradação da contaminação. Microrganismos autóctones ou indígenas são aqueles pertencentes às espécies nativas de regiões biogeográficas, onde participam de funções reprodutivas, ciclo de nutrientes e fluxo de energia. Quanto maior a população de microrganismos que degradam o contaminante dentro da área de remediação, mais rápido e mais eficiente será o processo de biorremediação. Em locais onde, após a contagem das bactérias heterotróficas totais e dos fungos, foi identificada uma insuficiência de microrganismos indígenas (autóctones) para a biodegradação do resíduo perigoso em questão, mesmo após a tentativa de bioestimulação, a aplicação de microrganismos não indígenas (alóctones) pode ser considerada. A bioaumentação, quando bem utilizada, pode acelerar a completa biodegradação do contaminante, devendo, entretanto, ser considerada a necessidade de caracterização do local contaminado e do contaminante em questão, para a adequação da melhor tecnologia de remediação ao local contaminado. O produto biotecnológico, antes de sua utilização, deve ser identificado, caracterizado e testado em sua toxicidade e ecotoxicidade, bem como devem ser comprovadas sua eficiência e inocuidade ao ambiente. A utilização *in situ* de produto biotecnológico que contém microrganismos alóctones em ecossistemas naturais, como água superficial, água subterrânea e solo, não é permitida, e sua aplicação é restrita a tratamentos *on site* ou *ex-situ*, em reatores fechados e controlados. A biorremediação, apesar de ser uma técnica ainda em desenvolvimento e requerer testes em escala-piloto, é uma das mais promissoras entre as tecnologias inovadoras, pois pode ser aplicável a uma gama bastante variável de compostos orgânicos, notadamente os de cadeia aberta e mononucleares. No Brasil já é aplicada em vários casos, tanto *in situ* como *on site* ou *off site*, e seu desenvolvimento tende a crescer, dados os bons resultados obtidos em função das condições climáticas, dos baixos custos, da simplicidade e flexibilidade de aplicação.

A desorção térmica pode ser aplicada *on site* ou *ex-situ* e consiste no aquecimento do solo, de maneira a promover a separação de contaminantes orgânicos pela volatilização. O solo isento de contaminantes orgânicos é redisposto, e a fração volátil é oxidada em pós-queimadores. Como a eficiência da reação é sempre inferior a 100%, serão emitidos traços de poluentes não queimados, monóxido de carbono, produtos de queima incompleta e produtos de reformação (como as dioxinas e os furanos). Dessa maneira, os gases resultantes deverão ser tratados antes de seu lançamento na atmosfera. Os solos tratados devem atender a um padrão de qualidade preestabelecido, em função da forma e do local definidos para sua redisposição, e as emissões atmosféricas devem atender aos padrões estabelecidos em legislação. A desorção térmica é realizada em instalações específicas, fixas ou móveis, passíveis de licenciamento ambiental prévio, constituídas pelos seguintes elementos: instalações para armazenamento; instalações para preparo de solos (secagem e homogeneização de granulometria); alimentação de solos no forno rotativo; forno rotativo para aquecimento do solo e volatilização de contaminantes; sistema de refrigeração e reumidificação de solos tratados; sistema para redisposição de solos tratados; pós-queimadores de gases; sistemas de resfriamento e tratamento dos gases para controle de poluição atmosférica.

Outros processos de tratamento por aquecimento do solo, ou das águas subterrâneas, com o objetivo de promover a separação de contaminantes orgânicos pela volatilização ou destruição, incluem: injeção de vapor, aquecimento condutivo em poços térmicos ou aquecimento por eletrorresistividade. A descontaminação de solo e águas subterrâneas mediante o emprego de processos térmicos pode levar de poucos meses a vários anos, dependendo do tipo e quantidades dos compostos químicos presentes; e do tamanho e profundidade da área contaminada e do tipo de solo e condições presentes. Os métodos de tratamento térmico são seguros se operados adequadamente. Quando existe uma chance de os gases poluírem o ar, uma cobertura deve ser colocada sobre a superfície do solo para prevenir que escapem sem tratamento para a atmosfera. Devem ser realizados testes para garantir que a poeira e os gases emitidos estão sendo devidamente capturados e tratados. Os processos térmicos possibilitam a eliminação rápida de muitos tipos de compostos químicos do solo, podendo representar uma boa economia nos custos de remediação para muitos casos. Dependendo da extensão da área a ser tratada, das condições do subsolo e do tipo e concentrações de compostos químicos presentes, os custos podem, entretanto, se elevar consideravelmente. Os processos térmicos estão incluídos entre os poucos métodos capazes de eliminar fases livres não aquosas, NAPLs, evitando os altos custos de escavação do solo para redisposição ou tratamento *ex-situ*. Podem ser empregados em muitos tipos de solo, incluindo os solos argilosos, onde outros métodos não funcionariam muito bem. Esses processos também oferecem um caminho para alcançar as contaminações profundas no subsolo, onde a escavação seria muito difícil ou dispendiosa. Os métodos térmicos estão sendo empregados em um número cada vez mais elevado de locais nos Estados Unidos.

O tratamento químico de solos é empregado para decompor ou destoxificar os contaminantes presentes, pela mistura superficial ou injeção profunda de produtos químicos. Em princípio, muitas reações são possíveis, incluindo a oxidação, a redução, a polimerização ou a precipitação. A de maior interesse para os compostos organoclorados é a oxidação química, por ser a mais amplamente empregada. As reações de oxidação podem ocorrer naturalmente no solo ou ser aceleradas pela introdução de um agente oxidante. Possíveis agentes são: ozônio, peróxido de hidrogênio, peróxido de cálcio, permanganato de sódio e persulfato de sódio. O processo é afetado por uma série de fatores, incluindo temperatura, pH, concentração de oxigênio na fase líquida (percolados e água intersticial), impurezas presentes, presença de catalisadores, concentração e propriedades químicas dos contaminantes, teor de umidade. A oxidação química de solos, com a introdução de agentes oxidantes, apresenta limitações relacionadas ao consumo de agentes por outras substâncias presentes, não objeto da remediação. O peróxido de hidrogênio vinha sendo o oxidante mais aplicado, por ser facilmente disponível em solução aquosa, pelo seu poder de reação e por reagir de várias maneiras, podendo atingir uma gama variada de substâncias orgânicas. Recentemente, porém, esse reagente tem sido substituído por (ou empregado em conjunto com) outros oxidantes. Em geral, os tratamentos por oxidação química podem ser aplicados *in situ* para solos e águas subterrâneas contaminados, sobretudo por substâncias orgânicas altamente recalcitrantes ou muito tóxicas aos microrganismos do solo, o que impossibilita ou dificulta a biorremediação. Um processo de oxidação química mediante utilização de peróxido de hidrogênio em solução aquosa amplamente documentado é o chamado reagente de Fenton, que é a reação de peróxido de hidrogênio e ferro para gerar radicais hidroxil, altamente reativos. O ferro atua como catalisador do processo, podendo estar naturalmente presente no solo ou ser adicionado ao processo. Na prática, o reagente é aplicado a taxas determinadas em testes de laboratório, seguidos por testes-piloto. A aplicação é realizada, em escala real, através de poços de injeção, estrategicamente localizados e distribuídos na área-objeto, em função das características geológicas e hidrogeológicas e da extensão da área contaminada. O processo é controlado por amostragens em poços de monitoramento.

Considerações finais

A dinâmica de ocupação do território urbano provocou e provoca a revalorização e a reocupação de espaços onde anteriormente se localizavam atividades, embora conformes com a legislação então vigente, potencialmente poluidoras do solo. Esse processo legou espaços que necessitam ter o seu uso disciplinado ou mesmo ser objeto de remediação, uma vez que em algum momento do passado as atividades ali desenvolvidas utilizaram substâncias nocivas ao meio ambiente e à saúde humana. Aterros, lixões, postos de combustíveis, áreas de ocupação industrial, entre outros, são locais com potencial de contaminação.

A sociedade brasileira já está se conscientizando sobre os riscos que os passivos ambientais representam para a saúde pública e o meio ambiente, bem como sobre as vantagens econômicas da revitalização de áreas degradadas ou contaminadas, sobretudo nos grandes centros urbanos e industriais.

Essa conscientização progressiva tem levado as autoridades a pensar a questão com vistas à criação de instrumentos de aprimoramento legal e institucional, porém, de maneira ainda incipiente.

Considerando-se a magnitude do problema, somente mediante o aprimoramento legal e institucional efetivos é que se poderá viabilizar seu gerenciamento, de maneira ágil e eficaz.

A declaração de uma área específica como *contaminada* demanda uma série de estudos prévios que procuram definir: o rol das possíveis áreas suspeitas; contaminantes presentes (qualidade e quantidade); vias de contaminação; população exposta; avaliação e quantificação dos riscos de contaminação dessa população; recursos naturais e bens a proteger;

usos atuais e futuros da área e de seu entorno. Esses estudos, bastante complexos, exigem não só a capacitação técnica do pessoal envolvido, mas também a alocação de recursos materiais e financeiros. Tendo em tela a experiência estrangeira, pode-se afirmar, sem margem para erros, que tais recursos são significativos e exigirão financiamento específico. Uma vez declarada contaminada, outra série de estudos deve ser conduzida no sentido de determinar qual nível de intervenção será necessário. É óbvio que esse nível de intervenção depende não só de ações de responsabilidade do segmento ambiental, mas, principalmente, de quais usos futuros serão permitidos para a área e seu entorno, aspecto esse relacionado às autoridades municipais competentes. Em última análise, os usos pretendidos ou legais irão determinar se a sociedade investirá maior ou menor quantidade de recursos na remediação. Além disso, dado o grande número de áreas a serem investigadas, algum critério de priorização deve ser discutido e adotado previamente pelas partes envolvidas (estado, municípios, Ministério Público, sociedade civil, etc.), pois somente um número limitado de áreas poderá ser enfocado simultaneamente.

Na prática, existe uma grande variabilidade de situações no que se refere à responsabilidade sobre a contaminação, ou seja, quem terá a obrigatoriedade legal de executar a remediação. Essa responsabilidade pode assim ser dividida: do poluidor, quando este puder ser identificado; do poluidor e da sociedade, quando o primeiro, mesmo identificado, não dispuser de meios técnicos e econômicos para exercer essa obrigação; da sociedade, nos demais casos (o termo sociedade está colocado de forma abrangente e deverá ser mais bem explicitado em lei).[52]

Institucionalmente, a União, os estados e os municípios ainda não estão estruturados para lidar com esse problema. Não existe um órgão ou um conjunto de órgãos com atribuição expressa para fazer frente à parte executiva desse problema. No estado de São Paulo, esse papel vem sendo feito pela agência ambiental estadual, com as limitações inerentes a um órgão de controle ambiental de orçamento limitado.

Certamente esse estado de coisas configura uma institucionalidade frágil, até porque a priorização de atuação não pode depender apenas da opinião de um órgão. De fato, ela deve ser, tanto quanto possível, acordada entre as partes.

---

[52] P. P. Castro Neto & A. C. C. Rocca, *Poluição do solo*, apostila de curso (São Paulo: Escola Politécnica da USP, 2004).

O aspecto econômico também não pode ser desprezado, e uma ação coordenada vai requerer, provavelmente, dado o número de casos a ser estudado, um montante considerável de recursos.

Sob o ponto de vista ambiental, a questão da responsabilidade é clara: o poluidor responde pelos danos causados, obviamente se puder ser identificado. Em sua ausência, quem deve assumir a responsabilidade é o proprietário do terreno.

A legislação ambiental dá às agências ambientais competência para estabelecer padrões de qualidade e restrições de usos para os meios eventualmente poluídos, para avaliar áreas e solicitar estudos e obras de remediação junto com o poluidor.

O poder público não dispõe de todos os instrumentos necessários para gerir a questão, fazendo-se necessário um programa abrangente e sistemático de ações.

Outro aspecto fundamental está relacionado ao direito de propriedade e aos valores de transação do mercado imobiliário. O simples fato de se declarar uma área suspeita de contaminação causará uma depreciação no valor da propriedade e daquelas localizadas no seu entorno, o que pode ensejar ações indenizatórias por parte daqueles que se sentirem prejudicados.

Também essa divulgação, provavelmente, causará grande comoção social, com todos os consequentes desdobramentos políticos e judiciais.

Sempre que a contaminação extrapolar os limites territoriais da área-fonte, aqui entendida como o limite da propriedade onde se insere a fonte primária de contaminação, e a análise de risco indicar a necessidade da imposição de restrições ao uso pleno dos lotes lindeiros (por exemplo, a proibição de consumo da água subterrânea ou a proibição de construção de um porão ou uma piscina, ou, ainda, limitação na profundidade de uma fundação), a autoridade pública deverá ter os instrumentos para implementar essas restrições e não ser por isso acionada civil e criminalmente, já que demandas judiciais serão inevitáveis, até por limitação de direitos constitucionais relativos ao direito de propriedade e de usufruto dessa propriedade.[53]

Em regiões altamente urbanizadas e industrializadas, o desenvolvimento das cidades pressupõe a reutilização de espaços degradados e/ou contaminados.

---

[53] *Ibidem.*

As ferramentas tradicionais de comando e controle colocadas à disposição das agências ambientais não têm sido suficientes para acelerar a reabilitação de locais contaminados.

A reutilização de áreas com passivos de contaminação de solo e águas subterrâneas passa a ser uma alternativa economicamente interessante, e as políticas de revitalização se tornam uma estratégia na reabilitação de áreas contaminadas ou degradadas, para propiciar sua reutilização e reintegração no espaço urbano. Porém tal revitalização deverá ser realizada com segurança e com base em critérios estabelecidos pelas agências ambientais, para evitar a exposição de pessoas a riscos.

Os programas de revitalização devem ficar a cargo de órgãos de planejamento, municipais ou estaduais. As agências ambientais participam como órgãos consultivos, orientadores e facilitadores, sem abrir mão de suas competências legais.

A Agência de Proteção Ambiental dos Estados Unidos (Usepa – Environmental Protection Agency) implantou um programa denominado *brownfields*, que visa a incrementar a revitalização de áreas degradadas ou contaminadas em seu território. O programa *brownfields* prevê financiamento e incentivo empresarial para revitalizar áreas degradadas ou contaminadas situadas, sobretudo, em áreas urbanas de grande interesse imobiliário. É baseado nos seguintes princípios:

- cooperação entre poder público e iniciativa privada;
- revitalização de áreas com interesse socioeconômico;
- remediação da área para um uso seguro; e
- reintegração das áreas no contexto urbano e econômico-social.

No Brasil, o Ministério das Cidades estabeleceu uma diretriz no sentido de que os municípios de regiões metropolitanas devem prever, em seus planos diretores, a revitalização de áreas degradadas. Essa política visa a estabelecer o uso sustentável do solo, evitando que áreas ambientalmente preservadas sejam ocupadas no lugar de áreas com infraestrutura urbana que se encontram deterioradas e com perda de interesse imobiliário.

Atualmente o tipo de imóvel que apresenta maior liquidez no mercado de empreendimentos residenciais é o chamado condomínio-clube, que demanda grandes terrenos. Os empreendimentos comerciais ou industriais também demandam grandes terrenos. Porém, nos municípios altamente urbanizados e industrializados, os terrenos disponíveis a custo economicamente viável já tiveram uma ocupação pregressa que resultou em degradação ou contaminação. Sua utilização segura requer uma ação de remediação nos moldes estabelecidos pelas agências ambientais. Esse quadro faz que a revitalização de áreas degradadas ou contaminadas se torne uma política atraente, senão vital, para a sustentação das cidades.

Nos programas de revitalização, o poder público atua como catalisador, fomentador e facilitador da ocupação segura de espaços vazios degradados ou contaminados, situados em regiões com infraestrutura urbana e interesse imobiliário.

Como conclusões finais podemos dizer que, apesar de a sociedade brasileira ter começado a se conscientizar sobre os problemas e prejuízos decorrentes dos passivos ambientais em todos os seus aspectos, ainda não estão disponíveis todos os instrumentos institucionais, legais e financeiros necessários para fazer frente ao problema, o que demandará um esforço concentrado de toda a sociedade nos próximos anos.

Algumas mudanças devem ocorrer na maneira tradicional de enfocar as questões ambientais. Destacam-se a necessidade de conscientização da sociedade de que o meio ambiente é responsabilidade de todos, e não apenas dos órgãos ambientais, a aceitação do gerenciamento ambiental baseado em avaliação de risco, como alternativa ao gerenciamento tradicional, baseado em padrões determinísticos legalmente estabelecidos, para que a remediação possa ser viabilizada, em muitos dos casos existentes na prática, a exemplo do que vem ocorrendo mundialmente.

Ecodesign

Luis Felipe do Nascimento
Cláudio Senna Venzke

Introdução

Este capítulo apresenta a origem e evolução do ecodesign e as principais definições utilizadas atualmente. O ecodesign, como ferramenta, é dividido em cinco fases: pré-produção, produção, distribuição, uso do produto ou serviço e descarte ou reutilização. A aplicação dessa ferramenta permite que as empresas façam uma autoavaliação e definam estratégias para melhorar seu desempenho ambiental. As estratégias do ecodesign são discutidas no item "Aplicação das estratégias do ecodesign", mais adiante, e exemplificadas com o caso da empresa Gueto Ecodesign Ltda. Na análise do caso Gueto e nas considerações finais, os autores discutem as oportunidades e dificuldades da implantação do ecodesign nas empresas.

Origem e evolução do ecodesign

As atividades de projetar e elaborar produtos com enfoque na otimização dos recursos – e, consequentemente, na redução de impactos ambientais – não são fatos recentes, pois, até o século XVIII, produtos como móveis, vestimentas e utilidades agrícolas eram fabricados em locais próximos aos de consumo, por marceneiros, artesãos e ferreiros, a partir de materiais facilmente encontrados na região. Com o surgimento da Revolução Industrial e a busca pelo aumento da produtividade, o desenvolvimento de produtos passou a ser uma tarefa de várias pessoas, e não mais dos artesãos. Surge aí o conceito de projeto, o qual foi sendo ampliado com o passar do tempo.

A era industrial trouxe consigo uma forma de produção em massa que desestabilizou a estrutura tradicional de produção, passando a requerer uma quantidade cada vez maior de recursos naturais, ocasionando o aumento das emissões e dos resíduos, além da concentração populacional causada pela migração da população rural para os centros produtivos. Conforme Fuad-Luke,[1] esses fatores contribuíram significativamente para o aumento da degradação ambiental, o que já havia sido alertado pelos fundadores do movimento britânico de artes e ofícios (British Arts and Crafts Movement), no final do século XIX, que propuseram que os novos métodos de produção combinassem o crescimento da produção

---

[1] Alastair Fuad-Luke, *Ecodesign the Sourcebook* (São Francisco: Chronicle, 2002).

com a diminuição do impacto ambiental, mas por razões sociais e técnicas essas ideias caíram no esquecimento, surgindo apenas ações pontuais ao longo dos anos subsequentes, principalmente na Alemanha, Áustria e Holanda.

Conforme descrito nos capítulos anteriores, a partir da década de 1960 crescem as preocupações relativas à degradação ambiental. No que se refere ao *design*, houve uma evolução do conceito, e a partir da década de 1990 surgiram novas concepções de projetos, denominadas DfX (*design for X*), em que X representa o objetivo desse projeto, como DfA (*design for assembly*), DfD (*design for disassembly*), DfE (*design for environment*), etc.

Segundo Fiksel,[2] a ideia de incluir as questões ambientais durante o projeto ganha força a partir dos anos 1990, com o conceito DfE (projeto para o meio ambiente), criado a partir dos esforços das indústrias eletrônicas dos Estados Unidos, que buscavam uma forma de produção que causasse o mínimo de impacto adverso ao meio ambiente. Assim, a Associação Americana de Eletrônica (American Electronics Association) formou uma força-tarefa para o desenvolvimento de projetos com preocupação ambiental e elaboração de uma base conceitual que beneficiasse primeiramente os membros da associação; a partir de então, o nível de interesse pelo assunto tem crescido rapidamente em outros setores.

O conceito DfE é utilizado em outros setores, e por outros autores, com o nome de ecodesign, *green design*, *design de fabricação ambientalmente consciente*, etc. Esses diferentes nomes podem ser considerados sinônimos, pois todos buscam a inclusão das questões ambientais na concepção de projetos de novos produtos, processos ou serviços. Embora esse conceito seja mais utilizado no desenvolvimento de produtos, ele também pode ser utilizado na concepção de processos e serviços. Neste capítulo foi adotado o termo ecodesign para expressar a preocupação com o meio ambiente na concepção de projetos de produtos, processos e serviços.

---

[2] J. Fiksel, *Design for Environment: Creating Eco-Efficient Products and Processes* (Nova York: McGraw-Hill, 1996).

As definições e aplicações do ecodesign

Uma revisão na literatura nos remete a alguns autores que investigaram esse tema e apresentaram suas concepções de ecodesign. Cabe destacar as concepções de Fiksel, Peneda e Frazão, Manzini e Vezzoli.

A definição proposta por Fiksel[3] diz que o projeto para o meio ambiente é a consideração sistemática do desempenho do projeto, com relação aos objetivos ambientais, de saúde e segurança, analisando o produto ou processo ao longo de seu ciclo de vida, tornando-os ecoeficientes, ou seja, que haja uma ligação entre eficiência dos recursos (que leva a produtividade e lucratividade) e responsabilidade ambiental. Assim, a ecoeficiência tem também um sentido de melhoria econômica das empresas, pois, eliminando resíduos e usando os recursos de forma mais coerente, empresas ecoeficientes podem reduzir custos e se tornar mais competitivas, utilizando práticas ambientalmente responsáveis, que devem ser concordantes com as políticas e estratégias da empresa, sem comprometer a qualidade e o tempo para a fabricação. Além de obterem vantagens em novos mercados e aumentarem sua participação nos mercados existentes, por conta de padrões de desempenho ambiental que se tornam cada vez mais comuns, principalmente em mercados europeus.

Peneda e Frazão[4] definem o ecodesign como o desenvolvimento ambientalmente consciente do produto, em que há a inserção da dimensão ambiental no processo de desenvolvimento do produto. Os atributos ambientais são considerados também objetivos e oportunidades e orientam o processo de desenvolvimento, aliando-se a outros atributos, como eficiência, qualidade, funcionalidade, estética, custo e ergonomia. Os autores também citam a inclusão da avaliação dos aspectos ambientais em todas as fases de desenvolvimento de novos produtos, visando prevenir e reduzir os impactos negativos ao meio ambiente, além de satisfazer às necessidades dos consumidores com produtos e serviços ambientalmente mais adequados e se integrarem as relações sociais e culturais tanto dos consumidores como

---

[3] *Ibidem.*
[4] Constança Peneda & Rui Frazão, *Ecodesign no desenvolvimento dos produtos* (Lisboa: Instituto Nacional de Engenharia e Tecnologia Industrial, 1994).

da região onde se está produzindo, contribuindo-se assim para assumir e difundir o conceito de desenvolvimento sustentável.

O desenvolvimento de produtos sustentáveis, na visão de Manzini e Vezzoli,[5] deve ser uma atividade que ligue o tecnicamente possível com o ecologicamente necessário, surgindo novas propostas que sejam social e culturalmente apreciáveis. Essa atividade pode ser articulada de diferentes formas, conforme a necessidade, como o *redesign* de produtos já existentes, melhorando sua eficiência ambiental, e também o projeto de novos produtos ou serviços que substituam os atuais, o que requer uma aceitação e validação por parte dos consumidores, além do projeto de um novo *mix* de produtos e serviços, superando a inércia cultural e comportamental dos consumidores, oferecendo uma nova maneira, mais sustentável, de obter resultados. Outra forma proposta é a de desenvolver produtos que promovam novos critérios de avaliação da qualidade de um produto ou serviço, ou seja, que dependem de inovações socioculturais, que os projetistas devem interpretar, e estimular as ideias socialmente aceitáveis, culturalmente atraentes e ambientalmente sustentáveis. Nessa última forma, existe mais uma formação de cultura voltada à preservação dos recursos ambientais do que uma relação direta com as técnicas produtivas.

A partir da análise do que foi exposto pelos diferentes autores, podemos contextualizar esses conceitos na realidade brasileira. As empresas brasileiras que já obtiveram – ou estão buscando – certificações como a ISO 9000 e a ISO 14000, estão interessadas na obtenção de outros certificados, como o OHSAS 18000, que trata de aspectos relacionados à saúde e segurança. Portanto, a proposição de Fiksel de que na concepção dos projetos devem-se integrar os aspectos de meio ambiente, saúde e segurança e buscar a ecoeficiência dos produtos, processos e serviços é plenamente viável para as empresas brasileiras que estão seguindo o caminho da melhoria contínua, ou seja, melhorando seus processos e adaptando-os para atender às normas internacionais de qualidade, meio ambiente, saúde e segurança.

Peneda e Frazão[6] adicionam à ecoeficiência atributos como estética e ergonomia. Esses atributos também são salientados pelas diretoras da empresa Gueto (ver "O caso da empresa Gueto Ecodesign Ltda.", mais adiante), quando dizem que "[...] num primeiro momento, o que atrai os

---

[5] Ezio Manzini & Carlo Vezzoli, *O desenvolvimento de produtos sustentáveis* (São Paulo: Edusp, 2002).

[6] Constança Peneda & Rui Frazão, *Ecodesign no desenvolvimento dos produtos*, cit.

clientes não é o *eco*, mas sim o *design*". Portanto, a estética e os aspectos ergonômicos são importantes para a conquista dos clientes, principalmente quando se trata de produtos da moda. Porém cabe salientar que uma excessiva preocupação com os aspectos de forma, estilo e praticidade pode ser dificultadora da obtenção de uma ecoeficiência melhor dos produtos, processos e serviços. Um exemplo disso são as empresas do setor da construção civil, que por muitos anos desenvolveram projetos de prédios envidraçados e os construíram num país tropical, sendo a preocupação básica a apresentação de uma bela fachada. Em consequência disso, esses prédios consomem grandes quantidades de energia para oferecer um conforto térmico razoável a seus ocupantes, o que poderia ser obtido mais facilmente com outro tipo de fachada.

Na concepção de produtos sustentáveis de Manzini e Vezzoli, os projetistas devem interpretar e estimular as ideias socialmente aceitáveis, culturalmente atraentes e ambientalmente sustentáveis. Novamente nos reportamos ao caso da empresa Gueto, por ser um dos exemplos brasileiros em que os *designers* adotam essa concepção de assumir a tarefa de despertar a consciência ambiental dos seus consumidores. As diretoras da Gueto acreditam que o *design* deve atuar em todas as dimensões do ser humano, ou seja, nas dimensões social, emocional, espiritual e cultural.

Dessa forma, pode-se dizer que as concepções de Fiksel, Peneda e Frazão, e Manzini e Vezzoli são viáveis e já estão sendo utilizadas por algumas empresas brasileiras, conforme foi observado por Venzke[7] no setor moveleiro, em que são utilizadas técnicas relacionadas ao ecodesign, mesmo sem se relacionarem diretamente com o conceito, como o uso de tintas à base de água e de madeiras certificadas.

As fases da ferramenta ecodesign

Para uma abordagem mais ampla do ecodesign como ferramenta de gestão ambiental, convém a proposição de estratégias diferenciadas em cada fase do ciclo de vida de um produto, processo ou serviço a ser projetado, visando à diminuição do impacto ambiental. Essas fases – baseadas nas

---

[7] C. S. Venzke, *A situação do ecodesign em empresas moveleiras da região de Bento Gonçalves, RS: análise da postura e das práticas ambientais*, dissertação de mestrado (Porto Alegre: Programa de Pós-Graduação em Administração – UFRGS, 2002).

fases propostas por Manzini e Vezzoli –[8] e estratégias – baseadas em Fiksel, Fuad-Luke e Brezet e Hemel –[9] são expostas a seguir.

Fase de pré-produção

Essa fase engloba o início do projeto, em que, além da escolha dos recursos utilizados, também devem ser levados em consideração aspectos relacionados à obsolescência e ao desenvolvimento de novos conceitos. Para o desenvolvimento de novos conceitos, Brezet e Hemel propõem que se vá além do produto tangível, pois devem ser desenvolvidas novas soluções para necessidades específicas. A partir da análise de a qual necessidade um produto atende, busca-se desenvolver uma alternativa que atenda à mesma necessidade, porém com impactos ambientais menores. Assim, a tomada de decisão de aplicar essa estratégia deve ocorrer nessa fase, pois pode envolver uma mudança radical nas técnicas produtivas, e a empresa deve avaliar se está apta a elaborar o produto proposto ou não. Como exemplos de estratégias que podem ser utilizadas para desenvolver novos conceitos, tem-se as seguintes:

- *Desmaterialização do produto*: a opção de desmaterialização consiste em utilizar matérias-primas que possam ser mais facilmente separadas, sem perder as características originais. Um ponto que facilita essa técnica é a utilização de um número menor de diferentes matérias-primas durante o projeto de um novo produto.

- *Uso compartilhado do produto*: essa opção pressupõe que o produto possa ser utilizado por um número maior de pessoas, utilizando-o de maneira mais eficiente, mesmo que não tenham a posse dele.

- *Integração de funções*: a integração de várias funções em um único produto diminui a quantidade de material necessário para a fabricação, em relação à opção de produzir um produto para cada função. Exemplos de interpretação são sofás que possuem camas dentro e mesas com múltiplas funções.

- *Otimização funcional do produto*: este ponto se refere à reconsideração das funções do produto, verificando-se quais realmente são

---

[8] Ezio Manzini & Carlo Vezzoli, *O desenvolvimento de produtos sustentáveis*, cit.

[9] J. Fiksel, *Design for Environment: Creating Eco-Efficient Products and Processes*, cit.; Alastair Fuad-Luke, *Ecodesign the Sourcebook*, cit.; H. Brezet & C. Van Hemel, *Ecodesign: a Promising Approach to Sustainable Production and Consumption* (Paris: Unep, 1997).

necessárias, podendo-se, assim, eliminar as que não agregam valor ao produto, tendo apenas funções estéticas, e que utilizam uma quantidade de matéria-prima acima do necessário.

- *Extensão do tempo de vida*: projetar de maneira que os produtos possam ser facilmente reparáveis e atualizáveis, conforme a necessidade do usuário, como computadores que possam ser ampliados em termos de capacidade de processamento e de memória, conforme as necessidades dos usuários. No entanto, essa prática vai de encontro às formas de produção, nas quais são criados produtos descartáveis ou que se tornam obsoletos rapidamente, muitas vezes em função de modismos ou tendências. Para o aumento da durabilidade pode ser necessário utilizar uma quantidade maior de material, opondo-se às práticas de projeto para desmontagem, separação e redução de resíduos. Assim, o projetista deve analisar todo o ciclo de vida do produto, buscando identificar quais os custos ambientais das opções de fabricar produtos duráveis ou de fácil recuperação, podendo fazer a escolha mais adequada.

- *Previsão de retorno do produto após sua utilização*: durante a fase de pré-produção, o projetista deve prever formas de coleta e destino dos produtos, ou de seus componentes, no final de sua vida útil. Para alguns produtos, como pneus e baterias de telefones celulares, já existem legislações que responsabilizam as empresas geradoras pelos seus produtos após o uso, fazendo que elas desenvolvam mecanismos de coleta e posterior destino final adequado a eles. Essa estratégia relaciona-se diretamente com as estratégias de projeto para a reciclagem e a existência de canais de recolhimento do produto, descritos na seção "Aplicação das estratégias do ecodesign".

A fase de pré-produção contempla um dos mais importantes pontos relacionados ao conceito do ecodesign, que é a correta escolha dos materiais que comporão o produto e também os recursos naturais que serão consumidos ao longo da vida útil desse produto. O termo *ecomateriais* é geralmente utilizado para se referir aos materiais que causam menores impactos ambientais e, segundo Fuad-Luke,[10] devem oferecer um desempenho adequado ao proposto no projeto. Portanto, o projetista deve levar em consideração os seguintes pontos:

---

[10] Alastair Fuad-Luke, *Ecodesign the Sourcebook*, cit.

- *Evitar o uso de materiais escassos ou em risco de extinção*: por exemplo, não utilizar materiais como madeiras nobres ou peles de animais.
- *Utilizar materiais biodegradáveis*: materiais que se decompõem pela ação de microrganismos, como fungos e bactérias, e que podem ser compostáveis são transformados em matéria orgânica que pode ser aproveitada como nutriente para plantas.
- *Utilizar materiais mais leves*: procurar utilizar materiais que possuam alta relação entre a resistência e o peso, com a vantagem ambiental de que durante o transporte haverá menor consumo energético.
- *Utilizar materiais de fontes locais*: escolher materiais cuja fonte esteja próxima do ponto de fabricação do produto também evita gastos energéticos desnecessários com o transporte.
- *Utilizar especificamente materiais reciclados*: outro aspecto importante na escolha de materiais é a conservação dos recursos renováveis e principalmente dos não renováveis. Dessa forma, deve-se prever a utilização de matéria-prima reciclada em substituição a materiais novos, desde que o grau de pureza não comprometa a qualidade do produto final e que as técnicas utilizadas para a reciclagem sejam econômica e ambientalmente viáveis. Uma das classes de materiais de fácil reciclagem é a dos metais, pois podem ser purificados durante a fusão; já os plásticos têm sérias restrições para a reciclagem, como a perda das propriedades mecânicas. Como alternativa, podem ser utilizados materiais novos em partes críticas do produto e materiais reciclados em partes menos nobres. Pode-se optar também pela utilização direta de materiais oriundos de sobras do processo produtivo, porém essa matéria-prima difere das recicladas por não necessitar de novos processos de transformação.
- *Escolher materiais de baixo conteúdo energético*: sob o ponto de vista do consumo energético, alguns materiais requerem uma quantidade maior de energia para extração e produção, enquanto outros são menos intensivos em energia. Durante o projeto deve-se optar por aqueles que demandam menor quantidade de energia, observando-se também a possibilidade de reciclagem, pois o consumo energético da extração pode ser diluído no número de vezes em que o material for reutilizado.
- *Utilizar materiais de fontes renováveis*: são materiais que podem ser extraídos a partir de recursos naturais que utilizam a energia solar

para sintetizar ou criar matéria, como as plantas, que são produtores primários, e os animais, que são produtores secundários e podem fornecer matéria-prima, como a lã. Com relação à madeira, deve-se ter o cuidado de utilizar fontes certificadas, para tentar garantir mínimos impactos ambientais na sua exploração. Os biopolímeros também são bons exemplos desse tipo de materiais, pois são plásticos produzidos a partir de plantas e podem ser compostados e retornar ao meio natural.

- *Não utilizar materiais contaminantes*: sob o ponto de vista da reciclagem pós-uso, existem materiais que não podem ser facilmente separados dos produtos ou das embalagens, como colas, tintas, pigmentos, grampos ou rótulos. Dessa forma, esses materiais contaminam as demais partes, muitas vezes impossibilitando que sejam recicladas. Uma alternativa, com relação aos rótulos, é que sua composição seja similar à do material no qual está fixado, ou que possa ser moldado no próprio componente. Cabe ressaltar a diferença entre os materiais denominados contaminantes e as substâncias consideradas perigosas, pois a presença destas últimas em produtos é indesejável por acarretar problemas de saúde ou comprometer a qualidade ambiental, devendo ser eliminadas do processo produtivo.
- *Utilizar materiais puros*: consiste em utilizar o material o mais próximo de sua forma natural, evitando-se misturas, o que facilita a reciclagem, além de reduzir o consumo energético na sua transformação.

Fase de produção

Essa fase compreende as atividades de transformação dos materiais em produtos acabados, incluindo o armazenamento, transporte interno da matéria-prima, montagem e acabamentos – pinturas, por exemplo. Nessa etapa pode haver também um grande consumo de outros recursos, como água e energia, o que deve ser previsto durante o projeto. Assim, a otimização das técnicas produtivas, visando à ecoeficiência, é de fundamental importância dentro do conceito do ecodesign. Essa otimização deve ser buscada quando do projeto de novas plantas produtivas, no qual devem ser escolhidas técnicas de produção que tenham menor impacto ambiental, analisando o consumo de materiais que não sejam poluentes, o consumo energético, a otimização do uso de matéria-prima e a menor geração possível de resíduos e subprodutos. Porém, quando se trata de plantas já instaladas, a estratégia volta-se para a adequação das técnicas já existentes ao proposto num projeto voltado para o meio ambiente, muitas vezes utilizando os conceitos da produção mais limpa. Além disso, muitas empresas já adotam o melhoramento ambiental dos processos de produção como um dos componentes dos sistemas de gerenciamento ambiental, principalmente as que visam à certificação pelas normas da série ISO 14000.

Como estratégias para essa fase, são sugeridas as seguintes:

- *Redução do uso de energia na produção*: entre as práticas ambientais mais atrativas, os programas de redução do consumo energético se destacam, pois são geralmente fáceis de implementar e afetam diretamente a redução dos custos operacionais. Essa redução se dá pela utilização de equipamentos mais eficientes em termos energéticos, aproveitamento da iluminação natural, utilização de exaustão eólica, iluminação dividida por setores da empresa e a conscientização de todos os integrantes da empresa por meio de educação ambiental. A instalação de dispositivos como motores mais eficientes, mecanismos que desligam equipamentos que não estão sendo utilizados ou regulam a potência de acordo com a demanda também colaboram com essa estratégia. Quanto ao uso de formas de energia renováveis, deve-se analisar o ciclo de vida dos equipamentos e dispositivos que utilizam esse tipo de energia, para que se possa determinar a viabilidade, tanto ambiental como econômica, desses equipamentos, pois pode ocorrer que, para a fabricação de um coletor solar, por exemplo, seja consumida uma grande quantidade de recursos não renováveis e seja gerada uma grande quantidade de resíduos perigosos.

- *Uso eficiente da matéria-prima*: procurar reduzir os materiais utilizados e os desperdícios, como reduzir a espessura das serras para diminuir a perda de madeira, calcular o tamanho das peças antes de efetuar os cortes, evitando sobras inutilizáveis (na construção civil pode-se calcular o tamanho das áreas em função do tamanho dos revestimentos).

- *Reciclagem em circuito fechado*: consiste em inserir os resíduos gerados de volta ao processo produtivo, em um ciclo contínuo, cuidando-se para que não ocorra a saída dos resíduos do processo. Essa é uma estratégia que requer pesquisas e desenvolvimento tecnológico, na busca das soluções. Segundo Fuad-Luke,[11] indústrias têxteis e químicas seguidamente reciclam produtos químicos utilizados nos processamentos de seus produtos finais, resultando numa produção mais limpa.

Distribuição

Durante o projeto, deve-se garantir que o produto seja entregue íntegro ao usuário final, mantendo-se todas as características propostas. Dessa forma, na fase de distribuição existem processos distintos e complementares que consomem materiais e energia, como a embalagem, o transporte e a armazenagem. A seguir são sugeridas algumas estratégias relacionadas a essa fase:

- *Facilidade para a desmontagem de um produto*: essa estratégia beneficia amplamente sua distribuição, tanto em termos de redução de embalagens como da otimização dos espaços durante o transporte e a armazenagem, e deve ser prevista durante o projeto e a produção. De acordo com Manzini e Vezzoli,[12] além de beneficiar a distribuição, a facilidade de separação das partes beneficia também a manutenção, a reparação e a atualização dos produtos, o que pode estender sua vida útil e facilitar a reciclagem dos componentes. Em contrapartida, deve-se facilitar também o processo de montagem pelo usuário. Para a implementação prática dessa estratégia, o projetista deve seguir algumas linhas de referência, como facilitar as operações de desmontagem, utilizar materiais que possam ser facilmente separados, evitando-se o uso de adesivos, utilizar sistemas de junção das partes que possam ser removidos durante a reciclagem e prever equipamentos para a desmontagem no final da vida útil.

- *Uso de embalagens retornáveis*: a aplicação dessa estratégia prevê que as embalagens possam ser reaproveitadas, tanto na reutilização como na reciclagem. A utilização de produtos com refil é um bom

---

[11] *Ibidem*.
[12] Ezio Manzini & Carlo Vezzoli, *O desenvolvimento de produtos sustentáveis*, cit.

exemplo de reutilização de embalagens. Para tanto, é importante que os fabricantes assumam a responsabilidade pelas suas embalagens e desenvolvam sistemas de recolhimento que facilitem a reutilização ou reciclagem. Nessa estratégia, as embalagens também devem ser vistas como um produto, com um ciclo de vida próprio. Dessa forma, deve-se prever seu uso racional e que não sejam utilizadas somente com finalidades estéticas, mas sim como proteção do produto. Um exemplo que reduz o excesso de embalagem é o de integrá-la ao produto, como no caso de bombons que possuem a caixa de separação interna de material comestível, eliminando, assim, a necessidade de descarte.

- *Otimização do transporte*: nessa estratégia deve-se buscar uma otimização de todo o sistema de transporte dos produtos, assegurando-se que o produto seja transportado da fábrica ao distribuidor, ou usuário, da maneira mais eficiente possível e que cause menores impactos ao meio ambiente. Um exemplo de otimização é a utilização do transporte hidroviário e ferroviário em substituição ao rodoviário e aéreo. Complementando o transporte, deve haver uma logística de distribuição eficiente para a redução dos impactos ambientais, com menores rotas.

Uso do produto ou serviço

Outro aspecto a ser analisado durante o projeto de um novo produto ou serviço é quanto ele consumirá de energia durante o uso e quais os insumos e matérias-primas auxiliares necessários para que o produto atenda a suas finalidades durante todo o ciclo de vida. Durante o projeto deve-se prever o prolongamento da vida útil de um produto, ou seja, fazer que ele seja usado em sua função original por um período mais longo de tempo; deve-se também levar em conta o aspecto estético, que serve como atrativo ao usuário.

A durabilidade também deve ser avaliada com relação à tecnologia utilizada, pois pode ser preferível diminuir o tempo de vida de um produto que utiliza tecnologia mais poluente, substituindo-o por produtos que utilizam novas tecnologias menos poluentes. Para estimular o aumento da durabilidade, deve-se analisar se o produto pode atender à necessidade do usuário por um período de tempo maior, além de permitir manutenção mais fácil. A correta orientação do usuário quanto ao uso do produto também favorece o aumento da vida útil, pois permite que sejam tomados cuidados para se manterem as características ideais do produto.

Para a fase de utilização são propostas as seguintes estratégias:

- *Produtos de uso compartilhado ou coletivo*: são produtos que oferecem a possibilidade de atender às necessidades de mais de um usuário. Por exemplo, os serviços que põem veículos à disposição de seus sócios; dessa forma, após a inscrição e a aquisição de uma cota relativa a quilômetros a serem percorridos, cada sócio pode usufruir, mediante aviso antecipado, dos veículos.
- *Produtos multifuncionais*: a criação de produtos multifuncionais é por natureza ecoeficiente, pois com uma mesma quantidade de material e energia podem ser criados equipamentos para atender a diferentes necessidades. Os tipos essenciais de múltipla função, segundo Fiksel,[13] podem ser divididos em:
  - *funções paralelas*, no caso de um mesmo produto servir simultaneamente a mais de um propósito; e
  - *funções sequenciais*, que ocorrem quando um produto possui um uso primário, após este passa para um uso secundário, e assim por diante.
- *Produtos com baixo consumo energético*: devem ser previstos a quantidade e o tipo de energia que o produto vai necessitar ao longo de sua vida útil e deve-se optar, como foi exposto na fase de produção, pela utilização de energia renovável, como a solar, a eólica e a hidrelétrica.

Descarte ou reutilização

Durante o projeto de um novo produto deve ser previsto qual o seu destino após terminar a vida útil. Uma das alternativas é a extensão do ciclo de vida do produto, com sua reutilização, de seus componentes ou dos materiais, como foi citado anteriormente, com a observação de que, quanto mais o produto mantém suas características originais, mais benefícios ambientais esse produto possui, pois necessita de menos energia e gera menos resíduos nas transformações em novos produtos.

---

[13] J. Fiksel, *Design for Environment: Creating Eco-Efficient Products and Processes*, cit.

Se o projetista prevê o recolhimento do produto após o uso, deverá então considerar as condições existentes para que isso ocorra e as informações necessárias para que o consumidor colabore para o retorno do produto. Ou seja, de um lado é necessária a existência de canais de recolhimento do produto, denominados logística reversa de pós-uso. Por outro, os consumidores devem ser bem informados e sensibilizados para devolverem os produtos nos locais previamente estabelecidos. As empresas que praticam a logística reversa de produtos no período pós-uso divulgam os pontos de recolhimento, recolhem o produto no local onde ele se encontra ou, até mesmo, oferecem condições para que o produto seja devolvido pelo correio.

Uma vez que o produto foi recolhido, é preciso dar um destino adequado. O reaproveitamento de componentes e a reciclagem total ou parcial são as formas mais utilizadas. A identificação do material que compõe cada parte do produto e sua fácil desmontagem são pontos importantes para viabilizar o processo de reciclagem. Cabe salientar que atualmente a reciclagem só é realizada quando economicamente viável ou por força legal; do contrário, os produtos recolhidos, ou parte deles, são incinerados, dispostos em aterros sanitários, encaminhados para centrais de resíduos, etc.

Exemplos de *logística reversa pós-uso* são: no Brasil, os fabricantes de aparelhos de telefone celular são obrigados a recolher as baterias desses aparelhos no final de sua vida útil. Para tanto, os consumidores devem entregar essas baterias nas lojas que comercializam o produto, e estas deverão remetê-las para os fabricantes.

Na Alemanha, um fabricante de sapatos coloca um envelope com porte pago dentro da caixa e solicita ao consumidor que, quando não mais quiser o sapato, coloque-o dentro do envelope e remeta-o pelo correio para o fabricante. No próprio envelope o consumidor é convidado a responder a algumas questões sobre os problemas detectados durante o uso do sapato e sua opinião sobre ele. Dessa forma, o fabricante projeta uma imagem de empresa ambientalmente responsável, pois está recolhendo o produto para reciclá-lo. As despesas com o correio certamente são bem inferiores às que o fabricante teria se fosse fazer uma pesquisa de satisfação do consumidor e uma campanha na mídia para anunciar que sua empresa é ambientalmente responsável. Esse é um exemplo de como a logística reversa pode ser economicamente interessante para o fabricante, contribuindo, assim, para fechar a última fase do ecodesign.

Aplicação das estratégias do ecodesign

As cinco fases apresentadas na seção anterior demonstram que a ferramenta ecodesign pode ser utilizada por organizações de diversos setores. Com base nas reflexões sobre as fases dessa ferramenta é possível fazer avaliações sobre o desempenho ambiental de determinado produto. Para tanto, deve-se adotar uma das várias formas de fazer uma autoavaliação e de estabelecer estratégias para a melhoria do desempenho ambiental desse produto. A seguir são apresentadas a *check-list* proposta por Ottmann[14] e a teia, ou roda das estratégias do ecodesign, divulgada em vários países pelo Programa das Nações Unidas para o Meio Ambiente (Pnuma).

A *check-list* de Ottmann

Ottmann elaborou questões que, ao serem respondidas, provocam uma reflexão sobre as oportunidades para refinar e *esverdear* os atuais produtos ou desenvolver outros que atendam às exigências ambientais, bem como satisfaçam às necessidades dos consumidores ambientalmente conscientes.

QUADRO I

Questões para cada fase da vida do produto/embalagem

Definição da matéria-prima a ser utilizada no produto	• Podemos minimizar o nosso potencial nos processos de compra de matérias-primas, a fim de evitar o desmatamento das florestas tropicais? O derramamento de óleo? O fracionamento da terra?, etc. • Podemos utilizar recursos renováveis ou recursos que são sustentavelmente gerenciados?
Manufatura	• Que passos devemos adotar para prevenir ou reduzir a produção de resíduos sólidos perigosos em nosso processo de produção? • Como podemos reduzir nosso consumo de água e energia? • Como podemos reduzir as emissões e os efluentes?
Uso	• Podemos redesenhar nossos produtos para torná-los mais eficientes no consumo de energia e também reduzir os custos operacionais? • Podemos fazer nossos produtos mais seguros ou mais agradáveis ao uso? • Podemos utilizar ingredientes alternativos que ajudem a minimizar os riscos à saúde e ao meio ambiente?

(cont.)

---

[14] Jacquelyn A. Ottmann, *Green Marketing: Opportunity for Innovation* (2ª ed., Chicago: NTC, 1997).

Pós-uso e disposição final	• Podemos projetar nossos produtos para serem duráveis? Permitir um novo preenchimento (usar refil)? Serem reutilizáveis? Fáceis de reparar? Remanufaturados? Recarregados? • Podemos recolher nossos produtos ou embalagens de forma a reciclá-los ou reutilizá-los? • Podemos fazer nossos produtos e embalagens mais seguros para serem dispostos em aterros ou incinerados? • Podemos utilizar materiais e ingredientes biodegradáveis ou passíveis de compostagem?

Fonte: Adaptado de Jacquelyn A. Ottmann, *Green Marketing: Opportunity for Innovation* (2ª ed., Chicago: NTC, 1997), pp. 82-83.

Ottmann salienta, porém, que para resolver o problema da degradação ambiental não basta trocar um supermercado convencional por outro de produtos naturais, pois o problema não está apenas no modo de produção e no *design* dos produtos, mas também no modo de consumo insustentável dos países industrializados. Para alcançar a sustentabilidade nesses países será necessário realizar mudanças radicais na forma de produção e no consumo. Essa necessidade de redução do consumo é mais uma oportunidade para a aplicação do ecodesign de produtos duráveis, recicláveis, reaproveitáveis, etc.

A teia das estratégias do ecodesign

Para avaliar o desempenho ambiental de um produto e desenvolver estratégias de melhorias, o Pnuma utiliza a figura denominada *teia das estratégias do ecodesign* (figura 1). Por meio de uma avaliação qualitativa, um produto pode ser avaliado, bem como podem ser desenvolvidas estratégias para melhorar seu desempenho ambiental.

FIGURA I

Teia das estratégias do ecodesign

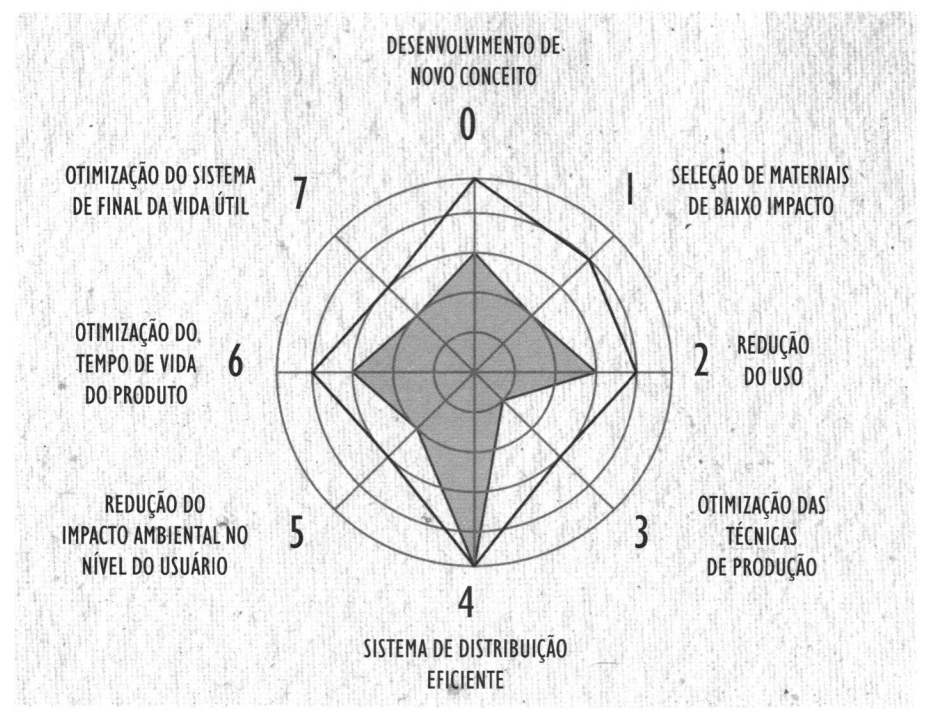

- 0 — DESENVOLVIMENTO DE NOVO CONCEITO
- 1 — SELEÇÃO DE MATERIAIS DE BAIXO IMPACTO
- 2 — REDUÇÃO DO USO
- 3 — OTIMIZAÇÃO DAS TÉCNICAS DE PRODUÇÃO
- 4 — SISTEMA DE DISTRIBUIÇÃO EFICIENTE
- 5 — REDUÇÃO DO IMPACTO AMBIENTAL NO NÍVEL DO USUÁRIO
- 6 — OTIMIZAÇÃO DO TEMPO DE VIDA DO PRODUTO
- 7 — OTIMIZAÇÃO DO SISTEMA DE FINAL DA VIDA ÚTIL

Fonte: United Nations Environmental Programme/Industry Environment, *Promise Manual – Lifecycle Design Strategies* (Paris: Unep/IE, 1996).

Para usar essa figura na avaliação do desempenho ambiental de um produto, o usuário poderá atribuir para cada círculo um percentual; por exemplo, o centro dos círculos corresponde a zero e, com uma variação de vinte pontos percentuais a cada círculo, chega-se ao círculo mais externo com uma pontuação de 100%, ou seja, o centro da figura representa um desempenho ambiental inadequado e o círculo mais externo, um ótimo desempenho ambiental. A figura está dividida em oito estratégias, iniciando na estratégia 0 (desenvolvimento de novo conceito) até a estratégia 7 (otimização do sistema de final da vida útil). Portanto, a figura interna (pintada), formada pela ligação dos pontos localizados nos raios que ligam o centro da figura às estratégias 0 até 7, corresponde à situação atual do produto. Após uma análise das possibilidades de melhoria, marca-se nos mesmos raios qual será o desempenho ambiental do produto após a aplicação das medidas estabelecidas. Então, unem-se esses pontos formando uma nova figura, que representará o desempenho ambiental esperado do produto. Isso permitirá uma rápida identificação do desempenho ambiental atual e do projetado para o produto.

Para cada estratégia podem ser considerados aspectos como:

- *Estratégia 0*: desmaterialização do produto; uso compartilhado do produto; integração de funções; otimização funcional do produto ou componente.
- *Estratégia 1*: materiais não agressivos; materiais renováveis; materiais reciclados; materiais de baixo conteúdo energético; materiais recicláveis.
- *Estratégia 2*: redução de peso; redução de volume; racionalização de transportes.
- *Estratégia 3*: técnicas de produção alternativas; redução de etapas de processo de produção; redução do consumo e uso racional de energia; uso de energias mais limpas; redução da geração de refugos/resíduos; redução e uso racional de insumos de produção.
- *Estratégia 4*: redução e uso racional de embalagens; uso de embalagens mais limpas; uso de sistemas de transporte eficientes; logística eficiente.
- *Estratégia 5*: baixo consumo energético; uso de fontes de energias mais limpas; uso racional e redução de insumos durante a aplicação; uso de insumos limpos; prevenção de desperdícios pelo *design*.
- *Estratégia 6*: confiabilidade e durabilidade; fácil manutenção e reparo; estrutura modular do produto; utilização de *design* clássico, no sentido de estilo; zelo do usuário com o produto.
- *Estratégia 7*: reutilização do produto; recondicionamento e remanufatura; reciclagem de materiais; incineração *limpa*; reaproveitamento energético.

As estratégias apresentadas vão ao encontro – e operacionalizam a avaliação – dos pontos que foram expostos neste item, pois estão ligadas diretamente às fases do ecodesign propostas pelos autores analisados.

O caso da empresa Gueto Ecodesign Ltda.

O ecodesign é um tema que desperta a atenção de quem busca maior eficiência dos recursos. Basta visitar um depósito de resíduos ou vasculhar em qualquer saco de lixo para encontrar materiais que poderiam ser reaproveitados, mas que são desperdiçados porque não servem mais aos interesses da indústria ou da pessoa que os descartou. Identificar oportunidades de reúso desses resíduos e ter ideias criativas é apenas o primeiro passo; a dificuldade maior está em transformar essas boas ideias em produtos com boa aceitação no mercado.

Algumas experiências de sucesso demonstram que o artesanato utilizando resíduos é um caminho, pois a criatividade dos artesãos tem transformado o que era considerado *lixo* em produtos comercializáveis. Entretanto, a produção artesanal tem limitações quanto à escala de produção, o que inibe o acesso a determinados mercados. Geralmente o artesão se transforma em fornecedor, sem marca própria, de um intermediário que irá comercializar seus produtos em pequena escala.

O caso da empresa Gueto Ecodesign Ltda., localizada na cidade de Dois Irmãos, na região do Vale do Rio dos Sinos, no Rio Grande do Sul (onde estão localizadas muitas empresas do setor de couro e calçados), retrata a trajetória de uma empresa que surgiu com o objetivo de valorizar resíduos, usando a criatividade para desenvolver produtos customizados com alto valor agregado. Ou seja, desde o seu surgimento a Gueto sempre buscou desenvolver uma marca e comercializar seus produtos para lojas especializadas do setor de móveis e decorações, ou criar seu próprio espaço de comercialização.

A Gueto também é um exemplo de complementaridade de competências, pois desde 2001, quando a empresa começou a atuar no mercado, a criação e o desenvolvimento de produtos são de responsabilidade da arquiteta Karin Wittmann Wilsmann, e a parte gerencial e comercial é realizada por sua irmã, a administradora Solange Wittmann.

As sócias tomaram conhecimento de que o Centro Universitário da Federação de Estabelecimento de Ensino Superior (Feevale), integrada ao Vale dos Sinos, em Novo Hamburgo (cidade próxima a Dois Irmãos), estava selecionando empresas para uma incubadora, e decidiram então candidatar-se. A empresa Gueto Ecodesign Ltda. foi selecionada para fazer parte dessa incubadora de empresas e passou a desenvolver seus projetos inteligentes e criativos, observando sempre o aspecto funcional dos seus produtos. Dessa forma, realizaram um planejamento estratégico e estabeleceram que a Gueto deveria oferecer produtos que sensibilizassem e emocionassem seus consumidores, ao mesmo tempo que preservassem a qualidade de vida e contribuíssem com a sustentabilidade urbana. Além de desenvolver produtos, a empresa assumiu a responsabilidade de criar e incentivar hábitos nos seus potenciais consumidores. A marca Gueto foi desenvolvida associando *produto de qualidade e criativo* com *preservação do meio ambiente*. Ou seja, a empresa assumiu também a responsabilidade de conscientizar seus potenciais clientes sobre os impactos ambientais dos resíduos e de modismos que causam a obsolescência antecipada de produtos. Era preciso mostrar que os produtos Gueto são bonitos e duráveis, mesmo utilizando matérias-primas desprezadas por outras empresas por serem consideradas *lixo*.

Para orientar sua inserção no mercado, a Gueto realizou uma pesquisa com arquitetos e decoradores brasileiros, visando identificar a percepção dos consumidores sobre produtos que utilizam os conceitos do ecodesign. Entre os resultados obtidos, destacaram-se a relação custo-benefício, produtos diferenciados e a importância da qualidade dos produtos.

Assim, as criadoras da empresa passaram a desenvolver projetos capazes de serem produzidos em grande escala, mas de forma artesanal, ou seja, a capacidade de produção teria de ter condições de abastecer as redes de lojas e fabricantes de móveis e estofados, mas também deveria oferecer um produto personalizado. Mas surgiu a questão de como uma empresa recém-incubada, sem recursos para montar uma estrutura de produção e distribuição, poderia alcançar metas tão ambiciosas. Para resolver essa questão as sócias utilizaram alguns diferenciais competitivos: na região havia matéria-prima em abundância e gratuita; elas tinham criatividade, capacidade empreendedora e um projeto para transformar as ideias em produtos; sabiam que na região havia muitas costureiras que prestavam serviços para as fábricas de calçados e dispunham ainda do apoio de uma incubadora de empresas.

Um contato com as centrais de resíduos e com algumas empresas foi o suficiente para garantir o acesso às matérias-primas, mas não havia a garantia de que sempre se encontrariam nesses locais resíduos com as mesmas características (cor, tamanho, formato, resistência, etc.), pois os estilistas das indústrias de calçados mudam suas coleções a cada estação e, com isso, alteram-se também os resíduos. O que por um lado significava dificuldade de padronização dos produtos Gueto, por outro garantia certa exclusividade aos projetos.

Para encontrar um meio de produzir, em vez de comprar máquinas e contratar funcionários, as proprietárias resolveram identificar a capacidade ociosa das costureiras da região, que já prestavam serviços para as fábricas de calçados, para que, nas suas casas, utilizando os seus equipamentos e seu *know-how* de costurar couro e outros materiais, prestassem também serviços para a Gueto. Como se tratava de um produto diferenciado, foi necessário realizar alguns treinamentos e conscientizar as costureiras de que o seu trabalho não seria apenas uma costura num couro, mas a garantia da qualidade e do sucesso da grife que estava surgindo. O número de costureiras a ser contratado dependeria da demanda, mas já estava garantido o atendimento do que se imaginava ser a demanda inicial das redes de lojas.

A produção sob encomenda evitava a necessidade da realização de grandes investimentos. A Gueto já dispunha de matéria-prima, de mão de obra, de projeto de produtos, mas ainda não tinha mercado. Surgiu então o problema de como fazer para que os produtos fossem aceitos pelo mercado e como despertar o interesse das grandes redes de lojas, de butiques, indústrias, etc. Além disso, sabia-se que os conceitos de produtos ambientalmente responsáveis ainda não estavam bem claros e valorizados para o público que se pretendia atingir. Investimentos em campanhas de *marketing* na mídia estavam fora do alcance da Gueto.

O que diferencia pessoas criativas e empreendedoras das demais é que, para aquelas, os problemas sempre podem ser superados, o impossível pode se tornar possível e as dificuldades são encaradas como desafios, como molas propulsoras para novos projetos. Foi assim que as sócias da Gueto encararam o desafio de *abrir mercado* para seus produtos. Era preciso encontrar um meio de divulgar os produtos sem realizar investimentos financeiros significativos. Surgiu, então, a ideia de participar de concursos, de inscrever os produtos Gueto no Salão de Design Movelsul, no Top Francal de Estilismo, no Prêmio Ecodesign da Fiesp/Ciesp, no Prêmio Design Museu da Casa Brasileira e onde mais fosse possível.

A Gueto desenvolveu alguns produtos para inscrever nesses concursos. O *pano Gueto*, produzido a partir de resíduos de couro, que até então eram descartados em aterros industriais, foi desenvolvido para ser utilizado em móveis, paredes, tapetes, bolsas, vestuário ou mesmo como capas de agendas, livros e cadernos. O pano Gueto foi finalista do Prêmio Ecodesign 2001/2002, promovido pela Fiesp/Ciesp, e constou do catálogo do evento. Posteriormente, a Gueto recebeu convite da Fiesp/Ciesp e do Sebrae-SP para que o pano Gueto participasse também do Projeto Novos Materiais, Componentes e Processos. Em 2003, o pano Gueto ganhou o primeiro lugar na categoria *têxteis e revestimentos* no XVII Prêmio Design Museu da Casa Brasileira. Com a divulgação na mídia nacional dos prêmios recebidos e a divulgação de produtos Gueto na revista *Cláudia*, portas começaram a se abrir para a comercialização desse produto. A partir de então, o pano Gueto passou a ser utilizado em revestimentos de cadeiras na Feevale e na casa noturna Dado Bier, em Porto Alegre. Juntamente com a fábrica de móveis Thonart, foi desenvolvida uma linha de revestimento utilizando o pano Gueto, que visa valorizar o ecodesign e proporcionar uma nova identidade de móveis vergados.

Outro produto de sucesso são os pufes de etileno-acetato de vinila (EVA), um polímero utilizado pela indústria calçadista. Trata-se de matéria-prima abundante nas centrais de resíduos e pode ser encontrada em diversas cores. Utilizando esse material, a Gueto desenvolveu o pufe *Miss Gana*, colorido, instigante e ecologicamente correto, que foi finalista no iF Design Award 2004, em Hannover (Alemanha). Cada pufe poderá ter um arranjo de cores distintas. Esse produto despertou o interesse da Rede Globo, que o utilizou na produção do programa *Big Brother Brasil 4*.

Para maior divulgação e comercialização dos produtos Gueto, a empresa pretende abrir a loja Gueto. A empresa já desenvolve projetos especiais para outras que queiram ter em sua linha ou ambientação um produto original com conotação ecológica e social. A Gueto tem como meta intensificar o trabalho com as organizações não governamentais e cooperativas e também se dedicar à montagem de protótipos.

As sócias Karin e Solange acreditam que, num primeiro momento, o que atrai os clientes não é o *eco*, mas sim o *design*. É preciso sensibilizar os clientes para que eles percebam que os produtos criados dentro dos conceitos do ecodesign podem compor ambientes lúdicos e atrativos, valorizando a consciência sobre a preservação do meio ambiente, e isso é um grande desafio a ser superado. Na visão das proprietárias, o futuro do ecodesign está vinculado à incorporação do seu conceito em todas as atividades do *design* e não somente permanecer como uma atividade específica e diferenciada do projeto de novos produtos. Elas acreditam que o *design* deve atuar em todas as dimensões do ser humano, ou seja, nas dimensões social, emocional, espiritual e cultural.

Considerações sobre o ecodesign na empresa Gueto

Na análise do caso da empresa Gueto, observa-se que ela se estruturou já com o propósito de utilizar o ecodesign no desenvolvimento de seus produtos, portanto, não houve a transição de um projeto convencional para o ecodesign, como geralmente ocorre nas empresas, sendo, portanto, um ponto positivo para o desenvolvimento dos projetos. As oportunidades e os desafios decorrentes do uso do ecodesign estiveram sempre presentes na Gueto, pois ele não é visto na empresa só como uma ferramenta, mas como um princípio que orientou o surgimento e o posicionamento da Gueto no mercado. Assim, a oportunidade maior que se pode observar é o caráter pioneiro da empresa, que é o primeiro escritório de ecodesign do Brasil. Do outro lado, o desafio maior é a difusão dos conceitos de projeto voltado para o meio ambiente.

Na análise das ações da empresa Gueto, podem ser observados vários conceitos relacionados ao ecodesign, baseados principalmente em estratégias apresentadas anteriormente, como também oportunidades de aplicação de estratégias ainda não adotadas pela empresa. Essa análise foi focada nas fases de pré-produção, produção e distribuição, pois ainda não existem dados relevantes para as fases de uso e descarte, devido ao pouco tempo de atuação da empresa.

Na fase de pré-produção, uma estratégia amplamente utilizada pela empresa é a reutilização de materiais, sem a necessidade de fazê-los passar por processos de reciclagem, o que poderia causar novos impactos ambientais. Soma-se a isso a utilização de matérias-primas que possam ser mais facilmente separadas (desmaterialização do produto), como é o caso do pufe Miss Gana. Esse produto não tem uma estrutura rígida, sendo inteiramente sustentado por amarrações, o que facilita a montagem e a separação dos materiais. Também está presente a estratégia de extensão do tempo de vida, visto que os materiais utilizados possuem grande durabilidade, como o EVA (o que contribui também para a estratégia de evitar o uso de materiais escassos ou em risco de extinção), além de a empresa não seguir modismos, procurando atender à necessidade real dos consumidores.

A estratégia de otimizar o uso dos materiais também é utilizada, pois, ao definir as dimensões dos produtos projetados, a Gueto procura otimizar o uso da matéria-prima com a definição de tamanhos de produtos que evitem sobras de material e, consequentemente, a geração de resíduos. Cabe lembrar que praticamente toda a matéria-prima é originária de empresas da região, o que evita gastos energéticos desnecessários com o transporte, estando em sintonia com a estratégia de utilização de materiais de fontes locais. Também a mão de obra utilizada na confecção dos produtos é originária da região onde a empresa está instalada. Dessa forma, além da redução de custos e impactos ambientais com o transporte, atenuam-se problemas sociais da região.

Nessa fase de pré-produção existem ainda outras estratégias que poderiam ser exploradas pela empresa, como a previsão de retorno do produto após sua utilização, pois ainda não há uma sistematização de formas de coleta e destino dos produtos ou de seus componentes no final da vida útil. A utilização de materiais biodegradáveis como estratégia de ecodesign está em fase de estudos, com o teste de diferentes substratos para a confecção do pano Gueto, por exemplo, tecidos de fibras naturais como o algodão.

Na fase de produção destaca-se a estratégia de redução do uso de energia, pois a Gueto utiliza a matéria-prima o mais próximo do seu estado original, não necessitando de novos processos de transformação. Para uma melhor implementação dessa estratégia é necessário que a empresa trabalhe a conscientização de seus fornecedores para a utilização de equipamentos com maior eficiência energética e fontes energéticas menos impactantes como a solar e eólica. Porém existem barreiras tanto econômicas como culturais para a implementação dessas práticas. Com relação a essas barreiras, a Gueto está buscando superá-las por meio da estratégia da disseminação do conceito ambiental, segundo a qual, com seus projetos, a empresa busca difundir ações práticas com relação às questões ambientais. Esse posicionamento vai ao encontro do que é proposto por Manzini e

Vezzoli[15] para as empresas que desejarem desenvolver projetos sustentáveis. Segundo eles, além de aplicar novas soluções tecnológicas, os projetistas dessas empresas devem desenvolver ideias socialmente produtivas.

A reciclagem em circuito fechado, que é uma estratégia para ser utilizada na fase de produção, ainda não é explorada pela Gueto, pois, pela natureza dos materiais utilizados, não há viabilidade técnica e econômica para a inserção dos resíduos gerados de volta ao sistema produtivo (como é o caso dos plásticos termofixos).

Na fase de distribuição a empresa analisada tem grandes oportunidades de aplicação de estratégias do ecodesign, como a facilidade para desmontagem e montagem do produto, o que reduz o volume e otimiza o transporte, facilitando também sua manutenção. Essa é uma estratégia que possui barreiras principalmente técnicas para ser implantada, pois exige a utilização de materiais que possam ser facilmente separados e sem a utilização de adesivos.

O uso de embalagens retornáveis também é uma estratégia que pode ser mais bem explorada pela Gueto, com o desenvolvimento de um sistema eficiente de recolhimento das embalagens, para um futuro reaproveitamento.

Considerações finais

Com a inserção da dimensão ambiental no desenvolvimento de novos produtos, o conceito de ecodesign está se firmando e vem sendo aprimorado e adaptado às condições em que se aplica. Como pode ser observado no caso descrito anteriormente, já existem empresas que buscam satisfazer às necessidades de seus clientes com produtos e serviços ambientalmente mais adequados, integrados à região onde estão sendo produzidos e difundindo o conceito de desenvolvimento sustentável. Porém para o desenvolvimento do ecodesign não basta a disponibilização desses produtos. É necessário também que os consumidores valorizem determinados atributos, como em relação a se os produtos são duráveis, não tóxicos, feitos de material reciclado, com uso reduzido de embalagens, e se existe recolhimento do produto no período pós-uso. Assim, além do desenvolvimento dos produtos, é necessário também o desenvolvimento e o estímulo de ideias socialmente

---

[15] Ezio Manzini & Carlo Vezzoli, *O desenvolvimento de produtos sustentáveis*, cit.

aceitáveis, culturalmente atraentes e ambientalmente sustentáveis, como foi citado pelos autores apresentados anteriormente. Observa-se que a consciência ambiental dos consumidores, além das legislações ambientais, é o grande incentivador da aplicação dessa e de outras ferramentas de gestão ambiental por parte das empresas.

Do ponto de vista das empresas, o uso do ecodesign deve representar uma oportunidade de aprimoramento do produto e uma expansão do conceito da cadeia produtiva, a que, além da fabricação-distribuição-uso--disposição, são acrescidas as etapas do *recolhimento do produto* na fase pós--uso, seu *reprocessamento* e posterior *reúso*, para, só depois de esgotadas todas as possibilidades de uso, encaminhá-lo para a disposição final. Na elaboração dos projetos, além da eficiência ambiental, não deve ser esquecida a dimensão estética do produto, conforme foi mencionado no caso e pelos autores analisados.

Portanto, a busca de eficiência nas questões internas (redução de custos, melhoramento do produto, responsabilidade socioambiental da empresa, entre outras) e nas externas (por exemplo, atender às legislações, aumento da conscientização dos consumidores e pressão da concorrência) deve ser motivação suficiente para as organizações brasileiras investirem no ecodesign. Pelo que foi exposto neste capítulo, percebe-se que essa ferramenta traz ganhos econômicos à empresa, pois, com a eliminação de resíduos e o uso dos recursos de forma coerente, ela pode reduzir custos e tornar-se mais competitiva. A questão que surge, em algumas organizações, é se a aplicação do ecodesign é uma iniciativa que deve ser tomada agora ou no futuro. Para as empresas que já responderam a essa questão, o futuro já começou. E, como pode ser visto no caso da empresa Gueto, um futuro com ótimas perspectivas.

Avaliação do Ciclo de Vida: um método sistêmico e quantitativo para determinação do desempenho ambiental de atividades antrópicas

Gil Anderi da Silva
Luiz Alexandre Kulay

Introdução

O termo *sustentabilidade* tem sido usado com diferentes conotações em diferentes contextos. A conotação do presente contexto é a vida. Vamos falar do completo e perfeito projeto de engenharia jamais concebido. Vamos falar do planeta Terra.

A parte física do planeta é constituída pela litosfera, hidrosfera e atmosfera. Essas "esferas físicas" foram concebidas para servir de suporte à vida. Os seres vivos (vegetais e animais) foram instalados no planeta, distribuídos pelas três esferas físicas, constituindo a biosfera.

A vida é o grande mistério e o excitante enigma que buscamos desvendar. A forma mais emblemática para introduzir essas reflexões sobre a sustentabilidade é a seguinte: "Nossa sobrevivência depende desse punhado de solo. Se cuidarmos dele, nos proverá alimento, nosso combustível e nosso abrigo e nos cercará de beleza. Se abusarmos dele, entrará em colapso e morrerá, levando a humanidade consigo" (Vedas Sanskrit Scripture – 1500 a.C.).

Vida instintiva

No que consiste a vida dos seres vivos? A resposta mais simplista pode ser a seguinte: a vida dos seres vivos consiste em executar ações visando à manutenção da vida dos indivíduos e das espécies.

Para a manutenção de sua vida, os indivíduos necessitam fundamentalmente de alimento e proteção. Assim, a vida dos vegetais consiste em exercer suas funções vitais (necessárias à manutenção de sua vida). Então, podemos dizer que os vegetais passam a vida "vegetando".

Já os animais, graças à sua capacidade de locomoção, executam, além de suas funções vitais, outras ações visando à obtenção de alimentos e proteção. Observe que a única fonte de recursos necessários para a manutenção da vida é o planeta.

A relação dos seres vivos com a natureza consiste na extração de recursos naturais (visando à manutenção da vida) e no descarte, na natureza, dos rejeitos gerados. Essa é uma relação na qual se mantém um equilíbrio dinâmico natural, de forma que a quantidade de recursos naturais extraídos é igual à capacidade de recomposição pela natureza.

A revolução[1]

A primeira e fundamental revolução que veio transformar radicalmente o sistema da Terra foi o surgimento do homem. A principal mudança foi a quebra do equilíbrio dinâmico já referido. Vamos entender a causa e as consequências dessa revolução.

A causa está relacionada às capacidades de pensar e de criar concedidas pelo projetista, com exclusividade a esse novo membro da biosfera. Graças (ou desgraças) a essas capacidades, o homem modificou radicalmente a relação dos seres vivos com a natureza, rompendo o equilíbrio existente "a.H.", ou seja, "antes do Homem".

Vida primitiva

No início, o homem relacionava-se com a natureza (extraindo recursos naturais e descartando rejeitos) de forma semelhante às outras espécies vivas mantendo, portanto, o equilíbrio dinâmico natural. Os seres humanos viviam em pequenos grupos, em um regime tribal caracterizado por seu caráter nômade: esgotados os recursos locais, os grupos deslocavam-se para áreas virgens. Nessa fase, as principais características da vida humana restringiam-se a:

- fonte de energia: humana;
- inexistência de classes sociais;
- a terra era considerada um bem comum, ou seja, não tinha dono.

Transição

A revolução – mudança na relação homem/natureza – consistiu no fato de o homem buscar na sua única fonte de recursos – a natureza – tanto os recursos necessários à manutenção de sua vida como também recursos para uma melhoria da qualidade de vida. Isso foi feito mudando-se a forma de obtenção dos recursos naturais. Ao invés de colher os recursos vegetais, passou a cultivá-los; ao invés de caçar os recursos animais, passou a criá-los.

---

[1] O termo *revolução* deve ser entendido como a transformação radical de um sistema.

Sociedade agrícola

Os seres humanos deixaram de ser nômades e passaram a ser sedentários (fixados na terra). A fonte de energia usada passou a ser humana/animal. Nessa nova forma de vida surgiu a primeira consequência nefasta: o surgimento do dono da terra e, com ele, a criação de duas classes sociais: a elite e a plebe.

Sociedade industrial

A busca pela melhoria da qualidade de vida levou a um grande desenvolvimento, particularmente, tecnológico. O marco significativo dessa mudança de patamar foi a mudança na fonte de energia usada pelo homem: ela passou de energia animal para energia fóssil, o que viabilizou o surgimento das máquinas a vapor. Esse desenvolvimento tecnológico caracterizou-se pela produção em massa de produtos (bens de consumo e serviços) e sua principal consequência para a sociedade foi o crescimento desequilibrado da população decorrente do aumento da expectativa de vida dos seres humanos provocado pela geração de vacinas e medicamentos e pela maior disponibilidade de alimentos, graças ao uso de fertilizantes e defensivos agrícolas. A figura 1 mostra a curva do crescimento populacional ao longo da história.

O ponto de inflexão da curva de crescimento da população coincide com a Revolução Industrial (1768). Esse desenvolvimento tecnológico foi denominado de *desenvolvimento linear*, o qual é ilustrado na figura 2. Esse tipo de desenvolvimento foi baseado em duas premissas que, posteriormente, se demonstraram falsas:

- O planeta é uma fonte inesgotável de recursos naturais materiais e energéticos.

- O planeta é um sorvedouro com capacidade infinita de receber os rejeitos das mais diversas interações naturais e, principalmente, de atividades humanas.

FIGURA 1
Crescimento populacional ao longo da história

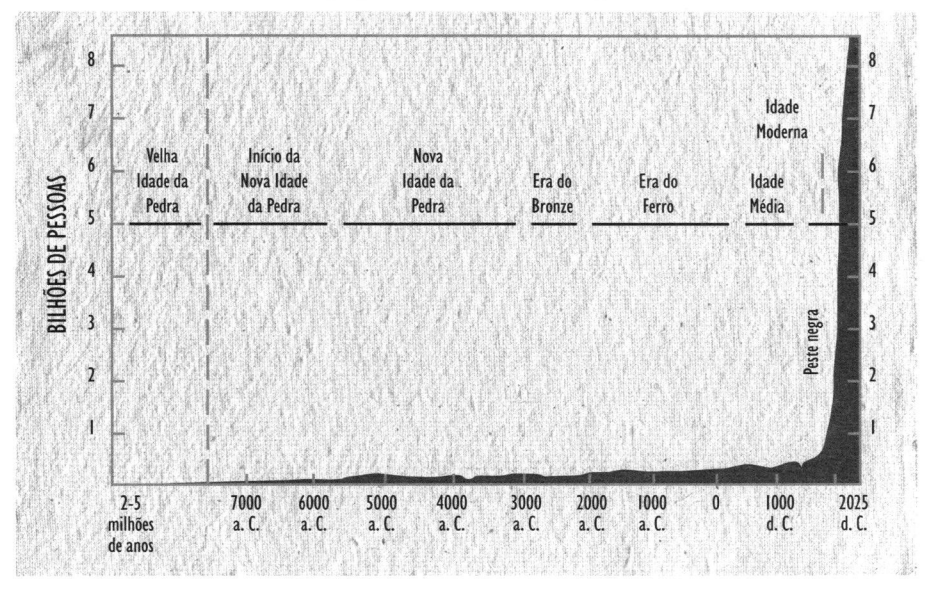

Fonte: Adaptado de J. E. D. Alves, Decrescimento demoeconômico ou pronatalismo antropocêntrico e ecocida?, em *EcoDebate*, Rio de Janeiro, 20-5-2015.

FIGURA 2
Modelo linear de desenvolvimento

RECURSOS NATURAIS → TRANSFORMAÇÃO E USO → DESCARTE

Essa breve caminhada pela evolução da vida humana no planeta nos traz às causas do que se pode denominar de *crise da sustentabilidade*. De maneira sintética, elas consistem nos seguintes postulados:

- A única fonte de *recurso* que o homem dispõe para atender suas necessidades (manutenção da vida) e desejos (manutenção de uma dada qualidade de vida) é o planeta.
- Essas necessidades e desejos são atendidos por intermédio de *produtos*.
- Os recursos naturais são consumidos para gerar produtos, ao passo que os produtos são consumidos para atender necessidades e desejos.
- O planeta *não* é uma fonte inesgotável de recursos naturais, bem como também *não* é um sorvedouro com capacidade infinita de receber os rejeitos das atividades humanas.
- O desenvolvimento da humanidade na busca pela melhoria da qualidade de vida levou a um aumento desequilibrado da população que, de sua parte, gerou um aumento, também desequilibrado, de consumo de recursos naturais.
- O aumento do consumo de recursos naturais se deve, em verdade, a outros dois fatores associados à melhoria da qualidade de vida. São eles: (i) o aumento "qualitativo" dos produtos (ou seja, diversidade de opções capazes de atender a um mesmo desejo); e (ii) o aumento quantitativo dos desejos (isto é, a "criação" de novos quereres).

A partir disso, pode-se concluir que o ápice da crise da sustentabilidade está no consumo desequilibrado de recursos naturais, reflexo do consumo desequilibrado de produtos. Assim, identificamos dois dos pilares nos quais se fundamenta a sustentabilidade:

- Pilar ambiental: representado pelo consumo dos recursos naturais necessários para a manutenção da vida.
- Pilar social: representado pelo consumo de produtos (e, consequentemente, dos recursos naturais a eles associados) desejáveis para a manutenção de uma dada qualidade de vida.

É também nesse contexto que surgirá um terceiro ator: a economia.

Com o aumento da complexidade da vida dos seres humanos, houve a necessidade de criar um sistema que viabilizasse o processo de obtenção, consumo e descarte dos recursos naturais/produtos necessários/desejáveis.

Escambo

O precursor desse sistema foi o escambo, processo baseado na troca de produto por produto. O problema é que esse sistema apresentava uma limitação significativa: a inexistência de uma referência de valor. Para melhorar isso, foram criadas moedas/mercadoria, como o gado bovino e o sal. A desvantagem desse sucedâneo foi o fato de que as moedas/mercadoria poderiam ser perecíveis e não fracionáveis, como o gado bovino.

Outra das grandes fragilidades do escambo, segundo alguns autores, era o fato de não permitir o acúmulo de riqueza – mais um motivo para a criação das *moedas*.

Mercado

O sistema que se seguiu ao escambo foi o mercado. À época, ele era o local onde vendedores e compradores se encontravam para trocar mercadorias por moedas.

Economia

Hoje, o termo *mercado* tem uma conotação muito maior do que o seu significado original. Ele se confunde ou é o núcleo central da economia.

A etimologia do termo *economia* indica que ela vem do grego *eco* que significa "casa mais" e *nomia* que significa lei, regra. Portanto, literalmente, economia é a arte de administrar a casa. No nosso contexto (sustentabilidade), poderíamos, ou melhor, deveríamos dizer que a casa é o planeta.

Outra definição entre as muitas encontradas na literatura, e que para estes autores é a mais emblemática, é: "administração da produção, distribuição e consumo de bens", ou seja, a economia é o sistema que serve de apoio para administrar a vida da sociedade, pois, como já vimos, a vida humana consiste em executar ações que visam à obtenção e ao consumo dos recursos naturais/produtos necessários/desejáveis à manutenção da vida e de uma qualidade de vida.

Assim, a economia é o terceiro pilar da sustentabilidade, por ser o sistema que permite que a roda da vida continue girando.

A grande distorção

Esse rápido passeio pelo grande projeto da vida no planeta, confrontado com as realidades social e econômica atuais, nos leva a algumas reflexões.

A economia, que foi criada para servir de apoio ao processo de manutenção da vida, passou de coadjuvante à protagonista; passou de meio a fim. Isso ocorreu porque muitos – pessoas físicas, empresas, governos, etc. – passaram a considerar a economia como um fim, e não um meio, ou seja, passaram a ter como finalidade de suas atividades o *acúmulo de riqueza*.

Sintetizando, podemos dizer que houve uma transição da *ECOnomia* para a *EGOnomia*. Isso levará a humanidade à eclosão de uma crise uma vez que está comprovado que o homem vive para atingir e manter uma qualidade de vida que considera, subjetivamente, adequada. A busca de mais do que isso levará ao aumento das já gritantes diferenças entre classes sociais e entre etnias e às consequentes convulsões sociais.

Estamos diante da predição feita pelo profeta hindu já citada no início desse arrazoado, por ocasião da conceituação do termo *sustentabilidade*.

Indicadores de sustentabilidade

Com a consolidação da sustentabilidade na vida da sociedade globalizada, criou-se a necessidade de mudar a forma de avaliar o desempenho das economias. Os indicadores econômicos tradicionais, tais como o PIB, já não são suficientes.

Para gerir as economias, faz-se necessário o desenvolvimento de indicadores baseados em parâmetros associados às condições de sustentabilidade dos sistemas em análise.

Lembrando que a sustentabilidade está diretamente associada e dependente da disponibilidade dos recursos naturais do planeta e que o consumo destes ocorre integralmente para a geração de produtos, os indicadores de sustentabilidade devem avaliar o consumo de recursos naturais/produtos, em suas mais diferentes formas e unidades.

Nesse contexto, devemos considerar que os produtos são responsáveis pelo consumo de recursos naturais ao longo de todo o seu ciclo de vida, desde a extração dos recursos naturais, passando por todos os elos de cadeia produtiva, distribuição, consumo e descarte final e, portanto, os indicadores de sustentabilidade devem avaliar todo esse ciclo de vida. Aqui talvez se encontre a origem do "pensar ciclo de vida", ou, como batizado em inglês, *Life Cycle Thinking* (LCT).

O LCT significa a consciência de que não basta que o desempenho ambiental de uma unidade isolada da cadeia produtiva seja adequado; o importante é que o desempenho ambiental de todos os elos dessa cadeia seja adequado.

Nunca é demais enfatizar que o desempenho ambiental de um produto contempla desde o consumo dos recursos naturais até o descarte dos rejeitos.

Segundo essa filosofia, a avaliação do desempenho ambiental deve passar a ser feita de uma forma sistêmica, abrangendo todas as atividades potencialmente impactantes ao meio ambiente, envolvidas na manufatura do produto. Esse espectro considera desde as atividades de obtenção dos recursos naturais até a etapa de fabricação do produto, ao final de toda a sua cadeia produtiva.

Esse é o conceito de *ciclo de vida*[2]: conjunto de etapas necessárias para que um produto cumpra a sua função e que vão desde a obtenção dos recursos naturais até a sua disposição final após o cumprimento da função. A figura 3 apresenta e descreve, de maneira genérica, as cinco etapas que constituem o ciclo de vida de qualquer produto.

FIGURA 3

Etapas do ciclo de vida dos produtos

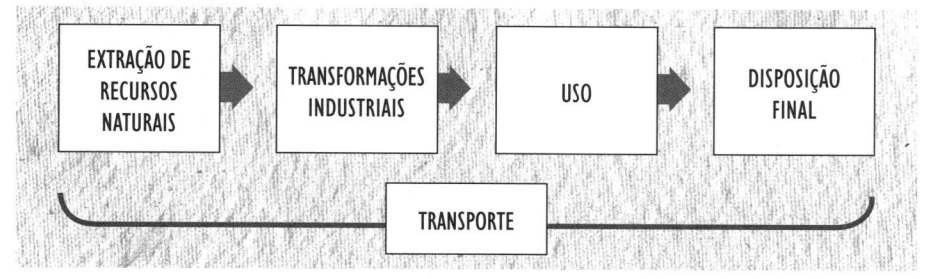

EXTRAÇÃO DE RECURSOS NATURAIS → TRANSFORMAÇÕES INDUSTRIAIS → USO → DISPOSIÇÃO FINAL

TRANSPORTE

---

[2] *Ciclo de vida*: conjunto de estágios sucessivos e encadeados de um sistema de produto, desde a aquisição da matéria-prima ou geração de recursos naturais à disposição final (ABNT NBR ISO 14040); Associação Brasileira de Normas Técnicas, *ABNT NBR ISO 14044* (Rio de Janeiro: ABNT, 2009).

O transporte é incluído como uma etapa do ciclo de vida por ser uma atividade potencialmente geradora de impactos ambientais, que ocorre praticamente no ciclo de vida de todos os produtos.

Avaliação do Ciclo de Vida: generalidades

Visando atender às necessidades das organizações no gerenciamento de sua relação com o meio ambiente, a gestão ambiental criou várias técnicas que têm sido de extrema utilidade.

A partir do surgimento do conceito de ciclo de vida, foi desenvolvida uma técnica para avaliação de desempenho ambiental de produtos: é a Avaliação do Ciclo de Vida (ACV),[3] que avalia o desempenho ambiental de um produto ao longo de todo o seu ciclo de vida. Essa avaliação é feita por meio da identificação de *todas* as atividades humanas ocorridas no ciclo de vida do produto e pela avaliação dos impactos ambientais potencialmente associados a essas atividades.

Evolução histórica da ACV

O primeiro estudo referido de forma geral na literatura, realizado com foco sobre o produto, foi conduzido na segunda metade da década de 1960, pelo Midwest Research Institute, por solicitação da Coca-Cola Company. O responsável pelo setor de embalagens da empresa preocupava-se com as consequências ambientais de suas embalagens, tanto do ponto de vista do consumo de energia e materiais quanto dos impactos ambientais de sua disposição. O projeto recebeu o nome de *Resource and Environmental Profile Analysis* (REPA) e seu relatório nunca foi publicado, por razões de confidencialidade. Uma de suas conclusões (ou, talvez, consequências) foi a adoção da viabilidade ambiental da mudança de vidro para plástico como material de manufatura das garrafas.[4]

---

[3] *Avaliação do Ciclo de Vida*: compilação e avaliação das entradas, das saídas e dos impactos ambientais potenciais de um sistema de produto ao longo do seu ciclo de vida (ABNT NBR ISO 14040).

[4] Henrikke Baumann & Anne-Marie Tillman, *The Hitch Hiker's – Guide to LCA: an Orientation in Life Cycle Assessment Methodology and Application* (Suécia: Professional Publishing House, 2004), 543 p.

A compilação de trabalhos elaborados sob esse enfoque forneceu, anos depois, a fundamentação teórica necessária à concepção da ACV. Os REPAs desempenharam importante papel durante a primeira crise do petróleo. Particularmente entre os anos de 1973 e 1975 foram realizados, por encomenda de governos de diversos países industrializados, estudos detalhados avaliando o potencial energético do planeta que incluíam não apenas um diagnóstico situacional do problema, mas também propostas de alternativas ao uso dos combustíveis fósseis.

A grande diversidade de padrões e critérios para a aplicação da metodologia, aliada à falta de bancos de dados amplos e confiáveis e aos elevados custos envolvidos na realização de tais estudos, resultou na desconfiança sobre a possível manipulação dos resultados obtidos. Por conta disso, tal forma de abordagem acabou caindo em descrédito na comunidade científica, ao que se seguiu seu temporário abandono.

A certeza de que uma abordagem sistêmica seria o melhor caminho para avaliar as interações entre um produto e o meio ambiente ao longo de seu ciclo de vida fez com que alguns centros de pesquisa seguissem investindo no sentido de aprimorar estes e outros pontos deficitários, a fim de criar um procedimento exequível e confiável. Dos progressos decorrentes desse esforço, surge no princípio da década de 1980 a metodologia de ACV. A maior prova de que a ACV tornara-se um instrumento consistente para a realização de avaliações ambientais ocorreu em 1985, quando a Comunidade Europeia houve por bem recomendá-la como a técnica mais adequada para o automonitoramento dos consumos materiais e energéticos em quaisquer empresas instaladas naquele continente.

Muito embora a ACV ainda se encontre em fase de evolução no que se refere a alguns de seus componentes, o interesse por ela tem aumentado em seus mais variados usos. Entre as instituições dedicadas ao aprimoramento e à difusão dessa metodologia estão a Society of Environmental Toxicology and Chemistry (Setac), que faz por merecer especial destaque pelo papel que desempenha. Na opinião de muitos praticantes, a Setac, que se ocupa da busca de uma base conceitual uniforme e consistente para a ACV há mais de uma década, constitui-se atualmente no principal fórum mundial de discussão para os muitos aspectos correlacionados à referida técnica.

A importância adquirida pela ACV nos contextos da gestão ambiental e da prevenção da poluição fez com que a estrutura conceitual que a compõe acabasse sendo padronizada pela International Organization for Standardization (ISO). Essa instituição reservou para a ACV a série 14040. Até o ano 2002 foram lançadas as seguintes normas técnicas:

- ISO 14040: Environmental management – Life Cycle Assessment – Principles and framework (1997).
- ISO 14041: Environmental management – Life Cycle Assessment – Goal and scope definition and inventory analysis (1998).
- ISO 14042: Environmental management – Life Cycle Assessment – Life cycle impact assessment (2000).
- ISO 14043: Environmental management – Life Cycle Assessment – Life cycle interpretation (2000).
- ISO 14048: Environmental management – Life Cycle Assessment – data documentation format (2002).

Em 2002, consolidou-se por intermédio de uma parceria conjunta entre a United Nations Environment Programme (Unep) e a Setac uma ação denominada *Life Cycle Initiative* (LCI). Baseada na filosofia conceitual da metodologia de Avaliação do Ciclo de Vida, a LCI propõe-se a tratar a ACV por meio de três programas de envergadura mundial. O primeiro deles é conhecido como *Life Cycle Inventory* e se dedica ao desenvolvimento de metodologias de elaboração de inventários ambientais.

O segundo é chamado de *Life Cycle Impact Assessment* e trata da consolidação da etapa de avaliação de impactos nos estudos de ACV.

A trilogia completa-se com o programa de *Life Cycle Management*, por meio do qual busca-se estimular a agregação de uma perspectiva de ciclo de vida às ações inerentes à gestão empresarial com o objetivo de obter o aumento da eficiência ambiental de produtos e serviços.

Por fim, dentro ainda do mérito normativo, a ISO decidiu rever e atualizar o conjunto de normas que compõe a série 14040. Para tanto, implementou duas ações. A primeira delas consistiu na emissão, em 2006, de uma versão da ISO 14040 que, se por um lado conservava o código e o título originais, por outro, passou a apresentar um conteúdo atualizado e em consonância com o das demais séries observadas, além de dispor de recortes relacionados à matéria ambiental.

A segunda ação, ocorrida no mesmo ano, consistiu na fusão das normas ISO 14041, 14042 e 14043 em uma norma única, mais uma vez, revista e comentada, de título:

- ISO 14044: Environmental management – Life Cycle Assessment – Requirements and guidelines (2006).

Mais recentemente, a mesma organização ampliou seu domínio de atuação dentro do âmbito da ACV introduzindo normas que tratassem, respectivamente, de ecoeficiência e de pegada hídrica (*water footprint*), assim como de pegada de carbono:

- ISO 14045: Environmental management – Eco-efficiency assessment of product systems – Principles, requirements and guidelines (2012).

- ISO 14046: Environmental management – Water footprint – Principles, requirements and guidelines (2014).

- ISO/TR 14047: Environmental management – Life Cycle Assessment – Illustrative examples on how to apply ISO 14044 to impact assessment situation (2012).

- ISO/TR 14049: Environmental management – Life Cycle Assessment – Illustrative examples on how to apply ISO 14044 to goal and scope definition and inventory analysis (2012).

- ISO/TS 14067: Carbon footprint of products – Requirements and guidelines for quantification and communication (2013).

Com esse movimento de atualização e de ampliação, a ISO, ao mesmo tempo, revê as bases orientativas da técnica de ACV e avança sobre o tema de maneira providencial, produzindo um arranjo coeso e integrado de recortes e abordagens que disponha sobre a condução daqueles estudos. Com isso, a organização difunde os conceitos que orientam a técnica, de um diagnóstico de caráter sistêmico e quantitativo, para recortes específicos e fundamentais para a gestão ambiental moderna, como ecoeficiência e as pegadas hídrica e de carbono.

ACV no Brasil

No Brasil, a primeira atividade formal relacionada à ACV foi a criação em 1994 do Grupo de Apoio à Normalização Ambiental (Gana)[5] com a ABNT. Esse grupo nasceu com a missão de viabilizar a colaboração do Brasil no ISO/TC 207 criado no ano anterior. A constituição do Gana, como um espelho do ISO/TC 207, incluiu o SC 05 – Subcomitê de ACV. Desse trabalho pioneiro resultou a publicação, em 1998, do primeiro livro brasileiro sobre o tema.[6]

O primeiro estudo completo de ACV realizado no país, do qual se tem notícia, foi executado no Centro de Tecnologia de Embalagem (Cetea) do Instituto de Tecnologia de Alimentos (Ital), em 1999, e avaliou diferentes materiais usados nas embalagens de alimentos.[7]

Em 1998, foi criado com o Departamento de Engenharia Química da Escola Politécnica da USP o Grupo de Prevenção da Poluição (GP2) com o objetivo principal de contribuir para a consolidação do uso da ACV no Brasil. Até o presente, a contribuição intelectual do GP2 para a matéria em tela compreende: 19 dissertações de mestrado, 3 teses de doutorado, 25 artigos publicados em periódicos indexados de corpo editorial reconhecido, 3 livros, e outros 11 capítulos de livro, além de mais de 130 comunicações em conferências nacionais e internacionais sobre a ACV, ou que tratem de temas a ela relacionados.

O Comitê Brasileiro de Gestão Ambiental (CB-38) da ABNT, sucessor do Gana a partir de 1999, tem no SC 05 o grupo encarregado das normas relativas à ACV. O SC 05 deu passos semelhantes aos da ISO editando, entre 2001 e 2005, as normas:

- NBR ISO 14040 – Gestão ambiental – Avaliação do Ciclo de Vida – Princípios e estrutura (2001).

- ABNT NBR ISO 14041 – Gestão ambiental – Avaliação do Ciclo de Vida – Definição de objetivo e escopo e análise de inventário (2004).

---

[5] Gana – Grupo de Apoio à Normalização Ambiental. Disponível em: <http://acv.ibict.br>, acessado em 9-10-2004.

[6] José Ribamar B. Chehebe, *Análise do Ciclo de Vida de produtos: ferramenta gerencial da ISO 14000* (Rio de Janeiro: Qualitymark, 1998).

[7] Luis F. C. Madi *et al.*, *Análise de Ciclo de Vida de embalagens para o mercado brasileiro*, relatório confidencial, Campinas, 1999.

- ABNT NBR ISO 14042 – Gestão ambiental – Avaliação do Ciclo de Vida – Avaliação do impacto ambiental do ciclo de vida (2004).

- ABNT NBR ISO 14043 – Gestão Ambiental – Avaliação do Ciclo de Vida – Interpretação do ciclo de vida (2005).

Depois disso, a ABNT procedeu a uma revisão de conteúdos das normas relacionadas à ACV para manter-se em consonância com as tendências exercitadas (e até incentivadas) pela ISO. Sendo assim, foram editadas nesse contexto as normas:

- NBR ISO 14040 – Gestão ambiental – Avaliação do Ciclo de Vida – Princípios e estrutura – 2ª edição (2009) e versão corrigida (2014).

- NBR ISO 14044 – Gestão ambiental – Avaliação do Ciclo de Vida – Requisitos e orientações (2009): substituiu as anteriores ABNT NBR ISO 14041, 14042 e 14043.

- NBR ISO/TR 14047 – Gestão ambiental – Avaliação do Ciclo de Vida – Exemplos ilustrativos de como aplicar a ABNT ISO 14049 a situações de avaliação de impacto (2016).

- NBR ISO/TR 14049 – Gestão ambiental – Avaliação do Ciclo de Vida – Exemplos ilustrativos de como aplicar a ABNT ISO 14044 à definição de objetivo e escopo e à análise de inventário (2014).

Além disso, e da mesma forma que a ISO, a instituição editou:

- NBR ISO 14045 – Gestão ambiental – Avaliação da ecoeficiência de sistemas de produto – Princípios, requisitos e orientações (2014).

- NBR ISO 14065 – Gases de Efeito Estufa – Requisitos para organismos de validação e verificação de Gases de Efeito Estufa para uso em acreditação e outras formas de reconhecimento – 1ª edição (2012) e versão corrigida (2015).

- NBR ISO 14067/TS – Gases de Efeito Estufa – Pegada de carbono de produtos – Requisitos e orientações sobre quantificação e comunicação (2015).

Ao manter-se em consonância com a ISO, a ABNT deu passos decisivos na consolidação da ACV no Brasil ao evitar que as normas dessa série caíssem em desuso devido à falta de modernização de seus conceitos. Além disso, assim como sua congênere, ampliou os horizontes de avaliação ambiental para outros enfoques da matéria ambiental.

Em 2002, foi fundada a Associação Brasileira de Ciclo de Vida (ABCV) com a missão de congregar todos os interessados em ACV e coordenar as atividades de construção do banco de dados brasileiro, da formação de recursos humanos e de manutenção dos vínculos com a comunidade internacional envolvida com o tema.

Mais recentemente, em 2013, a ABCV ganhou um reforço institucional importante, a partir da constituição da Rede Empresarial Brasileira de Avaliação de Ciclo de Vida, um fórum de discussão permanente para que organizações empresariais pudessem trocar experiências e debater usos e aplicações, bem como os rumos da técnica nos segmentos em que atuam.

Usos e aplicações

Em se tratando de uma metodologia de avaliação cujo foco se situa sobre a função do produto, a ACV proporciona informações sobre as interações que ocorrem entre as etapas que constituem o ciclo de vida deste e o meio ambiente.

Por conta disso, em um dos primeiros simpósios organizados pela Setac ainda na primeira metade da década de 1990, com a missão de discutir os rumos da ACV, estabeleceu-se que a realização de um estudo dessa natureza tem por premissas:

- fornecer uma imagem, tão fiel quanto possível, de quaisquer interações existentes com o meio ambiente;
- contribuir para o entendimento da natureza global e interdependente de consequências ambientais das atividades humanas;
- gerar subsídios capazes de definir os efeitos ambientais dessas atividades;
- identificar oportunidades para melhorias de desempenho ambiental.

Por conta disso, é possível subdividir as aplicações triviais a que se destina uma ACV em duas grandes vertentes:

- comparação do desempenho ambiental de produtos que cumprem uma mesma função;
- identificação de oportunidades de melhoria de desempenho ambiental.

Com relação à primeira vertente, deve-se lembrar que a ACV é a única técnica da gestão ambiental que possibilita a comparação do desempenho ambiental de produtos por ser a única que avalia o desempenho do cumprimento da função pelo produto.

A utilização da ACV com esse viés encontra maior apelo nas organizações empresariais desejosas de demonstrar a supremacia ambiental de seus produtos sobre os de seus concorrentes diretos, com o intuito de conquistar novos mercados. Por outro lado, quando efetuada confrontando o desempenho ambiental de um ou mais produtos contra um padrão pré-estabelecido, a ACV pode servir para a elaboração de rótulos e de declarações ambientais.

O fato de a ACV constituir-se em uma técnica eficiente para a elaboração de diagnósticos ambientais disponibiliza sua aplicação para atividades estratégicas de uma organização, tais como o projeto de novos produtos e a reavaliação de produtos já consagrados.

Nessa aplicação, a ACV presta-se à seleção de opções de projeto, em particular no que se refere à busca de novos materiais, formas de energia alternativas e implementação de melhorias de processo visando à minimização de perdas e à concepção de produtos menos agressivos ao meio ambiente. Como exemplo pode-se citar um estudo realizado na Espanha, em 2000, com dois tipos de luminárias para vias urbanas. Nele, comparou-se o produto existente – uma luminária cuja caixa era confeccionada em alumínio – com outro, então cogitado para tornar-se seu substituto – com caixa de polietileno.

As conclusões obtidas em decorrência da ACV estabeleceram diretrizes fundamentais para o projeto de uma luminária que provocasse menores impactos ao meio ambiente ao longo de todo o seu ciclo de vida.[8]

---

[8] Ruben Irusta & Yolanda Nunez, *Improving Eco-Design of Street Lighting Systems Using LCA*, LCM – I International Conference on Life Cycle Management, Copenhagen, 2001.

Na segunda vertente, a ACV atua empreendendo a busca dos principais focos de impactos ambientais potencialmente provocados por um produto, ao longo de seu ciclo de vida. Ao término de sua aplicação, o praticante terá estabelecido a contribuição do sistema em estudo para as diversas categorias de impacto ambiental. De posse desse diagnóstico, planos de ação voltados à minimização dos impactos poderão ser estabelecidos. O uso da ACV com essa finalidade pode ser ilustrado por meio de um estudo realizado conjuntamente por pesquisadores das multinacionais do ramo de telecomunicações NTT e NEC, em 2002. O trabalho em questão relata a aplicação da ACV para a elaboração de um diagnóstico ambiental de equipamentos e facilidades que compõem uma rede de informação e de comunicação por cabo no Japão.[9]

Outro uso da ACV se dá em agências ambientais, e até mesmo em organizações não governamentais, no que se refere à definição de políticas públicas visando à estruturação de sistemas sustentáveis.

Tal iniciativa pode ser exemplificada por meio de estudo realizado em 2002 por técnicos da Scottish Environment Protection Agency com o objetivo de definir estratégias de âmbito nacional para o gerenciamento de resíduos sólidos. No presente caso, a ACV foi usada como instrumento de seleção, dentro de um universo de seis alternativas possíveis, do cenário mais adequado de gerenciamento de resíduos para cada uma das onze localidades do país selecionadas para esse fim.[10]

Metodologia

A metodologia de execução de um estudo de ACV pode ser entendida como o conjunto de procedimentos necessários para que o estudo atinja os objetivos propostos. Por ser a ACV uma técnica muito nova, não existe ainda uma metodologia universalmente consolidada para sua execução. De maneira geral, pode-se dizer que os modelos praticados seguem uma estrutura básica comum, divergindo em algumas minúcias como ordem de execução das diferentes etapas ou forma de apresentação dos resultados.

---

[9] Kazue Ichino Takahashi *et al.*, *Evaluation of the Environmental Impact of Wired Telecommunication Networks in Japan*, LCA/LCM 2003 Conference, Seattle, 2003.

[10] Allan Dryer & John Ferguson, *The National Waste Plan for Scotland – LCA and BPEO in Practice*, LCA/LCM 2003 Conference, Seattle, 2003.

Com o objetivo de familiarizar o leitor com a metodologia de execução de estudos de ACV, será apresentada aqui uma descrição dos principais passos para a elaboração de uma ACV. Essa descrição segue uma sequência considerada mais lógica pelos autores, a qual difere daquela sugerida pela ABNT NBR ISO 14040.

De uma maneira simplista, pode-se dizer que um estudo de ACV consiste em: identificação das entradas de matéria e de energia do meio ambiente para o sistema que constitui o ciclo de vida objeto do estudo, assim como das saídas de matéria e de energia desse sistema para o meio ambiente, e avaliação dos potenciais impactos ambientais associados a essas entradas e saídas.

Definição do sistema de produto

O primeiro passo para proceder à identificação das entradas e saídas consiste em definir o sistema a ser estudado ou, de acordo com a terminologia da ABNT NBR ISO 14040, definir o *sistema de produto*.[11] Essa definição consiste, em linhas gerais, na identificação dos subsistemas que vão compor o sistema de produto. Para ilustrar esse procedimento, vamos usar como exemplo a definição de sistema de produto para o caso do papel, apresentado na figura 4.

Partindo-se do subsistema de manufatura do papel, deve-se inicialmente identificar as matérias-primas (materiais que ficam incorporados ao produto final) usadas em sua obtenção; nesse caso, tem-se a celulose, cujo subsistema é agregado ao sistema de produto. Seguindo o mesmo procedimento, incorporam-se os subsistemas da madeira e da soda que são as matérias-primas usadas na fabricação da celulose e, além deles, os subsistemas de fertilizantes, defensivos, extração de petróleo e de sal, ou seja, dos insumos necessários à obtenção das matérias-primas. Observe que esse exemplo é apresentado apenas com caráter ilustrativo, não tendo a intenção de esgotar a cadeia produtiva do papel.

---

[11] *Sistema de produto*: conjunto de unidades de processo, conectadas material e energeticamente, que realiza uma ou mais funções definidas (ABNT NBR ISO 14040); *unidade de processo*: menor porção de um sistema de produto para a qual são coletados dados quando é realizada uma Avaliação do Ciclo de Vida (ABNT NBR ISO 14040).

FIGURA 4

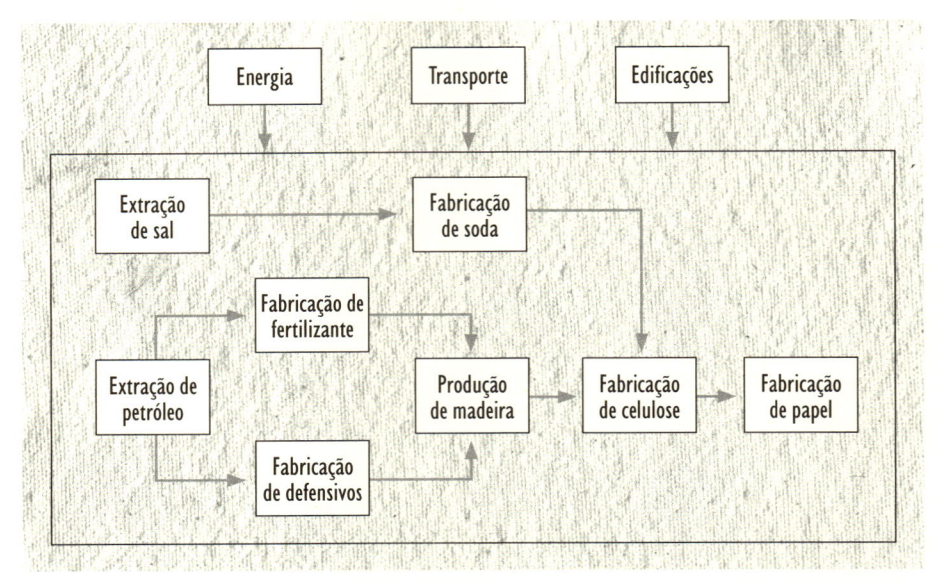

Sistema de produto referente à fabricação do papel

```
        Energia        Transporte      Edificações
           │               │                │
           ▼               ▼                ▼
    ┌──────────────────────────────────────────────────┐
    │  Extração ──────► Fabricação                     │
    │   de sal           de soda ──────┐               │
    │                                  │               │
    │        Fabricação de             │               │
    │        fertilizante              │               │
    │           ▲                      ▼               │
    │  Extração de      Produção   Fabricação  Fabricação │
    │   petróleo ─────► de madeira─►de celulose─►de papel │
    │           ▼           ▲                          │
    │        Fabricação ────┘                          │
    │        de defensivos                             │
    └──────────────────────────────────────────────────┘
```

Em seguida, devem ser considerados os subsistemas dos materiais auxiliares (materiais necessários à obtenção do produto final, mas que não ficam incorporados ao mesmo), tais como embalagens, catalisadores, entre outros ativos. Também para esses subsistemas, deve-se partir dos respectivos recursos naturais. Os subsistemas de energia (tanto elétrica quanto térmica) – insumo presente nos ciclos de vida de todos os produtos – não podem ser esquecidos.

Considerando que para a obtenção de todos os itens citados fez-se necessário o uso de bens de capital, tais como edificações e equipamentos – os quais potencialmente também geram impactos ambientais –, estes também deverão ser considerados.

Partindo-se dessa abordagem, é possível definir o que seria um sistema de produto ideal: é aquele que troca matéria e energia exclusivamente com o meio ambiente e não com outros sistemas. No entanto, é fácil concluir que tal sistema abrangeria todas as atividades humanas do planeta, o que obviamente tornaria inviável a realização do estudo de ACV.

Nessas condições, a efetiva definição dos sistemas de produto e de suas fronteiras é feita por meio da elaboração de modelos reduzidos e representativos dos mesmos. É importante ressaltar que a elaboração de tais modelos deve obedecer a um compromisso entre a precisão dos resultados (quão mais abrangente o modelo, mais precisos os resultados) e a viabilidade prática de execução do estudo (quanto menos abrangente o modelo, mais viável a execução do estudo).

Para a elaboração do modelo, parte-se da descrição que inclui todos os subsistemas constituintes do ciclo de vida do produto e, em seguida, procede-se à exclusão de subsistemas, seguindo critérios bem definidos, os quais devem ser explicitados no relatório final da ACV para garantir a transparência do estudo.

A norma ABNT NBR ISO 14044 sugere alguns critérios de exclusão, a saber: critérios de massa, energia e relevância ambiental. De maneira geral, pode-se dizer que os critérios de massa e de energia sugeridos consistem em excluir os subsistemas cuja contribuição acumulada à massa ou energia totais do sistema seja inferior a uma dada percentagem (em geral 1% ou 5%). O critério de relevância ambiental deve ser aplicado para evitar que seja excluída alguma entrada ou saída que, ainda que em pequena quantidade, possa ter alto potencial de impacto.

Análise de inventário

A análise de inventário é a etapa da ACV em que se quantificam as necessidades de matéria e de energia e as disposições de rejeitos materiais e energéticos associadas ao ciclo de vida do produto. Essa é a etapa cuja execução demanda maior tempo e recursos.

Ela consta basicamente da coleta e do tratamento dos dados. Para a sua execução, deve ser preparado um fluxograma contendo todas as unidades de processo a serem modeladas, indicando as relações entre elas, ou seja, os fluxos de matéria e de energia que transitam entre elas. A elaboração de balanços de massa e de energia facilita a execução da tarefa e contribui para evitar erros.

Os dados podem ser coletados diretamente nos locais de produção – dados primários: registros de produção, registros de compra e venda, atestados de agência ambiental, medidas e determinações locais, etc., – ou podem ser obtidos da literatura – dados secundários: relatórios setoriais de governo ou de associações, literatura técnica, etc. Na prática, na grande maioria dos estudos, são coletados os dois tipos de dados.

Após sua coleta, os dados devem ser tratados de forma a permitir sua operacionalização. Esse tratamento é necessário uma vez que, via de regra, as bases em relação às quais são expressos os valores das correntes que entram e saem de cada subsistema são específicas do subsistema, fato que impede a agregação de dados de diferentes subsistemas.

O produto desse tratamento dos dados é uma tabela contendo os valores agregados dos aspectos ambientais expressos em relação a uma determinada quantidade de produto denominada *unidade funcional*.[12]

Consta na tabela 1 um exemplo do inventário do ciclo de vida do fertilizante fosfatado superfosfato triplo (TSP). O sistema de produto para esse caso está ilustrado na figura 5.

FIGURA 5

Sistema de produto do superfosfato triplo (TSP)

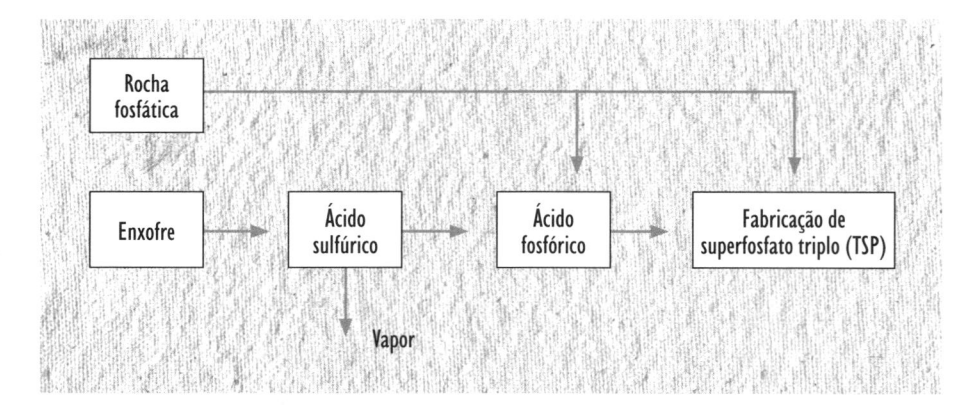

---

[12] *Unidade funcional*: desempenho quantificado de um sistema de produto para uso como uma unidade de referência em um estudo de Avaliação do Ciclo de Vida (ABNT NBR ISO 14040).

TABELA I

Inventário do ciclo de vida do superfosfato triplo (TSP)

Aspecto ambiental	Unidade	(Unidade/1.000 kg TSP)
ENTRADAS		
Rocha fosfática	t	9,95
Enxofre	kg	331
Água	t	23,2
Energia elétrica	MJ	480
SAÍDAS		
Emissões para o ar		
CO_2	kg	501
SO_2	kg	2,95
Emissões para a água		
Fosfatos (PO_4^{-3})	kg	1,90
Sulfatos (SO_4^{-2})	g	106
Emissões para o solo		
Enxofre	kg	8,67
Catalisador (V_2O_5)	kg	48,3

Fonte: Gil Anderi da Silva & Luiz Kulay, *Environmental Performance Comparison of Wet and Thermal Routes for Phosphate Fertilizer Production Using LCI – a Brazilian Experience*, LCA/LCM 2003 Conference, Seattle, 2003.

Outro tratamento dos dados que é relativamente frequente nos estudos de ACV é a *alocação*. Esse procedimento é adotado nos casos em que de uma mesma unidade de processo sai, além do produto principal, pelo menos mais um coproduto. Nesses casos, a carga ambiental acumulada até esse ponto deve ser dividida e alocada entre os diversos produtos.

No caso do exemplo do TSP, verifica-se que o subsistema *ácido sulfúrico* gera coprodutos: ácido sulfúrico e vapor. Assim, é necessário distribuir a carga ambiental acumulada até esse subsistema entre os dois coprodutos. A escolha do critério a ser usado para fazer a alocação é uma definição subjetiva que deve ser feita quando da definição do escopo do estudo. Sempre que possível devem-se usar critérios baseados em parâmetros físicos; caso não seja possível, pode ser usado critério baseado no valor econômico dos bens em análise. Voltando ao exemplo do TSP, poder-se-ia adotar o critério de massa, ou seja, a carga ambiental acumulada seria distribuída entre o ácido sulfúrico e o vapor, em quantidades proporcionais às respectivas massas.

O produto final da etapa de análise de inventário é a relação dos aspectos ambientais quantificados, associados ao ciclo de vida do produto. A partir desse resultado será conduzida a avaliação dos impactos ambientais potenciais associados ao ciclo de vida em análise.

Avaliação de impactos do ciclo de vida

A etapa de avaliação do impacto do ciclo de vida (AICV)[13] consiste no exame do sistema de produto, do ponto de vista ambiental, a partir dos dados do inventário. Isso é feito por meio da análise dos potenciais impactos ambientais associados aos aspectos ambientais identificados na etapa de análise de inventário. O uso do termo *potencial* se deve ao caráter sistêmico da ACV, resultante da amplitude da faixa de variação espacial (geográfica) e temporal da ocorrência das interações entre o sistema de produto e o meio ambiente.

O primeiro passo para a AICV é a definição das categorias de impacto a serem consideradas. As categorias usualmente selecionadas são as seguintes:

- Consumo de recursos naturais – inclui recursos materiais e energéticos, tanto renováveis quanto não renováveis.

- Aquecimento global (também conhecido por *efeito estufa*) – provocado pelo acúmulo, na atmosfera, de determinados gases (por exemplo, gás carbônico e metano) que retêm parte da radiação

---

[13] *Avaliação do impacto do ciclo de vida*: fase da avaliação do ciclo de vida dirigida à compreensão e à avaliação da magnitude e significância dos impactos ambientais potenciais de um sistema de produto (ABNT NBR ISO 14040).

infravermelha emitida pela Terra, provocando o aumento das temperaturas médias globais.

- Redução da camada de ozônio – consiste na redução da quantidade de ozônio (O_3) presente na estratosfera, por reação com alguns gases (como halocarbonos: CFC11, CFC12, Halon 1301, entre outros), provocando a diminuição da capacidade de filtração da radiação ultravioleta proveniente do sol, que tem essa camada.

- Acidificação – consiste no aumento do teor de acidez da atmosfera provocado pela emissão de gases ácidos, tais como óxidos de enxofre e óxidos de nitrogênio, que são dissolvidos pela umidade atmosférica e retornam à crosta terrestre na forma de ácidos.

- Eutrofização (ou nutrificação) – consiste no acúmulo dos nutrientes nitrogênio e fósforo nos corpos d'água e nos solos, em decorrência do descarte de rejeitos que contêm esses elementos químicos.

- Formação fotoquímica de ozônio – consiste na formação de ozônio nas camadas baixas da atmosfera por reações químicas entre óxidos de nitrogênio e alguns hidrocarbonetos leves (resultantes de emissões), em presença da radiação ultravioleta solar.

- Toxicidade – resultante do descarte de rejeitos tóxicos no meio ambiente; em geral, são consideradas separadamente a toxicidade humana e a ecotoxicidade, que pode ser aquática e terrestre.

Uma vez estabelecidas as categorias de impacto, realiza-se a *classificação*, procedimento que consiste em correlacionar os dados do inventário (aspectos ambientais) com os efeitos ambientais (categorias de impacto) aos quais cada aspecto pode, potencialmente, contribuir (tabela 3). Assim, por exemplo, o aspecto ambiental *emissão de dióxido de enxofre (SO_2)* é classificado como podendo contribuir potencialmente para categorias ambientais da acidificação e da toxicidade humana. Com o objetivo de ilustrar a execução da etapa de AICV, serão usados valores do extrato de inventário da produção de superfosfato simples (SSP) que aparece representado na tabela 2.

TABELA 2

Inventário do ciclo de vida do superfosfato simples (SSP)

Aspecto ambiental	Unidade	(Unidade/1.000 kg SSP)
Emissões para o ar		
Gás carbônico (CO_2)	kg	32,3
Monóxido de carbono (CO)	g	20,0
Dióxido de enxofre (SO_2)	g	526
Óxidos de nitrogênio (NO_x)	g	567

Fonte: Luiz Kulay, *Desenvolvimento de modelo de análise de ciclo de vida adequado às condições brasileiras – aplicação ao caso do superfosfato simples*, dissertação de mestrado (São Paulo: Programa de Pós-Graduação em Engenharia Química (PQI/EPUSP), 2000).

A tabela 3 exemplifica a aplicação do procedimento de *classificação* em um estudo de ACV de um fertilizante fosfatado, feita a partir dos dados da tabela 2.

TABELA 3

Classificação de aspectos ambientais nas categorias de impacto

Aspecto ambiental	Efeitos ambientais
CO_2	PAG
CO	PTH
SO_2	PAc; PTH
NO_x	PAc; PEu

Legenda: PAG – Potencial de Aquecimento Global; PTH – Potencial de Toxicidade Humana; PAc – Potencial de Acidificação; e PEu – Potencial de Eutrofização.

Analisando mais a fundo o conteúdo da tabela 3, será possível constatar que um mesmo aspecto ambiental pode, potencialmente, contribuir para mais do que um efeito. Assim, o dióxido de enxofre (SO_2) pode contribuir tanto para a toxicidade humana quanto para a acidificação, e os óxidos de nitrogênio (NOx) podem contribuir para a acidificação e para a eutrofização. Observa-se também que certo efeito ambiental pode ter a contribuição de mais do que um aspecto ambiental. É o caso da acidificação que pode ter a contribuição do SO_2 e do NOx e o da toxicidade humana que pode ter a contribuição do monóxido de carbono (CO) e do SO_2.

Após a classificação é feita a *caracterização*, que pode ser entendida como a quantificação do resultado da classificação. Nessa fase é calculado, para cada uma das categorias de impacto selecionada, um *indicador de categoria de impacto do ciclo de vida*[14] que mede a magnitude dos potenciais impactos ambientais decorrentes do ciclo de vida do produto.

Para calcular um indicador único para cada categoria de impacto, é necessário converter os valores de todos os aspectos ambientais que contribuem para essa categoria a uma mesma base; isso é feito por meio dos *fatores de caracterização*.[15]

O estabelecimento dos fatores de caracterização é feito, sempre que possível, com base em modelos científicos que simulam os mecanismos por meio dos quais cada aspecto ambiental contribui para a categoria ambiental. Elaborado o modelo, é definida para cada categoria uma substância-padrão em relação à qual são convertidas as quantidades equivalentes dos outros aspectos ambientais.

No caso, por exemplo, da categoria ambiental *acidificação*, o modelo adotado é baseado na capacidade de liberar prótons (H+) do aspecto ambiental em consideração. Assim, cada molécula de cloreto de hidrogênio (HCl) tem capacidade de liberar 1 próton, enquanto cada molécula de SO_2 tem capacidade de gerar 2 prótons. Isso significa que, do ponto de vista molar, o potencial de contribuição para a acidificação de 1 mol SO_2 é o dobro do potencial de acidificação de 1 mol HCl.

---

[14] *Indicador de categoria de impacto do ciclo de vida*: representação quantificável de uma categoria de impacto (ABNT NBR ISO 14044).
[15] *Fator de caracterização*: fator derivado de um modelo de caracterização que é aplicado para converter os resultados associados do ICV à unidade comum do indicador de categoria (ABNT NBR ISO 14044).

A substância adotada como padrão para a determinação dos fatores de caracterização, no caso da categoria ambiental *acidificação*, foi o dióxido de enxofre (SO_2). Pela aplicação do modelo desenvolvido para essa categoria de efeito ambiental, foi determinado que 0,70 g de dióxido de nitrogênio (NOx) contribuem para a acidificação tanto quanto 1 g de SO_2, ou seja, o *fator de caracterização* do NO_2 é igual a 0,70 g de SO_2 equivalente/g de NO_2. Na tabela 4 são apresentados fatores de caracterização para as categorias de efeitos ambientais relacionadas aos aspectos ambientais outrora indicados na tabela 2.

TABELA 4

Fatores de caracterização para algumas categorias de impacto ambiental

Aspecto ambiental	PAG	PTH	PAc	PEu
CO_2	1,00	–	–	–
CO	–	1,20E-02	–	–
SO_2	–	1,2	1,00	–
NO_x	–	0,78	0,70	0,13

Fonte: United Nations Environmental Programme, Industry and Environment, *Life Cycle Assessment*: What it is and how to do it? (Paris: 1996).

Conhecidos os fatores de caracterização é possível calcular, para cada categoria de impacto, as contribuições de cada um dos aspectos ambientais que para ela contribuem, multiplicando-se o valor do aspecto pelo respectivo fator de caracterização. Dessa forma, as contribuições de todos os aspectos ambientais estarão expressas em uma mesma unidade (massa equivalente da substância-padrão) e sua soma será o indicador de categoria de impacto. O conjunto dos indicadores de categoria de impacto é denominado perfil ambiental do produto.

A tabela 5 mostra os valores dos indicadores de categoria de impacto e o perfil ambiental para o exemplo da ACV da produção de SSP.

TABELA 5

Indicadores de categoria de impacto de ciclo de vida para ACV de superfosfato simples

Aspecto ambiental	(kg matéria/UF)	PAG (kg CO_2eq/UF)	PTH (kg 1,4-DB/UF)	PAc (kg SO_2eq/UF)	PEu (kg PO_4^{3-}eq/UF)
CO_2	32,3	32,3	-	-	-
CO	2,00E-02	-	2,40E-04	-	-
SO_2	5,26E-01	-	0,63	5,26E-01	-
NO_x	5,67E-01	-	0,44	3,97E-01	7,37E-02
Perfil ambiental		32,3	1,07	9,23E-01	7,37E-02

A análise do perfil ambiental poderia levar o leitor desavisado a concluir que a categoria de impacto ambiental mais afetada pelo ciclo de vida do SSP é o aquecimento global (corresponde ao maior valor do indicador de categoria). Essa comparação, no entanto, não pode ser feita uma vez que os indicadores são medidos em unidades diferentes.

Para viabilizar a comparação entre os valores dos indicadores, pode ser feita a sua *normalização*, dividindo-se os valores indicadores por um valor de referência que pode ser, por exemplo, o valor das emissões totais para uma dada área, que pode ser global, regional ou local.[16] Observe que a escolha da referência a ser usada é subjetiva e não é feita em base científica. Como todas as outras decisões subjetivas feitas ao longo do estudo, a escolha deve ser apresentada de forma transparente no relatório final.

---

[16] ABNT NBR ISO 14044.

TABELA 6

Valores utilizados pela normalização e exemplos de resultados desse procedimento

Categoria	Valor global		Indicadores de categoria		Valor normalizado
	Unidade	Valor	Unidade	Valor	(ano*10^{-12})
PAG	10^{12} kg CO_2eq/ano	37,7	kg CO_2eq/UF	32,3	0,86
PTH	N/D		kg 1,4DCBeq/UF	1,07	N/C
PAc	10^9 kg SO_2eq/ano	286	kg SO_2eq/UF	9,20E-01	4,07
PEu	10^9 kg PO_4^{-3}eq/ano	149	kg PO_4^{-3}eq/UF	7,37E-02	0,50

Legenda: N/D – não disponível; N/C – não calculado.

A título de ilustração, apresenta-se na tabela 6 a normalização feita para o estudo de ACV do SSP, usando como referência os valores globais das categorias ambientais para o ano de 1992.[17] Considerando-se os resultados obtidos desse tratamento (que passam a ser expressos em uma mesma unidade), é possível verificar que, em termos relativos, o principal efeito ambiental do ciclo de vida do SSP é o potencial de acidificação.

Considerações finais

A ACV vem se tornando cada vez mais uma importante ferramenta da gestão ambiental talvez pelo fato de ser a única que permite uma abordagem sistêmica e a comparação do desempenho ambiental de produtos que exercem a mesma função. A abordagem da ACV é feita de uma forma

---

[17] United Nations Environmental Programme, *Life Cycle Assessment: What It Is and How to Do It?* (Paris: Setac, 1996),

altamente estruturada que envolve várias questões ambientais simultaneamente, além de ser baseada em sistemas quantificáveis sendo, portanto, uma técnica objetiva.

Apesar do potencial que representa para os tomadores de decisão, a ACV apresenta ainda algumas limitações a serem transpostas para que seja possível consolidar sua contribuição à sustentabilidade no planeta.

Houve uma época – meados da década de 1980 – em que a credibilidade da ACV foi posta em dúvida, em razão, por exemplo, de diferentes estudos comparativos de mesmos produtos apresentarem resultados opostos. Ainda que houvesse acusações de fraude, isso não necessariamente ocorria. A preocupação surgida na comunidade da ACV levou a minuciosos estudos sobre a origem das diferenças, e foi constatado que, em virtude da complexidade da metodologia, os critérios adotados para se definir os procedimentos de coleta de dados poderiam influir significativamente nos resultados finais.

Aliado a isso, verifica-se que a adoção desses critérios é ditada principalmente pelos objetivos e pelo escopo do estudo, ou seja, a definição de vários procedimentos a serem usados na execução dos estudos ainda é feita com base em critérios subjetivos e, como tal, sujeitos muitas vezes a inconsistências.

A solução paliativa usada até agora como uma tentativa de contornar essa limitação encontra-se na norma ABNT NBR ISO 14040, que dispõe como importante requisito a total e absoluta transparência na elaboração do relatório do estudo, o qual deve conter explicitamente todas as premissas e hipóteses adotadas ao longo da execução do estudo.

Nesse sentido, faz-se necessário um grande investimento intelectual no desenvolvimento e na consolidação de uma metodologia de execução de estudos de ACV que viabilize a obtenção de resultados consistentes e reprodutíveis sem prejudicar o atingimento dos inúmeros e bastante distintos objetivos aos quais se presta a ferramenta.

Outro obstáculo que dificulta a maior difusão do uso da ACV é ainda o custo de sua execução, o qual é devido, principalmente, ao enorme número de dados que deve ser coletado.

Em muitos casos, o processo de coleta de informações acaba sendo inviabilizado por motivos diversos, tais como o desinteresse de algumas empresas ou de alguns setores produtivos, a preservação da confidencialidade do uso de determinados insumos e tecnologias ou a reticência de muitas corporações com receio de despertar a atenção de agências ambientais e de organizações não governamentais.

Uma solução proposta para atenuar a limitação relativa à coleta de dados e viabilizar a ACV é a disponibilização de *bancos de dados*. Esses bancos de dados são constituídos pelo inventário do ciclo de vida de elementos que são comuns aos ciclos de vida de muitos produtos. Como exemplos de elementos elegíveis para compor bancos de dados podem ser citados: energia (elétrica e térmica), materiais (aço, alumínio, polietileno, PVC, PET, cimento, vidro, papel) e transporte.

Ressalte-se que os bancos de dados têm que ter um caráter regional, uma vez que os inventários do ciclo de vida de um dado elemento constituinte de um banco de dados podem diferir significativamente de região para região.

Como exemplo, pode-se citar o caso da energia, elemento comum ao ciclo de vida de todos os produtos. Considerando-se as diferenças entre a matriz energética brasileira e, por exemplo, a francesa, fica evidente que seria absurdo usar um banco de dados relativo à matriz energética francesa em estudos de ACV de produtos brasileiros.

A maioria dos *softwares* de apoio à execução de estudos de ACV disponíveis no mercado traz, incorporados, extensos bancos de dados. Dado o caráter regional dos bancos de dados, o uso indiscriminado desses *softwares* não é aconselhável.

Para ilustrar e alertar sobre esse risco, vale citar um estudo de ACV de geração de hidroeletricidade[18] no Brasil.

No referido estudo foi adotado como modelo representativo do sistema de produto a usina de Itaipu e, dada a inexistência de bancos de dados brasileiros, foi usado um *software* de origem holandesa. A escolha desse *software* deveu-se, entre outros, ao fato de que ele possibilita, em certa medida, o acesso e a adaptação de alguns dos bancos de dados a ele

---

[18] Flávio de Miranda Ribeiro, *Inventário de ciclo de vida da geração hidrelétrica no Brasil. Usina de Itaipu: primeira aproximação,* dissertação de mestrado (São Paulo: Programa Interunidades de Pós--Graduação em Energia da Universidade de São Paulo (PIPGE/ USP), 2004).

incorporados, visando assim a minimização das imprecisões decorrentes do uso de bancos de dados europeus.

Entre outras correções, foi possível fazer a adaptação do banco de dados relativo ao inventário do aço (um dos principais materiais consumidos na construção da usina de Itaipu), substituindo o carvão mineral (que é o tipo de carvão usado para a fabricação do aço na Europa) pelo carvão vegetal (que é o usado no Brasil).

Esse exemplo ilustra a importância e a criticidade da questão da disponibilidade de bancos de dados regionais para a consolidação da ACV.

Como conclusão, fica a mensagem de que é bastante perceptível nos diversos segmentos da economia brasileira a intenção de incorporar a ACV na "caixa de ferramentas" de tomada de decisões estratégicas dos mais diversos setores. Uma das várias iniciativas (e talvez a mais significativa) que servem para comprovar essa afirmativa é a recente criação da Associação Brasileira do Ciclo de Vida. No entanto, para atingir esse importante objetivo, devemos envidar uma coordenação de esforços no sentido de formar recursos humanos capacitados à execução de estudos de ACV e para construir o banco de dados brasileiro.

Sustentabilidade e gestão da cadeia de suprimento: conceitos e exemplos

André Carvalho
José Carlos Barbieri

Introdução

A geração de valor para os clientes se dá por meio de diversas atividades realizadas em momentos e locais diferentes por diferentes agentes situados em vários setores econômicos. Pense numa camisa de algodão que está à venda numa loja: a sua origem encontra-se nas unidades de produção agrícolas espalhadas por vastas áreas e nas mineradoras que extraem rochas para produzir fertilizantes e corretivos de solos usados pelos agricultores. A qualidade da camisa, seu preço, a disponibilidade para pronta entrega e outros elementos geradores de valor para o comprador são construídos ao longo de várias atividades realizadas por diferentes agentes econômicos que, em seu conjunto, denominam-se cadeia de suprimento. Cadeia de suprimento é um conceito associado à ideia de divisão do trabalho pelos diferentes agentes que contribuíram diretamente para a realização de um bem ou serviço ao consumidor ou usuário.

Da mesma forma, os impactos ambientais da camisa também não se restringem à loja que a expõe para venda, ou à empresa de confecção que a produziu, ou a nenhuma das organizações envolvidas no seu processo de produção e distribuição tomadas isoladamente. O produto entregue ao cliente contém a totalidade das atividades, dos custos e dos benefícios produzidos pelos membros da cadeia de suprimento, bem como a totalidade dos impactos ambientais. A visão de cadeia não é útil apenas para capturar vantagens competitivas de modo mais eficaz *vis-à-vis* às empresas isoladas, mas também para eliminar ou minimizar impactos ambientais adversos. Essa visão corrige uma distorção típica das legislações ambientais estruturadas para alcançar efeito sobre organizações isoladas. Dessa forma, uma empresa pode estar conforme às leis ambientais, porém as atividades geradoras de impactos ambientais adversos encontram-se nos estabelecimentos de seus fornecedores, ou foram deliberadamente terceirizadas para evitar autuações dos órgãos ambientais. Ou seja, a degradação ambiental continua; apenas mudou de local.

A busca por locais com legislação ambiental menos severa explica muitos deslocamentos de plantas produtivas de regiões e países com legislação ambiental mais rigorosa, nos quais o lema Nimby (do inglês *not in my backyard*, "não no meu quintal") apresenta-se como um imperativo na sociedade, para outros com legislações frouxas ou lenientes, conhecidos como *paraísos dos poluidores*, expressão com significado análogo ao de paraíso fiscal. Ao olhar a cadeia de suprimento, e não apenas um de seus elos, caminha-se do Nimby para uma abordagem mais ampla: Niaby (do inglês *not in anyone's backyard*, "não no quintal de ninguém"). O deslocamento de unidades produtivas para locais tolerantes aos problemas ambientais é um meio espúrio de ganhar competitividade por meio da redução do custo total do produto na ponta da cadeia de suprimento, pois as atividades de gestão ambiental que seriam necessárias em outros lugares por exigência legal deixam de ser feitas por não serem exigidas no novo local ou por serem exigidas com menor rigor. O mesmo ocorre com os problemas sociais: uma empresa exemplar com seus trabalhadores pode estar se beneficiando de insumos mais baratos produzidos por empresas que usam força de trabalho infantil, não registram seus empregados, mantêm ambientes de trabalho insalubres, entre outras violações aos direitos dos trabalhadores. Daí a importância do conceito de cadeia de suprimento e de uma gestão que lhe seja apropriada.

Cadeia de suprimento convencional

Para Lambert e outros, cadeia de suprimento é "um alinhamento de firmas para levar produtos ao mercado".[1] Mentzer e outros a definem como "um conjunto de três ou mais entidades, organizações ou indivíduos, diretamente envolvidos nos fluxos ascendentes e descendentes de produtos, serviços, recursos financeiros e/ou informação de uma fonte a um consumidor".[2] Ela consiste, segundo Chopra e Meindl,[3] de todas as partes envolvidas direta ou indiretamente no atendimento de uma demanda do cliente, incluindo o produtor, fornecedores, transportadores, armazenadores, varejistas e os consumidores, num fluxo dinâmico que envolve trocas constantes de produtos, informação e fundos entre os diferentes elos da cadeia. Na entrega de um bem ou serviço há sempre uma cadeia de suprimento, mas nem toda cadeia é administrada, nem toda cadeia é administrada integralmente.

A visão convencional de uma cadeia de suprimento baseia-se numa estrutura linear em que bens são conduzidos de fornecedores para

---

[1] D. M. Lambert *et al.*, *Fundamentals of Logistics Management* (Nova York: McGraw-Hill, 1998), p. 504.
[2] J. Mentzer *et al.*, "Defining Supply Chain Management", *Journal of Business Logistics*, 22 (2), 2001, p. 4.
[3] S. Chopra & P. Meindl, *Supply Chain Management. Strategy, Planning & Operations* (3ª ed., Nova Jersey: Pearson International Education, 2007), p. 3.

transformadores, atacadistas, varejistas e, por fim, os consumidores finais. Contudo, num cenário em que empresas competem, mas também cooperam entre si, e as cadeias produtivas estendem-se entre diversas regiões e países, tal abordagem unidimensional mostra-se demasiado simplista diante das complexas redes de relacionamentos entre corporações de diferentes visões, culturas e portes. Tal complexidade resultou no surgimento do conceito de gestão de cadeias de suprimento.

Gestão da cadeia de suprimento (Supply Chain Management – SCM), para Lambert e outros, é "a integração de processos de negócio desde os usuários finais até os fornecedores originais que proveem produtos, serviços e informações que adicionam valor aos consumidores."[4] De acordo com Mentzer e outros, é a "coordenação sistêmica e estratégica das funções tradicionais dos negócios e das táticas por meio dessas funções em uma empresa particular e por meio dos negócios com a cadeia de suprimento, com o objetivo de melhorar o desempenho no longo prazo das empresas individuais e da cadeia de suprimento como um todo".[5] Note que ambas as definições falam em negócios, e essa é a questão central, ou seja, é uma gestão entre negócios. A primeira fala em integração de processos de negócios ao longo da cadeia, e a segunda, em coordenação de funções tradicionais dos negócios de uma perspectiva estratégica. No caso de uma cadeia de suprimento, dizer gestão de negócios é dizer gestão de relações entre entes independentes, como se vê na definição de Christopher, "gestão das relações à montante e à jusante com fornecedores e clientes, para entregar mais valor ao cliente, a um custo menor para a cadeia de suprimento como um todo".[6] Ainda segundo esse autor, o foco da SCM é atingir um resultado mais lucrativo para todas as partes da cadeia, o que representa um grande desafio, uma vez que o autointeresse das partes deve ser subordinado ao benefício da cadeia como um todo.

Chopra e Meindl e Christopher[7] apontam que o objetivo cadeia de suprimento é maximizar o valor total gerado em sua operação, ou seja, a diferença entre o valor do produto para o cliente final e os custos em que a cadeia de suprimento incorreu para atender à demanda desse cliente.

---

[4] D. M. Lambert et al., *Fundamentals of Logistics Management*, cit., p. 504, tradução nossa.
[5] J. Mentzer et al., "Defining Supply Chain Management", cit., p. 18, tradução nossa.
[6] M. Christopher, *Logística e gerenciamento da cadeia de suprimentos: criando redes que agregam valor* (2ª ed., São Paulo: Thomson Learning, 2007), p. 4.
[7] S. Chopra & P. Meindl, *Supply Chain Management. Strategy, Planning & Operations*, cit.; M. Christopher, *Logística e gerenciamento da cadeia de suprimentos: criando redes que agregam valor*, cit.

Stock e outros apontam para mudanças radicais no ambiente competitivo em que as organizações industriais estão inseridas, com consumidores dispersos por regiões distintas demandando produtos de alta qualidade, preços reduzidos e em curto prazo, o que forçou tais empresas a reorganizar suas atividades e a realinhar suas estratégias, deixando para trás os modelos centralizados, verticalmente integrados e com fábricas concentradas em um único local, para redes dispersas de recursos.[8] Christopher aponta que "a globalização tende a tornar mais longas as cadeias de suprimento, à medida que as empresas alocam cada vez mais a produção em outros países ou a terceirizam em locais mais distantes".[9] Inaugura-se assim uma era de competição entre cadeias de suprimento globais na qual passa a ser competência essencial das empresas a busca de recursos numa base global de fornecedores. Nela podem encontrar insumos melhores ou mais baratos do que os disponíveis em seus países de origem, ainda que cadeias globais apresentem maiores riscos a seus gestores e, portanto, demandem maior esforço em coordenação.

Integração é palavra-chave do gerenciamento da cadeia, e isso ocorre entre empresas membros da cadeia, entre funções empresariais e entre fluxos de materiais, de pessoas, de informações e de recursos financeiros, o que leva a uma abordagem transversal, como sugere a definição de Mentzer e outros, citada anteriormente. O conceito de gestão da cadeia difere da gestão de uma empresa individualmente considerada. Nesta, há autoridade hierárquica com capacidade para definir políticas, objetivos, metas e planos, para exigir o cumprimento desses planos e para cobrar resultados. Como a cadeia é constituída por empresas individuais, cada qual com sua capacidade de tomar decisões autonomamente, sua gestão se dá por meio de colaboração, negociação e exercício de influências e lideranças que se manifestam por meio de pressão e incentivos.

A obtenção de colaboração entre os membros da cadeia é uma questão central, pois é por meio dela que a cadeia se integra para atingir o objetivo mencionado anteriormente. E isso se dá influenciando e negociando. Porém, como é amplamente sabido, a capacidade de uma empresa de influenciar as outras da cadeia decorre de seu poder de barganha, e esse poder é desigualmente distribuído numa cadeia. Voltando ao exemplo da camisa,

---

[8] G. Stock *et al.*, "Logistics, Strategy and Structure: a Conceptual Framework", *International Journal of Operations and Production Management*, 18 (1), 1998, pp. 37-52.

[9] M. Christopher, *Logística e gerenciamento da cadeia de suprimentos: criando redes que agregam valor*, cit., p. 31.

é impensável supor que o agricultor que planta algodão tenha capacidade de influenciar a empresa de fiação. A montadora de automóveis influencia as agências revendedoras e os produtores de autopeças, mas estes não influenciam a montadora no sentido de coordenar a cadeia. Uma grande rede varejista pode exigir o cumprimento de certas obrigações ambientais como requisitos junto aos seus fornecedores, mas, ainda assim, é pouco provável que uma empresa deixe de ser fornecedora desse varejista se ela não atender certas exigências ambientais. A empresa que possui o poder de influenciar sua cadeia, a empresa focal, torna-se mais visível e alvo preferencial dos movimentos sociais de defesa humanitária e do meio ambiente. A empresa focal de uma cadeia de suprimento, em geral, é a que estabelece regras ou governa a cadeia, mantém contato direto com o consumidor ou projeta os produtos que a cadeia oferece.[10]

O poder de influenciar outros membros da cadeia resulta de vários fatores, alguns ligados à estrutura do seu setor econômico, tais como grau de concentração, escala, barreiras à entrada e domínio da tecnologia; e à capacidade de coordenar e liderar processos de integração, por exemplo, estabelecendo incentivos apropriados à cooperação. Essa tendência tem se explicitado por meio de demandas de consumidores, de pressões da sociedade ou de organizações não governamentais, para que grandes empresas assumam compromissos voluntários de práticas socioambientais ao longo de cadeias de suprimento e as induzam junto aos seus fornecedores diretos e indiretos. Também se dá pela exigência de certificações socioambientais, relacionadas a produtos e processos produtivos, para fechamento de contratos de fornecimento entre empresas. Essas demandas e pressões são verdadeiros antídotos contra a competitividade espúria baseada na redução de custos por meio de suprimentos realizados em países tolerantes com problemas ambientais e sociais e, dessa forma, constituem incentivos para que as cadeias convencionais se tornem cadeias verdes ou sustentáveis.

---

[10] S. Seuring & M. Müller, "From a Literature Review to a Conceptual Framework for Sustainable Supply Chain Management", *Journal of Cleaner Production*, 16 (15), 2008, p. 1699.

Cadeia de suprimento verde e cadeia de suprimento sustentável

Na cadeia de suprimento verde os processos incluem a gestão ambiental distribuída pelos membros da cadeia com o objetivo de melhorar seu desempenho ambiental como um todo, integrando os esforços individualizados de seus membros. Para Srivastava, "na gestão da cadeia de suprimento verde (Green Supply Chain Management, GCSM), ocorre a integração do pensamento ambiental com o da gestão da cadeia de suprimento convencional, tais como projeto de produtos, seleção de materiais e de fornecedores, processos produtivos, entrega de produtos finais aos consumidores e gestão do fim da vida útil dos produtos".[11] As considerações ambientais devem estar no mesmo pé de igualdade das econômicas, alvos prioritários da gestão convencional da cadeia de suprimento.

Com a inserção de preocupações sociais no mesmo nível das econômicas e ambientais, tem-se o que se denomina gestão da cadeia de suprimento sustentável (Sustainable Supply Chain Management, SSCM). Seuring e Müller definem a SSCM como a

> gestão dos fluxos de materiais, informações e capital, assim como a cooperação entre empresas da cadeia de suprimento para alcançar as três dimensões do desenvolvimento sustentável, a saber: as dimensões econômicas, ambientais e sociais, levando-se em conta as necessidades dos consumidores e das partes interessadas.[12]

Esses autores ressaltam que, nesse cenário de consolidação de cadeias de suprimento globais e de escalada do *outsourcing*, a responsabilidade pelo mau desempenho ambiental e social de fornecedores pode recair sobre as empresas focais dessas cadeias e citam como exemplos as empresas Nike, Disney, Levi-Strauss, Benetton, Adidas e C&A, que se viram responsabilizadas por problemas socioambientais associados a seus fornecedores em cadeias produtivas de roupas.

Hart e Milstein[13] apontam a crescente demanda da sociedade por transparência e responsabilidade na atuação de empresas e chamam a

---

[11] S. Srivastava, "Green Supply-Chain Management: a State-of-the-Art Literature Review", *International Journal of Management Reviews*, 9 (1), 2007, pp. 53-80.

[12] S. Seuring & M. Müller, "From a Literature Review to a Conceptual Framework for Sustainable Supply Chain Management", cit., p. 1700.

[13] S. Hart & M. Milstein, "Creating Sustainable Value", *Academy of Management Executive*, 17 (2), maio de 2003, p. 59.

atenção para a crescente influência de organizações não governamentais no monitoramento e, em alguns casos, aplicação de padrões socioambientais de produção. De fato, organizações não governamentais ambientalistas de atuação global como o World Wide Fund For Nature (WWF), o Greenpeace e o Friends of The Earth (FOE) desenvolvem, desde o início da década de 1990, ações e campanhas em comércio, meio ambiente e consumo responsável, buscando conscientizar consumidores de diferentes continentes sobre os impactos socioambientais dos seus hábitos de consumo (veja quadro 1). Kleindorfer e outros[14] listam os seguintes fatores para justificar a maior atenção dada ao tema sustentabilidade em cadeias de suprimento:

i. Incremento dos custos de insumos baseados em recursos naturais e de energia por conta do crescimento rápido de países como China e Índia, que apresentam impactos elevados na demanda por esses produtos;

ii. Pressão pública por desempenho adequado das empresas em relação ao meio ambiente, à saúde e segurança;

iii. Maior conhecimento dos consumidores sobre questões relacionadas aos temas socioambientais; e

iv. Crescente descontentamento da população em relação à globalização, aumentando a atividade de organizações não governamentais em relação ao desempenho de empresas transnacionais.

QUADRO I

Exemplo de pressões exercidas por organizações não governamentais

Um estudo realizado pelo Greenpeace em 2006, denominado *Eating up Amazonia*, apresenta os impactos negativos da expansão da agricultura de soja sobre a floresta e mostra evidências de que algumas redes de supermercados e *fast-foods* da Europa comercializavam frangos alimentados com soja proveniente de "crimes contra a Amazônia". Após a publicação desse estudo, essas redes formaram uma aliança com o Greenpeace para exigir que a indústria da soja adotasse medidas para conter o desmatamento da Amazônia. Como resultados

---

[14] P. Kleindorfer *et al.*, "Sustainable Operations Management", *Production and Operations Management*, 14 (4), inverno de 2005, p. 483.

dessa campanha, as duas principais associações brasileiras de empresas ligadas ao setor de grãos, a Associação Brasileira da Indústria de Óleos Vegetais (Abiove) e a Associação Nacional dos Exportadores de Cereais (Anec) anunciaram uma moratória nas compras de soja proveniente de novas áreas de desmatamentos na Amazônia. Além disso, empresas transnacionais que atuam na região, como Cargill, Archier Daniels Midland (ADM) e Louis Dreyfus Commodities (LDC), aceitaram sentar-se à mesa de negociações com o Greenpeace a fim de discutir critérios para fortalecimento dos esforços do governo brasileiro contra o desmatamento na região e assumiram ser parte do problema. A moratória foi renovada em 2016. Estudos mostram que a taxa média de desflorestamento na área monitorada após a moratória de 2009-2015 é seis vezes menor do que no período anterior (2002-2008).[15]

Ainda em 2006 foi criada, na Suíça, a iniciativa internacional Round Table on Responsible Soy Association (RTRS), de caráter multi-*stakeholder*, cujos objetivos são a definição do que é soja produzida e processada de forma responsável e a promoção das melhores práticas para mitigar impactos negativos ao longo da cadeia de valor. Em 2009, a iniciativa apresentou um primeiro documento-base para orientação dessa cadeia produtiva: RTRS Standard for Responsible Soy Production, cujos princípios basilares são: (i) adequação legal e boas práticas de negócio, (ii) condições responsáveis de trabalho, (iii) relações responsáveis com comunidade, (iv) responsabilidade ambiental e (v) boas práticas ambientais. Esse documento, revisado diversas vezes, tornou-se uma norma de boas práticas aplicável à cadeia da soja. Fazem parte da RTRS: Abiove, Cargill, ADM, LDC, produtores de soja como o Grupo André Maggi, Gebana e Coproeste, fabricantes como Basf, Bunge, Unilever, Monsanto, Syngenta, agentes financeiros como International Finance Corporation, Rabobank, empresas comerciais como Carrefour, organizações não governamentais (WWF, The Nature Conservancy, Conservation International, Instituto Ethos), organismos de certificação como Bureau Veritas, entre outras.[16]

---

[15] *Moratória da soja, safra 2015-2016*, disponível em http://www.abiove.org.br/site/_FILES/Portugues/09112016-141009-relatorio_da_moratoria_da_soja_2015-16_gts.pdf, acesso em 19-6-2017.

[16] RTRS Standard for Responsible Soy Production, 2017, disponível em http://www.responsiblesoy.org/wpdm-package/rtrs-standard-responsible-soy-production-v3, acesso em 19-6-2017.

> Outras iniciativas semelhantes ao RTRS foram criadas para os mesmos fins, com foco em outras cadeias produtivas, por exemplo, Roundtable on Sustainable Biofuels e Roundtable on Sustainable Palm Oil. Em comum, essas iniciativas voluntárias buscam o compromisso de organizações com princípios e práticas estabelecidas construídas a partir do debate entre diferentes partes interessadas.

Da cadeia convencional à cadeia verde

O conceito de ciclo de vida físico do produto é essencial para uma cadeia de suprimento verde. Esse ciclo envolve todas as etapas de um produto ou serviço, desde a extração das suas matérias-primas originais no meio ambiente natural até a disposição final do produto após seu uso, passando por todos os estágios intermediários. De acordo com a norma ISO 14040,[17] o ciclo de vida é constituído pelos estágios sucessivos e encadeados de um sistema de produto, da aquisição de matéria-prima ou da geração de recursos naturais à disposição final (definição 3.8). A figura 1 ilustra esse ciclo, também denominado *do berço ao túmulo* (*cradle to grave*), pois os materiais e energia usados repousam em seu berço no meio ambiente na forma de recursos naturais, e depois os restos do produto sem possibilidade de reúso ou reciclagem voltam ao meio ambiente, agora na condição de túmulo, última morada do material que já não serve mais para nada, devendo ser disposto de modo seguro em um aterro ou incinerado. Os mais otimistas preferem o termo *do berço ao berço (cradle to cradle),* pois na natureza não há perdas e tudo se regenera.

O conceito de ciclo de vida adere totalmente ao conceito de cadeia de suprimento verde, como se pode ver na figura 2. A incorporação efetiva desse conceito nas práticas das empresas constituintes da cadeia se dá por meio de três níveis de atuação gerencial. O nível mais elevado da gestão da cadeia é orientado por uma filosofia de gestão, que se efetiva mediante a aplicação dos seguintes princípios conhecidos por 6R, a saber:

---

[17] Associação Brasileira de Normas Técnicas, *NBR ISO 14040:2009, Gestão ambiental – Avaliação do ciclo de vida – Princípios e estruturas* (Rio de Janeiro: ABNT, 2009).

FIGURA 1

Ciclo de vida do produto

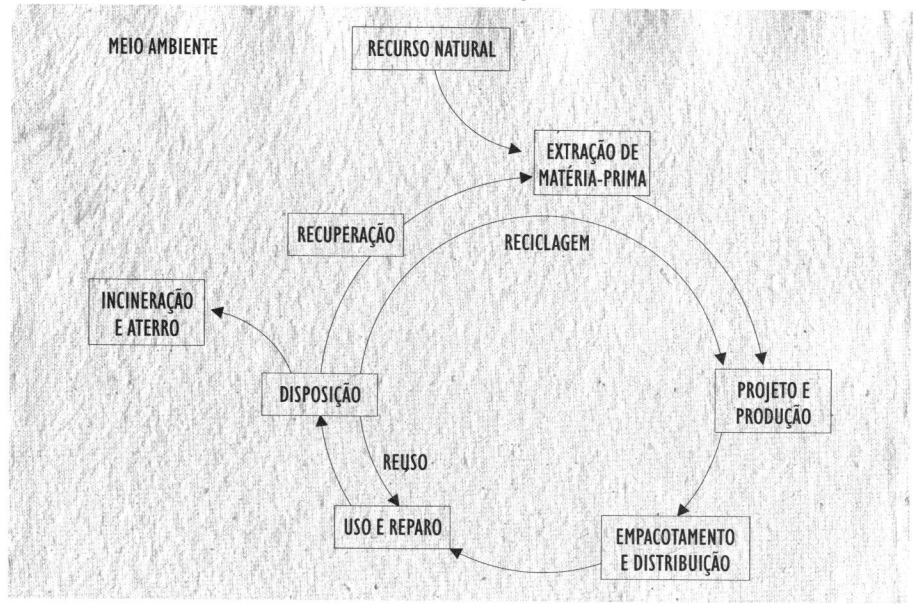

Fonte: United Nations Environment Program, *Life Cycle Management: a Business Guide to Sustainability*, Genebra: Unep, 2007, p. 12, disponível em http://www.unep.fr/shared/publications/pdf/DTIx0889xPA-LifeCycleManagement.pdf. Acesso em 12-7-2010.

FIGURA 2

Ciclo de vida do produto e cadeia de suprimento verde: um exemplo

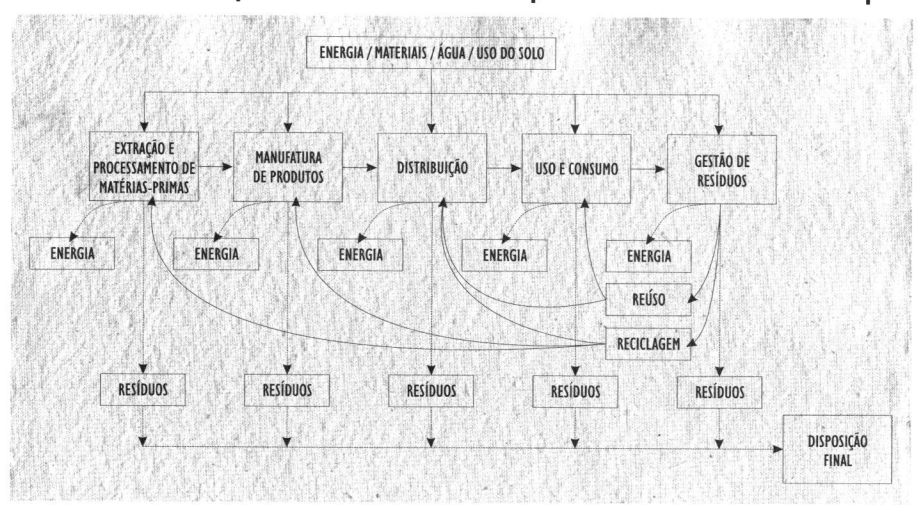

Fonte: J. C. Barbieri & J. Cajazeira, *Responsabilidade empresarial e empresa sustentável: da teoria à prática* (São Paulo: Saraiva, 2009).

1) repensar (*rethinking*) os produtos e suas funções, para que possam ser usados de modo mais eficiente do ponto de vista ambiental;

2) projetar os produtos de modo a facilitar sua manutenção e reparo (*repair*);

3) projetar os produtos de modo a facilitar o desmanche e reúso de peças (*reuse*);

4) reduzir (*reduce*) o consumo de energia, materiais e impactos socioambientais ao longo do ciclo de vida;

5) coletar materiais para serem reciclados (*recycle*) para diminuir a extração de recursos naturais; e

6) substituir (*replace*) substâncias perigosas e tóxicas.[18]

A gestão da cadeia de suprimento verde é a construção e manutenção de um ambiente colaborativo para que os membros dessa cadeia adotem tais princípios em suas atividades administrativas e operacionais. Isso se efetiva por meio de diferentes instrumentos de gestão orientados por esses princípios e aplicáveis a diversas questões ambientais, como avaliação do ciclo de vida, seleção de materiais e de fornecedores, desenvolvimento de produtos e logística reversa.

Quatro conceitos e propostas são particularmente importantes para que as questões ambientais sejam tratadas ao longo de cadeias de suprimento: ecoeficiência, produção mais limpa, *design for environment* e logística reversa. Cada uma delas enfatiza um ou mais aspectos ambientais e, analisadas em conjunto, não são mutuamente excludentes.[19] As três primeiras são tratadas em outros capítulos deste livro, e a última no próximo item.

O *design for environment*, em especial, envolve um conjunto de ações de cunho prevencionista a serem realizadas antes da concepção de um produto e dos posteriores processos de produção, distribuição e utilização. Contempla esforços para facilitar a manufatura dos produtos (*design for manufacture*), recuperar peças e componentes com o objetivo de reutilizá-los (*design for disassembly*), facilitar sua manutenção (*design for maintainability*), reduzir o consumo de energia durante a vida do produto (*design for energy*

---

[18] United Nations Environment Program, *Life Cycle Management: a Business Guide to Sustainability*, Genebra: Unep, 2007, p. 13, disponível em http://www.unep.fr/shared/publications/pdf/DTIx0889xPA-LifeCycleManagement.pdf, acesso em 12-2-2010.

[19] J. C. Barbieri & M. Dias, "Logística reversa como instrumento de programas de produção e consumo sustentáveis", *Tecnologística On-Line*, São Paulo, 2002, disponível em: http://www.tecnologistica.com.br, acesso em 15-6-2009.

efficiency), viabilizar a reciclagem pós-uso (*design for recycling*), entre outros. Nessa proposta mostra-se evidente a preocupação com o uso sustentável dos recursos em todas as fases da produção, distribuição e consumo.[20]

Srivastava[21] ressalta que o termo *design verde* tem sido amplamente usado na literatura para apontar quaisquer produtos que atendam a requisitos ambientais. A partir da análise do ciclo de vida do produto, aspectos como segurança ambiental e saúde são analisados e incorporados por meio do *design*, balizando o desenvolvimento de novos produtos e processos, o que configura um campo de pesquisa que engloba áreas como: gestão de riscos ambientais, segurança de produtos, saúde e segurança ocupacional, prevenção da poluição, conservação de recursos e gerenciamento de resíduos.

Logística e logística reversa

A logística pode ser entendida como o processo de gestão dos fluxos de materiais, pessoas e recursos dos pontos de suprimento até os pontos de consumo. O fluxo principal, denominado fluxo direto, vai dos fornecedores aos clientes, passando pelas etapas de produção, armazenagem, venda, entrega e assistência pós-venda, como ilustrado na figura 3. O Council of Logistic Management, atualmente denominado Council of Supply Chain Management Professionals (CSCMP), definia logística como o processo de planejar, implementar e controlar de modo eficiente e ao custo efetivo o fluxo de matérias-primas, materiais em processo e produtos acabados, e as informações relacionadas, do ponto de origem ao ponto de consumo, com o propósito de atender aos requisitos do cliente.[22] De modo análogo, para o Reverse Logistic Executive Council (RLEC), logística reversa é o processo de planejar, implementar e controlar de modo eficiente e ao custo efetivo o fluxo de matérias-primas, materiais em processo e produtos acabados, e as informações relacionadas, do ponto de origem ao ponto de consumo, para recuperar valor ou eliminar de forma adequada.[23] A logística reversa está contemplada na definição atual de logística da CSCMP: logística é a parte do processo da gestão da cadeia de suprimento que planeja, im-

---

[20] J. C. Barbieri, *Gestão ambiental empresarial: conceitos, modelos e instrumentos* (4ª ed., São Paulo: Saraiva, 2016).
[21] S. Srivastava, "Green Supply-Chain Management: a State-of-the-Art Literature Review", cit.
[22] Council of Supply Chain Management Professionals, disponível em http://cscmp.org/aboutcscmp/definitions.asp, acesso em 12-2-2010 (tradução nossa).
[23] Reverse Logistic Executive Council, disponível em http://www.rlec.org/glossary.htm#reverse_logistics, acesso em 12-2-2010 (tradução nossa).

FIGURA 3

Logística convencional

plementa e controla o fluxo e o armazenamento *direto e reverso* de bens, serviços e a informações relacionadas de modo eficiente e eficaz, desde o ponto de origem até o ponto de consumo, para atender às necessidades dos consumidores.[24]

A palavra *reversa* em logística reversa destaca a importância do fluxo principal, que é o centro da atenção para a qual a logística é planejada. Guide e outros[25] chamam a atenção para o fato de que, na visão convencional de cadeias de suprimento, o cliente é tipicamente o final do processo, de forma que uma série de processos reversos são desconsiderados. Na cadeia de suprimento convencional, a logística reversa desempenha papel subordinado ao fluxo direto. Suas atribuições se restringem quase completamente a retornar produtos e peças com defeitos dentro dos prazos de garantia, retirar produtos com vida útil vencida das prateleiras, trazer de volta produtos avariados, etc. Um exemplo são os *recalls,* que com frequência são anunciados nos meios de comunicação. O quadro 2 apresenta outros exemplos de atividades de logística reversa. Em geral esses retornos aproveitam os mesmos veículos que levam os produtos, peças ou matérias-primas de um membro a outro da cadeia.

---

[24] Council of Supply Chain Management Professionals, disponível em http://cscmp.org/aboutcscmp/definitions.asp, acesso em 12-2-2010 (tradução e grifo nossos).

[25] D. Guide *et al.*, "The Challenge of Closed-Loop Supply-Chains", *Interfaces*, 33 (6), novembro-dezembro de 2003.

QUADRO 2

Atividades comuns em logística reversa

Material	Atividade
Produtos	Retorno ao fornecedor Revenda Venda em ponta de estoque (*outlet*) Recuperação Recondicionamento Renovação Remanufatura Troca de mercadorias Reciclagem Encaminhamento para aterro
Embalagens	Reúso Renovação (*refurbish*) Troca de mercadorias Reciclagem Recuperação (*salvage*)

Fonte: Adaptado de D. S. Rogens & R. S. Tibben-Lembke, "Going Backwards: Reverse Logistics Trends and Practices", 1998, p. 10, disponível em http://www.rlec.org/reverse.pdf.

O conceito de logística reversa numa cadeia verde cumpre outras funções, tais como redução das quantidades utilizadas de matérias-primas ou energia, reciclagem, substituição, reutilização de embalagens e disposição de resíduos. Barbieri e Dias[26] apontam que a logística reversa deve ser entendida como um dos instrumentos necessários à implementação de uma proposta de produção e consumo sustentáveis e citam como exemplo que, se as partes envolvidas no desenvolvimento de produto usarem uma abordagem que combine modularidade e *design for environment*, será viável a implementação de uma logística reversa voltada para a recuperação de peças, componentes, materiais e embalagens, permitindo sua reutilização e reciclagem, buscando, ao mesmo tempo, ganhos econômicos e ambientais. A implementação dessa concepção de logística reversa demanda o envolvimento de outros membros da cadeia de suprimento num esforço combinado em torno do conceito de ciclo de vida.

---

[26] J. C. Barbieri & M. Dias, "Logística reversa como instrumento de programas de produção e consumo sustentáveis", cit.

Uma questão central da cadeia verde, que decorre do conceito de ciclo de vida, é a recuperação de materiais após o seu uso. Como visto nas figuras 1 e 2, esse ciclo envolve retornos de produtos ou restos de produtos para efeito de reúso, reparo, recuperação e reciclagem. Em termos gerais, há duas situações relacionadas com as características do produto e do seu processo de consumo que comportam atuações diferenciadas do ponto de vista dos fluxos reversos numa cadeia verde. Ambas são examinadas a seguir.

Logística reversa em circuito aberto

Uma situação refere-se aos produtos consumidos por enormes contingentes de pessoas em diferentes locais, de modo que os pontos de coleta estão disseminados por espaços imensos nos quais se encontram produtos de diferentes cadeias de suprimento, com membros em diferentes locais, inclusive em outros países. Essa situação gera o que se denomina logística reversa em circuito aberto, como ilustra a figura 4. Como se vê, a logística reversa forma novas cadeias de suprimento que podem ou não se relacionar com as cadeias de suprimento dos produtos originais.

Esse é o tipo de situação gerado pelas embalagens de produtos de consumo de massa: na falta de uma logística reversa adequada associada a outros instrumentos de gestão ambiental como os citados, acabam sendo dispostos na forma de lixo doméstico cuja coleta e disposição final é da

FIGURA 4
Logística reversa de circuito aberto: um exemplo

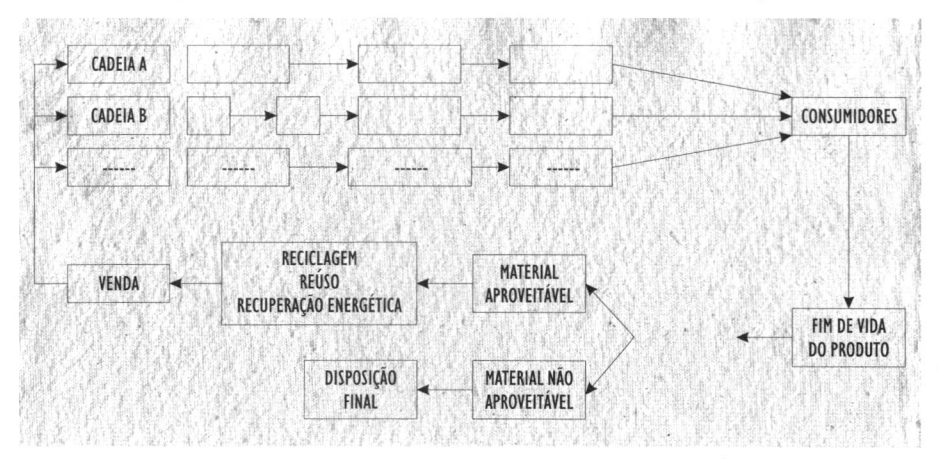

responsabilidade das prefeituras municipais no Brasil. Ocioso dizer que esse tipo de lixo é um dos mais graves problemas ambientais aqui e no resto do mundo. Como mostra a figura 1, o destino dos restos inaproveitáveis de produtos usados são a incineração ou o aterro, mas, segundo a filosofia do ciclo de vida, esses restos devem ser os mínimos possíveis e os menos perigosos diante das atividades de reduzir, reusar, reciclar, recuperar e substituir componentes tóxicos, atividades produzidas por meio de conceitos como produção mais limpa, *design for environment* e outros, coerentes com a filosofia do ciclo de vida. Em suma, não se devem apostar as fichas só na logística reversa sem essas práticas.

A cadeia de suprimento resultante da logística de circuito aberto comumente se apresenta muito problemática em qualquer parte do mundo por diversos fatores, começando pela dispersão dos pontos geradores de resíduos e pela sua diversidade de formas e estados. Os processos logísticos do fluxo principal lidam com pontos de origem e destino localizados e operam com produtos padronizados, com pouca variedade e em grande volume, no atacado, para usar uma linguagem típica dos negócios. No fluxo principal ou direto, embora haja *commodities* em algumas etapas, estas em geral apresentam propriedades físico-químicas uniformes, diferentemente dos fluxos reversos. Esses fluxos praticamente só lidam com *commodities*, como ferro-velho, latas de alumínio usadas de diferentes produtores, aparas de diferentes tipos de papel e papelão, restos de produtos e embalagens de vários tipos de plásticos, etc. Como tais, seus preços são baixos relativamente ao volume ou peso, o que torna necessária a estocagem em pontos de coleta para tornar seu transporte economicamente viável. Nas operações do fluxo direto, principalmente depois de iniciadas as etapas de fabricação, a boa prática de gestão tem a meta de reduzir estoques para minimizar custos associados às aquisições e à estocagem, tornando menor a necessidade de capital de giro. Tais possibilidades praticamente estão fora de cogitação na logística reversa de fluxo aberto, por isso não deve causar espanto que as cadeias geradas por esse fluxo são, via de regra, perversas do ponto de vista da distribuição dos resultados entre os seus membros, e os elos mais fracos – catadores de rua e pequenos intermediários locais – em geral ganham apenas para sobreviver. O quadro 3 apresenta outras diferenças entre a logística de fluxo direto e a de fluxo reverso aberto.

QUADRO 3

Diferenças entre logística direta e logística reversa

Logística direta	Logística reversa
Previsão relativamente simples	Previsão mais difícil
Um ponto de distribuição para muitos	Muitos para um ponto de distribuição
Qualidade dos produtos uniforme	Qualidade dos produtos não uniforme
Embalagem dos produtos uniforme	Embalagem dos produtos em geral danificada
Destino/roteamento definido	Destino/roteamento não definido
Opções de descarte definidas	Opções de descarte não definidas
Preços relativamente uniformes	Preços dependentes de muitos fatores
Importância da rapidez reconhecida	Rapidez em geral não é considerada prioridade
Custo de distribuição facilmente visível	Custos menos visíveis
Gestão de estoques constante	Gestão de estoques não constante
Ciclo de vida do produto administrável	Ciclo de vida do produto com questões mais complexas
Negociação simples entre as partes	Negociação complicada por vários fatores
Métodos de *marketing* bem conhecidos	*Marketing* complicado por vários fatores
Visibilidade do processo mais transparente	Visibilidade do processo menos transparente

Fonte: Reverse Logistic Executive Council, disponível em www.rlec.org, acesso em 8 fev. 2010.

Um outro problema é que os fluxos reversos abertos dependem da boa vontade dos consumidores dos produtos em proceder à separação e coleta dos resíduos em suas residências e locais de trabalho, de lazer, de estudo e de trânsito. Isso requer a sensibilização da população para os problemas do lixo que gera, o que não só depende do grau de educação da população, mas também de instrumentos específicos de política pública para induzir comportamentos voltados para resolver os problemas do lixo doméstico na própria fonte geradora e para impedir a perversidade da cadeia de suprimento, protegendo seus elos mais fracos, por exemplo, estimulando a formação de cooperativas de catadores, para que eles possam participar da cadeia com escala de produção que lhes permita vender o material coletado por preços decentes e não aviltados, como costuma ocorrer quando atuam isoladamente.

Fechando o circuito

As cadeias de suprimento de bens de consumo durável geram outros tipos de fluxos reversos que podem se integrar ao fluxo direto, de modo que ambos os fluxos façam parte da mesma cadeia de suprimento. É o caso de uma cadeia da linha branca que reforma e remanufatura produtos usados para incorporá-los a novos produtos ou mantê-los em funcionamento nos lares dos compradores. Aqui os produtos e materiais retornados são os mesmos que passaram pelo fluxo direto, de modo que se restringem aos produzidos na cadeia de suprimento. Ou seja, diferentemente do fluxo reverso aberto que forma novas cadeias, nesse caso é a mesma cadeia que realiza o fluxo reverso de materiais e produtos para ela mesma reprocessar, reparar, trocar peças com defeitos ou fatigadas por outra, etc.

Usa-se a denominação cadeia de suprimento em circuito fechado (CLSC, do inglês *Closed Loop Supply Chain*) para designar uma cadeia de suprimento que integra tanto os fluxos principais quanto os reversos, ou parte deles, de modo que os materiais retornados, ou parte deles, recebam processamento dentro da própria cadeia. Blumberg[27] distingue quatro modelos de negócios ligados com diferentes graus de integração entre o fluxo direto e o reverso. Um deles é o modelo em que os materiais e produtos retornados são enviados a um local central para processamento e disposição final. O fluxo reverso opera de forma independente do direto ou principal. Porém difere do circuito aberto pelo fato de que os materiais e produtos retornados são os mesmos que antes fluíram pela cadeia principal. Outros dois modelos de CLSC integram o fluxo direto de bens, a logística reversa e os serviços de reparação para produtos: um trata de produtos de alta tecnologia e o outro, de produtos padronizados de baixa tecnologia. A figura 5 bem poderia representar uma cadeia de certo bem de consumo durável, como os da linha branca. O quarto modelo é o que o autor denomina de CLSC orientado pelo consumidor, em que a interação primária se dá entre os varejistas e o fabricante do equipamento original.

Como se vê, a abordagem do autor citado se circunscreve às cadeias convencionais; sequer é uma cadeia verde *stricto sensu*, a não ser indiretamente, pois os retornos associados ao ciclo de vida, conforme ilustrado na figura 1, podem beneficiar o meio ambiente se economizarem recursos

---

[27] D. F. Blumberg, *Introduction to Management of Reverse Logistics and Closed Loop Supply Chain Processes* (Boca Raton: CRC Press, 2004), pp. 12-6.

FIGURA 5

Logística reversa associada ao fluxo principal: um exemplo

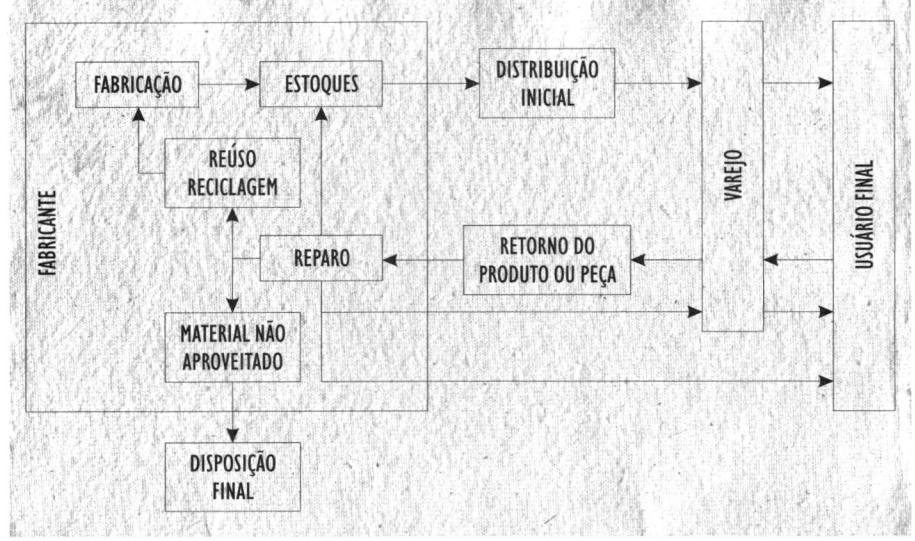

Fonte: Inspirado em D. F. Blumberg, *Introduction to Management of Reverse Logistics and Closed Loop Supply Chain Processes* (Boca Raton: CRC Press, 2004), p. 14.

naturais ao longo do processo. Isso nem sempre ocorre. Por exemplo, prolongar a vida útil de um produto por meio de reparos constantes pode agir na direção contrária se o consumo de energia para operá-lo for maior do que seria com um produto novo projetado para consumir menos. Para transformar essas cadeias convencionais com circuitos fechados em cadeias verdes é necessária uma dose elevada de intencionalidade, o que pressupõe uma gestão orientada pela filosofia do ciclo de vida e a adoção de instrumentos e práticas de gestão como os citados.

Diante da disseminação do termo CLSC, Wells e Seitz[28] apontam que, apesar de os *closed loops* serem diferentes de acordo com o produto, subproduto, estrutura da indústria ou modelo de consumo em análise, esse conceito deve ser examinado com base em quão fechado (*closed*) e abrangente é o ciclo (*loop*), conforme descrito a seguir:

---

[28] P. Wells & M. Seitz, "Business Models and Closed-Loop Supply Chains: a Typology", *Supply Chain Management: an International Journal*, 10 (4), 2005, pp. 249-51.

- Interno: dá-se dentro do local de manufatura, por meio da coleta de resíduos da produção para reúso. É o caso das aparas de papel usadas na produção do mesmo produto virgem;
- Pós-negócio: como no modelo interno, resíduos são coletados, porém destinados a outras empresas que vão utilizá-los em outros produtos. É o caso de aparas de papel usadas como insumos de outros produtos (por exemplo, papel de jornal) ou gesso residual em processo industrial para uso na construção civil;
- Pós-consumidor: um fluxo cíclico de materiais do ponto de manufatura ao consumidor final, e deste ao ponto de manufatura, mantendo-se a magnitude dos fluxos ao longo dos ciclos. Nesse caso hipotético, o ciclo é o mais fechado possível: vai da manufatura ao consumidor e mantém-se no mesmo setor produtivo, e a energia é gasta apenas para movimentar materiais e remanufaturá-los. Nesse exemplo, não há demanda adicional pelos recursos naturais que compõem a matriz de insumos do produto. Trata-se de um cenário inverossímil em que não há evolução tecnológica ou alteração em *market share*;
- Pós-sociedade: envolve inevitavelmente mais reciclagem do que remanufatura. É um modelo mais abrangente e menos inverossímil, ainda que dependa da condição de não crescimento do consumo de materiais. No caso do alumínio, em razão do elevado custo da energia no processo produtivo, são verificados elevados níveis de reciclagem e há utilização do material pós-consumo em outros setores industriais.

Para esses autores, os progressos na implementação de ciclos mais fechados e abrangentes se dão de forma lenta em razão do foco de estudo mais dedicado a aspectos operacionais, em detrimento de uma visão mais ampla do assunto, ligada à estratégia das empresas, o que faz que a CLSC, que incorpora tanto os fluxos diretos quanto os reversos na mesma cadeia, seja pouco reconhecida como proposta de criação de valor, justamente num momento em que novos modelos de negócio precisam ser desenvolvidos com a cooperação da indústria e da academia, levando-se em consideração a abordagem de ciclo de vida dos produtos.[29]

---

[29] *Ibid.*, p. 3.

Da cadeia verde à cadeia sustentável

Para Jenkins, no processo de consolidação de cadeias de suprimento globais, as empresas contratantes, localizadas em países de elevado desenvolvimento humano, repassaram aos seus fornecedores, em países de médio ou baixo desenvolvimento, não apenas a responsabilidade pelo cumprimento de contratos, mas também a responsabilidade pelos impactos ambientais e pelas condições de trabalho associadas aos seus processos produtivos. E os mesmos avanços em tecnologias de comunicação global que tornaram esse arranjo viável facilitam também a divulgação de informações referentes a condições de trabalho inadequadas ou à degradação ambiental que possam ocorrer nas operações dos fornecedores.[30]

Os aspectos ambientais têm recebido maior atenção por parte de gestores e pesquisadores, numa abordagem que reduz a discussão sobre sustentabilidade em cadeias de suprimento a melhorias em impactos ambientais. Em parte, esse processo é alavancado por regulamentações percebidas em países de elevado desenvolvimento humano que acabam por interferir em mercadorias produzidas fora dessa região. As disposições apresentadas no quadro 4, por exemplo, afetam diversos produtores baseados em países em desenvolvimento (PEDs) que buscam acessar o mercado da União Europeia (UE).

QUADRO 4

Algumas disposições sobre resíduos na União Europeia

A UE busca a harmonização de legislações ambientais nacionais de seus Estados-membros em um nível elevado de proteção à saúde, à segurança, ao meio ambiente e à defesa do consumidor. A política adotada pela UE em matéria de resíduos visa minimizar o impacto negativo da produção e gestão de resíduos na saúde humana e no ambiente. Essa preocupação tornou-se efetiva por meio de diversas diretivas do Parlamento Europeu e do Conselho da União Europeia, que são transformadas em leis nos Estados-membros seguindo seus processos legislativos próprios e

---

[30] R. Jenkins, "Corporate Codes of Conduct. Self-Regulation in a Global Economy", *United Nations Research Institute for Social Development*, 2001, p. 3, disponível em http://www.unrisd.org/unrisd/website/document.nsf/ab82a6805797760f80256b4f005da1ab/e3b3e78bab9a886f80256b5e00344278/$FILE/jenkins.pdf, acesso em 15-8-2009.

atendendo suas peculiaridades. Uma das primeiras foi a Diretiva 94/62 relativa a embalagens e resíduos de embalagens, tendo como objetivo, por um lado, prevenir e reduzir o seu impacto no meio ambiente em todos os Estados-membros, assim como em países terceiros, assegurando assim um elevado nível de proteção ambiental, e, por outro lado, garantir o funcionamento do mercado interno e evitar entraves ao comércio e distorções e restrições de concorrência no âmbito da UE. Essa Diretiva estabeleceu, como primeira prioridade, medidas para prevenir a produção de resíduos de embalagens, além de estipular como princípios fundamentais a reutilização das embalagens, a reciclagem e as outras formas de valorização dos resíduos de embalagens e, portanto, a redução da eliminação final desses resíduos.[31]

Com o tempo, novas diretivas regulamentaram outras questões relativas aos resíduos, entre elas, a Diretiva 2000/53, sobre veículos em fim de vida;[32] a Diretiva 2002/95, sobre a restrição do uso de determinadas substâncias perigosas em equipamentos eletroeletrônicos;[33] a Diretiva 2002/96, sobre resíduos de equipamentos eletroeletrônicos (REEE);[34] e a Diretiva 2006/66, sobre pilhas, acumuladores e respectivos resíduos.[35] Com tantas diretivas sobre resíduos e seu modo flexível de ser aplicado nos Estados-membros, a Diretiva 2006/12, uma espécie de diretiva-quadro, buscou tornar mais eficaz a gestão dos resíduos e dispor de uma terminologia comum para evitar confusões e sobreposições.[36] Ela estabeleceu que os Estados-membros deverão tomar, em primeiro lugar, medidas de prevenção ou redução da produção e da nocividade dos resíduos por meio do desenvolvimento de tecnologias limpas e mais econômicas em termos de recursos naturais, de produtos

---

[31] Diretiva 94/62, disponível em https://eur-lex.europa.eu/legal-content/PT/TXT/?uri=CELEX%3A31994L0062, acessado em 11-12-2018.

[32] Diretiva 2000/53, disponível em https://eur-lex.europa.eu/legal-content/PT/TXT/?uri=CELEX%3A32000L0053, acessado em 11-12-2018.

[33] A Diretiva 2002/95 (disponível em https://eur-lex.europa.eu/legal-content/PT/TXT/?uri=celex%3A32002L0095, acessado em 11-12-2018) foi substituída em janeiro de 2013 pela Diretiva 2011/65 (disponível em https://eur-lex.europa.eu/legal-content/pt/TXT/?uri=CELEX:32011L0065, acessado em 11-12-2018).

[34] A Diretiva 2002/96 (disponível em https://eur-lex.europa.eu/legal-content/pt/TXT/?uri=CELEX:32002L0096, acessado em 11-12-2018) foi substituída em fevereiro de 2014 pela Diretiva 2012/19 (disponível em https://eur-lex.europa.eu/legal-content/pt/TXT/?uri=CELEX:32012L0019, acessado em 11-12-2018).

[35] Diretiva 2006/66, disponível em https://eur-lex.europa.eu/legal-content/PT/TXT/?uri=celex%3A32006L0066, acessado em 11-12-2018.

[36] Diretiva 2006/12, disponível em https://eur-lex.europa.eu/legal-content/PT/TXT/?uri=celex:32006L0012, acessado em 11-12-2018.

que contribuam o menos possível para a nocividade dos resíduos e de técnicas adequadas à eliminação de substâncias perigosas em resíduos destinados à valorização. Em segundo lugar, estabeleceu a valorização dos resíduos por meio de reciclagem, reúso, recuperação ou qualquer ação voltada para a obtenção de matérias-primas secundárias e utilização dos resíduos como fonte de energia.

Posteriormente, a Diretiva 2006/12 foi substituída pela Diretiva 2008/98 com o objetivo, entre outros, de clarificar a distinção entre resíduos e não resíduos e entre valorização e eliminação. Ela consagra a hierarquia enquanto princípio geral da legislação e da política de prevenção e gestão de resíduos, a saber: prevenção e redução, preparação para a reutilização, reciclagem, outros tipos de valorização, como geração de energia, e, por último, eliminação. Ela introduz o princípio do poluidor-pagador e o conceito de responsabilidade estendida do produtor (EPR), entendidos como alguns dos meios de apoiar o design e a produção de bens que considerem e facilitem a utilização eficiente dos recursos durante todo o seu ciclo de vida, incluindo sua reparação, reutilização, desmantelamento e reciclagem, sem comprometer a livre circulação de mercadorias no mercado interno. Atribui-se a responsabilidade, incluindo-se os custos da gestão de resíduos, ao agente que desenvolva, fabrique, transforme, trate, venda ou importe produtos.[37]

Embora tenha como alvo seus Estados-membros, essa profusão de legislações ambientais rigorosas da UE acaba por atingir os PEDs. As diretivas citadas no quadro 4 forçam produtores dos PEDs a considerar questões ambientais concernentes a seus produtos caso queiram exportar ou continuar exportando para a UE. Para além das externalidades de consumo, em alguns casos, a demanda por um produto "mais limpo" (exemplo: livre de substâncias perigosas em sua composição) pode resultar num processo produtivo menos poluente no local de sua fabricação. Evita-se assim o malfadado Nimby.

---

[37] Diretiva 2008/98, disponível em https://eur-lex.europa.eu/legal-content/pt/TXT/?uri=CELEX:32008L0098, acessado em 11-12-2018.

Além das regulamentações, há também diversas pressões e incentivos externos às empresas focais impostos por clientes e de partes interessadas (*stakeholders*), como apresentado no quadro 1. Os clientes podem atuar no sentido de premiar as cadeias que agem corretamente escolhendo seus produtos na hora da compra. A razão de ser de diversos selos ou rótulos verdes é informar o consumidor sobre as condições do produto em termos de atendimento de requisitos ambientais e também, de forma crescente, sociais.

As regulamentações e os recentes casos de empresas que se viram pressionadas por *stakeholders* ou tornaram-se alvo de campanhas de organizações não governamentais por conta de temas como trabalho infantil ou condições inadequadas de trabalho percebidas a eles de distância na cadeia de suprimento são os fatores que têm fortalecido o interesse por aspectos sociais em cadeias de suprimento.

Como exemplo, autores como Wells e Seitz incorporam a dimensão social à análise de abordagens ambientais, como a CLSC, ao evidenciar o potencial de inclusão social que atividades como reciclagem e cadeias reversas podem apresentar. Certamente, com a automação crescente em processos produtivos na cadeia direta, atividades na cadeia reversa, se pensadas para continuar sendo intensivas em trabalho, podem ser um bom território para políticas de geração de empregos, em razão da baixa capacitação demandada. [38]

Contudo, na UE, em que há rigorosa regulamentação para viabilizar as cadeias reversas, como exibido no quadro 4, as principais motivações das políticas são reduzir a demanda por serviços de destinação de resíduos e a dependência de recursos naturais virgens. Os instrumentos econômicos como a taxação sobre o lixo doméstico e o depósito-retorno apontam para uma sociedade de coleta e reciclagem que não demanda catadores de lixo nas ruas, uma vez que o próprio cidadão é beneficiado por participar da cadeia reversa, entregando desde garrafas de água até automóveis e eletroeletrônicos.

---

[38] P. Wells & M. Seitz, "Business Models and Closed-Loop Supply Chains: a Typology", cit.

Política nacional de resíduos sólidos

Na União Europeia, o ônus da coleta foi transferido para as empresas e os consumidores por meio de incentivos e punições. No Brasil isso também acontecia para alguns poucos produtos por meio de normas legais específicas, como para embalagens de agrotóxicos,[39] pneus,[40] pilhas e baterias[41] e óleo lubrificante.[42] Com a Política Nacional de Resíduos Sólidos, instituída pela Lei nº 12.305, de 2 de agosto de 2010, todos os resíduos sólidos, excluídos os radioativos, passaram a ser considerados para fins de gestão integrada e gerenciamento ambientalmente adequado. Essa lei faz uma definição mais ampla de resíduo sólido ao incluir material em estado semissólido, líquido e gasoso contidos em recipientes cujas particularidades tornem inviável o seu lançamento na rede pública de esgotos ou em corpos d'água, ou exijam para isso soluções técnica ou economicamente inviáveis em face da melhor tecnologia disponível.[43]

Uma das novidades da Lei nº 12.305/2010 é a instituição da responsabilidade compartilhada pelo ciclo de vida dos produtos, entendida como o "conjunto de atribuições individualizadas e encadeadas dos fabricantes, importadores, distribuidores e comerciantes, dos consumidores e dos titulares dos serviços públicos de limpeza urbana e de manejo dos resíduos sólidos, para minimizar o volume de resíduos sólidos e rejeitos gerados, bem como para reduzir os impactos causados à saúde humana e à qualidade ambiental decorrentes do ciclo de vida dos produtos".[44] Para dar efeito a essa responsabilidade foi instituído o acordo setorial, um ato de natureza contratual firmado entre o poder público e os fabricantes, importadores, distribuidores ou comerciantes,[45] ou seja, membros de cadeias de suprimento de um dado setor econômico.

Para os fabricantes, importadores, distribuidores e comerciantes de certos produtos tornou-se obrigatório estruturar e implementar sistemas de logística reversa, mediante retorno dos produtos após o uso pelo consumidor, independentemente do serviço público de limpeza urbana. Esses

---

[39] Brasil, Lei nº 7.802, de 11 de junho de 1989, com alterações feitas pela Lei nº 9.974, de 6 de junho de 2000.
[40] Brasil/Conama, Resolução Conama 416, de 30 de setembro de 2009.
[41] Brasil/Conama, Resolução Conama 401, de 4 de novembro de 2008.
[42] Brasil/Conama, Resolução Conama 362, de 23 de junho de 2005, e 450, de 6 de março de 2012.
[43] Brasil, Lei nº 12.305/2010, art. 3º, inciso XVI, *Diário Oficial*, Brasília, 2010.
[44] Ibid., art. 3º, inciso XVII.
[45] *Ibid., art.* 3º, inciso I.

produtos são os seguintes: lâmpadas fluorescentes, de mercúrio ou vapor de sódio, produtos eletroeletrônicos e seus componentes, embalagem de agrotóxicos, pneus, pilhas e baterias, óleo lubrificante.[46] Por exemplo, em decorrência dessa lei, em 2012 foi assinado um acordo setorial para implantar um sistema de logística reversa de embalagens plásticas de óleo lubrificante nas regiões Sul, Sudeste e parte do Nordeste.[47] Em 2015, foi concluído um acordo relativo a embalagens em geral, tratando de embalagens compostas de papel e papelão, plástico, alumínio, aço, vidro, ou embalagens cartonadas longa vida,[48] envolvendo diversas empresas representadas pelas suas respectivas associações, como Associação Brasileira de Atacadistas e Distribuidores de Produtos Industrializados, Associação Brasileira do Alumínio, Associação Brasileira da Indústria do PET, Associação Brasileira de Supermercados, entre outras.

Diferentemente da UE, no Brasil a política de resíduos sólidos deu atenção especial ao catador de material reciclado e reutilizável, dedicando-lhe diversos dispositivos, como o incentivo a sua integração nas ações que envolvam a responsabilidade compartilhada pelo ciclo de vida dos produto,[49] o incentivo à criação e ao desenvolvimento de cooperativas ou de outras formas de associação de catadores de materiais reutilizáveis e recicláveis,[50] a implantação da coleta seletiva com a participação de cooperativas ou outras formas de associação de catadores de materiais reutilizáveis e recicláveis formadas por pessoas físicas de baixa renda,[51] entre outras. O Decreto nº 7.404, de 23 de dezembro de 2010, que regulamenta a Lei nº 12.305/2010, dedica aos catadores uma seção inteira, estabelecendo que os sistemas de coleta seletiva de resíduos sólidos e a logística reversa priorizarão a participação de cooperativas ou de outras formas de associação de catadores de materiais reutilizáveis e recicláveis constituídas por pessoas físicas de baixa renda.[52] Essa preferência para os catadores já estava presente em diversas normas legais anteriores à citada lei, como o Decreto nº 5.940, de 25 de outubro de 2005, que instituiu a coleta seletiva solidária

---

[46] Brasil, Lei nº 12.305/2010, art. 33, *Diário Oficial*, Brasília, 2010.
[47] Ver mais em http://www.sinir.gov.br/documents, acesso em 19-6-2017.
[48] Acordo Setorial para Implantação do Sistema de Logística Reversa de Embalagens em Geral, disponível em http://www.sinir.gov.br/web/guest/embalagens-em-geral, acesso em 19-6-2017.
[49] Brasil, Lei nº 12.305/2010, art. 6º, inciso XII, *Diário Oficial*, Brasília, 2010.
[50] Ibid., art. 8º, inciso VI.
[51] Ibid., art. 18, §1º, inciso II.
[52] Brasil, Decreto nº 7.404/2010, Título V, art. 40, *Diário Oficial*, Brasília, 2010.

definida como coleta dos resíduos recicláveis descartados, separados na fonte geradora, para destinação às associações e cooperativas de catadores de materiais recicláveis.[53] Em resumo, no Brasil há maior demanda para programas de inclusão social nos programas e sistemas de logística reversa, o que faz sentido em um país com grande contingente de pessoas vivendo em condições de miserabilidade, com baixa qualificação profissional e disposta a trabalhar na cadeia reversa por falta de melhor opção.

Estratégias de implementação da SSCM

Além dos *trade-offs* entre maior eficiência na dimensão ambiental ou social, deve-se ressaltar que há *trade-offs* em decisões internas às próprias dimensões: na ambiental, por exemplo, a variável a ser minimizada (ou maximizada) interfere no desenho do CLSC. Maior quantidade de metal reciclado pode significar maior emissão de gases de efeito estufa, caso a distância percorrida com o material pós-consumo seja grande. Maior quantidade de consumo de papel reciclado pode significar menor fixação de carbono em florestas plantadas, com maior emissão de gases de efeito estufa a cada novo ciclo de reciclagem do papel. Na dimensão social, um exemplo de *trade-off*, já mencionado, é incentivar o consumidor final a atuar na cadeia reversa ou torná-la mais inclusiva na etapa de coleta, viabilizando a função de catador.

Incorporar a dimensão social à GSCM, caminhando para a SSCM, acrescenta dilemas aos tomadores de decisão na cadeia de suprimento. Seuring e Müller[54] apontam as principais barreiras à implementação de uma cadeia de suprimento sustentável: custos elevados, complexidade na coordenação e comunicação insuficiente ao longo da cadeia. Para esses autores, existem dois grupos de estratégias de implementação da SSCM, que permitem que critérios ambientais e sociais sejam cumpridos por seus membros e permaneçam ao longo da cadeia, mantendo sua competitividade em razão do atendimento das necessidades do cliente, como mostra a figura 6.

---

[53] Brasil, Decreto nº 5.940/2005, art. 2º, Diário Oficial, Brasília, 2005.
[54] S. Seuring & M. Müller, "From a Literature Review to a Conceptual Framework for Sustainable Supply Chain Management", cit.

FIGURA 6

SSCM: pressões e incentivos e estratégias dominantes

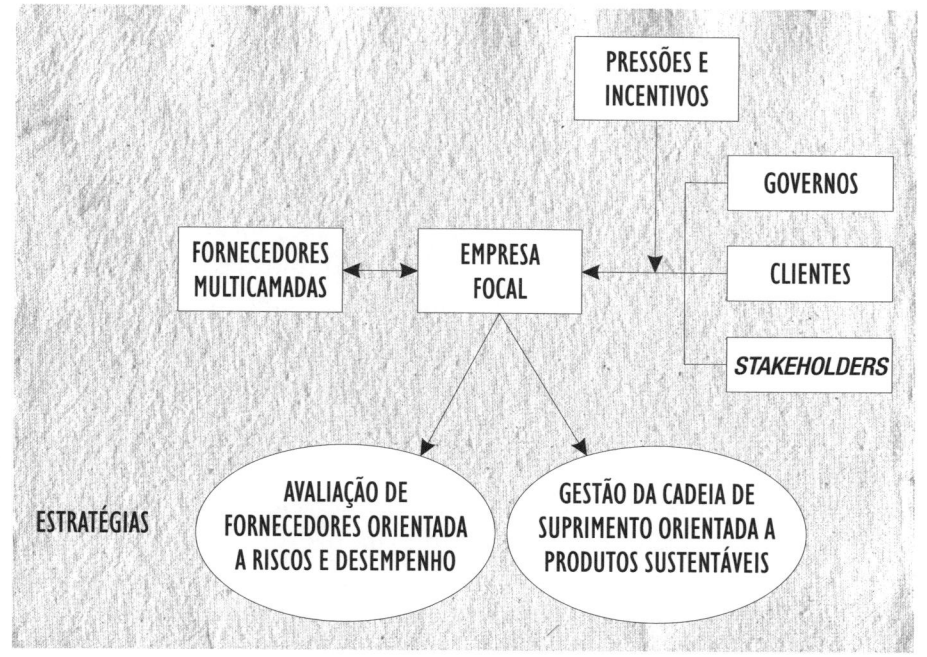

```
                              PRESSÕES E
                              INCENTIVOS

                                            GOVERNOS

  FORNECEDORES      EMPRESA                 CLIENTES
  MULTICAMADAS       FOCAL

                                            STAKEHOLDERS

  ESTRATÉGIAS
              AVALIAÇÃO DE           GESTÃO DA CADEIA DE
           FORNECEDORES ORIENTADA    SUPRIMENTO ORIENTADA A
           A RISCOS E DESEMPENHO     PRODUTOS SUSTENTÁVEIS
```

Fonte: Adaptado de S. Seuring & M. Müller, "From a Literature Review to a Conceptual Framework for Sustainable Supply Chain Management", *Journal of Cleaner Production*, 16 (15), 2008, p. 1.703.

O primeiro grupo de estratégias de implementação da SSCM, denominada *avaliação de fornecedores orientada a riscos e desempenho,* caracteriza empresas focais cuja principal meta é evitar perda de reputação em razão de problemas com fornecedores. Mostra-se baseada na incorporação de critérios sociais e ambientais na avaliação dos fornecedores e tem na utilização de padrões socioambientais e na aplicação de requisitos mínimos dois pontos centrais no relacionamento.

O segundo grupo, *gestão da cadeia de suprimento orientada a produtos sustentáveis,* vai além do primeiro ao fundamentar-se em definições de padrões de desempenho social e ambiental a serem difundidos ao longo da cadeia de suprimento para manufatura de produtos sustentáveis. Busca-se por meio da análise de ciclo de vida do produto reduzir impactos desde a definição da matriz de insumos até o pós-consumo da mercadoria, o que aponta uma ambição maior da empresa focal, e da cadeia, em contribuir para o desenvolvimento sustentável. Segundo esses autores, as duas estratégias apontam três aspectos que distinguem SSCM da abordagem convencional, a SCM:

- Demandam um exame de alcance mais extenso da cadeia de suprimento: estudos relacionados a SSCM baseiam-se em dados coletados em vários ou mesmo em todos os elos da cadeia de suprimento, abordagem pouco usual na análise convencional;
- Consideram um grupo mais numeroso de objetivos de desempenho: a crescente relevância de temas ambientais e sociais na agenda de governos e sociedade estimula e gera oportunidades para abordagens *Triple Bottom Line* (TBL) na cadeia de suprimento; e
- Apresentam maior necessidade de cooperação entre empresas parceiras: a integração da cadeia de suprimento é essencial para a SSCM.[55]

Pagell e Wu[56] buscam compreender o que empresas identificadas como líderes em SSCM fazem de diferente em relação àquelas que se destacam na SCM convencional, bem como examinam padrões de ação entre essas empresas exemplares, buscando dar suporte à construção de um modelo teórico e testável de SSCM. Como resultado da análise de dez estudos de caso,[57] Pagell e Wu chegam ao modelo de práticas de SSCM proposto na figura 7.

---

[55] S. Seuring & M. Müller, "From a Literature Review to a Conceptual Framework for Sustainable Supply Chain Management", cit.

[56] M. Pagell & Z. WU, "Building a more complete theory of sustainable supply chain management using case studies of 10 exemplars", *Journal of Supply Chain Management*, 45 (2), 2009, pp. 37-56.

[57] A unidade de análise foi a cadeia de suprimento de oito das empresas selecionadas, e nas duas restantes, multinacionais de grande porte, o foco se deu em uma única cadeia. A coleta de dados primários ocorreu apenas nas empresas focais. Os casos examinados englobam os seguintes negócios: produtos florestais, provedor de hardware e de serviços de TI e distribuição de alimentos e bebidas ao varejo (grande porte); produtos de limpeza, produção e distribuição de lanches orgânicos, produção e distribuição de lâmpadas e renovação de prédios (médio porte); e coleta de lixo eletrônico e reciclagem, cadeia de pizzarias e produtos de papel (pequeno porte).

FIGURA 7
SSCM: modelo de Pagell e Wu

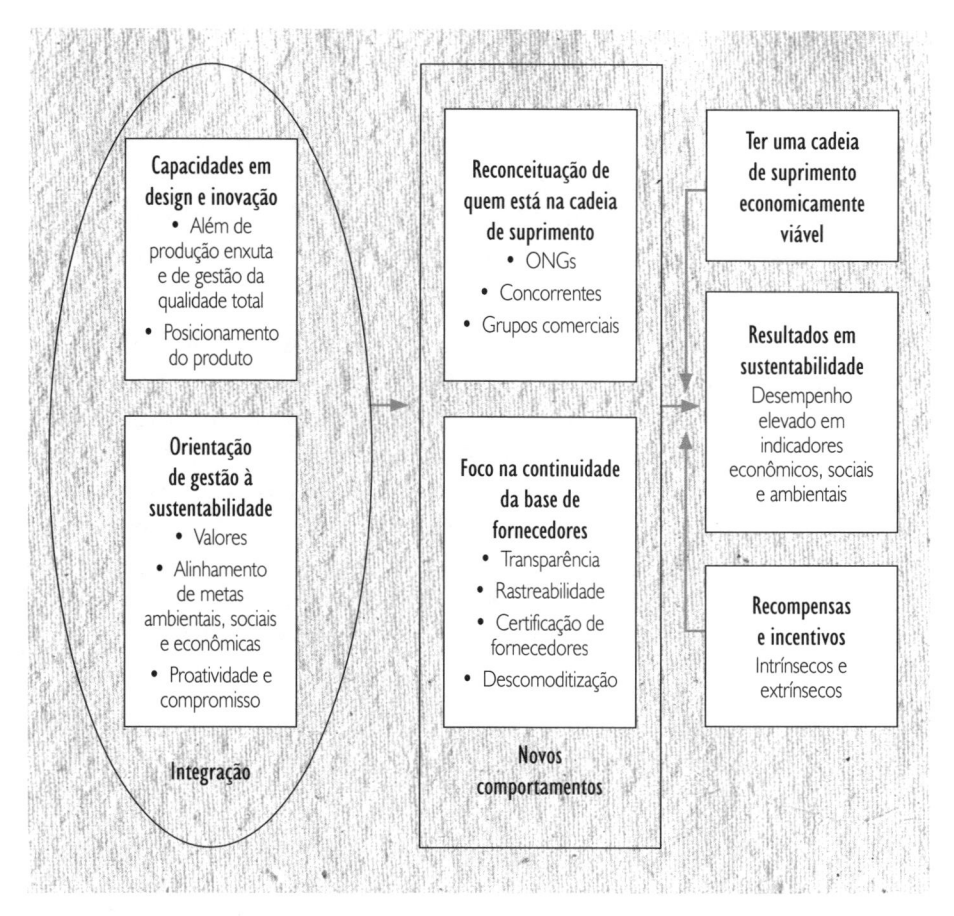

Capacidades em design e inovação
- Além de produção enxuta e de gestão da qualidade total
- Posicionamento do produto

Orientação de gestão à sustentabilidade
- Valores
- Alinhamento de metas ambientais, sociais e econômicas
- Proatividade e compromisso

Integração

Reconceituação de quem está na cadeia de suprimento
- ONGs
- Concorrentes
- Grupos comerciais

Foco na continuidade da base de fornecedores
- Transparência
- Rastreabilidade
- Certificação de fornecedores
- Descomoditização

Novos comportamentos

Ter uma cadeia de suprimento economicamente viável

Resultados em sustentabilidade
Desempenho elevado em indicadores econômicos, sociais e ambientais

Recompensas e incentivos
Intrínsecos e extrínsecos

Fonte: Adaptado de M. Pagell & Z. WU, "Building a more complete theory of sustainable supply chain management using case studies of 10 exemplars", *Journal of Supply Chain Management*, 45 (2), 2009, pp. 37-56.

O modelo de Pagell e Wu mostra-se baseado tanto em aspectos relacionados à integração de metas de sustentabilidade às práticas e às atividades cotidianas de SCM quanto em novos comportamentos adotados em cadeias sustentáveis, que as conduzem a um bom desempenho em todas as dimensões do TBL.

Uma característica verificada nas empresas analisadas é o alinhamento por meio da internalização das metas de sustentabilidade ao negócio, de forma que o desempenho não econômico (entenda-se, social e ambiental) torna-se um fator crítico de crescimento da organização e do seu desempenho financeiro. Uma vez inseridas as metas no negócio, são repassadas também à cadeia de suprimento. Além disso, as cadeias sustentáveis estão engajadas em uma série de boas práticas de SCM, muitas delas familiares e previamente associadas a melhor desempenho operacional ou organizacional, como produção enxuta e gestão da qualidade total (*Total Quality Management*, TQM), mas, em razão do perfil inovador, enxerga-se além da aplicação dessas práticas.

Dentre os novos comportamentos identificados em SSCM, Pagell e Wu[58] apontam dois grupos: uma nova conceituação da cadeia de suprimento, no que diz respeito aos membros que nela figuram além de fornecedores diretos e clientes (por exemplo, ONGs, comunidades ou concorrentes diretos), e um foco explícito na continuidade da base de fornecedores, que busca garantir à empresa focal uma base estável e capaz de atender às demandas da cadeia de suprimento, por meio das seguintes práticas: descomoditização (decommoditizing), transparência, rastreabilidade e certificação, além de iniciativas de desenvolvimento de fornecedores.

Da análise dos casos estudados, Pagell e Wu[59] sugerem que "[...] as práticas que conduzem à cadeia de suprimento sustentável são, em partes iguais, melhores práticas em gestão de cadeia de suprimento tradicional e novos comportamentos".

Os modelos de Seuring e Müller e de Pagell e Wu mostram-se adequados à análise da indução de práticas socioambientais em cadeias de suprimento por uma empresa focal e pode-se dizer que são complementares. Ambos apontam, por exemplo, que a SSCM demanda que o tema sustentabilidade mostre-se internalizado à empresa focal em aspectos culturais, no relacionamento com os funcionários e nos incentivos que lhe são dados. Esses requisitos estão mais explícitos no modelo de Pagell e Wu, no qual são agrupados como elementos de integração de sustentabilidade à SCM.

---

[58] M. Pagell & Z. WU, "Building a more complete theory of sustainable supply chain management using case studies of 10 exemplars", cit.

[59] M. Pagell & Z. WU, "Building a more complete theory of sustainable supply chain management using case studies of 10 exemplars", cit., p. 51.

No modelo de Seuring e Müller, maior atenção é dada às pressões externas como fatores catalisadores da internalização de sustentabilidade.

Em relação à cadeia de suprimento, os autores identificam uma visão estendida da cadeia como característica intrínseca à SSCM, que também apresenta maior preocupação com a origem dos insumos e com o relacionamento de mais longo prazo com seus fornecedores. O domínio do conhecimento de técnicas como LCA também é apontado como essencial à empresa focal orientada a produtos sustentáveis em ambos os modelos. Mas o relacionamento com os fornecedores mostra-se mais explícito no modelo de Seuring e Müller, em especial na proposição das estratégias SMRP e SCMSP.

A cadeia de suprimento sustentável como âmbito da responsabilidade social empresarial

Para os gestores focados unicamente no curto prazo, a postura mais confortável parece ser desconsiderar a emergência da temática socioambiental no contexto empresarial ou encarar esse assunto de forma reativa, como uma competência não prioritária ou trivial, adquirida facilmente junto a consultores externos. Nesses casos, vale lembrar a afirmação de Fine de que não existe competência mais importante do que o projeto da própria cadeia de competências, do consumidor final, ao longo de todo o percurso à montante, até as fontes de matérias-primas e os novos conceitos tecnológicos.[60]

Alguns gestores podem argumentar ser inadequado culpar uma empresa por externalidades negativas que ocorrem em razão de práticas de fornecedores com os quais ela não apresenta uma relação direta. Mas é bom que esses gestores saibam que muitas das empresas citadas neste texto já tentaram responder a demandas da sociedade por esse caminho e não foram bem-sucedidas.

Como as empresas competem cada vez mais por meio de cadeias de suprimento transcontinentais, num contexto em que é essencial para elas a

---

[60] C. Fine, *Mercados em evolução contínua: conquistando vantagem competitiva num mundo em constante mutação* (Rio de Janeiro: Campus, 1999), p. 79.

busca de recursos numa base global de fornecedores, esse passa a ser também o âmbito de análise da responsabilidade social empresarial de empresas focais, como apontam Jenkins, Andersen e Skjoett-Larsen.[61] Afinal, já que na abordagem convencional de SCM a rentabilidade de uma cadeia de suprimento é responsabilidade da empresa focal e deve ser medida em termos da cadeia inteira e dos seus elos separadamente, como apontam autores como Chopra e Meindl,[62] por que não seria legítimo analisar de forma semelhante os impactos socioambientais gerados ao longo dessas cadeias?

Autores influentes na área de estratégia, como Michael Porter e C. K. Prahalad, têm apontado que temas socioambientais não devem ser vinculados apenas a obrigações ou requisitos legais, mas sim associados cada vez mais à competitividade empresarial.[63] Essa recomendação vale com muito mais razão para a gestão da cadeia de suprimento. Dificilmente uma empresa poderá contribuir para o desenvolvimento sustentável por meio de produtos, processos, tecnologias e modelos de negócios mais adequados dos pontos de vista social e ambiental sem consolidar o tema da sustentabilidade ao longo de sua cadeia de suprimento.

---

[61] R. Jenkins, "Corporate Codes of Conduct. Self-Regulation in a Global Economy", cit.; e M. Andersen & T. Skjoett-Larsen, "Corporate Social Responsability in Global Supply Chains", *Supply Chain Management: an International Journal*, 14 (2), 2009, pp. 75-86.

[62] S. Chopra & P. Meindl, *Supply Chain Management. Strategy, Planning & Operations*, cit., p. 6.

[63] M. Porter & M. Kramer, "Strategy and Society: the Link between Competitive Advantage and Corporate Social Responsibility", *Harvard Business Review*, dezembro de 2006, pp. 1-15; C. K. Prahalad *et al.*, "Why Sustainability is Now the Key Driver of Innovation", *Harvard Business Review*, setembro de 2009, pp. 56-64.

# A pegada hídrica como instrumento de gestão da água no setor corporativo: a experiência de empresas nacionais

Renata de Souza Leão
Paulo Antônio de Almeida Sinisgalli
Pedro Roberto Jacobi

Introdução

O atual padrão de produção e consumo, que marca as sociedades contemporâneas, em virtude das demandas crescentes por alimentos e bens de consumo, tem agravado a pressão sobre o uso da água. Nesse mesmo sentido, o aumento da produção de bens de consumo e de alimentos pode causar impactos negativos à água, principalmente, por duas razões: a) pelo aumento dos volumes de água captados e, portanto, na sua direta interferência na disponibilidade hídrica nas bacias hidrográficas; b) pela contaminação da água, causada pelo lançamento pontual e/ou difuso de efluentes oriundos de atividades industriais e agrícolas e descarte de esgoto. Portanto, existem dois pontos críticos que devem ser analisados no processo produtivo associado à água: 1) o uso da água como recurso comum (insumo) do processo produtivo, que restringe o uso para outras atividades; 2) o descarte dos efluentes, atuando diretamente na capacidade de absorção, diluição e autodepuração do meio.

A situação torna-se mais complexa quando consideradas também as mudanças climáticas globais, que podem modificar os regimes de chuva, alterando as dinâmicas dos períodos chuvosos e de seca, bem como as suas intensidades. Essas alterações geram impactos na disponibilidade hídrica que podem comprometer os diversos usos, em diferentes regiões.[1]

Esse cenário de incertezas em relação às questões hídricas tem se tornado tão relevante que, nos últimos anos, entrou na agenda internacional e faz parte das discussões, por exemplo, em encontros como o Fórum Econômico Mundial. Estudos apontam que os impactos econômicos associados às questões de disponibilidade hídrica tendem a crescer. São estimados prejuízos associados à restrição hídrica que podem alcançar centenas de bilhões de dólares.[2]

Diante de um cenário cada vez mais imprevisível, a emergência de uma análise que leve em conta os riscos associados à água é inevitável. Nesse sentido, o debate sobre em que medida o setor corporativo pode

---

[1] B. Braga & J. Kelman, "Facing the Challenge of Extreme Climate: the Case of Metropolitan Sao Paulo", em *Water Policy*, 19 (2), 2016.

[2] M. A. Daniel & S. Sojamo, "From Risks to Shared Value? Corporate Strategies in Building a Global Water Accounting and Disclosure Regime", em *Water Alternatives*, 5 (3), 2012, pp. 636-657.

ser afetado por restrições hídricas e como pode responder às ameaças tem ganhado cada vez mais destaque internacionalmente.[3]

Um dos indicadores utilizados para avaliar de forma integrada o uso da água em processos produtivos, fornecendo elementos importantes para a gestão da água, e associá-los aos riscos inerentes desses novos tempos é a pegada hídrica. Neste capítulo, iremos discutir como o indicador pegada hídrica[4] pode ser utilizado para colaborar com a melhoria da gestão da água no setor corporativo. Para isso, apresentaremos o conceito e as ideias-chave associados a ele, além de abordar brevemente os aspectos metodológicos que envolvem sua aplicação. Em seguida, destacaremos os resultados da experiência de duas empresas brasileiras que utilizaram a pegada hídrica, e finalizaremos com uma síntese analítica sobre o tema avaliando as potencialidades de seu uso.

Espera-se que as reflexões aqui expostas contribuam com o debate sobre a necessidade de utilizar novas abordagens na gestão da água dentro do setor corporativo, de modo que os limites ecossistêmicos e a corresponsabilização entre os atores envolvidos na cadeia produtiva sejam partes integrantes da agenda do setor.

Pegada hídrica – conceito, métodos e reflexões para o setor corporativo

O termo *pegada hídrica* (PH) surgiu a partir do conceito de água virtual, que foi elaborado para descrever a ideia de que os produtos agrícolas "contêm" a água utilizada no seu processo de cultivo. O conceito de água virtual ajuda-nos a compreender a relação existente entre o comércio internacional de produtos e os impactos socioambientais negativos relacionados à utilização de água no local onde estes são produzidos. Portanto, a água virtual consiste no volume de água "contido"[5] nos produtos comercializados

---

[3] N. Hepworth, "Open for Business or Opening Pandora's Box? A Constructive Critique of Corporate Engagement in Water Policy: An Introduction", em *Water Alternatives*, 5 (3), 2012, pp. 543-562; W. M. Larson *et al.*, "Mitigating Corporate Water Risk: Financial Market Tools and Supply Management Strategies", em *Water Alternatives*, 5 (3), 2012, pp. 582-602; T. Lambooy, "Corporate Social Responsability: Sustainable Water Use", em *Journal of Cleaner Production*, 19, 2011, pp. 852-866.

[4] A. Y. Hoekstra *et al.*, *The Water Footprint Assessment Manual: Setting the Global Standard* (Londres: Earthscan, 2011).

[5] Do inglês *embedded*.

ao redor do mundo[6] e que não costuma ser contabilizado na análise de custo e benefício conduzida geralmente.

Assim como outros indicadores da família das "pegadas" (do inglês footprints), a PH também prevê uma abordagem integrada para monitorar a pressão exercida pelas atividades humanas sobre os recursos naturais, pela perspectiva da produção e do consumo.[7]

Baseada na perspectiva do consumo de água para produção, a PH foi desenvolvida como um indicador multidimensional de uso direto e indireto de água, que considera a quantidade de água consumida em todas as fases da cadeia produtiva de um produto, sejam agrícola e/ou industrial.[8]

De maneira geral, a PH é dividida em verde, azul e cinza, de acordo com o tipo de água consumido e o impacto causado ao corpo d'água receptor (figura 1).

FIGURA I

Classificação da pegada hídrica

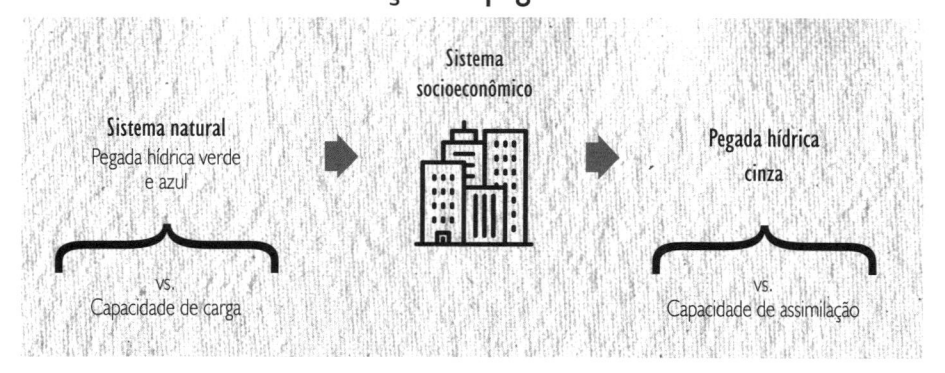

Sistema natural
Pegada hídrica verde e azul
vs.
Capacidade de carga

Sistema socioeconômico

Pegada hídrica cinza
vs.
Capacidade de assimilação

Fonte: Adaptado de D. Chico, *La evaluación de la Huella Hídrica como herramienta para la gestión sostenible del agua urbana*, VI Seminário Fundación Aquae (Madri, 13 abril 2016).

---

[6] J. A. Allan, "Virtual Water – the Water, Food and Trade Nexus. Useful Concept or Misleading Metaphor?", em *Water International*, 28 (1), 2003, pp. 4-10.

[7] L. Cucek et al., "A Review of a Footprint Analysis Tools for Monitoring Impacts on Sustainability", em *Journal of Cleaner Production*, 34, 2012, pp. 9-20; A. Galli et al., "Integrating Ecological, Carbon and Water Footprint into a 'Footprint Family' of Indicators: Definition and Role in Tracking Human Pressure on the Planet", em *Ecological Indicators*, 16, 2012, pp. 100-112.

[8] A. Y. Hoekstra et al., *The Water Footprint Assessment Manual: Setting the Global Standard*, cit.; A. Y. Hoekstra & P. Q. Hung, "Virtual Water Trade: a Quantification of Virtual Water Flows between Nations in Relation to International Crop Trade", em *Value of Water Research Report Series*, 11, 2002, Unesco-IHE.

A PH verde é definida como o volume de água de chuva consumido pelas plantas, por exemplo, nas fases de produção agrícola ou na silvicultura. Refere-se, portanto, aos volumes de água armazenados no solo, àqueles contidos na planta, e também aos volumes liberados para a atmosfera por meio de evapotranspiração, ou seja, toda a água que é utilizada pelo vegetal e que não percola para o solo e recarrega corpos hídricos.

A PH azul refere-se ao volume de água consumido que é captado dos corpos de água superficiais ou subterrâneos. Pela perspectiva adotada por Hoekstra e outros[9] para a PH azul, *consumo* refere-se ao não retorno à bacia de origem, seja por perda de água por evaporação durante o processo produtivo, seja por ter sido incorporada ao produto. Portanto, o volume não consuntivo de água não entra na contabilização da PH.

A PH cinza, por se tratar de um indicador relacionado à qualidade da água, é definida como a quantidade de água necessária para diluir os poluentes presentes no efluente resultante do processo produtivo que se está avaliando, com base no limite máximo estabelecido por legislação (ou qualquer outro critério para limite adotado) e na qualidade natural do corpo hídrico em questão. Com a definição dos padrões máximos permitidos para o determinado poluente, bem como sua ocorrência natural no ambiente aquático, pode-se determinar o volume de água necessário para a diluição do efluente líquido lançado no corpo hídrico para que a concentração máxima permitida seja respeitada.[10] De modo geral, por considerar a quantidade de água utilizada para a assimilação de um efluente, visando respeitar os limites ambientais estabelecidos, o conceito de PH cinza insere uma análise do uso de água indireto, que dependendo do padrão de qualidade de água adotado pode permitir a adoção de práticas de gestão que possibilitem a redução da poluição de recursos hídricos.[11]

Além da contabilização de PH de produtos, empresas, atividades e setores industriais, há também a possibilidade de PHs serem calculadas para produtos e serviços consumidos por um indivíduo, por uma população, regiões ou países, desde que os valores sejam definidos temporal e espacialmente.[12] Dessa forma, a pegada hídrica total de um local, processo ou

---

[9] A. Y. Hoekstra *et al.*, *The Water Footprint Assessment Manual: Setting the Global Standard*, cit.
[10] *Ibidem*.
[11] V. L. Empinotti, "Análise crítica da pegada hídrica cinza na produção de celulose", em *Ambiente e Água*, 8 (3), 2013, pp. 166-177.
[12] A. Y. Hoekstra *et al.*, *The Water Footprint Assessment Manual: Setting the Global Standard*, cit.

produto será a soma das PHs azul, verde e cinza, dependendo do objetivo e escopo do estudo a ser desenvolvido.

Apesar de geralmente o enfoque dos trabalhos envolvendo o método da PH ser direcionado à contabilização do volume de água consumido durante o processo produtivo de produtos,[13] o método de avaliação da pegada hídrica possui outros aspectos além do cálculo, compreendendo quatro fases (figura 2).

FIGURA 2

Fases que compõem a avaliação da pegada hídrica

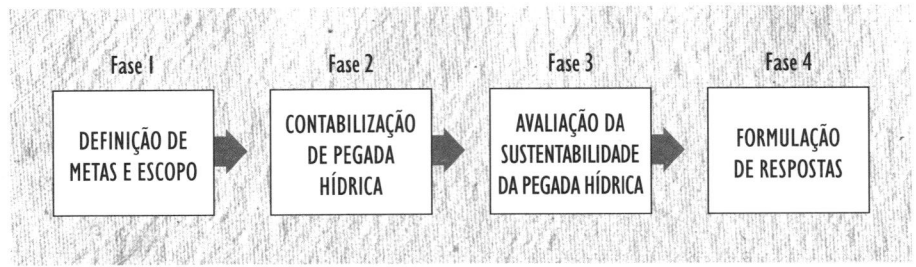

Fase 1: DEFINIÇÃO DE METAS E ESCOPO → **Fase 2**: CONTABILIZAÇÃO DE PEGADA HÍDRICA → **Fase 3**: AVALIAÇÃO DA SUSTENTABILIDADE DA PEGADA HÍDRICA → **Fase 4**: FORMULAÇÃO DE RESPOSTAS

Fonte: Adaptado de A. Y. Hoekstra et al., *The Water Footprint Assessment Manual: Setting the Global Standard* (Londres: Earthscan, 2011).

Na fase 1, definem-se os objetivos e o escopo do trabalho e, na fase 2, realiza-se a contabilização da PH. Na fase 3, é definida a realização da avaliação da sustentabilidade da pegada hídrica, que tem como objetivo trazer a discussão dos valores contabilizados na fase anterior para a escala local. A ideia, portanto, é comparar os valores de PH calculados com a capacidade hídrica da bacia hidrográfica. De acordo com Hoekstra e outros,[14] a avaliação da sustentabilidade da PH deve ser feita pela perspectiva ambiental, social e econômica, para que então, na última fase, respostas sejam elaboradas e decisões sejam tomadas.

A avaliação da sustentabilidade da PH pela perspectiva ambiental significa, em termos gerais, que a PH total não deve comprometer a disponibilidade hídrica – qualitativa e quantitativa – de água subterrânea e

---

[13] M. M. Mekonnen & A. Y. Hoekstra, "A Global Assessment of the Water Footprint of Farm Animal Products", em *Ecosystems*, 15 (3), 2012, pp. 401-415.

[14] A. Y. Hoekstra *et al.*, *The Water Footprint Assessment Manual: Setting the Global Standard*, cit.

água superficial para a manutenção da vida aquática na bacia hidrográfica onde o estudo está sendo realizado.[15] Assim, a PH verde e a PH azul são comparadas com a situação local, a fim de verificar se o consumo contabilizado é sustentável ou não em relação à água azul e verde disponível na bacia onde a água é captada e o efluente é lançado. Uma forma de realizar essa avaliação é por meio dos índices de escassez de água azul e verde.[16] Esse é um fator importante na definição dos riscos associados à atividade. Se não há sustentabilidade da PH ambiental, há uma forte indicação que existirão conflitos e riscos associados à atividade.

Apesar dos avanços metodológicos para a avaliação da sustentabilidade ambiental de uma PH, em relação à sustentabilidade social e econômica da PH, os métodos não estão bem definidos. De acordo com o manual de avaliação da pegada hídrica, uma PH é considerada sustentável socialmente quando não compromete o atendimento das necessidades básicas humanas de todos aqueles que vivem na região de estudo. Como esses critérios são difíceis de serem avaliados, é mencionado no manual que a existência de conflitos pelo uso da água é um indício de que o acesso e a disponibilidade hídrica podem estar sendo injustos socialmente.[17]

Sobre a sustentabilidade econômica de uma PH, o manual estabelece que a água deve ser alocada e usada de maneira eficiente economicamente, ou seja, os benefícios econômicos de uma PH devem exceder o custo total associado a essa PH, incluindo as externalidades, os custos de oportunidade e os custos de escassez de água. Garrido e outros[18] contribuem com esse tópico por meio do cálculo da produtividade aparente da água, indicador de performance econômica do uso da água. A produtividade aparente da água é expressa, por exemplo, em dólares por metro cúbico de água ($/m^3). Esse indicador é útil para dar uma ideia do valor obtido pelo uso da água em determinado processo produtivo. Nesse sentido, esse indicador pode auxiliar na definição de prioridades de uso da água.

Na última fase, que trata da formulação de respostas para tornar o uso da água mais sustentável, é necessário também identificar quem serão

---

[15] *Ibidem.*
[16] J. F. Schyns *et al.*, "Review and Classification of Indicators of Green Water Availability and Scarcity", em *Hydrology and Earth System Sciences Discussions*, 19 (11), 2015, 4581-4608; M. M. Mekonnen & A. Y. Hoekstra, "Four Billion People Facing Severe Water Scarcity", em *Science Advances*, 2 (2), 2016.
[17] A. Y. Hoekstra *et al.*, *The Water Footprint Assessment Manual: Setting the Global Standard*, cit.
[18] A. Garrido et al., *Water Footprint and Virtual Water Trade in Spain: Policy Implications* (Nova York: Springer, 2010).

os responsáveis por colocar em prática as respostas elaboradas a partir dos resultados obtidos no estudo.[19] Além de identificar os responsáveis por cada ação, é importante definir metas e estratégias para que resultados sejam alcançados de modo que haja melhorias no manejo e no uso da água. É desejável que as respostas sejam desenvolvidas depois da avaliação da sustentabilidade da PH (fase 3). Dessa forma, tem-se mais informações sobre os impactos na bacia hidrográfica causados pelas medidas tomadas. Porém, dependendo do objetivo do estudo, também é possível que medidas sejam tomadas depois da contabilização da PH (fase 2).

As respostas elaboradas depois do estudo de PH devem ter como finalidade sua redução, mesmo em locais onde não há baixa disponibilidade hídrica, superficial ou subterrânea. As formas de reduzir uma PH podem ir desde a otimização de um processo, pelo aumento da eficiência no uso da água, até medidas de compensação que devem ocorrer na mesma bacia hidrográfica onde a água é consumida. No entanto, essa questão sobre medidas compensatórias em relação à PH, ao contrário da pegada de carbono, não está bem definida.[20]

A maioria dos estudos de PH aplicados ao setor corporativo publicados na forma de artigos científicos ou relatórios alcançaram apenas a segunda fase, ou seja, não passaram da contabilização da PH.[21] Uma das razões para isso pode ser a recente consolidação do método para um público mais amplo, já que até poucos anos a discussão sobre pegada hídrica era fundamentalmente tratada na esfera acadêmica.

A criação da *Water Footprint Network*, em 2008, fortaleceu a divulgação em âmbito internacional do conceito e, a partir de 2010, treinamentos sobre o método de avaliação da PH passaram a ser oferecidos pela organização. A dificuldade em ir além da fase de contabilização e avaliar a sustentabilidade da pegada hídrica pela perspectiva ambiental pode ocorrer também pela inexistência ou indisponibilidade de dados e informações sobre a bacia hidrográfica ou região em questão.

Entretanto, é importante ressaltar que a relativização do resultado final é necessária, pois somente o valor da PH não dá a real dimensão da pressão

---

[19] A. Y. Hoekstra et al., *The Water Footprint Assessment Manual: Setting the Global Standard*, cit.
[20] *Ibidem*.
[21] R. S. L. Martins, *Empresas e gestão da água: uma análise a partir do uso do indicador pegada hídrica*, tese de doutorado (São Paulo: Programa de Pós-Graduação em Ciência Ambiental do Instituto de Energia e Ambiente, Universidade de São Paulo, 2014), 173 p.

exercida sobre a água pela apropriação humana que está sendo analisada. Uma PH do mesmo "tamanho" pode significar aspectos distintos: problemas em uma bacia que possui conflitos pelo uso da água ou enfrenta baixa disponibilidade em dada época do ano; e, da mesma forma em que em uma região com alta disponibilidade hídrica e pouca demanda, sua pressão será menor.

Diante da problemática sobre as implicações no uso da água pelo setor produtivo em um cenário de crescentes riscos – sejam eles físicos, sejam eles financeiros, sejam eles reputacionais ou/e reguladores – percebe-se nos últimos anos um esforço de diferentes setores da sociedade para desenvolver ferramentas que auxiliem as empresas a ampliarem sua visão e compreenderem sua relação com a água.[22]

Geralmente, o setor corporativo costuma reportar seu desempenho em relação ao uso da água de maneira quantitativa, limitada e fora do contexto no qual está inserida socioambientalmente. As métricas disponibilizadas nos relatórios dizem respeito ao volume de água captado e suas respectivas fontes, volume de água reutilizada e reciclada, volume de efluente lançado, sua carga poluente e metas de redução. Apesar de úteis e necessárias, tomar esses números sem informações adicionais regionais e locais é insuficiente quando se pretende promover ações a fim de melhorar o uso e a gestão da água.[23]

Por essa razão, há um maior envolvimento de grandes empresas de diferentes setores de uso intensivo de água na adoção de novas ferramentas para compreender melhor os volumes de água usados nos processos produtivos.[24] Em âmbito internacional, empresas como Coca-Cola, Unilever, SABMiller e Nestlé contabilizaram a PH da cadeia produtiva de pelo menos um de seus produtos. No Brasil, empresas como Fibria, Marfrig, Natura, Nissin, Kimberly-Clark e Ambev também já utilizaram o indicador.

Uma análise realizada entre 2002 e 2014 identificou os principais vetores que têm levado empresas a utilizarem a pegada hídrica como

---

[22] J. Morrison *et al.*, *Corporate Water Accounting: an Analysis of Methods and Tools for Measuring Water Use and its Impacts*, Oakland, Unep, 2010.
[23] United Nations Environment Programme, *Water Footprint and Corporate Water Accounting for Resource Efficiency*, United Nations Global Compact, Pacific Institute, 2011, 184 p.
[24] N. Hepworth, "Open for Business or Opening Pandora's Box? A Constructive Critique of Corporate Engagement in Water Policy: An Introduction", cit.

indicador de consumo de água.[25] O principal deles está relacionado com as características do método, porque, em comparação com outros métodos de contabilização de águas convencionalmente empregados, a pegada hídrica apresenta uma abordagem sistêmica do uso da água. Primeiro, porque a PH considera o volume de água consumido, ou seja, a água que não retorna na forma de efluente para o corpo hídrico onde foi captado. Ainda, considera a poluição resultante dos processos produtivos, além da água de chuva no caso da agricultura não irrigada. Em segundo lugar, a PH contabiliza também o consumo indireto de água, ampliando a compreensão de que a pressão sobre o uso da água ocorre também, e principalmente, nas fases anteriores à industrial[26] e continuam depois do produto pronto.[27] Por fim, a avaliação da PH pode ajudar a estabelecer uma relação entre a apropriação local e regional/global da água, quando se considera também as relações comerciais entre diferentes países e regiões.[28]

Outro fator identificado na análise foi a necessidade de comunicação para o engajamento dos diferentes *stakeholders* espalhados ao longo da cadeia produtiva na gestão da água, considerando desde fornecedores de matéria-prima até o consumidor final. A comunicação da empresa com os seus diferentes *stakeholders* pode ocorrer por diferentes razões, como pela demanda de seus consumidores por transparência nas informações sobre o uso e a contaminação da água, conforme apontam Herath e outros[29] e Palhares.[30] Entretanto, além dos consumidores, a demanda por dados e informações sobre o desempenho ambiental das empresas, e, neste caso,

---

[25] R. S. L. Martins, *Empresas e gestão da água: uma análise a partir do uso do indicador pegada hídrica*, tese de doutorado, cit.

[26] S. Sojamo & E. A. Larson, "Investigating Food and Agribusiness Corporations as Global Water Security, Management and Governance Agents: The Case of Nestlé, Bunge and Cargill", em *Water Alternatives*, 5 (3), 2012, pp. 619-635; D. Chico *et al.*, "A Water Footprint Assessment of a Pair of Jeans: the Influence of Agricultural Policies on the Sustainability of Consumer Products", em *Journal of Cleaner Production*, 57, 2013, pp. 238-248.

[27] I. C. M. Francke & J. F. W. Castro, "Carbon and Water Footprint Analysis of a Soap Bar Produced in Brazil by Natura Cosmetics", em *Water Resources and Industry*, 1-2, 2013, pp. 37-48.

[28] A. Y. Hoekstra, "Human Appropriation of Natural Capital: a Comparison of Ecological Footprint and Water Footprint Analysis", em *Ecological Economics*, 68, 2009, pp. 1963-1974.

[29] I. Herath *et al.*, "Water Footprinting of Agricultural Products: Evaluation of Different Protocols Using a Case Study of New Zealand Wine", em *Journal of Cleaner Production*, 44, 2013, pp. 159-167.

[30] J. C. P. Palhares, "Pegada hídrica dos suínos abatidos nos estados da região Centro-Sul do Brasil", em *Acta Scientiarum. Animal Sciences*, 33 (3), 2011, pp. 309-314.

sobre o consumo de água, tem crescido muito também entre investidores, governos e ONGs.³¹

Dessa forma, um estudo de PH pode servir também como um instrumento que gera cooperação entre todas as partes da cadeia produtiva para reunir os dados e as informações necessárias para a contabilização da PH. Isso a torna também uma ferramenta de sensibilização e engajamento dos diferentes *stakeholders*, promovendo o compartilhamento da responsabilidade pela gestão da água, impulsionando melhores práticas na sua cadeia produtiva.³²

Se, por um lado, a demanda por transparência nas informações sobre consumo de água e impactos socioambientais de uma empresa tem aumentado, por outro lado os riscos relacionados à água, sejam eles físicos, sejam regulatórios, sejam reputacionais e/ou financeiros,³³ foram identificados na análise como outro vetor capaz de influenciar a escolha pela utilização da PH pelo setor corporativo, uma vez que são capazes de ameaçar a manutenção das operações das empresas e ainda causar prejuízos financeiros e danos à imagem.³⁴ Assim, Unger e outros³⁵ argumentam que uma empresa pode se beneficiar do uso da PH ao identificar a vulnerabilidade de cada fase da cadeia produtiva em relação à situação hídrica no local das operações. A partir do diagnóstico das condições hídricas locais, realizado pela avaliação da sustentabilidade da PH, é possível que a empresa se antecipe a possíveis situações de escassez.

---

[31] Beverage Industry Environmental Roundtable, *A Practical Perspective on Water Accounting in the Beverage Sector*, 2011, disponível em http://www.waterfootprint.org/Reports/BIER-2011-WaterAccountingSectorPerspective.pdf, acessado em 10-5-2013; D. Chico e G. Zhang, *Water Footprint Assessment of FMO's Agribusiness Portfolio. Towards Halving the Footprint in the Sugar Supply Chain*, 2015, disponível em http://waterfootprint.org/media/downloads/FMO_Sugar_supply_chain-WFN_-formatted.pdf, acessado em 18-6-2017.

[32] SABMiller & WWF-UK, *Water Footprinting: Identifying & Addressing Water Risks in the Value Chain*, SABMiller, Woking, UK/WWF-UK, Goldalming, UK, 2009; The Coca-Cola Company, The Nature Conservancy, *Product Water Footprint Assessments: Practical Application in Corporate Water Stewardship*, The Coca-Cola Company, Atlanta, USA/The Nature Conservancy, Arlington, USA, 2010; A. Chapagain *et al.*, *A Guide to Reduce the Water Footprint of Cotton Cultivation in India*, C&A Foundation, 2017, disponível em http://waterfootprint.org/media/downloads/A_guide_to_reduce_water_footprint_of_cotton_cultivation.pdf, acessado em 20-6-2017.

[33] J. Morrison *et al.*, *Corporate Water Accounting: an Analysis of Methods and Tools for Measuring Water Use and its Impacts*, cit.; N. Hepworth, "Open for Business or Opening Pandora's Box? A Constructive Critique of Corporate Engagement in Water Policy: An Introduction", cit.

[34] R. S. L. Martins, *Empresas e gestão da água: uma análise a partir do uso do indicador pegada hídrica*, tese de doutorado, cit.

[35] K. Unger *et al.*, *Water Footprint Assessment Results and Learning: Tata Chemicals, Tata Motors, Tata Power, Tata Steel, Tata Quality*, Management Services, International Finance Corporation, Water Footprint Network, 2013.

Desse modo, a utilização da PH fornece três elementos importantes que podem contribuir com a tomada de decisão e gestão da água para o setor corporativo: a) a identificação das quantidades e dos tipos de água utilizada nas diversas etapas na cadeia produtiva, possibilitando atuar tanto na gestão interna da água como na gestão externa, com fornecedores e outros *stakeholders*; b) permite estabelecer metas de redução do consumo de água; c) possibilita relacionar o volume de água consumido em cada fase da cadeia produtiva com a disponibilidade hídrica local e, desse modo, avaliar os riscos associados à água.

A utilização da pegada hídrica pelo setor corporativo: a experiência de duas empresas brasileiras

Com o intuito de compreender de maneira mais profunda as motivações que têm levado o setor corporativo a utilizar a pegada hídrica para abordar suas questões em relação à água e melhor entender qual pode ser a contribuição da ferramenta para o setor empresarial, foram realizados estudos de caso com duas grandes empresas brasileiras de diferentes setores que utilizaram a PH em suas operações.

A empresa *A* é uma marca líder no setor de higiene, perfumaria e cosmética, com cerca de 7 mil colaboradores, 5 mil fornecedores, 32 comunidades extrativistas, 1,6 milhão de consultoras (vendedoras) e com alcance de aproximadamente 100 milhões de consumidores.

A empresa *B* é líder mundial na produção de celulose de eucalipto e possui cerca de 17 mil colaboradores. Com capacidade produtiva de 5,3 milhões de toneladas anuais de celulose, possui uma base florestal de 846.282 mil hectares, localizada em SP, MG, RJ, ES, MS e BA, e 3 plantas industriais que produziram juntas, em 2016, mais de 5 milhões de toneladas de celulose. Mais de 90% da celulose produzida pela empresa em 2016 foi exportada para 38 países da Europa (34,8%), América do Norte (21,5%), Ásia (33,7%) e América Latina (10%), principalmente para fabricação de papéis sanitários.

A análise de ambas as empresas em relação à utilização da PH foi realizada a partir de entrevistas organizadas em blocos temáticos que compreenderam: i) a água na agenda corporativa com o intuito de compreender por que e como a temática em torno da água entra na agenda das duas empresas estudadas; ii) os estudos de pegada hídrica, que oferecem uma síntese das experiências com a PH pelas duas empresas e também apresentam pontos relevantes em relação à sua aplicação; e iii) as principais lições aprendidas que foram obtidas a partir do uso do indicador PH, além de indicar como o setor corporativo pode contribuir para enfrentar os desafios associados à água.

A água na agenda corporativa

Para a empresa *A*, a água é uma questão estratégica, assim como os gases de efeito estufa, as mudanças climáticas, a sociobiodiversidade e os resíduos sólidos. Esses são os grandes temas que norteiam as práticas da empresa em relação à sustentabilidade. A demanda para que os estudos de PH se iniciassem surgiu dentro da própria empresa, pelo comitê de sustentabilidade, um comitê de alta gestão. Isso ocorreu em 2007, depois que se tornaram carbono neutro, por meio da compensação das emissões que não podem ser evitadas no processo produtivo, por meio da compra de créditos de carbono. O Programa Carbono Neutro inclui o inventário das emissões de carbono considerando todo o ciclo de vida do produto – Análise do Ciclo de Vida (ACV). Foi a partir desse programa que a empresa *A* passou a compreender que os impactos de suas atividades estendiam-se para além de suas unidades operacionais (fábricas), e se davam tanto no início da cadeia, com a produção agrícola, como no final, pelos consumidores. Desse modo, com base na Pegada de Carbono, a empresa decidiu iniciar um processo semelhante com a água. Assim, em 2008 iniciaram-se esforços para trabalhar com o método proposto por Hoekstra[36] e no ano seguinte a empresa se associou à rede Water Footprint Network (WFN). No início desse processo, praticamente não existiam referências para a realização do estudo de PH em âmbito corporativo, já que a primeira edição do manual foi publicada em 2009, depois da criação da rede WFN, confirmando o caráter pioneiro e antecipatório da empresa *A*.

---

[36] A. Y. Hoekstra *et al.*, *The Water Footprint Assessment Manual: Setting the Global Standard*, cit.

Para a empresa *B*, a sustentabilidade é entendida como uma questão estratégica. Por ser uma empresa global, que comercializa *commodities* para diferentes países, ao se posicionar pela vertente social e ambiental da sustentabilidade, a empresa entende que apresenta um diferencial competitivo. De acordo com o informante, o posicionamento da empresa em relação à sustentabilidade é valorizado e estimulado pelos seus clientes, sobretudo aqueles localizados na Europa, que pressionam por mais informações socioambientais da cadeia produtiva da celulose que compram.

Dois aspectos tornam a temática da água uma dimensão importante na agenda da empresa *B*. Um deles é a relevância da temática em torno da água, identificada por diferentes *stakeholders* (comunidade, academia, ONGs, poder público, fornecedores, concorrentes) durante um *workshop* realizado a cada dois anos para a elaboração da matriz de materialidade[37] da empresa. O outro está relacionado com o fato de que, em 2005, a empresa passou a ser signatária do pacto de produção mais limpa do Pnuma/ONU. Esse pacto sugere que as empresas trabalhem com o conceito de ecoeficiência, que prevê que se produza mais com menos recurso. Assim, conforme comentado pelo entrevistado, a empresa estava desenvolvendo um programa de *benchmarking* que inclui, dentre outros indicadores, o consumo e a reciclagem da água dentro do seu circuito industrial, os quais fazem parte do Índice de Desempenho Ambiental (IDA).

A primeira aproximação da empresa *B* com o indicador pegada hídrica foi por meio da Associação Brasileira Técnica de Celulose e Papel (ABTCP). Depois disso, o entrevistado passou a acompanhar as discussões sobre a PH e suas aplicações e com o passar do tempo entendeu que seria interessante conhecer a PH da celulose. Em 2010 a empresa passou a ser parte da rede WFN.

Os estudos de pegada hídrica

A empresa *A* iniciou a abordagem sobre água dentro da empresa utilizando a avaliação da pegada hídrica porque necessitava de um método que permitisse obter uma visão mais ampla e mais completa do uso da água em toda a sua cadeia produtiva. Naquele momento, os dois métodos disponíveis para abordar as questões hídricas eram a PH e a ACV. Porém,

---

[37] A matriz de materialidade identifica as questões mais relevantes para a empresa e para a sociedade, levando em conta sua estratégia e a visão dos públicos com os quais se relaciona.

a abordagem de ACV em relação à água era insuficiente para atender os objetivos da empresa. Desta forma, os responsáveis pelo projeto entenderam que o método disponível com maior repercussão naquele momento e mais adequado para contabilizar o consumo de água de um produto ou de uma empresa era a pegada hídrica. Isso porque o método considera também a água de chuva e a poluição resultante tanto da cadeia produtiva como do uso dos produtos, permitindo uma análise completa e com embasamento científico.

Conforme explicado pela entrevistada, inicialmente o objetivo era realizar um estudo com enfoque no produto, uma vez que grande parte dos seus produtos é utilizada durante o banho e seus consumidores costumam questionar o impacto do uso dos óleos de banho na qualidade da água. Diante disso, para o estudo-piloto, realizado em 2009 em parceria com uma consultora contratada, foram selecionados dois produtos icônicos da empresa, um perfume masculino e um óleo de banho. O estudo teve como escopo a contabilização da PH azul, verde e cinza da cadeia produtiva completa dos dois produtos, da produção de insumos e ingredientes à utilização pelo consumidor.

A entrevistada considera esse estudo-piloto importante, pois permitiu indicar em quais fases do processo produtivo e do uso dos produtos há o maior consumo de água. Por exemplo, foi possível observar que a fase agrícola resulta em uma PH verde grande para o perfume. Com relação ao óleo de banho, como trata-se de um produto utilizado durante o banho, ele apresentou uma PH cinza bastante relevante, que é agravada nas regiões onde não há coleta e tratamento de efluentes domésticos. Além disso, a partir dos resultados do estudo, surgiram novas perguntas que os envolvidos no projeto se interessaram por responder, como se havia diferença no resultado de PH cinza ao usar um sabonete em São Paulo e em Manaus.

Deste modo, ao apresentar esses primeiros resultados para o comitê de sustentabilidade, na época, a devolutiva foi tão positiva que foi recomendado que o estudo se estendesse para contabilizar a PH da empresa como um todo, não somente de um produto. Assim, o segundo estudo, muito mais completo e amplo, teve como escopo o cálculo da PH da empresa *A*, ou seja, de todas as suas atividades e produtos e de todas as operações, inclusive as internacionais. Para esse estudo, o objetivo era obter um maior refinamento dos dados para permitir uma compreensão mais próxima da realidade. Com auxílio de uma consultoria, foi mapeado o percentual de coleta e de tratamento de esgoto em cada estado do país, para que fosse possível compreender, por meio da PH cinza, o impacto do uso do mesmo produto rinsável em locais diferentes.

Os resultados das PHs desse segundo estudo foram contextualizados e descobriu-se que, apesar da relevância numérica da PH verde dos insumos vegetais utilizados na cadeia produtiva, seu cultivo não representa um impacto negativo à água, pois não há irrigação e estão localizados em regiões que não enfrentam estresse hídrico. Nesse sentido, a empresa entendeu que, a partir desses resultados, a sua PH verde deve ser monitorada, mas não a identifica como um *hotspot* que mereça alguma intervenção estratégica por parte da empresa.

Além disso, os resultados do segundo estudo foram muito importantes para reforçar como o uso dos produtos afetam a qualidade da água (PH cinza) e como isso se dá distintamente nos estados brasileiros. Entretanto, apesar de oferecer uma noção sobre a amplitude do impacto à qualidade da água, para a empresa, a PH cinza não é um indicador adequado para a tomada de decisão, pois trata-se de um volume teórico sobre a necessidade de água para a diluição do efluente, dentro dos padrões de qualidade estabelecidos pela legislação.

A empresa passou, então, a trabalhar em um terceiro projeto para desenvolver um indicador que mostrasse o impacto de maneira mais precisa. Isso implicou que o indicador considerasse outros aspectos, como a ecotoxicidade e a biodegradabilidade de cada ingrediente da fórmula. Essa ampliação de escopo tornou possível, além de comparar um produto com outro, fazer a gestão do processo produtivo pela perspectiva do impacto na qualidade da água. Até o momento da entrevista o projeto estava em andamento.

Na empresa *B*, os estudos sobre pegada hídrica surgiram por iniciativa do gerente geral de meio ambiente da empresa,[38] que apresentou para a diretoria o método e a proposta de realizar o estudo da PH da celulose. Segundo o informante, apesar de a empresa exportar mais de 90% da celulose produzida, não houve exigência direta de nenhum de seus clientes para que estudos fossem iniciados. Entretanto, como apresentado anteriormente, alguns de seus clientes, principalmente aqueles localizados na

---

[38] Mesma pessoa que concedeu a entrevista para esta pesquisa.

Europa, preocupam-se com os impactos socioambientais causados pela cadeia produtiva da celulose.

A escolha de utilizar o indicador de PH para abordar a questão da água na empresa se deu porque considerou-se que, naquele momento, não havia nenhum outro método tão estruturado, que permitisse um enfoque mais amplo sobre o consumo de água na cadeia produtiva. O fato de o método da WFN[39] classificar a água em verde, azul e cinza traz um componente inovador que não é considerado nos métodos de contabilização convencionais, que consideram somente a água azul.

O primeiro estudo desenvolvido teve como objetivo compreender melhor o método de cálculo, a partir da contabilização da pegada hídrica verde, azul e cinza da cadeia produtiva da celulose nas suas três plantas, tendo 2010 como ano-base. O estudo foi executado pela equipe de pesquisadores do Centro de Estudos de Governança Socioambiental do Instituto de Energia e Ambiente da Universidade de São Paulo (GovAmb/IEE/USP), coordenado pelo Prof. Dr. Pedro R. Jacobi. A opção da empresa *B* por ter a academia como parceira nesse projeto deu-se porque desejava-se atribuir um caráter científico ao trabalho, além de considerar que a reputação da universidade garantiria mais respaldo e reconhecimento ao estudo.

Como explicado pelo entrevistado, os resultados obtidos no estudo permitiram identificar em quais etapas da cadeia produtiva da celulose há maior consumo de água, além de identificar qual o componente da PH total é o mais relevante, destacando-se o componente verde da silvicultura de eucalipto e a poluição gerada no processo produtivo, representado pela PH cinza.

Diante desses primeiros resultados, houve interesse em continuar os estudos por meio de uma análise de sensibilidade dos valores de PH por unidade industrial, de modo que fosse possível apontar intervenções mais eficientes no processo produtivo da celulose de modo que a PH fosse reduzida.

Uma vez que a silvicultura de eucalipto é responsável pela PH verde da produção de celulose da empresa, na continuação dos estudos o método foi adaptado para que a demanda de água da vegetação natural onde estão localizadas as florestas de eucalipto fosse calculada e comparada com a

---

[39] A. Y. Hoekstra *et al.*, *The Water Footprint Assessment Manual: Setting the Global Standard*, cit.

demanda do eucalipto.[40] Assim, esse desdobramento teve como objetivo contextualizar o papel do cultivo do eucalipto na dinâmica hidrológica das bacias hidrográficas onde estão inseridas.

Segundo o entrevistado, esse estudo sobre a demanda de água verde para os biomas e a floresta de eucalipto permitiu que a empresa começasse a refletir sobre a possibilidade de realizar um próximo estudo que abordasse a provisão de serviços ecossistêmicos associados ao maciço de eucalipto mantido pela empresa.

Lições aprendidas com a utilização da pegada hídrica

De acordo com a entrevistada da empresa A, a pegada hídrica é um método muito útil, pois permite uma boa aproximação para o setor corporativo para abordar a temática da água e sua relação com uma atividade industrial. Além disso, é fácil de comunicá-la e funciona muito bem como uma ferramenta para conscientização ambiental.

Assim, a entrevistada explicou que o setor corporativo precisa de indicadores que consigam ao mesmo tempo retratar a diversidade das informações de uma maneira inteligível e que essa informação tenha significado para quem a recebe. Portanto, considera que o mérito da PH, além do pioneirismo, é a possibilidade de dar visibilidade e maior compreensão à pressão causada aos recursos hídricos.

Entretanto, ela acredita que para um melhor aproveitamento do método pelo setor corporativo, a PH deveria ser mais discutida entre as empresas, através de estudos de casos, que permitam uma avaliação com mais profundidade e gerem aprendizado setorial.

Conforme apontado na entrevista, os estudos de PH conduzidos pela *empresa A* permitiram que os envolvidos tivessem uma visão crítica sobre o método, principalmente sobre a PH cinza, que não foi capaz de se revelar como um indicador que pudesse ser adotado por eles para a tomada de decisão a respeito do desenvolvimento de produtos. Portanto, se por um lado, a PH cinza fornece informações que raramente são consideradas, como é o caso da contaminação da água pelo consumidor ao usar os produtos, por

---

[40] Foi calculada a demanda de água para a Mata Atlântica e o Cerrado, para comparar com as florestas de eucalipto.

outro, da maneira como foi utilizada não permitiu que a empresa fizesse as devidas alterações nas fórmulas.

Apesar disso, dentro da empresa A tem sido feito um esforço para compreender todos os resultados obtidos nos estudos realizados e desenvolver um indicador que possua rigor metodológico e ao mesmo tempo se ajuste aos interesses da empresa e sintetize os impactos que deseja aferir, para que então a estratégia corporativa da empresa em relação à água seja definida.

Para a representante da empresa, o setor corporativo tem muito a contribuir para enfrentar os desafios em relação à água, por exemplo, por meio da publicização de suas experiências inovadoras e colaborando com a conscientização dos *stakeholders*, com destaque aos consumidores. Acredita ainda que pode atuar conjuntamente com o setor público e com outros diferentes *stakeholders*, introduzindo temas na agenda ambiental e enfrentando os problemas identificados. Reconhece assim que a responsabilidade pelo uso da água deve ser compartilhada entre empresas, governos e consumidores, e que atuar em parceria pode gerar melhores resultados do que o contrário.

O representante da empresa B acredita que a PH é um bom instrumento de conhecimento interno para uma empresa, pois permite uma visão detalhada do consumo de água em todo o processo produtivo. Os estudos realizados na empresa permitiram perceber que não há total controle e monitoramento dos dados sobre água em algumas fases do processo produtivo nas suas unidades industriais. Nesse sentido, ela considera que o estudo sobre a PH da celulose gerou aprendizado principalmente para a equipe envolvida no projeto.

Considera também que os resultados possibilitam que estratégias de atuação podem ser formuladas em relação à água, como reduzir a PH cinza melhorando a eficiência do tratamento de efluentes da empresa. Diferentemente da opinião da informante da empresa A, o entrevistado da empresa B entende que o indicador de PH cinza pode ser utilizado, apesar de ser um valor teórico. Além disso, considera que, como a PH é um método recente, é natural que haja necessidade de aprimorar e aprofundar alguns pontos.

Por outro lado, o entrevistado da empresa B sempre demonstrou preocupação com a comunicação dos resultados de PH, bem como sua interpretação, e defende que os valores obtidos devem ser usados internamente, contribuindo com a gestão da água na empresa. Deste modo, posiciona-se contra a comparação dos valores de PH entre diferentes produtos, pois entende que se trata de processos produtivos diferentes e não tem significado comparar coisas distintas.

Assim, usada como uma ferramenta de apoio à gestão da água em todo o processo produtivo da celulose, o informante acredita que a contabilização da PH se tornará mais valiosa quando certificações em relação à água forem demandadas por seus *stakeholders*,[41] principalmente clientes. Deste modo, explica que a decisão de adotar práticas ambientais voluntárias, além do que é exigido pela legislação ambiental, é movida pelo fato de haver algum tipo de ganho pela empresa. Como ele explica, esse ganho pode ser em termos econômicos diretos, por exemplo, na redução do valor pago pelo uso da água, ou também indiretos, como efeitos positivos em relação à reputação e imagem, que podem ser medidos, por exemplo, no Índice de Sustentabilidade Empresarial BM&FBOVESPA e *Dow Jones Sustainability Index*.

O posicionamento estratégico da empresa em relação à sustentabilidade é identificado como uma vantagem competitiva. Porém, cada vez mais os valores intangíveis têm sido considerados na empresa, ao reconhecer, por exemplo, a importância de se obter a licença social para operar suas atividades. Nesse sentido, o entrevistado entende que para a empresa *B* a contribuição da utilização da PH até o momento se encaixa perfeitamente nesse segundo aspecto, já que não acredita que a PH irá contribuir com a venda de celulose.

Para o representante da empresa *B*, a maior contribuição do setor corporativo para enfrentar os desafios relacionados à água é, em primeiro lugar, contabilizar seu consumo. Considera, portanto, que há espaço para um refinamento na produção de dados e informações sobre uso da água na cadeia produtiva da celulose e também para todos os outros setores industriais. Em segundo lugar, identificando onde é possível atuar e, por fim, definindo metas a médio e longo prazo. Considera também que fazer parte de redes sobre água mantém a empresa atualizada e facilita seu posicionamento diante dos novos temas que surgem.

---

[41] Por exemplo, a certificação da *Alliance for Water Stewardship* (AWS) recentemente lançada.

Síntese analítica e considerações finais

Com base nos estudos de caso realizados, percebe-se que a pegada hídrica entrou na agenda das duas empresas por uma decisão interna de integrantes da gerência (em ambos os casos), sem que tenha havido exigência direta de clientes ou consumidores. De acordo com o estudo realizado por Singh e outros,[42] os agentes internos, principalmente aqueles que ocupam altos cargos de gestão nas empresas, são responsáveis por pressionar a adoção de práticas proativas de gestão ambiental. Ao mesmo tempo, outros autores identificam que a regulação governamental e os mercados são muito importantes para a implantação de medidas proativas pelas empresas.[43]

Por outro lado, quando observamos mais atentamente as informações coletadas nas entrevistas, percebemos que o representante da empresa *B* menciona que seus clientes europeus demonstram interesse pelos impactos socioambientais causados pela cadeia produtiva da celulose, mesmo não exigindo que a empresa comprove como maneja seus impactos associados à água. Já a entrevistada da empresa *A* comenta que alguns de seus consumidores já questionaram sobre o impacto que o uso, por exemplo, do óleo de banho da marca pode causar à qualidade da água.

Essas observações indicam que, de certa forma, as empresas podem ser influenciadas por *stakeholders* externos e que em muitos casos elas elaboram respostas para atender a esses atores e poderem permanecer no mercado.[44] Deste modo, como apontam Hommel e Godard,[45] o delineamento de estratégias de antecipação a futuras contestações sociais, elaborado pelas empresas e por seus *stakeholders*, evita que as empresas tenham sua imagem

---

[42] N. Singh *et al.*, "Determinants of Proactive Environmental Management Practices in Indian Firms: an Empirical Study", em *Journal of Cleaner Production*, 66, 2014, pp. 469-478.

[43] A. J. Hoffman, "Integrating Environmental and Social Issues into Corporate Practice", em *Environment*, 42 (5), 2000, pp. 22-33; J. Moon, "The Contribution of Corporate Social Responsibility to Sustainable Development", em *Sustainable Development*, 15, 2007, pp. 296-306.

[44] R. E. Freeman, *Strategic Management: a Stakeholder Approach* (Boston: Pitman Publishing Inc., 1984); N. J. Smelser & R. Swedberg, "Introducing Economic Sociology", em N. J. Smelser & R Swedberg (org.), *The Handbook of Economic Sociology* (2ª ed., Princeton University Press, 2005); R. Abramovay, *Muito além da economia verde* (São Paulo: Editora Abril, 2012).

[45] T. Hommel & O. Godard, *Contestation sociale et stratégies de développement industriel. Application du modèle de la Gestion Contestable à la production industrielle d'OGM*, Cahier École Polytechnique, Laboratoire d'Économétrie, 2001-015, 2001.

desgastada, prejudicando sua reputação e causando prejuízos financeiros. Nesse sentido, a utilização da PH pode contribuir para diagnosticar onde é possível atuar na redução do consumo de água, permitindo também a gestão antecipada de riscos atrelados à água.

Assim, a escolha das duas empresas pela adoção da PH para abordar a questão da água deu-se pelas mesmas razões em ambos os casos, ou seja, porque a PH é um método que provém da academia e considera o consumo da água em toda a cadeia produtiva, permitindo uma visão mais ampla do que os métodos convencionais de contabilização de água, que costumam enfatizar apenas a água utilizada diretamente (água azul). Trata-se, portanto, de um método que possui características que possibilitam maior compreensão da relação entre a água e um determinado processo produtivo, sendo possível identificar também quais são as fases, os processos e os ingredientes que são mais intensivos no consumo e na contaminação da água. Do mesmo modo, ambas as empresas afirmaram que os resultados dos estudos de PH conduzidos em cada organização serviram, principalmente, para compreender a pressão que cada fase de sua cadeia produtiva exerce sobre a água.

As maneiras pelas quais as empresas tentam compreender a questão da água e seus riscos associados influenciam a estratégia das respostas resultantes, que poderão ser mais ou menos abrangentes, internas ou externas, pontuais ou processuais, ou ainda poderão ser iniciativas individuais das empresas ou configurar parcerias ou cooperação.[46] No caso das duas empresas estudadas, é possível identificar que há o reconhecimento de que o setor empresarial é capaz de contribuir para ampliar o uso responsável da água a partir da cultura organizacional de cada uma.

Os resultados indicam que os desafios em relação à água abordados por uma perspectiva mais ampla sobre seu consumo, como a proposta pela pegada hídrica, são um tema recentemente incorporado na agenda empresarial. Sendo assim, é esperado que as estratégias das empresas estudadas para lidar com o tema sejam abordadas de uma maneira convencional, focada em ações internas e voltadas às melhores práticas.[47]

---

[46] N. Hepworth, "Open for Business or Opening Pandora's Box? A Constructive Critique of Corporate Engagement in Water Policy: An Introduction", cit.
[47] M. A. Daniel & S. Sojamo, "From risks to shared value? Corporate strategies in building a global water accounting and disclosure regime", cit.

Ao mesmo tempo, observa-se uma indicação de que o funcionamento das empresas está cada vez mais relacionado com atores externos a elas, como consumidores e investidores. Os desdobramentos resultantes da utilização da PH pelas empresas estudadas ainda são pouco concretos para promover o consumo responsável e sustentável da água dentro do setor empresarial. Para tanto, cabe olhar para além dos seus processos industriais, o que representa um caminho que, ao que tudo indica, será cada vez mais necessário para desenvolver habilidades para enfrentar os desafios em relação à água em um mundo globalizado.

Bibliografia complementar

ABREU, M. V. et al. "Relationship between Eco-Innovations and the Impact on Business Performance: an Empirical Survey Research on the Brazilian Textile Industry". Em *Revista de Administração*, 51, 2016.

ASSOCIAÇÃO BRASILEIRA DE NORMAS TÉCNICAS. *NBR ISO 14001. Sistemas de gestão ambiental: especificação e diretrizes para uso*. Rio de Janeiro: ABNT, 1996.

_____. *NBR ISO 19011:2002. Diretrizes para auditorias de sistema de gestão da qualidade e/ou ambiental*. Rio de Janeiro: ABNT, 2002.

_____. *NBR ISO 14010:2003. Gestão ambiental: avaliação de locais e organizações (Aalo)*. Rio de Janeiro: ABNT, 2003.

_____. *NBR ISO 14001:2004. Sistemas de gestão ambiental: requisitos com orientações para uso*. Rio de Janeiro: ABNT, 2004.

BANCO NACIONAL DE DESENVOLVIMENTO ECONÔMICO E SOCIAL. "Balanço social e outros aspectos da responsabilidade corporativa". Em *Relato setorial*, nº 2, Rio de Janeiro, BNDES – Área Social da Gerência de Estudos Setoriais (AS/Geset), março de 2000.

BORGER, Fernanda Gabriela. *Responsabilidade social: efeitos da atuação social na dinâmica empresarial*. Tese de doutorado. São Paulo: Departamento de Administração – USP, 2001.

BRAGA, T. O. et al. *Auditoria ambiental, uma proposta para empreendimentos mineiros*. São Paulo: Sama, 1996.

CARRILLO-HERMOSILLA, J. et al. "Diversity of Eco-Innovations: Reflections from Selected Case Studies". Em *Journal of Cleaner Production*, vol. 18, nº 10-11, pp. 1073-1083, 2010.

CASCINO, Fábio. *Educação ambiental, princípios, história e formação de professores*. São Paulo: Editora Senac São Paulo, 2000.

CENTRE OF ENVIRONMENTAL SCIENCE. *Life Cycle Assessment: an Operational Guide to ISO Standards*. Leiden: Leiden University, 2001. Disponível em http://www.leidenuniv.nl./cml/lca2/index.html.

CHRISTIANSEN, K. "Life Cycle Assessment in a Historical Perspective". *Em Anais do I Workshop Internacional sobre Análise do Ciclo de Vida*. Rio de Janeiro, 1996.

COMISSÃO DAS COMUNIDADES EUROPEIAS. "Regulamento (CEE) nº 1.836/93 do Conselho, de 29 de junho de 1993, que permite a participação voluntária das empresas do sector industrial num sistema comunitário de ecogestão e auditoria". Em *Jornal Oficial das Comunidades Europeias*, nº L 168, 10-7-1993.

_____. "Rectificação do Regulamento (CEE) nº 1.836/93 do Conselho, de 29 de junho de 1993, que permite a participação voluntária das empresas do sector industrial num sistema comunitário de ecogestão e auditoria". Em *Jornal Oficial das Comunidades Europeias*, nº C 128, 8-5-2000.

_____. "Regulamento (CE) nº 761/2001 do Parlamento Europeu e do Conselho, de 19 de março de 2001, que permite a participação voluntária de organizações num sistema comunitário de ecogestão e auditoria (Emas)". Em *Jornal Oficial das Comunidades Europeias*, nº 114, 24-4-2001.

_____. "Rectificação ao Regulamento (CE) nº 761/2001 do Parlamento Europeu e do Conselho, de 19 de março de 2001, que permite a participação voluntária de organizações num sistema comunitário de ecogestão e auditoria (Emas)". Em *Jornal Oficial das Comunidades Europeias*, nº L 327, 4-12-2002.

COMPANHIA DE TECNOLOGIA DE SANEAMENTO AMBIENTAL & Programa das Nações Unidas para o Meio Ambiente. *Relatório sobre produção mais limpa e consumo sustentável na América Latina e Caribe*. São Paulo: Cetesb, Pnuma, 2005.

COOPER, M. *et al.* "Supply Chain Management: More Than a New Name for Logistics". Em *The International Journal of Logistics Management*, 8 (1), 1997.

CURRAN, M. A. (coord.). *Environmental Life Cycle Assessment*. Nova York: McGraw Hill, 1996.

DEPARTAMENTO DE TECNOLOGIA DA CIESP. *Conheça o design*. Detec, São Paulo. Disponível em http://www.2.ciesp.org.br/detec1/Design/conceito.htm. Acesso em 6-9-2002.

DIAS, Genebaldo F. *Educação ambiental: princípios e práticas*. São Paulo: Gaia, 1992.

FAVA, J. A. (ed.). *A Technical Framework for Life-Cycle Assessments*. Washington: Setac, 1991.

FRIEDMAN, Milton. *Capitalismo e liberdade*. 2ª ed. São Paulo: Nova Cultural, 1985.

HALL, Stuart. *A identidade cultural na pós-modernidade*. Rio de Janeiro: DP&A, 2003.

HIGGINS, T. E. (ed.). *Pollution Prevention Handbook*. Boca Raton: Lewis Publishers, 1995.

HOUGHTON, J. T. et al. *Climate Change – The IPCC Scientific Assessment*. Londres: Cambridge University Press, 1990.

INSTITUTO BRASILEIRO DAS INSTITUIÇÕES DE CIÊNCIA E TECNOLOGIA. *Relatório anual – 2003*. Brasília: Ministério de Ciência e Tecnologia. Disponível em http://www.acv.ibict.br. Acesso em 9-10-2004.

INSTITUTO ETHOS. *Indicadores Ethos de responsabilidade social empresarial – Versão 2000*. São Paulo, junho de 2000.

_____. *Diálogo empresarial sobre os princípios do Global Compact*. Belo Horizonte: Instituto Ethos, 2001.

INTERNATIONAL COUNCIL OF SOCIETIES OF INDUSTRIAL DESIGN. *Industrial Design*. ICSID. Disponível em http://www.icsid.org/idefinition.html. Acesso em 6-9-2002.

JENSEN, A. A. (coord.). *Life-Cycle Assessment (LCA): a Guide to Approaches, Experiences and Information Sources*. Copenhagen: European Environmental Agency, 1997.

JOHNSON, Allan G. *Dicionário de sociologia: guia prático da linguagem sociológica*. Rio de Janeiro: Zahar, 1997.

KULAY, L. *Uso da Análise de Ciclo de Vida para a comparação do desempenho ambiental das rotas úmida e térmica de produção de fertilizantes fosfatados*. Tese de doutorado. São Paulo: Escola Politécnica da Universidade de São Paulo, Engenharia Química, 2004.

LEWIN, David & SABATER, J. M. "Corporate Philanthropy and Business Performance". Em BURLINGAME, Dwight F. & YOUNG, Dennis R. (orgs.). *Corporate Philanthropy at the Crossroads*. Bloomington: Indiana University Press, 1996.

LOGSDON, Jeanne & YUTHAS, Kristi. "Corporate Social Performance, Stakeholder Orientation and Organizational Moral Development". Em *Journal of Business Ethics*, vol. 14. Dordebrecht, setembro de 1997.

MCINTOSH, Malcolm *et al*. "Corporate Citizenship". Em *Financial Times*. Londres: Pitman, 1998.

MICHALOS, Alex C. "Issues for Business Ethics in the Nineties and Beyond". Em *Journal of Business Ethics*, vol. 16. Dordebrecht, 1997.

PEERY JR., Newman S. *Business, Government, Society-Managing Competitiveness, Ethics and Social Issues*. Nova Jersey: Prentice Hall, 1995.

SILVA, G. A. *Análise do Ciclo de Vida*. Programa de educação continuada em Engenharia, Pece. Notas de aula. São Paulo: Escola Politécnica da Universidade de São Paulo, 2003.

SILVA, G. A. et al. *Desenvolvimento de banco de dados brasileiro para avaliação de ciclo de vida*. Global Conference – Building a Sustainable World. São Paulo, 2002.

SONNEMANN, G. *Environmental Damage Estimations in Industrial Process Chains – Methodology Development with Case Study on Waste Incineration and Special Focus on Human Health*. Tese de doutorado. Espanha, Tarragona, Universitat Rovira i Virgili, 2002.

SROUR, Robert Henry. *Ética empresarial*. Rio de Janeiro: Campus, 2000.

_____. *Poder, cultura e ética nas organizações*. 4ª ed. Rio de Janeiro: Campus, 1998.

VIGON, B. W. (coord.). *Life-Cycle Assessment: Inventory Guidelines and Principles*. Cincinnati: RREL/USEPA, 1993.

WORLD BUSINESS COUNCIL FOR SUSTAINABLE DEVELOPMENT. "Corporate Social Responsibility: Making Good Business Sense". Em *WBCSD Reports*. North Yorkshire: WBCSD, janeiro de 2000.

ZADEK, Simon. "Balancing Performance, Ethics and Accountability". Em STARKEY, Richard & WELFORD, Richard. *Business & Sustainable Development*. Londres: Earthscan, 2001.

_____ et al. *Building Corporate Accountability*. Londres: Earthscan, 1997.

Sites

CONSELHO EMPRESARIAL Brasileiro para o Desenvolvimento Sustentável (CEBDS), http://www.cebds.com/ecoeficiencia/frm-ecoeficiencia.htm.

ECOLOGICAL DESIGN INSTITUTE, http://www.ecodesign.org/edi/ecodesign.html.

GUETO ECODESIGN LTDA, http://www.gueto.com.br.

USEPA, http://www.epa.gov/superfund/about.htm.

Sobre os autores

Alcir Vilela Júnior

Coordenador do curso de Engenharia Ambiental do Centro Universitário Senac, engenheiro agrônomo pela Universidade Estadual Paulista Júlio de Mesquita Filho (Unesp), mestre em energia pela Universidade de São Paulo (USP), auditor ambiental e consultor. Atua há dezessete anos na área de meio ambiente, tendo desempenhado funções de coordenação, gerência e assessoria na Secretaria de Estado do Meio Ambiente (SP), Secretaria de Estado da Energia, Companhia de Tecnologia de Saneamento Ambiental (Cetesb) e Companhia Energética de São Paulo (Cesp).

Alfredo Carlos Cardoso Rocca

Engenheiro civil pela Escola Politécnica da USP e mestre em engenharia hidráulica e sanitária pela mesma instituição. Possui especialização na área ambiental, notadamente no gerenciamento de resíduos sólidos, qualidade de solos e águas subterrâneas e gerenciamento de áreas contaminadas. Ocupa atualmente o cargo de gerente da Divisão de Áreas Contaminadas da Cetesb. Atua como instrutor em vários cursos de graduação e pós-graduação em universidades paulistas.

André Carvalho

Professor do Departamento de Administração da Produção e Operações Industriais da EAESP-FGV e pesquisador do Centro de Estudos em Sustentabilidade (GVces), com especial interesse pela análise de temas socioambientais associados ao comércio internacional, à gestão de cadeias de suprimento e à inovação no âmbito das organizações empresariais. É mestre pela linha de Gestão Socioambiental na EAESP-FGV e engenheiro pela Faculdade de Engenharia Elétrica e de Computação da Universidade Estadual de Campinas (Unicamp).

Cláudio Senna Venzke

Mestre em administração pelo Programa de Pós-Graduação em Gestão Ambiental da Universidade Federal do Rio Grande do Sul (UFRGS), com ênfase em produção/gestão ambiental, especialista em produção mais limpa e graduado em administração pela UFRGS. É professor da Universidade do Vale do Rio dos Sinos (Unisinos) e consultor na área de ecodesign.

Felipe Zacari Antunes

Graduado em tecnologia de gestão ambiental pelo Centro Universitário Senac, com especialização em certificação e auditoria ambiental pela mesma instituição e em gestão da qualidade e produtividade pelas Faculdades Oswaldo Cruz. Há 16 anos atua nas áreas de sustentabilidade e meio ambiente. Desde 2014 é sócio na Multiprest Consultoria e Projetos, empresa de consultoria ambiental. Atuou como gerente de sustentabilidade da rede de varejo Walmart Brasil (2008-2013), na qual participou do desenvolvimento e da implantação do conceito de lojas ecoeficientes. Entre 2002 e 2008, atuou como tecnólogo em gestão ambiental nas atividades de consultoria ambiental do Senac São Paulo e participou da equipe de coordenação do Programa Ecoeficiência da Rede Senac São Paulo.

Fernanda Gabriela Borger

Doutora em administração pela Faculdade de Economia e Administração (FEA) da USP e consultora em planejamento e implementação de projetos de responsabilidade social. Atua desde 1995 como pesquisadora da Fundação de Instituto de Pesquisas Econômicas da FEA-USP e desde 2001 como pesquisadora da Business School of São Paulo.

Gil Anderi da Silva

Livre-docente pela Escola Politécnica da USP. Pós-doutorado pelo Georgia Technology Institute (EUA). Doutorado pela Escola Politécnica da USP. Professor associado do Departamento de Engenharia Química da Escola Politécnica da USP. Coordenador do Grupo de Prevenção da Poluição (GP2) da Epusp. Diretor da Associação Brasileira de Ciclo de Vida.

Jacques Demajorovic

Economista pela Pontifícia Universidade Católica de São Paulo (PUC-SP), mestre em administração pública e governo pela Fundação Getúlio Vargas (FGV-SP) e doutor em educação pela Universidade de São Paulo (USP). Atua desde 1990 na área ambiental desenvolvendo programas de formação e elaboração de projetos, incluindo gerenciamento de resíduos sólidos e sistemas de gestão ambiental. Foi professor e coordenador dos cursos de Tecnologia em Gestão Ambiental (2001-2003) e do de Bacharelado em Administração da Linha de Formação Específica em Gestão Ambiental (2003-2009) do Centro Universitário Senac. Atualmente é professor do Programa de Mestrado em Administração do Centro Universitário FEI. É autor dos livros *Sociedade de risco e responsabilidade socioambiental: perspectivas para a educação corporativa* (Editora Senac São Paulo, 2003) e *Coleta seletiva com inclusão social* (2009).

José Carlos Barbieri

Professor do Departamento de Administração da Produção e Operações da Escola FGV/EAESP, doutor em administração e professor do Programa de Pós-Graduação da EAESP na linha de pesquisa em gestão socioambiental e da saúde. Membro do Fórum de Inovação da EAESP, onde desenvolve pesquisas sobre inovação e sustentabilidade. Membro de comitês científicos de diversas revistas e congressos nacionais e internacionais e de agências de fomento em ciência e tecnologia.

Luis Enrique Sánchez

Graduado em engenharia de minas (1980) e geografia (1984), ambos pela USP. É especialista em técnicas mineiras (Centre des Études Supérieres de Téchniques Minires, Nancy, 1985) e doutor em economia dos recursos naturais (Escola de Minas de Paris, 1989), com uma tese sobre avaliação de impacto ambiental de projetos de mineração. Desde 1990 é professor titular da Escola Politécnica da USP, desenvolvendo atividades de ensino, pesquisa e extensão em planejamento e gestão ambiental. Em 1982, foi o vencedor do Prêmio Fiat para Universitários, com a monografia *Ecologia: da ciência pura à crítica da economia política*. Desde 1996 é *fellow* do Programa Lead – Leadership for Environment and Development.

Foi professor convidado da Universidade de Montreal (1996-1997). Foi diretor da International Association for Impact Assessment (Iaia) (1998-2001). É autor de *Desengenharia: o passivo ambiental na desativação de empreendimentos industriais* (2001).

Luis Felipe do Nascimento

Doutor em economia e meio ambiente pela Kassel University (Alemanha). Atua desde 1996 como pesquisador do Conselho Nacional para o Desenvolvimento Científico e Tecnológico (CNPq). Desde 1997 é professor adjunto da Escola de Administração da Universidade Federal do Rio Grande do Sul (UFRGS). Em 2003 concluiu seu pós-doutorado na University of Massachusetts at Lowell (EUA). Atualmente é coordenador do Programa de Pós-Graduação em Administração da UFRGS.

Luiz Alexandre Kulay

Pós-doutorado pela Universidade de Coimbra, Portugal, doutor e mestre pela Escola Politécnica da USP. Professor assistente doutor do Departamento de Engenharia Química da Escola Politécnica da USP. Sócio-fundador da Associação Brasileira de Ciclo de Vida.

Michel Epelbaum

Engenheiro químico pela Escola Politécnica da USP, economista pela Faculdade de Economia, Administração e Contabilidade da USP e mestre em engenharia de produção pela Escola Politécnica da USP. É especialista em gestão de saúde, segurança, meio ambiente e qualidade, atuando desde 1988 em projetos, estudos, auditorias, treinamento e consultoria. A partir de 1992 passou a atuar na implementação dos sistemas de gestão de acordo com as normas ISO 14001, ISO 9001, OHSAS 18001 e SA 8000, sendo responsável pela sua implementação em mais de quarenta empresas de diversos setores, no Brasil e na América Latina, inclusive algumas das pioneiras nas normas ISO 14001 e OHSAS 18001. É professor do Centro de Educação Ambiental do Senac e convidado de cursos de pós-graduação da Faculdade de Saúde Pública da USP, Escola de Engenharia Mauá e do Senac. Atualmente é diretor da Ellux Consultoria.

Milton Norio Sogabe

Mestre em engenharia civil pela University of Washington (EUA), engenheiro civil pela Escola de Engenharia Mauá, engenheiro de segurança pela Fundação Armando Álvares Penteado (Faap), membro da Air and Waste Management Association – Seção Brasil, assessor da Secretaria de Meio Ambiente do Estado de São Paulo.

Paulo Antônio de Almeida Sinisgalli

Graduado em engenharia civil e sanitária, pós-graduado em *environmental management* pela Universidade Técnica de Dresden (Alemanha), mestre em ciência ambiental pelo Programa de Pós-Graduação em Ciência Ambiental (Procam) do Instituto de Energia e Ambiente da USP (IEE-USP), doutor em economia aplicada pela Unicamp e livre-docente pela USP. Foi estudante visitante na Universidade de Kent em Canterbury (Inglaterra) e fez pós-doutorado em gestão participativa de recursos hídricos na Universidade de Wageningen (Holanda). É credenciado nos seguintes programas de pós-graduação da USP: Ciência Ambiental e Modelagem de Sistemas Complexos. Atua nas áreas de economia ecológica e gestão de recursos hídricos.

Pedro Roberto Jacobi

Sociólogo, mestre em planejamento urbano, doutor em sociologia e livre-docente em educação. Professor titular do Procam do IEE-USP. Pesquisador do IEE e coordenador do Grupo de Estudos e Acompanhamento de Governança Ambiental (GovAmb) do IEE-USP. Pesquisador do Interdisciplinary Climate Investigation Center (Incline/USP). Coordenador do Grupo de Pesquisa Meio Ambiente e Sociedade do Instituto de Estudos Avançados (IEA) da USP. Coordenador do Projeto Temático Governança Ambiental da Macrometrópole Paulista face à Variabilidade Climática (Fapesp 2017-2022). Presidente do Conselho do ICLEI América do Sul/Governos Locais e Sustentabilidade. Editor da revista *Ambiente e Sociedade*.

Rafael Ricardo Jacomossi

Doutor em administração pelo Centro Universitário FEI, mestre em desenvolvimento regional pela Universidade Regional de Blumenau (Furb), bacharel em ciências econômicas e em administração. É pesquisador e professor de graduação do Centro Universitário FEI e tem experiência nas áreas de microeconomia e gestão da inovação. Trabalhou por mais de 15 anos ocupando posições de gerência e direção em empresas industriais do ramo de bebidas e de embalagens.

Renata de Souza Leão

Graduada em ciências biológicas pelo Centro Universitário São Camilo, mestre em ciências pelo Instituto de Pesquisas Energéticas e Nucleares da USP, na área de ecotoxicologia aquática, e doutora em ciência ambiental pelo Procam do IEE-USP. Durante o doutorado, foi pesquisadora visitante no Centro de Estudios e Investigación para la Gestión de Riesgos Agrarios y Medioambientales (Ceigram) da Universidad Politécnica de Madrid e também no Instituto de Ciências Sociais da Universidade de Lisboa. Desde 2011 é pesquisadora associada do GovAmb do IEE-USP e entre 2016 e 2017 foi pesquisadora visitante na Universidade de Twente (Países Baixos). Tem experiência como pesquisadora e consultora internacional de temas relacionados à governança da água, aos riscos relacionados à água, às mudanças climáticas em ambientes urbanos e ao uso sustentável da água. Atualmente, é parte da equipe técnica do CDP como especialista em água.